VdN Дніпро

Semen Skljarenko

Wladimir

Roman über die
Kiewer Rus

Verlag der Nation
Berlin

Verlag Dnipro
Kiew

Aus dem Ukrainischen übertragen
von Traute Stein

Die deutsche Fassung wurde mit Genehmigung
der Rechtsinhaber gekürzt

ISBN 3-373-00336-9 (DDR)

ISBN 5-308-00488-9 (UdSSR)

1. Auflage 1989
Verlag der Nation Berlin

Originaltitel: Володимир

Lektoren des deutschen Textes:
Gabriele Gebauer und Wladimir Schelest
Diese Ausgabe entstand in Zusammenarbeit
zwischen dem Verlag Dnipro Kiew und
dem Verlag der Nation Berlin

Lizenz-Nr. 400/47/89

LSV 7201

Einband: Klaus Herrmann

Satz, Druck und buchbinderische Verarbeitung:
Hauptbetrieb der ukrainischen Produktionsvereinigung
„Polygraphkniga", Kiew
Bestell-Nr. 696 986 1
01380
Printed in the USSR

Erstes Buch

Der Sohn der Magd

Erstes Kapitel

1

In jener Nacht, als die Petschenegen auf der Grigori-Insel über Fürst Swjatoslaw und seine Krieger hergefallen waren, hatte Mikula sein Letztes gegeben, um das Leben des Fürsten zu retten. Aber vergeblich — Swjatoslaw war im Morgengrauen auf den kalten Steinen gestorben, Mikula schwer verwundet neben ihm niedergestürzt.

Wie im Traum erinnerte sich Mikula an die Bestattung des Fürsten, an das Schiff mit Swjatoslaws Leichnam, das vom Feuer erfaßt wurde, an den Rauch über der Insel und dem Dnepr.

Mikula, der Ljubetschaner, war ein Mensch von kräftiger Natur. Die Krieger der fürstlichen Drushina trugen ihn und die anderen Verwundeten an den Stromschnellen im Dnepr vorüber, dann ruderten sie weiter.

Eines Morgens kam Mikula zur Besinnung. Er lag in einem Boot, das von einem Dutzend muskulöser Arme gegen die Strömung getrieben wurde. Ringsum bewegten sich langsam die anderen Boote durch das Wasser, die vom Heer des Fürsten Swjatoslaw übriggeblieben waren. In den Feldzug gegen die Rhomäer waren Zehntausende Krieger gezogen, jetzt fanden alle in hundert Booten Platz, und viele von ihnen waren verkrüppelt oder schwer verwundet.

Es war Frühling, überall schwoll und blühte die Natur. Die Krieger erreichten die Steilhänge, steuerten an Tripolje und Wititschew vorbei nach Kiew.

Kiew! Wie oft hatten sie in den fremden Ländern an die Stadt am Dnepr gedacht! Im Kampf, den Feind im Angesicht, in den blutigen Schlachten bei Adrianopel, Preslaw, Dorostolon, wenn der Tod über ihnen schwebte, in den langen, schlaflosen Nächten, wenn sie blutbefleckt, verwundet auf der kalten Erde lagen und nicht wußten, was der kommende Tag brachte — immer gab ihnen der Gedanke an die Heimat, an Kiew, Kraft und Zuversicht.

Und dann, hinter der Wititschewer Biegung, als die Boote, an der blendend gelben Insel vorbei, auf die breite Flußstrecke zuschwammen, boten sich die grünlichblauen Berge, die dunklen Umrisse der langen Mauer, die vergoldeten Dächer, die steilen Hänge der Vorstadt ihren Blicken dar.

In den Booten sprangen alle auf. Feierlich still wurde es. Die Ruderer senkten ihre riesigen Riemen, die Steuermänner ließen die Steuer los, nur das Wasser murmelte an den Bordwänden.

„Leute, Kiew!" ertönte es plötzlich von einem Boot, von einem zweiten, einem dritten.

Und diesen ehemaligen Kriegern, die vor nichts auf der Welt zurückschreckten, schlugen die Herzen schneller und traten Tränen in die Augen.

In Kiew war bereits im zeitigen Frühling die Nachricht angekommen, daß die Krieger des Fürsten Swjatoslaw auf dem Heimweg waren. Aber das war keine frohe Kunde. Vor fünf Jahren waren zwanzigtausend Männer auf fünfhundert Schiffen aufgebrochen und zu Fuß zusätzlich dreißigtausend. Wieviel Krieger mochten dem Feind und wieviel Boote dem schwarzen Schlund des Russischen Meeres entkommen sein?

In Kiew wartete man vom Morgengrauen bis zur Nacht, und als die Boote auftauchten, stürzten alle zur Potschaina: Bewohner der Gora, Handwerker aus der Vorstadt, Bauern und arme Leute vom Podol.

Umgeben von Wojewoden und Bojaren, kam der Kiewer Fürst Jaropolk von der Gora herunter. Auf einem Hügel über der Potschaina blieb er stehen. Der junge Sohn des Fürsten Swjatoslaw trug ein weißes, goldbesticktes Gewand, einen roten Umhang auf den Schultern, Stiefel aus grünem Saffianleder, ein Schwert am Gürtel.

Die Boote, einstmals rot, grün oder blau gestrichen, mit glotzäugigen Auerochsen, Ebern und Untieren aus Holz geschmückt, jetzt aber von Sonne, Wind und Meer verwittert, näherten sich im weiten Halbkreis dem Ufer und legten an.

Die Menschen am Ufer schwiegen. Wieviel Boote waren es? Zehn, zwanzig, hundert! O Götter, helft uns, so wenig!

Zuerst verließ die Ältestendrushina ihr Boot. Waffenträger mit dem Schwert und dem Schild des Fürsten Swjatoslaw folgten. Danach stiegen auch die übrigen Krieger aus. Der Wojewode Rubatsch aus der Ältestendrushina, der nur noch mit dem rechten Auge in die Welt blickte, befahl: „Bereitmachen, Krieger!"

Und sie nahmen Aufstellung wie auf dem Schlachtfeld: vorn die Ältesten, dann die Krieger mit den Speeren, Bogen und Schleudern und schließlich die Zehner- und Hundertschaften.

Der Wojewode Rubatsch trat vor, gefolgt von der Ältestendrushina und den Waffenträgern, die das Banner des Fürsten Swjatoslaw mit den gekreuzten Speeren, sein Schwert und Schild trugen.

Fürst Jaropolk nahm das Banner entgegen. Als er das Schwert seines Vaters aus der Scheide zog und in die Höhe hob, zitterten seine Hände. Die Augen der Krieger und der Einwohner Kiews waren auf ihn gerichtet. Der Fürst mußte, wie das alte Gesetz und die

Sitte es verlangten, an der Waffe des Fürsten Swjatoslaw einen Schwur leisten.

„Ich danke euch, Drushinniki, daß ihr ehrenvoll gekämpft, den Ruhm der Rus gestärkt und Banner, Schwert und Schild meines Vaters, des Fürsten Swjatoslaw, mit in die Heimat gebracht habt!“ sagte er. „Doch hört mich, Männer, und möge es die ganze Rus hören ... Beim Vermächtnis meiner Ahnen schwöre ich, den Frieden und die Ruhe in meinem Land zu schützen, erbarmungslos gegen unsere Feinde zu kämpfen und dabei weder meine Kräfte noch mein Leben zu schonen!“

Er ließ das Schwert sinken und küßte es mit trocken gewordenen Lippen.

Die Einwohner Kiews hatten inzwischen ihre Angehörigen ausfindig gemacht.

Die Lebenden stürzten zu den Lebenden, und ein gewaltiges Weinen ertönte am Ufer der Potschaina.

2

Bevor Mikula nach Ljubetsch weiterzog, verbrachte er noch einige Tage in Kiew, in der Hütte des Handwerkers Mutor, bei dem er Quartier genommen hatte, bevor er in die Schlacht zog. Mutor hatte im fernen Dorostolon den Tod gefunden, und Mikula berichtete der Frau und den Kindern, wie es dazu gekommen war. Zusammen mit anderen Kriegern ging er auf den Podol, wo vor der Statue des Gottes Wolos das Feuer loderte und ringsherum das Markttreiben brodelte. Mikula beabsichtigte auch die Gora aufzusuchen, um sich nach seiner Tochter Maluscha zu erkundigen, die einst Beschließerin bei Fürstin Olga gewesen war.

Es stellte sich jedoch heraus, daß es nicht so leicht war, auf die Gora zu gelangen. Handwerker aus der

Vorstadt und Leute vom Podol, mit denen die ehemaligen Krieger ins Gespräch kamen, erzählten mit einem ängstlichen Blick auf die Gora: „Fürst Jaropolk ist unersättlich. Er sitzt mit seiner Drushina auf der Gora, kapselt sich von der Vorstadt und dem Podol ab, keiner von uns kann dorthin. Wenn sie das Tor schließen, ziehen sie die Brücke hoch und lassen sie erst wieder herab, wenn sie das Tor öffnen. Aber weshalb versteckt sich unser Fürst? Die einen sagen, daß er mit den Rhomäern ins Einvernehmen gekommen ist, die anderen behaupten, daß er Gesandte zu den Polen und zu den Deutschen geschickt hat. Vielleicht werden die Brücken auf der Gora für sie herabgelassen. Das alte Gesetz und die Sitten verfallen, bis zu den Göttern ist es weit, bis zum Fürsten Jaropolk noch weiter ..."

„Schlimm ist auch", flüsterten die Leute den Kriegern zu, „daß zwischen den Brüdern, den Söhnen Swjatoslaws, keine Eintracht herrscht. Oleg und Wladimir schickten Jaropolk jedes Frühjahr reichen Tribut, aber Jaropolk war das zuwenig. Er zog ins Drewljanenland und erschlug Oleg, seinen leiblichen Bruder ... Jetzt ruft er Regimenter aus Tschernigow, Perejaslaw, Rodnja zusammen. Was hat er vor? Will er gegen seinen Bruder Wladimir vorgehen?"

Die Krieger des Fürsten Swjatoslaw waren niedergeschlagen. Wofür hatten sie in den fremden Ländern gekämpft, wenn in der Heimat kein Friede war?

Die Nacht brach an. Die Boote auf der Potschaina hoben sich schwarz vom Steilufer ab. Mikula konnte nicht schlafen. Er saß auf dem Bug eines Bootes inmitten der Stille. Der Himmel füllte sich mit Purpur, über den Wäldern am anderen Ufer ging grellrot der Mond auf, und sogleich erschien sein Spiegelbild, um vieles größer, unter den Zweigen im Wasser.

Die Nacht erwachte. Die Stille schwand, ein warmes Lüftchen wehte, es duftete stärker nach Gräsern und Blumen. Die Lieder verspäteter Nachtigallen, die Rufe aufgeschreckter Enten und einsamer Schlammläufer ertönten.

Da wurden Schritte laut; zwei dunkle Schatten näherten sich dem Boot.

„Guten Abend, Mann!" erklang eine Stimme.

„Guten Abend, Leute!" begrüßte Mikula die beiden, einen großen, in ein dunkles Gewand gekleideten Mann und hinter seinem Rücken noch jemand, offenbar eine Frau.

„Bist du Mikula, der Krieger des Fürsten Swjatoslaw?" fragte der Mann.

„Der bin ich. Was gibt es?"

„Wir bringen dir zu essen", sagte der Mann, „und neue Kleider. Wir hörten, du bist verwundet."

„Warum das?" Mikula wunderte sich aufrichtig. „Ich hab doch genug zu essen... Und ein Gewand ist mir noch vom Feldzug geblieben."

„Hier sind Hemd und Hosen", hörte Mikula eine Frauenstimme. „Nimm, Krieger, ich habe sie selbst gesponnen, gewebt und genäht."

„Danke, danke!" sagte Mikula. „Aber was steht ihr da, gute Leute, kommt näher."

Die späten Gäste stiegen ins Boot und setzten sich, die Frau an die Bordwand, wo es dunkel war, der Mann wurde vom Mond beleuchtet. Mikula konnte sehen, daß seine Stirn von einer tiefen Narbe zerschnitten war.

„Auch du bist gezeichnet, wie ich sehe", sagte Mikula.

Der Mann winkte ab. „Das ist längst vergessen."

„O nein", entgegnete Mikula, „so etwas gerät nicht in Vergessenheit!"

Währenddessen saß die Frau schweigend an der

Bordwand. Sie trug ein dunkles Kleid, der Kopf war von einem dunklen Tuch umhüllt.

„Was hast du vor?“ fragte der Mann.

„Was schon?“ entgegnete Mikula. „Ich geh nach Hause, nach Ljubetsch. Jetzt ist es ja nicht mehr weit. Das Russische Meer, die Donau, die Rhodopen, das waren ganz andere Entfernungen.“

„Hast du auch den Fürsten Swjatoslaw gesehen?“ fragte der Mann.

Der Mond stieg rasch am Himmel empor, wurde kleiner und heller. Im Wasser erstreckte sich vom Ufer bis weit zum Mündungsgebiet eine silberschimmernde Bahn.

Mikula knöpfte den Kragen des Hemdes auf, weil ihm auf einmal warm wurde.

„O-ho-ho!“ antwortete er. „Nicht nur gesehen, ich kämpfte neben ihm, Schulter an Schulter. Und in Dorostolon, einer Stadt an der Donau, rettete mein Schwert dem Fürsten Swjatoslaw das Leben ...“

Die Frau und der Mann hörten gespannt zu, Mikula hätte wohl bis zum Morgen über den Fürsten reden können. Und er erzählte von jener Nacht, in der er mit dem Fürsten über die Heimat gesprochen hatte, über seinen Sohn und seine Tochter.

„Über die Tochter?“ unterbrach ihn die Frau.

„Ja, ich hatte eine Tochter, Maluscha. Mein Sohn Dobrynja nahm sie mit nach Kiew. Sie wurde hier auf der Gora Beschließerin bei Fürstin Olga, doch sie konnte es ihr nicht recht machen. Die Fürstin schickte sie in irgendein Dorf ...“

„Du hast mit dem Fürsten Swjatoslaw über deine Tochter gesprochen?“ fragte die Frau.

„Ja, er tröstete mich“, antwortete Mikula. „ ‚Sie lebt und ist gesund. Wir finden unsere Malka‘, erklärte der Fürst.“

Sie schwiegen.

„Man sagte dir die Wahrheit über deine Tochter Maluscha, sie wurde von der Fürstin fortgeschickt“, entgegnete die Frau schließlich, machte eine Pause und blickte auf die silberne Bahn im Wasser. „Such deine Tochter nicht, Krieger“, fuhr sie dann fort, „sie ist gestorben.“

Mikula sprang auf.

„Was redest du, Frau?“ rief Mikula. „Sag mir die Wahrheit!“

Die Frau ließ den Kopf sinken und wiederholte: „Deine Tochter Maluscha ist gestorben.“

„Wann?“

„Im Frühling. Damals, als Fürst Swjatoslaw ums Leben kam...“

„Oh, Götter, Götter! Und wo ist ihr Grab? Wenn sie schon nicht mehr am Leben ist, will ich wenigstens zu den Göttern beten und ein Opfer bringen.“

Die Frau antwortete: „Du findest Maluschas Grab nicht. Sie ist im Dnepr ertrunken...“

3

Die Hände an den Kopf gepreßt, saß Mikula da und hörte und sah nicht, was rings um ihn her geschah.

Die beiden Fremden verließen das Boot, stiegen das Steilufer hinauf und gingen lange schweigend zwischen Sträuchern und Bäumen hindurch. Schließlich blieb die Frau stehen. Vor ihnen breitete sich eine große, mit silbrigem Tau überzogene Wiese aus, hoch oben stand der lichtblaue Mond, weit hinter der Wiese wälzte der Dnepr seine Wasser.

„Oh, mein Gott, mein Gott!“ Die Frau faßte sich an die Brust. „Mein armer, unglücklicher Vater...“

Sie wankte und wäre wahrscheinlich gefallen, hätte Tur, ihr Begleiter, sie nicht gestützt. Er setzte sie auf einen Baumstumpf und sich selbst auf die Erde daneben. Erschüttert von allem, was in dieser Nacht geschehen war, legte Maluscha den Kopf auf Turs Schulter. Er umfaßte sie vorsichtig.

„Vielleicht war es doch nicht richtig, zu ihm zu gehen", sagte Tur.

„Nein, nein!" antwortete sie. „Von jener Minute an, als ich ihn unter den Kriegern sah, dachte ich nur an ihn, ich wußte, daß er mich suchen würde, und mußte ihn einfach sehen. Jetzt ist mir leichter. Und ich weiß, daß Swjatoslaw mich nicht vergessen hat." Maluscha blickte auf die Wiese, den Himmel, den Dnepr und sprach, als wolle sie sich selbst überzeugen: „Meinem Vater habe ich die Wahrheit gesagt. Nach Swjatoslaws Tod gibt es auch mich nicht mehr. Nein, Tur, es war gut, daß wir zum Vater gingen."

„Weißt du was?" Tur lachte. „Heute haben sie mir Schwert, Schild und Speer abgenommen... Fürst Jaropolk verzichtet auf den Griden Tur, er hat andere, junge, bessere Gridni... Wenn es dich nicht mehr gibt, Maluscha, gibt es auch mich nicht mehr!"

„Und was nun?" fragte Maluscha zurück.

„Ich war ein Griden und bin jetzt — ein Nichts... Du weißt doch, Maluscha, Fürst Jaropolk hat seinen Bruder aus dem Weg geräumt. Gegenwärtig stellt er neue Regimenter und eine neue Drushina zusammen. Uns, die Gridni Swjatoslaws, braucht er nicht mehr."

„Geben sie dir eine Abfindung?"

„Eine Abfindung?" Tur lachte auf. „Wovon denn? Der Reiche braucht soviel, daß dem Armen nichts übrigbleibt. Swjatoslaws Kriegern schenkt Jaropolk nichts. Er weiß nur zu gut, daß wir das Schwert nicht gegen seine Brüder erheben würden."

„Was hat Jaropolk vor?"

„Man sagt, er will gegen Wladimir vorgehen."

„Gegen meinen Sohn?" Angst spiegelte sich auf Maluschas Gesicht. „Nein, den wird er nicht besiegen, den nicht!“

„Das denke ich auch, Maluscha! Er will ihn überwinden, aber er schafft es nicht.“

4

Schon von weitem, vom Stryjew-Kurgan aus, erblickte Mikula seinen Heimatort Ljubetsch. Fünf Jahre war er in der Fremde gewesen — was hatte sich inzwischen in Ljubetsch getan?

Dort, wo sich einst seine Ahnen niedergelassen hatten, erhoben sich wie früher die von Tausenden Händen aufgeschütteten Wälle, dahinter ragten in der Steppe die von Bäumen bewachsenen Kurgane der Ältesten der Sippe und des ganzen Stammes auf.

Doch Ljubetsch war nicht mehr die nach der Umsiedlung entstandene Niederlassung der Stammesmitglieder, wie Mikula sie kannte, sondern ein großes Dorf. Am meisten verblüffte Mikula ein Turmhaus hoch über Ljubetsch auf einem Hügel. Dort hatte früher ein gewöhnliches Haus gestanden, es gehörte seinem Bruder Brasd und war das beste im ganzen Dorf.

Das neue Haus hatte zwei Stockwerke, viele Anbauten, zwei Türme, runde Glimmerfensterchen, die blitzten wie die Augen eines Raubvogels. Das ganze Gehöft wurde von dicken Balken eingezäunt, auf denen scharfe Spieße steckten ...

Aber das war nicht das einzige Turmhaus: Rechter Hand am Rand von Ljubetsch hob sich dunkel noch eines hervor, von einem Balkenzaun ohne Spieße umgeben, links ein anderes ohne Umzäunung. Am Wald stand die Schmiede seines Bruders Swarg, die Mikula von früher kannte.

Der untere Teil von Ljubetsch überraschte ihn. Hier

gab es Hütten, große und kleine, Rauchfahnen schlängelten sich über den Dächern, überall hörte man menschliche Stimmen, am Ufer schaukelten ein Dutzend Boote mit herabgezogenen Segeln.

Mikula wollte jetzt so schnell wie möglich seinen Hof erreichen, aber die Beine gehorchten ihm nicht. Langsam stieg er über die Steilhänge am Dnepr, blieb stehen, um Luft zu holen, bis er endlich auf den Wall der alten Siedlung gelangte. Er hatte Glück: Gleich hinter dem Wall war eine Frau dabei, mit einem schweren Spaten trockene Erde zu zerschlagen.

„Wista!" schrie Mikula. „He, Wista, da bin ich wieder! Hörst du?!"

Der Spaten fiel der Frau aus den Händen, sie hob die Arme und lief auf den Wall zu.

„Miku-u-la-a! Götter! Mi-i-ku-ula!"

Er stand vor ihr — der Kopf unbedeckt, Hemd und Hose grau vom Staub, am Gürtel das Schwert, Schild und Quersack auf den Schultern. Sein Haar war grau geworden, seine Stirn durchschnitt eine große Narbe.

Wista umarmte und küßte ihren Mann, sein Gesicht wurde feucht von ihren Tränen.

„Ich bin wieder zu Hause", sagte Mikula, während er auf die Hütte blickte, die noch tiefer in die Erde gesunken war, auf den zerbrochenen Leiterwagen mitten im Hof, auf die rostige Pflugschar, die noch dort stand, wo er sie abgestellt hatte.

„Weine nicht", sagte er mit rauher Stimme zu Wista, „erzähl mir lieber, wie es hier steht."

„Was gibt es da zu erzählen?" antwortete sie. „Es ist alles beim alten... Gehen wir nach Hause, Mikula." Und sie fuhr fort: „Daß der Fürst nicht mehr am Leben ist, habe ich erfahren, und ich fürchtete schon, daß deine Gebeine neben ihm liegen."

„Ich bin am Leben!" rief Mikula. „Am Leben, Wista!"

Nacheinander gingen sie in die Erdhütte. Dabei mußten sie sich ducken, weil sich die Tür in den Jahren noch mehr gesenkt hatte. Auf der Schwelle blieben sie stehen. In einer Ecke glimmte das Feuer, sein rötliches Licht beleuchtete die Schlafstelle, die dunklen Wände, einen Kübel mit Wasser, umgestülpte Töpfe.

Mikula nahm den Quersack und den Schild von der Schulter, löste das Schwert vom Gürtel, legte es vor den Herd, verbeugte sich tief vor dem Feuer und den Hausgeistern, die darunter leben.

Wer weiß, ob die Hausgeister Mikula erkannten — das Feuer im Herd loderte auf.

„Und wie lebt unsere Sippe?" fragte Mikula und setzte sich an den Herd.

„Alles ist wie früher... Es gibt keine Sippe mehr."

„Und die Brüder Brasd und Swarg?"

„Brasd ist längst nicht mehr unser Bruder... Possadnik ist er, hat sich ein Turmhaus gebaut..."

„Ich habe es gesehen. Ein schönes Haus. Und Swarg?"

„Swarg? In seiner alten Schmiede arbeiten Dutzende von Knechten, am Weg nach Oster hat er noch eine errichtet."

„Und unsere anderen Verwandten?"

„Die Menschen entfernen sich immer weiter voneinander."

„Wie kommt das, Wista?"

„Der eine hat Land und Geld, der andere Macht und Recht, nur wir hatten niemals etwas." Und mit einem Blick auf den Quersack fragte sie: „Was ist da drin? Hast du Beute gemacht?"

„Schau doch rein", erwiderte Mikula.

Hastig ergriff sie den Quersack, schnürte ihn auf und fing an, alles herauszunehmen.

„Ein Hemd? Aber es ist ja ganz voll Blut... Und Hosen... Wieder Blut! Und was ist das? Samen?"

„Ich hab Tribut genommen", Mikula lachte. „Das ist Buchweizen."

Wista ließ enttäuscht die Hände sinken.

Nach kurzem Schweigen sagte Mikula: „Auf dem Rückweg war ich in Kiew, hab Maluscha gesucht... Sie lebt nicht mehr, Wista! Sie starb im Frühling... Im Dnepr ist sie ertrunken..."

Er nahm einige Buchweizenkörner aus dem Quersack und warf sie ins Feuer.

„Für ihr Seelenheil."

5

Mikula stattete seinem Bruder Brasd einen Besuch ab. Wäre er nicht gegangen, so hätte der Possadnik ihn rufen lassen. Sie gingen ins Turmhaus, wo Brasds Frau Pawlina gerade den Ofen heizte. Mikula begrüßte sie, aber die wortkarge, mißmutige Pawlina antwortete kaum. Brasds Söhne Gordej, Samson und Wawila kamen vom Hof. Mikula erkannte sie kaum wieder. Sie waren herangewachsen, sehnig und stark wie ihr Vater.

Aber sie blieben nicht lange im Turmhaus — der leibliche Onkel interessierte sie offenbar nicht. Auch Pawlina verschwand, ohne Mikula bewirtet zu haben.

„Erzähle! Was hast du erlebt?" fragte Brasd neugierig. „Wo warst du?"

„Warum fragst du?" Mikula winkte ab. „Du weißt doch selber, wie es im Krieg ist..."

„Ich habe gehört, daß es eine große Schlacht mit den Rhomäern gegeben hat. Wir mußten hier ganz schön bluten: Ochsen, Pferde, Getreide traten wir dem Fürsten ab ... mehrmals!"

Mikula seufzte. „Ich weiß selber nicht wie, aber wir haben durchgehalten und der Rus keine Schande gemacht. Den Fürsten Swjatoslaw haben wir verloren..."

„Was soll's, dem Fürsten Ehre und Ruhm", erklärte Brasd ungerührt. „Jetzt ist Jaropolk an der Macht, ein würdiger Fürst, der fest auf dem Thron in Kiew sitzt und dem das ganze Land gehorcht. Aber wie ist es mit dir, Mikula, wirst du jetzt in Jaropolks Drushina dienen oder tauschst du das Schwert mit dem Pflug?"

„Ich habe gegen die Feinde unseres Landes gekämpft, jetzt greife ich wieder zum Pflug."

„Gut so", sagte Brasd. „Wir, die Leute des Fürsten, entscheiden jetzt die Angelegenheiten im Land. Und wo gedenkst du den Pflug zu führen, auf dem Fürstenland oder auf deinem eigenen? Du weißt ja, daß das Gesetz befiehlt, daß Fürstenland immer in Fürstenhand bleibt. Was Olga gehörte, ging auf Swjatoslaw über und von dem auf Jaropolk."

„Vor dem Krieg pflügte ich am Dnepr, in der Sandgegend", Mikula seufzte.

„Dabei bleibt es auch. Das Fürstenland erstreckt sich oberhalb des Dnepr, dort steht auch das fürstliche Zeichen."

Die Brüder schwiegen. Mikula machte Anstalten zu gehen.

„Hast du auch nicht vergessen", sagte Brasd, „daß du vor dem Krieg eine Anleihe bei mir aufgenommen hast?"

„Eine Anleihe, bei dir? Du selbst hast damals erklärt, daß dies keine Anleihe von dir, sondern vom Fürsten sei. Ich diente Swjatoslaw, solange meine Kräfte reichten — habe ich damit die Anleihe nicht abgearbeitet?"

„Was weiß ich, was du auf dem Schlachtfeld getan hast und welchen Tribut an Gold und Silber du aus dem Krieg mitgebracht hast ..."

„Gold und Silber? Komm zu dir, Bruder! Denkst du etwa, daß ich deswegen in den Krieg gezogen bin?"

„Weshalb denn sonst? Aber hör zu. Ich bin nicht nur dein Bruder, sondern auch Possadnik. Du hast bei mir eine Anleihe genommen ... Ich zeige Milde, wie es Fürst Jaropolk befiehlt: Für die Zeit, die du beim Heer warst, nehme ich kein Geld, aber im Frühling mußt du die Anleihe zurückzahlen. Kannst du es nicht, wirst du Knecht auf dem Fürstenhof."

Mikula schwieg.

„Sei mir nicht böse, Bruder", fügte Brasd hinzu. „Im russischen Land hat sich so manches geändert. Ein Fürst ist dem andern nicht hold, obwohl sie aus einem Geschlecht sind. Was sollen wir einfachen Menschen denn tun? Der Tüchtige gewinnt, der Ungeschickte verliert ... So spricht der Fürst, so spricht auch Gott."

Mikula blickte den Bruder durchdringend an.

„Heißt das, du bist Christ?"

„Ja", antwortete Brasd stolz. „Ist mein Glaube etwa schlechter als deiner? Wir werden ja sehen, Bruder, wie deine Götter dir helfen!"

6

Mikula besuchte auch seinen Bruder Swarg in der vom Ruß schwarzen Schmiede am Waldrand. Über ihr kräuselte sich eine blaue Rauchfahne, im Innern schlugen zwei Hämmer, Swarg war mit dem Eisengerümpel auf dem Hof beschäftigt.

„Ist das nicht Mikula?" rief er, als der sich näherte.

„Er ist es", erwiderte Mikula.

„Grüß dich, Bruder, grüß dich!" rief Swarg erfreut aus, kam dem Bruder entgegen, umarmte und küßte ihn sogar.

Der freundliche Empfang überraschte Mikula.

„Gehen wir ins Haus", sagte Swarg. „Vorher laß

dich ansehen. He-he, du hast dich ja richtig herausgemacht!"

Swargs Schmiede sah nur von weitem wie früher aus. Nach hinten waren einige Vorratskammern angebaut worden, auf beiden Seiten der Schmiede bemerkte Mikula mehrere Erdhütten, neben denen nackte Kinder herumkrochen. Direkt im Wald erhob sich ein von einem spitzen Palisadenzaun umgebenes Turmhaus, in dessen Nähe Hunde belferten, die die fremde Stimme vernommen hatten. Aus dem Dunkel der Schmiede tauchten zwei Männer auf, alt, schwarz vom Rauch, mit ausgezehrten Gesichtern, und einige junge Männer, die ebenfalls abgemagert aussahen. Aus den Erdhütten kamen Frauen heraus und gafften.

„Hier wird gearbeitet", sagte Swarg. „Früher haben wir Schwerter geschmiedet, jetzt Hakenpflüge; einst arbeitete einer, jetzt rufe ich Leute zu Hilfe. Soviel du dich auch mühst, allein schaffst du es nicht. Aber was stehen wir hier herum, gehen wir ins Haus."

Das war jedoch nicht so leicht. Kaum hatte Swarg das Tor geöffnet, stürzten riesige Hunde auf sie zu. Swarg ergriff einen Knüppel und zwang sie zur Ruhe.

Die Fenster in Swargs Haus waren vergittert, innen stand kein Herd, sondern ein Ofen, in der Mitte ein großer Tisch mit einem Weinkrug, Brot und verschiedenen Speisen.

„Nun, Mikula, was ist aus dir geworden?" fragte Swarg, als sie sich an den Tisch setzten.

„Aus mir?" Mikula wunderte sich. „Ich bin immer noch der, als der ich aus dem Dorf fortgegangen bin."

„Das wußte ich auch so!" sagte Swarg. „Nicht nur dort war Krieg, wo du hingezogen bist."

Mikula blickte den Bruder erstaunt an.

„Es gibt Chasaren und Wolgabulgaren", erklärte

Swarg, „Petschenegen und Rhomäer, und wir streiten mit ihnen, aber die schwerste Schlacht wird hier ausgefochten: jeder gegen jeden.“

„Wieso denn das?“ fragte Mikula leise.

Swarg antwortete, ohne zu überlegen: „Koshema in Oster, Brasd hier in Ljubetsch und viele andere in ihrer Stellung wurden von den Fürsten mit Ländereien und Wäldern, Seen und Flüssen belehnt, und jetzt ist alles in ihren Händen ... Du denkst bestimmt, weshalb beklagt sich dieser Swarg, wo er doch ein Turmhaus und eine Schmiede hat und Knechte auf seinem Hof arbeiten. Brasd besitzt Ländereien und Wälder, und ohne sie ist man ein Nichts. Die Schmiede ...“, fuhr er nachdenklich fort. „Oh, Mikula, ich dachte einst, eine Schmiede verhilft mir zu allem, auch zu Gold und zu Silber. Aber eine Schmiede braucht Erz, und ohne Holz geht's auch nicht. Ja, früher gehörten der Wald und die Ufer des Dnepr, wo ich Erz nahm, mir, dir, uns allen. Aber jetzt stehen überall Zeichen, am Ufer des Dnepr, im Wald — überall Zeichen. Ich werde regelrecht verjagt von den Fürsten, von Koshema und Brasd.“

„Ich verstehe!“ sagte Mikula bitter. „Unser Vater Ant hatte drei Söhne, zwei verbündeten sich gegen den einen, und heute sind alle drei zerstritten ...“

„Sprich nicht so“, unterbrach ihn Swarg. „Wer will denn was von dir?“

„Ich nahm vor dem Krieg bei Brasd eine Anleihe auf und dachte, daß sie mit Blut bezahlt sei. Er aber fordert sie zurück! Und wenn ich nicht zahlen kann, werde ich Knecht beim eigenen Bruder.“

„Was hast du von ihm bekommen?“ fragte Swarg neugierig.

„Ein Pferd, einen Hakenpflug, drei Scheffel Getreide.“

„Zwei Griwnen und fünf Resanas ...“

„Ich verstehe nicht“, sagte Mikula.

„Dafür verstehe ich", entgegnete Swarg geschäftig, stand auf und verschwand in einer Kammer. Als er zurückkehrte, legte er vier goldene Barren und zehn zerschnittene Silberstückchen auf den Tisch.

„Nimm diese zwei Griwnen und fünf Resanas und bring sie Brasd", sagte er. „Ich borge sie dir. Du hast nichts zu befürchten." Swarg legte Mikula die Hand auf die Schulter. „Kommst mal vorbei, hilfst mir bei der Arbeit ..."

„Nein, nein", erklärte Mikula. „Ob ich nun bei dir oder bei Brasd eine Anleihe nehme, kommt auf das gleiche heraus ... Jetzt sehe ich, wohin uns der Krieg geführt hat ..."

7

In der Nacht träumte Mikula von seinem Vater Ant. Das war nichts Ungewöhnliches. Ant unterhielt sich mit ihm, gab ihm Ratschläge oder warnte ihn vor diesem oder jenem. Also war die Seele des Vaters, des Sippenältesten Ant, nicht aus der Hütte fortgegangen, sondern lebte ebenso wie die Seelen aller anderen Vorfahren unter dem Herd. Mikula fand nichts Verwunderliches an solchen Träumen und freute sich sogar, daß die Seelen der Ahnen ihn nicht vergessen hatten.

Auch in dieser Nacht sprach Ant mit ihm und zog sich dann wieder zurück. Im Herd glimmte die Glut und beleuchtete Schwert, Schild und Bogen, die an der Wand hingen. Auf der Pritsche neben Mikula schlief Wista, in ein abgeschabtes Fell gewickelt.

In der Hütte war es still, trotzdem konnte Mikula keinen Schlaf finden. Er stand vorsichtig auf, ging zur Tür und trat in den Hof hinaus. Von hier aus lenkte er seine Schritte über den Wall der Siedlung zu den Kurganen, unter denen die Sippenältesten Ant, Ulib und der Ururgroßvater, der Recke Wojik, ruhten.

Es war eine warme Nacht, der Mond war schon im Abnehmen: Perun rückte mit dem Dreizack in den Händen gegen die bösen Geister der Dunkelheit vor. Im grünlichen Licht des Mondes traten schwärzlich die Hütten von Ljubetsch hervor, die sich wie Bienenstökke aneinanderreihten. An der linken Seite hob sich dunkel der Wald ab. Irgendwo zwischen den Bäumen flackerte Licht, von dort drangen auch Hammerschläge herüber — Swarg schmiedete und schmiedete ...

Rechts von Mikula floß der Dnepr dahin — wunderschön war er in dieser Nachtstunde, wasserreich, mit mächtiger Strömung, breit, blau im Lichte des Mondes.

Nicht nur Mikula ergötzte sich an dieser schönen Nacht, sondern auch der Held ihrer Sippe, der Älteste Wojik. Als versteinerter Krieger in Helm und Panzer, mit dem Schwert am Gürtel, stand er auf einem Kurgan am Dnepr. Seine Beine waren mit den Jahren in die Erde gewachsen, grünliches Moos hüllte ihn ein wie ein Kleid und bedeckte alle Risse im Stein.

Das Antlitz des Kriegers war ausdrucksstark: weit geöffnete Augen, die Brauen wie Pfeile, eine große, breite Nase, dicke, vorgewölbte Lippen. Gedankenvoll blickte er auf den Dnepr, die Buchten, Wiesen und Wälder. Und Mikula schätzte sich glücklich, daß er gemeinsam mit dem Ältesten den Anblick genießen konnte.

Zweites Kapitel

1

Der Kaiser des Oströmischen Reiches Johannes Tzimiskes war vom Feldzug in Asien schwerkrank zurückgekehrt. Er konnte nicht essen, nicht schlafen, er magerte ab. Seine Frau, die Kaiserin Theodora, und der Erste Minister und Obereunuch Basileios wichen Tag und Nacht nicht von seiner Seite. Aus Syrien, aus Venedig und Amalfa eilten die besten Ärzte herbei, aber sie konnten die Krankheit nicht heilen.

Nur ein Arzt, der berühmte Une-Rha aus Ägypten, schien hinter das Geheimnis zu kommen. Während er den abgemagerten Körper untersuchte, erkundigte er sich ausführlich danach, wann sich der Kaiser schlecht fühlte, was ihn schmerzte ...

„Oh, ich verstehe“, flüsterte der Arzt Une-Rha. Als er jedoch den Blick des Ersten Ministers Basileios auffing, der am Lager des Kaisers stand, wurde er finster und verstummte. Verständlicherweise konnte er hier nicht über die Krankheit sprechen.

Später, als beide allein waren, fragte Basileios: „Arzt, du weißt also, was das für eine Krankheit ist?“

„Ja“, antwortete der Arzt. „Die Augen, die Leber, das Herz, die Farbe der Haut sagen mir, daß man dem Kaiser ...“

„Weshalb verstummst du?“ flüsterte der Erste Minister.

„Man hat ihm ein Schlangengift verabreicht, das es nur an einem Ort gibt, in Ägypten, am Oberlauf des Nils.“

„Du bist ein Narr! Konstantinopel und der Nil... Wer sollte an solch ein Gift gekommen sein?"

Der Arzt verneigte sich tief. „Ich kann nur sagen, was ich weiß und sehe."

„Verflucht!" rief Basileios. „Gibt es denn keine Arznei, die der Wirkung dieses Giftes Einhalt gebieten könnte?"

„Ich kenne solche Arzneien", erklärte Une-Rha ruhig.

Da trat der Erste Minister einen Schritt näher, ergriff den Arzt am Arm und sagte: „Wenn sie existieren, muß man sie unverzüglich finden und dem Kranken verabreichen. Hör zu, Arzt, ich verspreche dir eine hohe Belohnung. Du wirst Patrizier des Imperiums, du bekommst, was du nur willst, aber rette den Kaiser."

Der Arzt verließ den Großen Palast. In der folgenden Nacht fielen in einer stillen Straße, nicht weit vom Goldenen Horn, Unbekannte über ihn her und durchbohrten ihn mit Messern. Das hatte der Erste Minister Basileios eingefädelt, der auch dem Kaiser während des Feldzugs eigenhändig das Gift verabreicht hatte.

Kaiser Johannes wußte, daß er schwer erkrankt war, wollte allerdings nicht wahrhaben, daß er diese Welt bald verlassen mußte.

Wohl sprach er zu allen, die ihn umgaben, daß er wahrscheinlich bald sterben würde, aber das waren nur leere Worte: Johannes wollte, daß sich die Lebenden um ihn sorgten, für ihn beteten, Gott anflehten. Er befahl, auf der Insel Chalki so schnell wie möglich eine Kathedrale zu Ehren des Erlösers zu errichten, und als man ihm mitteilte, daß diese Kathedrale fast fertig sei, ordnete er an, dort die von ihm aus Palästina mitgebrachten Haupthaare Johannes des Täufers aufzubewahren und einen Marmorsarkophag für seinen vergänglichen Leib zu bauen.

Tzimiskes griff auch zu anderen Mitteln: Da er in allen Verwaltungsgebieten des Imperiums unzählige Besitzungen hatte, gab er Befehl, eine von ihnen, eine kleine bei Konstantinopel, zu verkaufen und das eingenommene Geld an die Armen zu verteilen, besonders an jene, die an der Fallsucht leiden. Er tat dies mit Vorbedacht, tauchten doch die Kranken überall in Konstantinopel auf, fielen hin und beteten für die Heilung des mächtigen Johannes.

Der Kaiser dachte auch an sein Seelenheil. Antonios, den er einst aus dem Studinsker Kloster geholt und auf einem Konzil in Konstantinopel als Patriarchen eingesetzt hatte, war nicht gut auf ihn zu sprechen, weil Johannes dem Klerus viele Privilegien entzogen hatte, um den Feldzug finanzieren zu können. Also befahl Tzimiskes, anstelle des Patriarchen den Bischof von Adrianopel, Nikolai, in den Großen Palast zu bringen. Er blieb lange mit ihm allein. Anschließend erklärte der Bischof, daß der Kaiser seine Sünden gebeichtet und ihn gebeten hatte, Mittler zwischen ihm und Gott zu sein.

So erweckte Johannes den Anschein, daß er sich auf den Tod vorbereitete. Aber wenn die Nacht kam, wurde er unruhig, er rief seine Frau Theodora und seinen Ersten Minister zu sich und beschwor sie, Rettung zu suchen.

Kaiserin Theodora umsorgte ihn, gab ihm Kräuteraufguß zu trinken, der den Schlaf heraufbeschwor, befeuchtete Stirn und Lippen mit Essig. Aber sie litt selbst an einer kranken Leber und konnte zeitweilig ihre Gemächer nicht verlassen. Nur der Erste Minister, der Parakimomen Basileios, verließ Tzimiskes jetzt nicht.

Eines Nachts lag Johannes lange schweigend auf seinem Bett, lauschte dem Herbstwind, der hinter der Mauer pfiff, und betrachtete die Mosaikbilder seiner

Vorgänger, die, Gebetbücher in den Händen und den Blick gen Himmel gehoben, an den Wänden des Schlafgemachs dargestellt waren.

„Eines läßt mir keine Ruhe", ertönte auf einmal in der Stille des Schlafgemachs seine Stimme.

Der Erste Minister Basileios, der nicht weit vom Bett entfernt saß, zuckte zusammen und fragte: „Hast du etwas gesagt?"

„Ich spreche davon", antwortete Johannes, „daß mir im Großen Palast keiner helfen will und kann."

Über das bartlose Gesicht des Ministers huschte ein spöttisches Lächeln.

„Und was ist mit mir?" fragte er.

„Erster Minister", erwiderte Johannes mit schwacher Stimme, „dir vertraue ich, sonst würde ich in diesem Schlafgemach den Verstand verlieren. Und ich vertraue noch einem Menschen", fuhr Johannes fort, „der nicht dulden würde, daß ich so leiden muß, der mich den Klauen des Todes entreißen könnte, der aber leider weit weg ist von Konstantinopel."

„An wen denkst du?"

„An Theophano, die wir in das ferne Armenien geschickt haben."

„Ich habe geahnt, daß es dich nach Theophano verlangt", sagte der Erste Minister. „Nur sie kann dich aufrichten, und deshalb habe ich längst ein Schiff nach Armenien geschickt."

„Gut hast du gehandelt, Erster Minister. Ich will Theophano sehen, sobald sie in Konstantinopel ist."

2

Seit der Ermordung von Nikephoros Phokas waren viele Jahre vergangen. Damals hatte Johannes Tzimiskes auf Verlangen des Patriarchen Polyeuktos Theophano auf die Insel Protos im Marmarameer geschickt. Von dort war sie geflohen und hatte sich in der Hagia Sophia verborgen. Daraufhin hatte er sie nach Armenien verbannt, in die Stadt Ani, wo sie wie eine echte Kaiserin lebte, mit einem Hofstaat, vielen Dienern und allem Prunk. Ihre Töchter Zoë und Anna waren bei ihr, Zoë allerdings starb im Alter von zehn Jahren.

Theophano war immer noch so hartnäckig, eigensinnig und unbarmherzig, aber mit ihren fünfunddreißig Jahren auch so schön wie in ihrer Jugend. Die Jahre schienen spurlos an ihr vorübergegangen zu sein. Auf dem wie Marmor glatten Gesicht war nicht eine Falte, die Augen unter den geraden schmalen Brauen strahlten wie früher, die Lippen flammend rot, um ihre geschmeidigen Arme, die Brüste, die schlanke Gestalt hätten selbst Göttinnen sie beneidet.

Theophanos Haß auf Johannes Tzimiskes und seinen Ersten Minister Basileios war in den Jahren immer größer geworden. Enger als mit Johannes war sie mit Basileios verbunden gewesen: Mit ihm hatte sie die Ermordung ihres Schwiegervaters Konstantin, ihrer Männer Romanos und Nikephoros Phokas geplant und ausgeführt, gemeinsam hatten sie die Krone auf das Haupt von Johannes Tzimiskes gesetzt.

Und in Ani bereitete sich Theophano auf den Kampf mit Tzimiskes und Basileios vor. Mit König Aschot verkehrte sie auf freundschaftlichem Fuße und war selbst ein gern gesehener Gast vieler Aristokraten. Mehrmals fuhr sie nach Georgien, wo sie mit König David und seinen Höflingen sprach. Theophano wußte, was sie tat. In Georgien und Armenien war man nicht gut auf Byzanz zu sprechen, das ein Auge auf diese Länder geworfen hatte. Sowohl Aschot als auch David waren Feinde der Kaiser der Rhomäer. Aber Theophano, die Mutter der Knaben Basileios und Konstantin, war aus Konstantinopel verjagt worden; auf sie konnte man setzen. Auch die Schönheit der verwitweten Kaiserin tat ihre Wirkung.

Noch etwas fiel Theophano ein: Nicht weit von hier, in Kappadokien, hatten sich der Bruder von Nikephoros Phokas, Leon, und sein Sohn Ward gegen Johannes erhoben. Leon war geblendet und vom Kaiser nach Amasia verbannt, Ward zum Mönch gemacht und in ein Kloster auf die Insel Chios geschickt worden. Theophano zog Erkundigungen über Ward Phokas ein und traf sich in Ani mit seinen Anhängern. Alles auf dieser Welt konnte von Nutzen sein!

Als Ward Phokas die erste Nachricht von Theophano erhielt, faßte er wieder Mut. Er erinnerte sich gut an seine Tante. Schon in Konstantinopel hatte er bei ihrem Anblick beinahe den Verstand verloren. Der Mönch Ward, der jetzt gezwungen war, die Zeit mit Fasten und Beten zu verbringen, wollte nur zu gerne jeden Wunsch Theophanos erfüllen.

Da traf aus Konstantinopel ein Pergament ein: Der Erste Minister wünschte ihr gute Gesundheit und eine glückliche Rückkehr in die Heimat.

Es war Spätherbst, als Theophanos Schiff von den Ufern Armeniens ablegte und gen Westen fuhr. Im Schwarzen Meer tobten zu dieser Zeit furchtbare Stürme, die Wellen türmten sich zu Bergen, kalte Nordwinde bliesen. Sogar erfahrene Seeleute fürchteten sich vor der langen gefährlichen Fahrt.

Aber Theophano hörte nicht auf sie. Zusammen mit ihrer Tochter Anna bestieg sie das Schiff und begab sich unter Deck, wo sie vor Wind und Regen sicher waren.

Von Zeit zu Zeit, wenn die Wolken aufrissen und die Sonne hervorblickte, kletterte Theophano mit ihrer Tochter nach oben. Einmal tauchten im Norden schwere dunkle Wolken auf, die aufgetürmten Felsen ähnelten und von grellen Blitzen durchschnitten wurden.

„Weshalb zitterst du, Mama?“ fragte die erschrokkene Anna.

„Dort“, antwortete Theophano und drückte ihre Tochter an sich, „hinter dem Schwarzen Meer liegt ein furchtbares Land — die Rus. Ihre Bewohner sind wilde, grausame Menschen. Sie leben in Höhlen, essen rohes Fleisch, sie glauben nicht an Christus, beten zu ihren Holzgöttern. Sie waren schon immer unsere Feinde. Einmal standen ihre Khane direkt vor den Mauern unseres heiligen Konstantinopel.“

„Führen sie jetzt keinen Krieg mehr gegen uns?“

„O nein, Tochter. Johannes Tzimiskes hat ihren Khan Swjatoslaw gebührend zurechtgewiesen. Am Ufer der Donau hat er ihn geschlagen. Man muß nur immer auf der Hut sein vor ihnen.“

Das kleine Mädchen verstand von dem, was ihre Mutter erzählte, nur eines, nämlich, daß man sich vor den Russen in acht nehmen mußte. Dann wollte sie noch wissen: „Ist es weit zu ihnen, Mama?“

„Sehr weit“, erwiderte Theophano. „Bis nach Kiew, der Hauptstadt der Rus, ist man Monate unterwegs.“

Das Mädchen Anna konnte nicht wissen, daß sie viele Jahre später diese weite Reise antreten sollte.

3

Das Schiff mit der ehemaligen Kaiserin lief in dunkler Nacht in Konstantinopel ein und ging gegenüber vom Blachernen-Palast vor Anker. Einige leichte Boote glitten auf das Schiff zu, und eins von ihnen nahm eine Frau und ein Mädchen auf. Die Eunuchen, die unbeweglich an den Bordwänden standen, und die Ruderer, die bemüht, nicht zu lärmen, ihre Riemen gleichmäßig durch das schwarze Wasser zogen — sie alle ahnten nicht, wer die Frau mit dem dunklen Schleier war. Als das Boot das Goldene Horn passierte, schlug die Frau für einen Augenblick den Schleier zurück — die Lichter Konstantinopels spiegelten sich in ihren Augen, beschienen die bleiche Stirn und die zusammengepreßten Lippen.

Sie ließ sogleich den Schleier wieder fallen. Das Ufer kam näher, der Bug des Bootes drang in das Geröll ein, die Laufplanken fielen. Irgendwelche Hände ergriffen Theophano, führten sie in einen engen, langen Gang, wo die Luft kalt und feucht war, durch einen Garten, wo es nach Herbstblumen duftete, über kleine Steintreppen und Brücken bis in ein Gemach, in dem Halbdunkel herrschte.

„Grüß dich, Kaiserin!"

Theophano seufzte. Kaiserin — oh, wie lange hatte sie dieses Wort nicht mehr gehört! Der allmächtige Erste Minister Basileios trat näher und ergriff ihre Hand.

„Du bist immer noch die schönste Frau der Welt, Theophano", sagte er. „Wirf diesen schwarzen Totenkittel ab."

„Wo bin ich, und was ist geschehen?"

„Wir sind im Blachernen-Palast, hier kann uns niemand sehen und hören. Vorläufig ist noch nichts geschehen. Du bist sicher müde nach der langen Reise. Du wirst hier leben, deine Tochter wird bei dir sein. Setzen wir uns? Da ist Wein und etwas zu essen. Trink, iß, Thephano, es wird dir guttun ..."

Theophano setzte sich und nahm einen Becher Wein.

„Er stirbt", fuhr der Erste Minister fort, „bald ist es mit ihm zu Ende."

„Was für eine Krankheit hat er?"

„Du weißt es, Theophano."

„Mein Pulver aus Ägypten?"

„Ja."

„Dieses Gift wirkt sehr schnell."

„Das Pulver hat sicher mit den Jahren an Kraft verloren. Außerdem erweist sich der Kleine als sehr zäh. Er krepiert schon ein halbes Jahr, aber jetzt ist es offenbar soweit."

„Weshalb hast du mich gerufen?"

„Oh, Theophano, für uns gibt es viel zu tun. Im Imperium ist es unruhig, im Norden sammeln die Bulgaren ihre Kräfte, in Kleinasien bricht ein Aufstand nach dem anderen los."

„Kleinasien kenne ich jetzt gut." Theophano lachte spöttisch. „Das ist ein Vulkan, der stündlich explodieren kann: Syrien, Mesopotamien, Kappadokien und — die Araber ..."

„Du weißt also Bescheid. Auch in Konstantinopel brodelt es."

„Ich weiß alles", sagte Theophano kalt. „Und was habe ich damit zu tun?"

„Johannes ist bald nicht mehr ..."

„Und was dann? Johannes hat eine Gemahlin, Theodora, die wird sich nach seinem Tod auf Salomos Thron setzen, und der Patriarch wird sie segnen."

Der Erste Minister lachte höhnisch.

„Es gibt auch noch andere Anwärter auf Salomos Thron. Die Aristokraten in Konstantinopel haben weder dich, Theophano, noch — sei nicht gekränkt — deine Söhne im Sinn: Sie träumen von einem Kaiser, der ein guter Feldherr ist, der die Legionen gegen die Bulgaren und gegen Kleinasien führen kann."

„Und wen haben sie ausersehen?"

„Mir scheint, Ward Sklir. Du kennst ihn gut, er war Feldherr bei Nikephoros Phokas und Johannes Tzimiskes. Jetzt hat er offenbar vor, ihren Thron zu besteigen."

„Ich kenne Ward Sklir", sagte Theophano. „Was ist

dabei, er ist ein glänzender Feldherr und gewiß auch kein schlechter Imperator."

„Und das sagst ausgerechnet du, Theophano, die Mutter von Basileios und Konstantin? Begreifst du denn nicht, daß weder Theodora noch Ward Sklir deine Söhne oder dich in den Goldenen Saal lassen?"

„Dich lassen sie nicht ein." Theophano lachte spöttisch. „Sag die Wahrheit, Erster Minister!"

„Du hast recht, sie werden uns alle, dich, deine Söhne und auch mich, aus dem Großen Palast jagen", gab der Erste Minister zu.

„Jetzt gefällst du mir, Basileios", sagte Theophano.

Der Erste Minister stand auf und trat dicht an Theophano heran. „Wenn Johannes Tzimiskes stirbt, werden deine Söhne den Thron besteigen, und neben ihnen sitzt du als Mitregentin, in Wirklichkeit aber als eine mit allen Machtbefugnissen ausgestattete Kaiserin. Und ich bleibe der, der ich war — euer, dein Zeremonienmeister, der Erste Minister."

Theophano war so erregt, daß sie kaum atmen konnte. Oh, was für erhabene Weiten taten sich vor ihr auf! Sollte sie ihrem Glück vertrauen? Wie oft schon hatte Basileios sie und andere hintergangen!

„Heißt das, man muß Theodora und Sklir beseitigen?" fragte Theophano rauh.

„Ja, Theophano, beide. Ich habe erreicht, daß Johannes dich sehen und mit dir sprechen will. Wenn du ihn aufsuchst, kannst du alles in die Wege leiten. Was ist, Kaiserin?" Basileios hob den Becher. „Trinken wir auf unsern Erfolg? Ja, und auch darauf, daß Johannes bald seinen Platz im Grabmal auf Chalki einnimmt!"

„O nein." Sie hob den Becher und lachte dreist. „Ich trinke darauf, daß Johannes lebt, bis wir unsere Angelegenheiten zu Ende geführt haben."

4

Es war für Theophano gar nicht so einfach, in den Großen Palast zu gelangen und dann noch in das Schlafgemach von Johannes vorzudringen. Glücklicherweise hatte der Erste Minister überall seine Leute, sowohl am Elfenbeintor als auch auf der Terrasse der Daphne und in den Gemächern. Wie ein Gardeangehöriger in ein schwarzes Gewand gehüllt, einen Hut mit Straußenfedern auf dem Kopf, das Schwert am Gürtel, gelangte sie zusammen mit der Wachablösung in den Großen Palast. Dort führte sie der Ranghöchste der Garde, Leon, durch die Übergänge.

Zusammen mit dem Ersten Minister Basileios betrat sie das Schlafgemach, das sie früher, zur Zeit der Kaiser Romanos und Nikephoros Phokas, als Kaiserin bewohnt hatte und in dem jetzt Johannes und Theodora lebten.

Sie zuckte unwillkürlich zusammen, als sie nach all den Jahren die Gestalten der früheren Kaiser wiedersah, die silbernen Öllämpchen, die dunklen, mit goldenen Fäden durchwirkten Vorhänge an Fenstern und Türen, das Bett in der Ecke — ja, das hatte sie mit Romanos und mit Nikephoros geteilt.

Jetzt lag auf diesem Bett Johannes Tzimiskes im Sterben, jener Mann, der in diesem Schlafgemach seinen Vorgänger getötet, der Theophano Liebe geschworen und sich dann von ihr losgesagt hatte.

Sie erkannte ihn nicht wieder. Das war nicht jener Johannes, den sie umarmt und geküßt, der hier ihre unersättliche Leidenschaft gestillt hatte. Auf dem weißen Bettlaken lag ein Skelett mit kahlem Kopf, feuerrotem Bart, spitzer Nase, dunklen Augen, die in den tiefen Höhlen funkelten.

„Johannes!“ sagte sie laut. „Ich grüße dich, Kaiser!“

„Theophano!“ Seine Stimme hallte dumpf im Schlafgemach wider.

Der Erste Minister machte ein Zeichen, daß er sich gleich hinter den Türen befand, und verließ den Raum.

„Du hast mich sicherlich gar nicht erkannt“, begann Tzimiskes. „Seit der Spiegel in die Brüche ging ... Seit ich ihn zerschlug, habe ich mich nicht mehr betrachtet. Sag, habe ich mich sehr verändert, sehe ich sehr schlecht aus, Theophano?“

Sie trat näher und blieb neben seinem Bett stehen.

„O nein“, erwiderte Theophano. „Du bist krank und hast dich verändert, aber schlecht siehst du nicht aus.“

„Verfluchte Krankheit!“ erregte er sich. „Keiner kennt sie, aber sie quält mich, höhlt Körper und Geist aus. Ich habe schon alle Kraft verloren.“ Er seufzte tief, sein Blick hing an der schönen Theophano. „Danke, daß du gekommen bist. Ich habe sehr auf dich gewartet. Zürnst du mir noch? Du kannst vielleicht jene Nacht in der Hagia Sophia nicht vergessen, als wir das letzte Mal miteinander sprachen und ich dir riet, nach Armenien zu fahren.“

„Du hast mir nicht geraten, sondern mich fortgeschickt.“

„Ja, ja, das erforderten die Umstände.“

„Ich erinnere mich an jene Nacht“, sagte Theophano, „klage dich aber nicht an. Du hast mich damals verraten, und jetzt bezahlst du dafür. Aber das alles ist vergessen, ich liebe dich, du brauchst mich nur zu rufen, und ich komme über das Meer nach Konstantinopel geeilt. Warum hast du mich gerufen, Johannes?“

Er blickte hilflos zur Seite.

„Ich konnte nicht anders. Ich bin doch so allein.“

„Du warst schon damals allein, als wir uns in der Kathedrale sahen. Erinnere dich, du selbst hast davon gesprochen.“

„Ich erinnere mich daran, als ob es gestern war. Ja,

ich war schon damals allein, und dann der Krieg mit Swjatoslaw, die Feldzüge in Asien, die heimtückische Krankheit."

„Du bist nur deshalb krank geworden, Johannes, weil ich nicht bei dir war. Ich hätte das nicht zugelassen."

Sie setzte sich auf das Bett und blickte in seine beunruhigten, erschreckten Augen.

„Du denkst, irgend jemand hat das vorsätzlich getan?" fragte er.

„Das denke ich."

„Aber wer denn? Er etwa?" Johannes wies mit dem Kinn zur Tür, durch die der Erste Minister hinausgegangen war.

„O nein", antwortete Theophano eilig. „Ich kenne keinen Menschen, der dir aufrichtiger dient als er."

„Aber wer dann? Ich bin ja nicht hier krank geworden, sondern auf dem Feldzug, in einer Nacht am Berg Olymp, als nur der Erste Minister bei mir war."

„Es gibt Gifte, die wirken nicht sofort, sondern erst nach einer bestimmten Zeit ..."

Er legte seine kalten, knochigen Finger auf ihre Hand. „Warum verstummst du, Theophano? Wolltest du sagen, daß ich sterben muß?"

„O nein!" entgegnete sie zuversichtlich. „Es gibt für jedes Gift ein Heilmittel. Vielleicht kann ich dir helfen."

„Ich danke dir, Theophano. Wenn ich nur wüßte, wer mir das Gift verabreicht hat."

„Es kann ja auch eine Frau gewesen sein", murmelte Theophano.

Die eingesunkenen Augen blickten sie erstaunt an. „Eine Frau? Theophano, was weißt du?"

„Gut, ich werde dir sagen, was ich weiß, so grausam es sein mag ... Theodora war es ... Schon in Armenien wurde mir das zugetragen und hier in Konstantinopel ebenfalls. Sie ist deine Feindin. Auch über Ward Sklir wird so einiges gemunkelt; angeblich läßt er seine Legionen kommen. Theodora und Sklir — beide zögen einen Nutzen aus deinem Tod."

„Wie entsetzlich!" flüsterte er. „Nichtswürdige Theodora! ... Sie hat mich nie geliebt, und ich sie auch nicht ... Kaiserin, oh, wie habe ich mich geirrt, als ich sie heiratete. Und Sklir, dieser undankbare Feldherr, Stümper, Mörder ... Aber so nicht! Die führen mich nicht hinters Licht! Ich werde ihre wahnsinnigen Pläne durchkreuzen!"

Theophano gab sich gleichmütig: „Ich enthüllte dir die ganze Wahrheit, verfahre du jetzt nach eigenem Ermessen, Johannes. Denke daran: Theophano ist in der Nähe und stets bereit, dir zu helfen, und morgen bringe ich dir das Heilmittel."

„Danke, Theophano!"

Sie verneigte sich, küßte den Imperator auf die Stirn und flüsterte ihm ins Ohr: „Ein Kaiser muß besonnen handeln. Er hat viele Feinde."

„Ich weiß, Theophano", antwortete Tzimiskes ebenfalls flüsternd. „Ein Wort von mir genügt, und alles nimmt seinen Lauf. Ich danke dir. Es ist schon spät, geh jetzt, kümmere dich um die Medizin, warte auf mein Wort."

„Leb wohl. Bis zum nächsten Mal, geliebter Kaiser!"

5

In der Nacht zum 6. Januar 976 kam der Patriarch Antonios, ein graubärtiger, aber noch rüstiger Alter, zu dem sterbenden Imperator in das Schlafgemach. Er verneigte sich tief vor dem Kaiser und setzte sich dann an sein Bett.

„Ich sterbe, Vater", begann Johannes.

Demütig entgegnete der Patriarch: „Der Allerhöchste hat dich gesegnet, er wird dir Gesundheit schenken und ein langes Leben zum Wohle von Byzanz und der ganzen Welt."

„Nein, Vater, meine Tage sind gezählt, und ich rief dich, um zu beichten."

„Großer Kaiser", erwiderte der Patriarch, „die Kirche bittet Tag und Nacht um Gesundheit für dich, obwohl du uns nicht immer gewogen warst. Du gingst in den Kampf und entzogst uns alle Privilegien. Als es dir schlecht ging, riefst du nicht mich, den Patriarchen, an dein Lager, sondern irgendeinen Bischof aus Adrianopel ... Vor Gott allerdings", fügte er hinzu und hob die Hände, „sind wir alle gleich: der Kaiser, der Patriarch und der Bischof auch, und vor dem Tod erst recht."

Der alte Patriarch war gekränkt, und der Kaiser bemühte sich, ihn umzustimmen.

„Ich habe nur einen Patriarchen", sagte er, „und den rufe ich in dieser besonders schweren Stunde zu mir. Ich muß zugeben, mein Vater Antonios, daß ich die Kirche und dich nicht immer gerecht behandelt habe. Als das Imperium in Not war, habe ich der Geistlichkeit viele Privilegien entzogen, die frühere Imperatoren ihr erteilt hatten. Nun, ich bekenne mich schuldig und gebe der Kirche alle diese Privilegien zurück, schenke ihr Kathedralen und Land in Makedonien und Thrakien."

„Der Herr verläßt dich nicht, wir preisen dich in Ewigkeit."

„Bevor ich aus diesem Leben scheide, will ich dir alle meine Sünden beichten und um Vergebung bitten."

„Sprich, Kaiser, und ich werde dir im Namen des Herrn alle Sünden vergeben."

„Ich habe gesündigt, weil ich eine ungesetzliche Ehe

eingegangen bin. Wie dir bekannt ist, Vater, hatte Kaiser Konstantin Kinder, Romanos und Theodora, ich aber bin der Neffe des verstorbenen Nikephoros, der mit Theophano verheiratet war, der Frau des Romanos ..."

„Oh, ich verstehe", entgegnete der Patriarch streng. „Verwandtschaft im dritten Glied, und die Kirche verbietet Blutschande bis zum sechsten Glied ... Ich erinnere mich, der Patriarch Polyeuktos war strikt dagegen, daß Nikephoros die Ehe mit Theophano einging, obwohl er nur der Taufpate ihrer Kinder war ... Aber hier ist die Sache schlimmer."

„Ich quäle mich, Vater ... Wie soll ich vor den Thron des Allmächtigen treten?"

„Es ist noch nicht zu spät für die Kirche, diese Ehe für Blutschande zu erklären und sie aufzuheben. Und so vergebe ich dir schon jetzt im Namen Gottes die Sünden."

Bereits am folgenden Tag, als in Anwesenheit des Patriarchen Antonios der Ältestenrat zusammentrat, setzte der Erste Minister Basileios durch, daß die Ehe von Johannes und Theodora für ungültig erklärt wurde.

In der Nacht darauf verließ ein Schiff mit Theodora das Goldene Horn, wendete an der Halbinsel scharf und fuhr gen Westen, nach Protos. Allerdings war Theodora nicht Theophano: Hoffnungen, nach Konstantinopel zurückzukehren, hatte sie nicht.

Aber nicht nur über Theodora sprachen die Mitglieder des Ältestenrates. Der Erste Minister berichtete, daß es überall in Kleinasien unruhig sei. Syrien, Mesopotamien, Armenien, Georgien und Arabien warteten nur auf die Gelegenheit, über Byzanz herzufallen.

Die Senatoren und die Mitglieder des Ältestenrats der Geistlichkeit einigten sich, die besten Legionen nach Kleinasien zu schicken, und der Erste Minister bestand darauf, an die Spitze der Legionen den besten Feldherrn des Imperiums zu stellen.

„Im Auftrag des Kaisers", erklärte Basileios, „ernenne ich unseren berühmten Feldherrn Ward Sklir zum ranghöchsten Heerführer der Legionen."

Ward Sklir warf, nachdem er den Befehl des Kaisers vernommen hatte, dem Ersten Minister einen haßerfüllten Blick zu. Der sollte ihm büßen!

6

In der Nacht zum 10. Januar 976 jagte ein Wirbelsturm über Konstantinopel hinweg. Mal regnete es, mal schneite es aus den dunklen Wolken, die von den Rhodopen heransegelten.

In solch einer Nacht fühlt niemand sich wohl, jeder verkriecht sich in einem warmen Winkel. Auch dem sterbenden Kaiser von Byzanz, Johannes Tzimiskes, war übel zumute. Die besten Ärzte der Hauptstadt waren bei ihm. Sie legten Amphoren mit heißem Wasser an seine Füße und Hände, gaben ihm herben Wein zu trinken, der den Körper beleben und das Herz unterstützen sollte. Diener öffneten die Fenster und Türen des Schlafgemachs, die zum Meer hinausgingen.

Gegen Mitternacht schien es Tzimiskes besser zu gehen: Die Atemnot schwand, das Herz schlug gleichmäßiger, und er schlummerte ein. Als er nach kurzer Zeit wieder erwachte, war es still im Schlafgemach, nur die Wellen irgendwo tief unter den Fenstern lärmten.

Am Fußende seines Lagers stand der Erste Minister Basileios.

„Hat man Theodora fortgeschickt?" fragte der Kaiser.

„Ja, sie ist jetzt schon auf Protos."

„Und Ward Sklir?"

„Seine Legionen werden nach Asien übergesetzt, er selbst hat Konstantinopel verlassen."

„Wie laut die Wellen gehen ... Schließ die Türen und Fenster, Erster Minister ... Mich reizt dieser Lärm ... So ist es besser ... Ganz still ... Erster Minister, ich will Theophano sehen ..."

„Jetzt ist es spät, sie wird morgen kommen."

„Erster Minister, verschweigst du mir auch nichts? Weshalb schaust du mich so an? ... Denkst du ... denkst du, daß ich sterbe?"

„Du stirbst sehr lange, erstaunlich lange ..."

Unter Aufbietung aller Kräfte stützte sich Johannes Tzimiskes auf das Bett und blickte in das Gesicht des Ersten Ministers, das ihm jetzt raubtierhaft böse erschien.

„Basileios! ... Erster Minister! Du willst meinen Tod?"

„Ja!" erklang die dünne und unerbittliche Kastratenstimme des Ersten Ministers. „Ich will schon sehr lange deinen Tod, weil du ein untauglicher Kaiser bist, ein Gernegroß, ein talentloser Mensch. Du hast mich, den Sohn des Imperators Romanos, beleidigt, und deshalb habe ich dir am Olymp Gift gegeben ..."

Der Kaiser wollte schreien, aber seiner Kehle entrang sich nur ein Röcheln: „Theophano!"

„Schweig!" erklärte der Erste Minister. „Die Medizin, die du einnimmst, ist in Wirklichkeit auch Gift. Theophano schickte es."

„Oh, ihr Götter!"

„Die werden dir jetzt auch nicht mehr helfen."

7

An diesem Morgen wurde Theophano von einem ungewöhnlichen Lärm geweckt. Die gleichmäßigen Schritte vieler Füße und ein Geklirr wurden lauter und lauter. Das konnten nur die Gardisten sein, die bei jedem zweiten Schritt an den Schild schlugen. Aber weshalb kamen sie zu dieser frühen Stunde zum Blachernen-Palast? Theophano sprang aus dem Bett und blickte durch das runde Glimmerfensterchen auf die Straße, wo das dunkle Viereck der Gardisten auftauchte.

„Ewiges Gedenken dem Kaiser Johannes“, verkündete jemand, „es leben die göttlichen Kaiser Basileios und Konstantin!“

Theophano erstarrte. Ihr Herz schlug stürmisch. „Ewiges Gedenken dem Kaiser Johannes.“ Das bedeutete, in dieser Nacht war er gestorben. „Es leben die Kaiser Basileios und Konstantin!“ Das hieß, ihre Söhne waren auf den Thron gekommen.

Aber weshalb wußte ihre Mutter, die Kaiserin Theophano, nicht längst, was in dieser Nacht im Großen Palast geschehen war? Theophano brannte vor Ungeduld. Jeden Augenblick mußte ein Bote von Basileios oder von den Söhnen bei ihr erscheinen, der sie in den Großen Palast rief. Der Erste Minister hatte ihr jedenfalls versprochen, dies sofort zu tun.

Theophano aß eilig etwas und kleidete sich an, schmückte Hals, Brust und Arme mit kostbarem Geschmeide und setzte die Krone der Kaiserin auf das Haupt.

Aber die Zeit verging. Immer neue Nachrichten drangen in den Blachernen-Palast. Der Patriarch Antonios gab den jungen Kaisern in der Hagia Sophia seinen Segen; am Elfenbeintor des Großen Palastes hatten sich alle Mitglieder des Ältestenrates versammelt und begaben sich in den Goldenen Saal; der Erste Minister wandte sich mit einer Rede an sie.

Aber weshalb war Theophano nicht bei den Söhnen im Goldenen Saal? Länger warten konnte sie nicht. Sie beschloß zu handeln. Sie befahl den Dienern, eine

Sänfte vorzubereiten und verließ zusammen mit ihrer Tochter Anna die Gemächer.

Aber was war das? Die Türen des Blachernen-Palastes wurden von Gardisten bewacht!

Theophano begriff. Doch mit keiner einzigen Bewegung zeigte sie, wie verwirrt, wie verletzt sie war. Sie hielt sich eine Zeitlang im Vorraum auf und kehrte dann in ihre Gemächer zurück.

Nachdem Theophano das Geschmeide und die Krone auf den Tisch geschleudert hatte, stand sie lange am geöffneten Fenster. Immer noch schallten durch die Straßen die Rufe „Ruhm den göttlichen Kaisern!“, „Ruhm für Basileios und Konstantin!“, überall erklangen Lieder, feierliche Musik, Glockengeläut.

Der Erste Minister versperrte ihr den Zutritt zum Thron.

8

Byzanz, das Oströmische Imperium, das in der Nachfolge Roms entstanden war, hatte glanzvolle Zeiten erlebt. Seine ersten Kaiser, Septimius Severus, Konstantin, genannt der Große, und die meisten ihrer Nachfolger bewahrten die Hinterlassenschaft der alten Römer und Griechen, nahmen sich der Wissenschaft und Kultur von Rom und Hellas an. Sie beeindruckten die Welt mit ihrer Macht und gliederten ihrem Imperium immer neue Länder in Europa, Asien und sogar in Afrika an. In einer Welt von Sklavenhaltern und Eroberern, inmitten von Gewalt und Blut hielt Byzanz stand, wurde immer reicher und stärker.

Aber diese Zeiten waren vorbei. Von dem einst allmächtigen Imperium fielen nach und nach Völker ab, Aufstände brachen aus, die Bauern, Handwerker, Sklaven verarmten; das Volk von Byzanz selbst erhob sich nicht nur einmal gegen die Imperatoren.

Unter der Herrschaft von Romanos I. und II., Konstantin VII., Nikephoros Phokas, Johannes Tzimiskes und schließlich Theophanos Söhnen Basileios und Konstantin durchlebte Byzanz eine schwere Zeit. Das Imperium empfing von den Nachbarn einen Schlag nach dem anderen und brannte im Feuer von Aufständen.

Der Erste Minister Basileios, der schon der Vertraute und die rechte Hand der Kaiser Konstantin, Romanos, Nikephoros und Johannes gewesen war, begriff besser als irgend jemand sonst, worauf sich Salomos Thron der byzantinischen Imperatoren hielt. Es gefiel ihm zu ernten, was er gesät, die Knoten zu entwirren, die er seinerzeit selbst geknüpft hatte.

Das Imperium hatte es nicht leicht. Mehrere Jahre hintereinander gab es Mißernten, und was auf den steinigen, von der Sonne ausgedörrten Feldern keimte, wurde von der Steuer aufgesaugt. Bald hier, bald dort flammten Aufstände auf. Um sie zu unterdrücken, mußte eine ungewöhnlich große Armee unterhalten werden. Eine noch gierigere Armee waren die Geistlichkeit und die Klöster, die weite Ländereien besaßen. Riesige Mittel verschluckte der Große Palast, in dem um jeden Preis, und sei es wegen der Fremden, der äußere Glanz erhalten werden mußte. Gold, Gold und abermals Gold verlangten der Ältestenrat des Klerus, die Senatoren, Patrizier, Beamten und schließlich die berittene Garde, die Regimenter der Unsterblichen, die den Imperator zu beschützen hatten, und die Legionen, die über Europa und Kleinasien verstreut waren.

Schwer hatte es Byzanz auch mit den Nachbarn. Sein ärgster Feind war im Verlauf der Jahrhunderte das Heilige Römische Reich Deutscher Nation geworden. Es bewegte sich wie eine schwarze Wolke von Norden und Westen heran, ihm gehörten die Länder vom Baltischen bis zum Mittelmeer, fast ganz Italien und die Inseln im Mittelmeer.

Kaiser Nikephoros Phokas hatte lange gegen das deutsche Imperium gekämpft, es aber nicht bezwingen können. Johannes Tzimiskes tat das, woran sein Vorgänger nicht im Traum gedacht hatte: Er gab Theophano, die Tochter Kaiser Konstantins, dem Sohn von Otto I. zur Frau, und fortan verzichtete das deutsche Imperium darauf, nach Süden und Westen zu streben — sein Heer bewegte sich nach Osten. Polen übergab Otto den minderjährigen Sohn von Fürst Bolesław als Geisel, Böhmen bemühte sich, einen Vertrag zu schließen. Die Griechin Theophano wendete das Schwert von Byzanz ab; es richtete sich jetzt gegen die Polen und die Tschechen, gegen die Rus.

Der Erste Minister Basileios brauchte sich auch wegen der südlichen Grenzen von Byzanz keine Sorgen mehr zu machen. In diesem Teil von Asien war es immer unruhig gewesen; Nikephoros Phokas und Johannes Tzimiskes hatten ihr Leben lang vergeblich versucht, diese Länder zu bezähmen. Ward Sklir war ja so begierig, den Thron Salomos zu besteigen — wenn er seine Ehre bewahren wollte, sollte er ruhig in der arabischen Wüste kämpfen. Nebenher verstreute der Erste Minister alle seine Helfer über Asien: Die Wüste war groß, überall brodelte es. Die Feldherren würden wie hungrige Hunde im Flugsand umherirren, um glühend heiße Steine zu lecken, und inzwischen konnte der Erste Minister Basileios seine Angelegenheiten regeln.

Etwas anderes beunruhigte ihn jetzt: die nordöstlichen Grenzen des Imperiums. Wie lange noch würde Byzanz vor Bulgarien und der Rus zittern?

Der Erste Minister Basileios ließ kein Auge von Bulgarien, wußte er doch, daß in der Zeit, als Kaiser Johannes in Preslaw und Dorostolon kämpfte, der Gebietsregent Schischman und seine vier Söhne in den Westgebieten Bulgariens einen Aufstand angezettelt hatten: Zuerst erweiterte der Vater ein Herrschaftsgebiet und danach die Söhne Dawid, Aaron, Moisej und Samuil. Jetzt saßen sie in Woden und bereiteten einen Feldzug gegen Byzanz vor.

Sorgen machte sich der Erste Minister auch wegen der Rus. Kaufleute hatten erzählt, daß nach dem Tod Swjatoslaws sein Sohn Jaropolk auf dem Thron von Kiew saß und seine beiden Brüder in anderen russischen Ländern herrschten. Was aber führten Fürst Jaropolk und seine Brüder im Schilde? Wollten sie den Tod ihres Vaters rächen? Würden sie sich — Gott bewahre! — mit den Schischmans vereinigen, sich an den Papst in Rom oder, was noch schlimmer wäre, an den deutschen Kaiser wenden?

9

Der Erste Minister befahl, den König von Bulgarien, Boris, zu einem Gespräch in den Großen Palast zu führen.

König Boris bot einen beklagenswerten Anblick: Sein dunkles Gewand war abgetragen, er selbst abgemagert, blaß, seine Hände zitterten, die Augen zuckten. Kaiser Johannes hatte ein grausames Spiel mit ihm getrieben, indem er Boris, seine Frau Maria und seine zwei Kinder im Großen Palast wie Gefangene hielt.

Der Erste Minister erkundigte sich zuerst nach der Gesundheit und nach der Familie, dann erzählte er von den Schischmans in Bulgarien.

„Verfluchte Gebietsregenten!“ entfuhr es Boris. „Sie reißen Bulgarien in Fetzen, sie bringen es um!“

Basileios lächelte über das ganze bartlose Gesicht: „Noch ist Bulgarien nicht verloren, und Konstantinopel hat vor, es zu retten. Was sind diese Schischmans schon — Emporkömmlinge, Usurpatoren, in ihnen fließt kein Tropfen königlichen Blutes.“

„Da stimme ich dir zu, großer Erster Minister.“

Jetzt kam Basileios zur Sache.

„Der verstorbene Kaiser Johannes tat nicht gut daran, dir die Krone zu nehmen", sagte er, „aber Tote soll man nicht richten. Die von Gott gekrönten Kaiser Basileios und Konstantin werden dir in dieser für die Bulgaren so schweren Stunde die Krone, den Purpurmantel und die Sandalen zurückgeben ... Du wirst mit deinem Bruder Roman nach Bulgarien fahren und auf den Thron in Preslaw steigen. Dabei kannst du ganz auf die Hilfe von Byzanz zählen."

Boris verneigte sich tief.

„Erster Minister Basileios", entgegnete er. „Wer aber wird mit mir gegen die Schischmans kämpfen?"

„Ein eigenes Heer kann ich dir nicht geben, Byzanz müßte einen Krieg mit den Schischmans beginnen, und das wäre jetzt nicht angebracht. Laß dir Zeit. Du mußt aus eigener Kraft einen Aufstand gegen die Schischmans organisieren. Ich werde dir ein paar Legionäre mitgeben, ein Heer aber mußt du in Bulgarien sammeln."

„Und die Krone?" entfuhr es Boris.

„Wie du weißt", antwortete Basileios ruhig, „hat Johannes Tzimiskes die Krone in die Hagia Sophia zur Aufbewahrung gegeben. Dort liegt sie noch, und sobald du auf dem Thron in Preslaw sitzt, erhältst du sie. Dem Kaiser, was des Kaisers ist."

Der Erste Minister lud den Patrizier Theodor in den Großen Palast ein, einen der reichsten Männer von Konstantinopel, der dadurch berühmt geworden war, daß er seit vielen Jahren Handel mit den Russen trieb. Kühn überquerte er in jedem Frühjahr das Russische Meer und begab sich den Dnepr aufwärts nach Kiew, wo er einen Hof, Vorratslager und Knechte besaß. Im Herbst kehrten seine Schiffe mit Waren beladen nach Konstantinopel zurück.

Basileios hatte den Patrizier Theodor schon oft in

den Großen Palast eingeladen, um über die ferne Rus Erkundungen einzuziehen, und ihm wichtige Aufgaben übertragen: Als Johannes Tzimiskes den Plan gefaßt hatte, den Fürsten Swjatoslaw umbringen zu lassen, hatte Theodor im Namen des Ersten Ministers den Petschenegenkhan Kurja aufgesucht und ihm den Auftrag überbracht.

Der Khan bekam zweihundert Kentinarien, und dafür lauerte er im Frühling dem Fürsten auf und tötete ihn auf der Grigori-Insel.

Der Erste Minister und der Patrizier Theodor begrüßten sich wie alte Bekannte.

„Ich hörte, Patrizier Theodor", begann Basileios, „daß du gerade erst aus Kiew angekommen bist."

„Ja, vor drei Tagen."

„Bist du über das Meer gefahren?"

„Nein, das war mir zu gefährlich. Dieses Mal habe ich den Weg durch das Land der Tiwerzen und Ulitschen und durch Bulgarien genommen."

„Lebt man nicht gefährlich dort, in der Stadt Kiew?"

„Weshalb? Ich bin ja nicht allein. Wir treiben Handel, Erster Minister, und wir handeln nicht schlecht. Das russische Land ist reich."

„Und wie verhalten sich die Russen euch Kaufleuten gegenüber?"

„Gut! Die Russen, Erster Minister, sind friedliche Menschen. Sie sind nur dann schrecklich, wenn jemand mit der Waffe bei ihnen eindringt... Und wir, verzeih mir, dringen immer wieder bei ihnen ein."

„Hör zu, Patrizier." Der Erste Minister sprang auf und ging mehrmals durch das Zimmer. „Byzanz hat jetzt nicht die Kraft, die Rus anzugreifen. Es reicht! Ich selbst habe das Heer ihres Fürsten Igor vor Konstantinopel gesehen, Swjatoslaw an der Donau... Gott sei Dank, daß dieser Barbar tot ist. Aber was geht jetzt in der Rus vor?"

„In der Rus regieren jetzt die Söhne des Fürsten Swjatoslaw, in Kiew Jaropolk und Wladimir in Nowgorod.“

„Und mit welchem läßt es sich am besten verhandeln? Hörst du, Patrizier, wir können jetzt nicht mit der Rus kämpfen, ich will mit ihr verhandeln.“

„Jaropolk ist Christ, sehr ehrgeizig, er haßt seinen Bruder Wladimir, der der Sohn einer Magd ist.“

„Ist Jaropolk verheiratet?“

„Nein, Erhabener. Warum interessiert dich das?“

„Es interessiert mich sogar sehr, weil du im Frühling nicht nur als Kaufmann, sondern auch als unser Gesandter nach Kiew fahren wirst. Eine Gesandtschaft und vielleicht auch ein Bischof werden dich begleiten ... Auf dem Weg dorthin mußt du mit den Petschenegen Kontakt aufnehmen.“

„Willst du Jaropolk beseitigen lassen?“

„Keineswegs. Du wirst einen Petschenegenkhan ausfindig machen ...“

„Kurja?“

„Nein, Kurja kennen sie schon, der taugt dafür nicht. Du wirst einen anderen Khan ausfindig machen und ihm Gold geben, damit er nach Kiew fährt und mit Jaropolk Frieden schließt.“

„Frieden mit Jaropolk? Ich verstehe nicht, Erhabener!“

„Später wirst du alles begreifen ... Nach den Petschenegen werdet ihr in Kiew ankommen, dem Fürsten Jaropolk Geschenke bringen und Frieden mit ihm schließen. Vielleicht bringt ihr ihm auch eine Frau.“

„Ja, Erhabener, mit Gold und mit einer Frau kann man mehr erreichen als auf dem Schlachtfeld!“

Drittes Kapitel

1

Der bulgarische König Boris hatte Konstantinopel verlassen, war an Arkadiopel und Adrianopel vorbeigeritten und erblickte in der Ferne schon die schneebedeckten Höhen der Rhodopen.

Neben ihm ritten sein Bruder Roman und eine Hundertschaft in bulgarische Tracht gekleidete Legionäre — mehr hatte ihm der Erste Minister nicht geben können. Aber wie sollte er sich mit dieser Streitmacht des ererbten Throns bemächtigen und von den Schischmans ganz Bulgarien zurückerobern?

Deshalb suchte der König, in der Dunkelheit von Ort zu Ort ziehend, Wojewoden, Gebietsregenten und Adlige auf, die er von früher kannte, und bat sie um Hilfe, beriet sich, was zu tun sei.

Mit einhundert verkleideten Legionären und einhundert jungen Adligen kam der König schließlich in den Rhodopen an. Eines Morgens — König Boris und seine Gefolgschaft hatten in Schäferhütten an einem der Gebirgspässe übernachtet und wollten gerade den Weg fortsetzen — tauchte eine Schar Bulgaren auf, verbrannt von der Sonne, in ärmlicher Kleidung, mit Tierfellen auf den Schultern.

„Auf geht's!" rief König Boris, warf seinen schwarzen Umhang über die Schultern und machte Anstalten, in den Sattel zu springen. Doch seine Begleiter rührten sich nicht, sie starrten auf die Bulgaren, die jetzt im Halbkreis vorrückten.

„Wer seid ihr?" schrie Boris.

„Bulgaren", antwortete ein bärtiger, grauhaariger Mann, an dessen Gürtel Boris ein langes Schwert bemerkte.

„Hört zu!" rief er. „Ich bin Boris, der Sohn eures verstorbenen Königs Peter, der Enkel von Khan Simeon. Ich war euer König..."

„Du sprichst die Wahrheit", entgegnete der bärtige Bulgare, „wir hatten einen König Simeon, Friede seiner Asche. Er hatte einen Sohn namens Peter, aber seinen Enkel Boris kennen wir nicht und wollen wir nicht kennen. Du bist kein Bulgare mehr, sondern ein Grieche, ein Hund der Rhomäer. Scher dich fort, Grieche."

Boris zog das Schwert.

„Drushina!" schrie er mit brüchiger Stimme.

Aber was war das? Als er sich umblickte, sah er, daß die Legionäre und die bulgarischen Adelssöhnchen die Flucht ergriffen hatten.

Der bärtige Mann hob sein Schwert und schlug dem König den Kopf ab.

Die Männer, die an den Gebirgspässen der Rhodopen ihrem ehemaligen König begegneten, waren Krieger. Sie nahmen Roman gefangen, begaben sich zu einer Schlucht, in der ihre Pferde weideten, und zogen weiter ins Gebirge. Eine Woche später kamen sie in Woden an, einer Festung, die sich auf einem steilen Felsen inmitten von Bergen und Tälern verbarg.

Hier residierte Samuil, der jüngste Sohn des Gebietsregenten Nikola Schischman. Der alte Schischman hatte damals, als an der Donau, in den Rhodopen und danach auch in der Ebene erbitterte Kämpfe zwischen Johannes Tzimiskes und dem Fürsten Swjatoslaw im Gange waren und als sich die bulgarischen Könige Peter und sein Sohn Boris den Imperatoren verkauften, ein freies Westbulgarien ausgerufen und sich als Feind von Byzanz bekannt. Er war im Kampf mit den

Rhomäern gefallen, ebenso seine Söhne David und Moisej. In Westbulgarien waren zwei seiner Söhne zurückgeblieben: Samuil in Woden und Aaron in Sredec.

„Wen bringst du da, Wojewode Peter?“ fragte Samuil den bärtigen Krieger, der Roman begleitete.

„In den Rhodopen sind wir auf eine Abteilung gestoßen, die aus Richtung Adrianopel kam. An der Spitze dieser Abteilung ritt, wie sich herausstellte, der frühere König Bulgariens. Er hat das Schwert gegen uns erhoben, und da tötete ich ihn. Das hier ist sein Bruder Roman“, antwortete der Wojewode Peter.

„Ich danke dir, Peter, du kannst gehen. Roman wird mir alles erzählen. Wie bist du hierhergeraten, Prinz Roman?“ fragte Samuil.

Roman entschloß sich, die Wahrheit zu sagen. Im übrigen, was hatte er zu verbergen?

„Und du? Wolltest du auch König werden?“ fragte Samuil, als Roman geendet hatte.

Der schloß die Augen, preßte die Lippen zusammen.

„Nie und nimmer kann ich König von Bulgarien sein ...“

„Warum nicht?“

„Johannes Tzimiskes hat mich entmannt“, sagte Roman tonlos.

Samuil ließ seinen Blick eine Zeitlang auf Roman ruhen.

„Höre, Roman!“ sagte er dann. „Willst du mir dienen?“

„Dir dienen? Ich weiß nicht, Gebietsregent Samuil, wie könnte ich das?“

„Ich meine, ob du mit mir gemeinsam den Bulgaren dienen willst?“

Roman richtete sich auf. „Einverstanden.“

„Dann ernenne ich dich zum Ranghöchsten meines Heeres.“

2

Schwert und Schild des Fürsten Swjatoslaw! Fürst Jaropolk trug die väterlichen Waffen eigenhändig auf die Gora und befahl, sie an der Wand im Goldenen Saal aufzuhängen, neben die Helme und Äxte der ersten Kiewer Fürsten Ki und Stschek, das Schild Olegs und den zerbeulten Harnisch der Fürsten Igor.

Jaropolk war noch ein Kind gewesen, als seine Mutter Preslawa starb. Seine Großmutter, die Fürstin Olga, hatte ihn aufgenommen und erzogen. Sie umgab ihn mit Sorge und Liebe. Selbst Christin, ließ sie Jaropolk ohne Wissen des Vaters taufen und gab ihm den Wojewoden Bljud als Oheim, der ihn im Umgang mit den Waffen unterrichten sollte.

Fürst Swjatoslaw hätte dem sicherlich nicht zugestimmt. Im Feldzug gegen die Chasaren hatte Bljud weder Findigkeit noch Mut gezeigt, sondern sich immer im Schatten gehalten. Swjatoslaw hatte ihn daraufhin nach Kiew zurückgeschickt, als Wojewode der Gora. Schlau und aalglatt, schlich Bljud sich hier in das Vertrauen der Fürstin Olga.

An der Seite dieses Oheims wuchs Jaropolk zu einem großen, schlanken Mann mit klarem Gesicht, dunklen Haaren und schmalen Brauen heran. Er war vorsichtig im Wort, besonnen, sehr selbstbewußt. Aber seine Seele war hinterlistig, Haß und Rachsucht verbrannten sein Herz, vor nichts schreckte er zurück, verabscheute weder Heuchelei noch Lüge.

Als Swjatoslaw in Bulgarien und an der Donau kämpfte, regierte jeder der Söhne in seinem Land, Jaropolk in Kiew, Oleg im Land der Drewljanen und Wladimir in Nowgorod. Dann kam die Nachricht vom Tod des Fürsten. Oleg und Wladimir, denen der hochmütige, hinterlistige Jaropolk und die ganze Kiewer Gora nicht geheuer waren, mußten sich dem Willen des Vaters fügen und Jaropolk der Sitte gemäß den Eid auf die Waffen ablegen. Sie versprachen, Freundschaft mit ihm zu wahren, und verpflichteten sich, Tribut zu zahlen. Und Jaropolk, der als Fürst der Rus auf dem Thron saß, schwor bei Christus, daß er Gesetz und Sitte der Väter achten, das Land beschützen und Freundschaft mit den Brüdern halten werde.

Aber Jaropolk blieb seinem Schwur nicht treu. Es widerstrebte ihm, daß er nicht allein regierte und einer seiner Brüder auch noch der Sohn einer Magd war. Bald nach dem Tod des Vaters kam es zu einem Zusammenstoß mit dem Drewljanenfürsten Oleg. Schuld war nicht Oleg — der stille, unentschlossene Fürst saß in der entlegenen Stadt Iskorosten, auf kargem, sumpfigem Land und erfüllte pünktlich alle Abgaben.

Aber den Bojaren und Wojewoden auf der Gora war das zu wenig. Sie nahmen aus den fürstlichen Händen alle möglichen Vergünstigungen, Ländereien, Wälder, Flüsse, entgegen und wollten immer mehr.

„Fürst, schick die Drushina nach Iskorosten, Oleg soll mehr Tribut zahlen", forderten sie.

Jaropolk gehorchte der Gora. Er entsandte den Wojewoden Ljut ins Drewljanenland, der dort nicht nur Wild erlegte und Bienenstöcke ausnahm, sondern auch den Tribut erhöhte, den jeder einzelne zu leisten hatte.

Der stille Oleg war erzürnt. Mit seiner Drushina verfolgte er Ljut, tötete ihn und jagte dessen Begleiter hinter die Grenzen seines Landes.

Die Gora war in Aufruhr. Jaropolk hätte sich an seinen Großvater Igor erinnern müssen, der auch mit der Absicht, den Tribut zu erhöhen, ins Drewljanenland gezogen und dort umgekommen war. Der junge Fürst schickte seine Krieger in die Stadt Wrutschai, wo es zum Kampf mit den Drewljanen kam. Dabei wurde Fürst Oleg getötet.

Im zeitigen Frühling, als die Salzstraße eben erst zu trocknen begann, tauchte hinter dem Dnepr eine kleine Abteilung Petschenegen auf, einige von ihnen zu Pferd, die anderen in Kibitkas.

Die Feldwache stürzte ihnen sogleich entgegen, aber es zeigte sich, daß die Petschenegen gar nicht kämpfen wollten. Sie schickten ihre Herolde, die Khan Ildejas Wunsch vortrugen, sich vor Fürst Jaropolk verneigen zu dürfen.

Jaropolk erhielt die Nachricht von der Ankunft des Petschenegenkhans im Goldenen Saal, wo die Waffen seiner Vorfahren hingen und ihm rieten, nicht mit dem Feind zu sprechen, der das Blut seines Vaters vergossen hatte. Fürst Jaropolk aber empfing Khan Ildeja.

In hohen Stulpenstiefeln aus Ziegenleder, im kurzen Kittel, der von einem goldenen Gürtel zusammengehalten wurde, mit einem Krummsäbel am Gürtel und einem Büschel schwarzer Haare auf dem rasierten Kopf, spitznasig, mit hinterlistigen, quirligen Augen, stand der Khan vor Fürst Jaropolk und erklärte durch den Dolmetscher: „Wir sind gekommen, um uns nach der Gesundheit des großen Fürsten, der Wojewoden und Bojaren zu erkundigen und dir Geschenke zu bringen."

Einige baumstarke Petschenegen entfalteten Felle und breiteten Geschenke vor dem Fürsten aus — Ballen von silberdurchwirkten Stoffen, ein aus Eisenringen geschmiedetes Kettenhemd, einen goldgefaßten Krummsäbel.

„Wir danken dir für die Gaben und möchten uns erkenntlich zeigen."

Gridni überreichten dem Khan ein von Rodnjaer Meistern gearbeitetes vergoldetes Schwert, einen Schild und ein Kettenhemd.

„Du machst großzügige Geschenke", sagte der Khan, und sein Gesicht glänzte vor Wohlwollen. „Besser Silber als Kupfer, besser Gold als Silber, besser Frieden als Krieg. Das gaben mir auch die anderen Khane mit auf den Weg. Unsere Petschenegenhorden trugen mit deinen Vorfahren viele Kämpfe aus, in denen auf beiden Seiten Blut floß. Das soll anders werden. Mein Volk will Frieden mit Kiew halten und dir treu dienen."

Fürst Jaropolk war nicht weitsichtig genug, um die wahren Beweggründe des Petschenegenkhans zu durchschauen. Der war gekommen, weil von Osten in die Weiten zwischen der Wolga und dem Mündungsgebiet des Dnepr, wo sich die Petschenegen bis jetzt als alleinige Herren fühlten, Polowzer Horden eindrangen, denen Kumyken und Ogusen folgten. Hätte Jaropolk das gewußt, hätte er Ildeja gezwungen, die Polowzer anzugreifen und verhindert, daß später in der Rus viel Blut vergossen wurde. Fürst Jaropolk konnte auch nicht wissen, daß Khan Ildeja sich kurz zuvor an den Stromschnellen mit Abgesandten der Kaiser Basileios und Konstantin getroffen und ihnen gegen Gold zugesagt hatte, Frieden mit Jaropolk zu schließen und seine Horden nach Westen zum Dnestr zu führen, um sich dort, wenn es nötig war, mit den Legionen der Rhomäer zu vereinigen und die Bulgaren zu schlagen.

Fürst Jaropolk ahnte von all dem nichts, er hörte nur Ildejas schmeichlerische Worte: „Die ganze Welt rühmt dich, Fürst Jaropolk. Die Petschenegenkhane wollen Frieden mit dir. Und die russischen Kaufleute werden sie auch nicht mehr behindern. Sie ziehen an den Dnestr, um dort seßhaft zu werden."

Fürst Jaropolk entgegnete: „Ich bin einverstanden, und als Zeichen unserer Freundschaft überschreibe ich euch Städte und Ländereien am Dnestr, wo Tiwerzen und Ulitschen leben."

So schloß Fürst Jaropolk aus Ruhmsucht Frieden mit den Feinden der Rus. Selbst der Himmel schien darüber zu wehklagen: Noch hatte Khan Ildeja Kiew nicht verlassen, als mitten am hellen Tag ein Schatten auf die Sonne kroch, Nebel das Land überzog, ein Wirbelsturm sich erhob und Donner grollte.

3

Mitte Mai, als auf den weiten Wiesen am Dnepr die Blumen in allen Farben blühten, näherten sich griechische Schiffe der Stadt und machten am Ufer der Potschaina fest. Richtige Wunderwerke waren das mit seltsam geschnitzter Bugzier, Spiegelheck und hohen Bordwänden. Ihnen entstiegen, wie in jedem Frühjahr, Kaufleute aus Konstantinopel, angeführt von Theodor. Außerdem kamen Gesandte der Kaiser der Rhomäer, die mit dem Kiewer Fürsten sprechen wollten, der berühmte Feldherr und Patrizier Romanos, Leon, einer der Verwalter des byzantinischen Hofes, und der Bischof von Saloniki, Nikodim.

Die Gäste wurden im Goldenen Saal begrüßt. Die Gesandten verneigten sich vor Jaropolk, den Wojewoden und Bojaren, und Diener brachten die Geschenke der Kaiser heran: scharlachrote, mit einem goldenen Faden durchwebte Stoffe, Ballen von feinstem venezianischem Atlas, Samt aus Florenz, Perlen, Granatsteine, Türkisse, verschiedenen Gold- und Silberschmuck.

„Wir bedanken uns für die Geschenke", sprach Fürst Jaropolk, „und wünschen den Kaisern der Rhomäer Gesundheit, ein langes Leben, Glück."

Dann begann die Unterredung.

„Die Kaiser der Rhomäer bekräftigen den Frieden zwischen Byzanz und der Rus, der ihnen sehr am Herzen liegt. Sie wollen diesen Frieden nicht nur bewahren, sondern auch festigen."

Fürst Jaropolk saß auf dem Thron seines Vaters und blickte voller Stolz auf die Geschenke, die vor ihm lagen. Großzügig erteilte er den Kaufleuten die Erlaubnis, nicht nur in Kiew, sondern auch in den anderen Städten der Rus Handel zu treiben, und versprach den Rhomäern militärische Hilfe, falls sie in Not gerieten. Alle Vereinbarungen wurden auf Pergament niedergeschrieben.

Schließlich bat Bischof Nikodim den Fürsten, die christliche Eparchie in der Rus zu bestätigen, die seinerzeit vom Patriarchen Photios eingerichtet worden war.

Jaropolk schwankte. Er selbst und die meisten Bojaren, Wojewoden und Kaufleute seiner Umgebung waren seit Olgas Zeiten Christen. Gern würde er die Bitte erfüllen, aber er wußte auch, daß Patriarch Photios eigenmächtig gehandelt hatte, ohne Zustimmung der Kiewer Fürsten, weswegen Igor, Olga und Swjatoslaw sich gegen Byzanz empört hatten. Die Gora betete zwar zu Christus, aber das Volk nahm das Christentum nicht an.

„Ich weiß nichts von einer solchen Eparchie“, erwiderte Jaropolk vorsichtig und fügte gleich hinzu, daß es in der Rus viele Christen gebe, daß er selbst Christ sei und deshalb den griechischen Geistlichen erlaube, ihren Glauben am Dnepr zu verbreiten. Damit öffnete er dem schlimmsten Feind die Tür in die Rus.

Beim Mittagessen dann unterbreiteten die Gesandten dem Fürsten den Vorschlag der Kaiser der Rhomäer, den Frieden und die Freundschaft zu bestärken, indem Jaropolk sich mit einer Prinzessin von kaiserlichem Geblüt vermählte. Diese Prinzessin sei gerade in Chersones zu Besuch und träfe bald in Kiew ein.

„Ich werde die Prinzessin mit allen Ehren empfangen“, sagte er.

Es verging einige Zeit, und wieder legten mehrere

griechische Schiffe am Ufer der Potschaina an. Dem einen entstieg eine Frau, deren Gesicht von einem Schleier verhüllt war. Sie begab sich, von Patriziern und Gesandten umgeben, über die Boritschew-Auffahrt auf die Gora.

Bei der Begrüßung mit dem Fürsten nahm die Frau den Schleier ab, und Jaropolk war entzückt von ihrem wie aus Marmor gemeißelten Gesicht mit der schmalen Nase, den zarten Lippen, einem Teint, der an eine üppige Rose erinnerte, und dunklen Augen, die einen Gewitterhimmel widerzuspiegeln schienen, dabei aber übermütig funkelten.

Die Frau hieß Julia und war eine Nichte des Kaisers Romanos Lakapenos und eine Verwandte dritten Grades des herrschenden Kaisers Basileios. Jaropolk bat sie in den Goldenen Saal und unterhielt sich dort lange mit ihr, dann aßen sie in den fürstlichen Gemächern zu Mittag. Am Abend lud er die Gäste zu einem Festmahl ins Empfangszimmer ein. Dabei machte er den kaiserlichen Gesandten großzügige Geschenke und hob den Becher auf die Gesundheit der Prinzessin.

In einer der folgenden Nächte geschah etwas Ungewöhnliches. Die Gora schlief bereits, vom Met berauscht, nur die Rufe der Wachposten auf den Türmen ertönten und von Zeit zu Zeit die kupfernen Wachtbretter. Am Himmel schwamm ein großer blaßgelber Mond, Tausende Sterne leuchteten.

Plötzlich begann der Mond zu verblassen, ein grauer Schatten schob sich auf ihn und verdeckte sein Antlitz. Gleichzeitig rissen sich aus der bodenlosen Tiefe des Himmels unzählige Sterne, fielen zur Erde, loderten auf, erloschen ...

Diese Erscheinungen machten auf die russischen Menschen einen ungewöhnlichen Eindruck. Die aufgeschreckten Wachen schlugen auf die Wachtbretter, die Bewohner der Gora erwachten, kamen aus den Häusern gestürzt und betrachteten mit Sorge den geheimnisvollen Himmel, auf dem Podol und der Obolon wurden Feuer entfacht.

Fürst Jaropolk ließ sich nicht aus der Ruhe bringen.

„O Julia“, sagte er, als er vom Fenster aus auf das nächtliche Kiew blickte. „Hörst du die Wachtbretter — meine Wache begrüßt unsere Liebe. Hörst du die Stimmen der Gora — sie preisen dich. Siehst du, wie der Mond sich verdunkelt — Gott verhüllt unsere Liebe mit dem Zelt der Nacht. Siehst du die Sterne herabfallen — das geschieht zu Ehren unserer Hochzeit. Sei gesegnet, Fürstin der Rus, mag unsere Liebe ewig dauern!“

Der Schatten kroch langsam vom Mond, das Zimmer wurde von einem grellen, grünlichen Glanz erfüllt. Fürstin Julia warf das Gewand ab, ihre Arme streckten sich Jaropolk entgegen.

4

Julia lebte sich schnell im fürstlichen Turmhaus auf der Gora ein. Das war nicht verwunderlich: Schon unter Fürstin Olga waren viele Rhomäer nach Kiew gekommen, und Jahr für Jahr legten Schiffe mit Kaufleuten aus Konstantinopel auf der Potschaina an, die den ganzen Sommer über auf dem Podol Handel trieben. Auch Schweden gab es in Kiew, die meisten von ihnen dienten in der fürstlichen Drushina. Auf dem Podol begegnete man chasarischen Kaufleuten, Germanen, Ungarn und Polen. Und unter den Bojaren, Gesandten und Kaufleuten gab es genügend Christen, die längst griechische Gewohnheiten angenommen hatten.

Die Christen waren bereits unter Fürstin Olga auf der Gora erschienen. Die Kaufleute Worotislaw, Ratscha, Kokor, die Bojaren Konizar, Iskusjew, Wujefast — Berater und Freunde der Fürstin — hatten an der Potschaina eine Kirche errichtet und mit den anderen Waren aus Konstantinopel auch Ikonen, Kreuze und Gefäße für den Gottesdienst mitgebracht.

Im übrigen bahnte sich der christliche Glaube nicht nur von Konstantinopel aus einen Weg in die Rus. Noch bevor Patriarch Photios die russische Eparchie gegründet hatte, waren unter Fürst Igor, einem engen Freund des bulgarischen Khans Simeon, Christen aus Bulgarien nach Kiew gekommen. Später, als sich Peter und Boris den Rhomäern verkauft hatten, waren etliche bulgarische Geistliche in die Rus geflohen, wie die Beichtväter von Fürstin Olga und ihren Enkeln und die Priester der ersten Kiewer Kirchen.

Verständlicherweise fanden die bulgarischen Geistlichen in Kiew mehr Anklang als die griechischen — sie sprachen eine slawische Sprache, verrichteten den Gottesdienst in verständlichen Worten, brachten slawische Bücher mit. Nach und nach nahmen alle Bojaren und Kaufleute der Gora das Christentum an, ihnen folgten die Amtsverwalter und Possadniks in den Städten und Ländern.

Nur die Wojewoden und obersten Heerführer hielten sich zurück, und das war nicht verwunderlich: Sie hatten immer wieder Kämpfe mit Byzanz auszustehen, deshalb haßten sie alles Griechische. Trotzdem besuchten einige Wojewoden heimlich die Kirche an der Potschaina.

Fürst Jaropolk wußte natürlich von all dem, aber er stritt nicht mit den Bewohnern der Fürstenburg, denn im Grunde seiner Seele war er einverstanden, die Eparchie Photios' zu sanktionieren und tausende griechischer Geistlicher in die Rus zu lassen. Er billigte alles, was die Kaiser der Rhomäer wünschten, denn von jetzt an war er ihr Verwandter und hoffte, berühmt zu werden wie sie.

Sorgen machte es ihm freilich, daß die Kaiser sich seit der Ankunft der Prinzessin Julia in Schweigen hüllten. Jaropolk konnte nur mutmaßen, daß es ihnen unangenehm war, mit ihm zu verhandeln, wo es doch in der Rus zwei Fürsten gab, einen in Kiew und einen in Nowgorod.

Darauf spielte auch Julia oft an. Sie war in Kiew erblüht wie eine wundervolle Blume, hatte aber Jaropolk noch keine Hoffnung auf einen Sohn gemacht.

„Du bist wirklich ein großer Fürst", begann sie eines Abends, „und nicht nur schön und liebevoll, sondern auch stark und tapfer. Du hast eine zuverlässige Stütze — deine Wojewoden und Bojaren, die Edlen, die Drushina. Kiew ist Konstantinopel ähnlich und du den Kaisern."

„Weshalb nur ähnlich?"

Julia hatte sich offenbar lange auf dieses Gespräch vorbereitet.

„In Byzanz gibt es nur einen Kaiser, er ist der Stellvertreter Gottes auf Erden und alleiniger Herrscher des Imperiums."

Julia hatte Jaropolk mitten ins Herz getroffen — er war nicht Herrscher des ganzen russischen Landes.

„In Konstantinopel", antwortete er, „gibt es zwei Kaiser und in der Rus zwei Fürsten."

Julia begriff, daß sie ein gefährliches Spiel einfädelte, aber sie wich nicht zurück.

„Beide Kaiser", entgegnete sie mit einem spöttischen Lächeln, „sitzen in ein und demselben Goldenen Saal, das Imperium wird nur von Basileios regiert, und außerdem sind sie beide im Porphyr Geborene. Wie lange willst du den Sohn einer Magd noch als Fürsten dulden? Fürchtest du nicht, daß er sich mit irgendeinem Imperium verbündet und gegen dich zieht?"

Von Nowgorod war es tatsächlich nicht weit bis nach Schweden und auch nicht allzu weit bis nach

Deutschland, und Jaropolk leuchtete es ein, daß man Wladimir dort mit Freuden beistehen würde.

„Wird mir Byzanz helfen?“ fragte er.

Langes Schweigen.

„Die Kaiser der Rhomäer werden dir helfen“, versicherte Julia endlich.

Jaropolk blickte in Augen, die ihn an die der Gottesmutter auf einer Ikone erinnerten.

5

Eine Schar ausgemergelter Männer mit langen Haaren, in schwarzen, von Stricken umgürteten Kutten zog auf dem Tscherwensker Weg in Richtung Kiew. Ihnen folgte eine Kutsche, in der zwei Geistliche saßen, Bischof Leo und der Geistliche Reinbern. Hinter der Kutsche ritten zwei Dutzend bewaffnete Reiter. Am Stadtrand von Kiew verhandelten sie mit der Wache und baten um eine Zusammenkunft mit Fürst Jaropolk.

Jaropolk empfing die Fremden im Goldenen Saal.

„Wir kommen aus der heiligen Stadt Rom, Papst Benedikt schickt uns zu dir. Unterwegs haben wir bei Kaiser Otto und beim polnischen Fürsten Mieszko Station gemacht, die uns ebenso wie Papst Benedikt auftrugen, dich, Fürst Jaropolk, zu grüßen.“

„Was hat euch, heilige Väter, in unser Land geführt?“ fragte Jaropolk.

„Als Diener des Herrn sorgen wir uns nicht nur um unsere Gemeinde. Der katholische Glaube hat inzwischen das ganze deutsche Imperium erhellt. Auch deine Nachbarn, die Polen, haben Bischöfe vom Papst übernommen. Wir möchten die Rus erleuchten und bringen Reliquien und heilige Bücher mit.“

„Ich bin Christ“, erklärte der Fürst.

Bischof Leo und der Geistliche Reinbern waren überrascht.

„Hat der Fürst diesen Glauben etwa von den Patriarchen in Konstantinopel angenommen?“

„Nein, von bulgarischen Priestern.“

„Auf den bulgarischen Priestern liegt Gottes Segen nicht, sie haben nicht einmal einen eigenen Patriarchen.“

„Ich habe nicht die Kirche von ihnen angenommen, sondern den Glauben. Die Menschen in der Rus beten zu verschiedenen Göttern, jeder kann frei entscheiden.“

„Aber der wahre christliche Glauben muß endlich in die Rus kommen.“

Jaropolk überlegte.

„Es braucht alles seine Zeit“, sagte er langsam.

„Fürst Jaropolk“, ereiferte sich der Bischof, „nimm unseren Glauben an. Der Papst wird die russischen Menschen segnen und ihnen Kirchen geben, der deutsche Kaiser und der polnische Fürst werden als Diener des Heiligen Stuhls Freunde der Kiewer Fürsten sein.“

Jaropolk begriff, was diese Geistlichen nach Kiew geführt hatte: Nicht nur der Glaube, sondern auch die Waffe war in ihren Händen.

„Heilige Väter“, antwortete er, „diese Frage kann ich nicht allein entscheiden. Und unterschiedlicher Glaube sollte uns nicht daran hindern, Freundschaft zu schließen. Überbringt dem Papst, dem Kaiser und dem Fürsten meinen Gruß!“

6

Damals schien es Jaropolk, daß er erreicht hatte, wovon seine Väter und Großväter nur träumen konnten. Er hatte ohne Blutvergießen Frieden mit Khan Ildeja und allen Petschenegenstämmen geschlossen, ebenso mit den Rhomäern. Seine Vorfahren hatten voll Furcht gen Westen geblickt, auf die Polen, die Deutschen und den Papst in Rom — ihn, Jaropolk, hatten die Gesandten des deutschen Kaisers Otto und ein Bischof persönlich aufgesucht.

Was aber, dachte Jaropolk plötzlich, wenn die Gesandten und der Bischof von Kiew nach Nowgorod fahren und mit Wladimir Freundschaft schließen?

„Wir können nicht dulden, daß es in Nowgorod noch einen Fürsten gibt“, erklärte Jaropolk im Goldenen Saal den Bojaren. „Ich rufe Wladimir nach Kiew, soll in Nowgorod ein Possadnik zurückbleiben!“

Krieg? Wer weiß. Ginge es nach Fürst Jaropolk, würde er ihn vermeiden.

„Richtig so, Fürst, schick Boten nach Nowgorod, die Wladimir nach Kiew rufen“, stimmten die Bojaren ihm bei.

„Außerdem werde ich,“ fuhr Jaropolk fort, „Gesandte zu den Kaisern in Konstantinopel und zum Petschenegenkhan Ildeja senden, auf daß sie uns Hilfe leisten, wie im Vertrag zugesichert.“

„Einverstanden, Fürst! Und wir gehen mit dir!“ dröhnte es im Goldenen Saal.

Darin waren sich alle einig: Fürst Jaropolk mußte alleiniger Herrscher der Rus werden, alle Städte und Länder sollten der Gora ihren Tribut entrichten. Auf die Hilfe der Rhomäer und Petschenegen zu zählen und mit fremden Schwertern zu kämpfen, auch damit war die Gora einverstanden.

Im Saal war es schwül. Zur Erfrischung wurde kühler Met gereicht, von den Bechern fielen Flocken gelblichen Schaums herab.

Die Männer hier erinnerten an Heilige auf Ikonen: strenge Gesichter, wogende Mähnen, dunkle Kleidung, auf der silberne und goldene Ketten blitzten, die knochigen Hände über der Brust gekreuzt.

Fürstin Julia saß neben Jaropolk. Sie war ungewöhnlich blaß, von Zeit zu Zeit lief ein spöttisches Lächeln über ihre schmalen Lippen. Aber sie war ruhig, ihre Augen blitzten.

Wenige Tage später brachen Boten nach Nowgorod auf, fuhren Gesandte den Dnepr abwärts zu den Petschenegen und Rhomäern. Über dem russischen Land hing eine Wolke, die Gewitter und einen blutigen Regen brachte.

Viertes Kapitel

1

Die Nachricht von den Ereignissen in Kiew eilte auch den Dnepr aufwärts nach Nowgorod, zum Fürsten Wladimir.

Von Kindheit an hatte er, der Sohn der Beschließerin Maluscha, von seinen Brüdern Jaropolk und Oleg, den Söhnen der ungarischen Fürstin, viele Kränkungen hinnehmen müssen. Besonders böse, höhnische Worte hatte Jaropolk für ihn erdacht.

Aber Wladimir verriet nicht, wie verletzt er war. Er wollte sich nicht unterkriegen lassen. Zum Abschied hatte ihn der Vater beschworen: „Unter euch Brüdern, den Fürsten der Länder, muß Einmütigkeit sein. Solange sie nach dem Gesetz der Väter handeln, sei eins mit ihnen!"

Und Wladimir bemühte sich, das väterliche Gebot zu erfüllen. In Nowgorod dachte er anfangs noch oft an Kiew, mit der Zeit aber immer weniger. Auch das Nowgoroder Land hatte seine Vorzüge. Es war groß, im Süden grenzte es an das Land der Polotschanen, im Westen an das der Emen und Tschuden, im Osten dehnte es sich bis zur Mesen und Petschora aus, im Norden bis zum Eismeer. Viele Stämme lebten hier, Saamen, Nenzen, Komen.

Aber dieses Land am Warägermeer kam nicht zur Ruhe: Immer wieder schärften die Schweden ihre Schwerter gegen die Rus. Die Wolgabulgaren zogen ihre Streitmacht zusammen, vom Norden drangen Deutsche oder Engländer vor.

Schon mehrmals war Fürst Wladimir im Schlitten durch das Nowgoroder Land gefahren, um auf den Höfen Tribut einzuziehen und Recht zu sprechen. Das rauhe, kalte Land, seine schweigsamen, fleißigen, ungewöhnlich kräftigen Menschen gefielen ihm. Und schließlich hatten sie, die Edlen, Bojaren und Wojewoden von Nowgorod, ihn hergerufen, sie nannten ihn Fürst, obwohl er der Sohn einer Magd war, sie unterstützten und achteten ihn. Neben sich hatte Wladimir einen Menschen, dem er vertraute und der ihn liebte, den Wojewoden Dobrynja, den ihm sein Vater einst als Erzieher zur Seite gegeben hatte. Daß er der Bruder von Wladimirs Mutter war, hatte Dobrynja dem jungen Fürsten allerdings nie verraten.

Einmal stattete ihm der Drewljanenfürst Oleg einen Besuch ab, sie verbrachten mehrere Abende miteinander, sprachen über Kiew und über Jaropolk. Dabei zeigte sich, daß auch Oleg Jaropolk nicht traute und nur auf eine Gelegenheit wartete, sich mit Wladimir gegen ihn zu verbünden.

Aber dazu sollte es nicht mehr kommen. Jaropolk schickte eine Drushina ins Drewljanenland, und in den Kämpfen wurde Fürst Oleg getötet.

Wladimir war entsetzt, und das Nowgoroder Wetsche forderte ihn auf, den Mord am Bruder zu rächen, wie Gesetz und Sitte es befahlen.

Aber Wladimir zog nicht gegen Jaropolk, denn er wußte, daß jener die mächtige Gora, eine große Drushina und ein zahlenmäßig starkes Landheer aus Poljanen, Drewljanen und Sewerjanen hinter sich hatte.

Aus Kiew kamen mit der Zeit immer beunruhigendere Nachrichten. Wie konnte Jaropolk mit den Petschenegen, den Mördern des Fürsten Swjatoslaw, Frieden schließen und ihnen sogar Lehen geben? Wie konnte er Gesandte des Kaisers von Byzanz empfangen, ihnen Waffenhilfe versprechen und erlauben, den christlichen Glauben zu verbreiten? Schließlich heiratete er auch noch eine griechische Prinzessin!

Nowgorod war empört, und Fürst Wladimir machte sich große Sorgen.

2

In Nowgorod kamen Boten aus Kiew an. Sie brachten ein Schreiben des Fürsten Jaropolk, das sie Wladimir persönlich aushändigen sollten.

Als Wladimir es gelesen hatte, befahl er die Bojaren und Wojewoden Nowgorods zu sich.

Im Großen Saal des fürstlichen Turmhauses am Fluß Wolchow war es dunkel und feucht. Durch die niedrigen vergitterten Fenster kam auch tagsüber kaum Licht. Als die Wojewoden und Bojaren, die Stadtältesten und die Possadniks der fünf Landesteile, die gerade in Nowgorod weilten, in den Saal kamen, war es Nacht. Das flackernde Licht der Leuchter beschien gebräunte, bärtige Gesichter und knochige Hände, die goldenen Halsspangen und Ketten auf der Brust und die silbernen Griffe der Stäbe, die Wände aus dicken Balken und das grauschimmernde Werg in den Ritzen.

Im Saal roch es nach Schafpelz und Harz. Der Fußboden dröhnte unter den schweren beschlagenen Stiefeln. Die Schellentrommel in den Händen des Opferpriesters Jemez schnarrte dumpf, die Goldanhänger klirrten.

„Wir grüßen dich, Fürst!" schallte es durch den Saal.

Wladimir stand neben dem ausladenden, aus schwarzer Eiche geschnitzten Armstuhl auf dem Podest, links von ihm Dobrynja und einige Bojaren, die mit dem Fürsten den Saal betreten hatten. Der Schreiber Shigar mit seinen Rollen aus Birkenrinde und seinem Metallgriffel ließ sich direkt am Podest nieder, um festzuhalten, was der Fürst sagte.

„Meine Bojaren, Wojewoden, Mannen, Possadniks", begann Wladimir, „ich erhielt heute ein Schreiben vom Kiewer Fürsten." Er zog das Schreiben aus der Stulpe des linken Ärmels und hob es hoch, damit alle das Pergament, die Schnur und das goldene Siegel sehen konnten. „Er schreibt, daß ich nach Kiew kommen soll, daß es nicht günstig sei, wenn in der Rus zwei Fürsten herrschten, und daß wir das Land von Kiew aus regieren könnten ..."

Im Saal erhob sich Stimmengewirr.

„Wer ist denn ‚wir'?" — „Und was wird aus Nowgorod?"

„Fürst Jaropolk schlägt vor, in Nowgorod einen Possadnik zurückzulassen", antwortete Wladimir.

Die Bojaren und Wojewoden im Saal schwiegen.

Als erster stand der Opferpriester Jemez auf, er hob seine Schellentrommel hoch und schlug einige Male dagegen. Nach ihm sprangen die Stadtältesten und Edlen von den Bänken und stampften mit den Stäben auf den Boden. Zum Zeichen der Empörung umfaßten die Wojewoden die Griffe ihrer Schwerter.

„Nowgoroder Männer!" rief Fürst Wladimir. „Ich habe euch gerufen, um eure Meinung zu hören."

Da bahnte sich der Wojewode Michalo einen Weg durch die aufgebrachte Menge. Er war es gewesen, der damals nach Kiew fuhr, einen Fürsten zu erbitten, und dann mit Wladimir zurückkehrte.

„Ich werde sprechen", begann Michalo. „Wir Nowgoroder hüten Gesetz und Sitte unserer Väter. Und wenn Feinde über uns herfallen, kämpfen wir mit ihnen, verjagen sie ... Nowgoroder, erinnert euch, wie es mit den Schweden war: Rjurik prahlte, Nowgorod zu nehmen, er erklärte sich zum Jarl unseres Landes, aber wir schlugen ihn am Ladoga! Jarl Truwor konnte durch Verrat Isborsk erobern, schlich sich aber heimlich wie ein Wolf davon ... Wir sind von Geburt an russische Menschen, wir wissen, daß sowohl die Fürsten Oleg und Igor als auch die Fürstin Olga um die ganze Rus, um Kiew wie um Nowgorod, Sorge trugen. Bevor Swjatoslaw in die Schlacht gegen die Rhomäer zog, baten wir ihn um einen Fürsten, ‚Ich gebe euch Wladimir', sagte Swjatoslaw, ‚er ist mein Lieblingssohn, ich verlaß mich auf ihn wie auf mich selbst ...' "

Erregte Stimmen unterbrachen Michalo: „Jaropolk hat Oleg getötet, er will auch dich umbringen ..." — „Wir erzogen dich, wir geben das Leben für dich!" — „Wir unterwerfen uns Jaropolk nicht!" — „Wir wollen seinen Possadnik nicht!" — „Fürst, ruf die Volksversammlung zusammen!" — „Gegen Kiew, Fürst, gegen Kiew ...!"

Wladimir wartete, bis im Saal Stille war.

„So ist es, Männer", sagte er. „Ich muß gegen Kiew ziehen, um den Tod meines Bruders Oleg zu rächen. Ich muß es tun, denn Jaropolk hat das Vermächtnis meines Vaters verletzt. Aber bedenkt: Inzwischen sind die Petschenegen und die Rhomäer Jaropolks Freunde, ihn unterstützen die Poljanen und Drewljanen, Tschernigow, Perejaslaw und die Tscherwensker Städte ... Wer steht uns bei, Nowgoroder?"

Im Saal wurde es so still, daß man den Nordwind heulen hörte.

„Ich blicke nach Osten", fuhr Wladimir fort, „dort gibt es wilde Stämme und Horden, die gern mit uns gegen Kiew ziehen würden ..."

„Ruf sie nicht, Fürst!"

„Ich blicke nach Westen auf das Deutsche Reich, von dort bekämen wir auch Unterstützung."

„Wir haben kein Zutrauen zum Kaiser!"

„Ich vertraue ihm auch nicht“, erklärte Wladimir. „Ich vertraue nur der Rus.“

„Gegen Kiew, Fürst!“ Alle im Saal standen auf.

„Ich führe euch“, rief Wladimir entschlossen. „Aber ich hole die Waräger zu Hilfe — sie drängen niemandem ihren Glauben und ihre Sitten auf. Sie kämpfen für Gold.“

„Wie du willst, Fürst. Wir sind mit dir.“

3

Um in die Stadt Uppsala zu gelangen, mußte man das Baltische Meer überqueren, aus dem hohe, spitze Felsen ragten, die für jeden Seefahrer eine Gefahr waren. Rauh wie die Landschaft waren die Menschen, furchteinflößend ihre Götter: Eine Rüstung und einen Helm mit spitzen Hörnern trug der Gott der Winde Odin, seine Frau hieß Frigg, und der grausamste von ihnen war ihr Sohn, der Gewittergott Thor, der sich in einer Höhle auf einer Insel im Baltischen Meer verbarg, um Kaufleute und Krieger, die nach Uppsala fuhren, mit seinen Blitzen zu erschrecken.

Den Nowgoroder Seefahrern gelang es, alle Hindernisse zu umschiffen und ihre Boote an den steilen felsigen Ufern von Uppsala festzumachen.

Umgeben von Jarlen, Kriegern und Dolmetschern stieg Fürst Wladimir zur Festung der schwedischen Könige empor, schritt durch eine Gasse aus hohen Mauern, auf denen fremde Schriftzeichen eingeprägt waren, an steinernen Götterstatuen vorbei immer weiter bergan, bis er endlich vor den verschlossenen Toren der Festung stand.

„Wir führen den Nowgoroder Fürsten Wladimir zu König Olaf!“ rief ein Jarl.

Eine Weile verging, und die Eisentore öffneten sich.

„König Olaf erwartet den Nowgoroder Fürsten."

Die Wände des Königsschlosses waren aus Stein, das Licht drang durch schmale, vergitterte Fenster in die Gemächer. Überall brannten Öllämpchen, die Wände zierten Auerochsenhörner, Hellebarden, Streitäxte und einschneidige fränkische Schwerter.

Olaf Sketkonung war ein Mann mit grauen, am Nakken gerade verschnittenen Haaren, dichten Brauen, scharf blickenden, blitzenden Augen, einer langen Hakennase und schmalen Lippen. Gekleidet war er wie ein Seefahrer: Er trug einen enganliegenden Kittel, knielange Hosen und hohe beschlagene Stiefel.

„Ich grüße dich, Olaf Sketkonung", sagte Fürst Wladimir, „empfange Geschenke von mir und von Nowgorod."

Wladimirs Krieger breiteten die Geschenke aus: Zobelpelze, Bernstein, ein zweischneidiges Schwert, einen silbernen Schild von Nowgoroder Schmieden, einen goldenen Gürtel für den König, Emailleschmuck für seine Frau, Filigranhalsketten für die Töchter.

„Schöne Geschenke bringst du mir, Fürst aus dem Land der Städte", entgegnete Olaf Sketkonung, während er mit dem Finger die Schneide des Schwertes prüfte. „Ich danke dir. Reich ist dein Land, Fürst. Aber jetzt sage mir, was hat dich ins Svealand geführt?"

Sie setzten sich einander gegenüber an den Tisch. Die Jarle zogen sich in die Tiefe des Gemachs zurück, Diener servierten mit kräftigem Met gefüllte silberne Becher, die Dolmetscher sprachen mit gedämpften Stimmen.

„Mir ist bekannt, Olaf, daß man dich Sketkonung — gütiger König — nennt, und ich will an das Gute, das die Menschen unserer Länder verbindet, erinnern. Du sagtest, daß mein Land reich sei. Das ist wahr. Aber es gibt auch Verluste, genauso wie es in einem großen Geschlecht nicht ohne Streit abgeht. Ich habe Streit mit meinem Bruder Jaropolk, der in der Stadt Kiew sitzt, und bin ins Svealand gekommen, um dich zu bitten, mir mit zweitausend Kriegern zu Hilfe zu kommen. Die schwedischen Krieger sind tapfer", fügte er hinzu, „das weiß jeder."

„Ja, das stimmt", entgegnete König Olaf. „Und meine Krieger sind auch nicht abgeneigt, in anderen Ländern zu kämpfen. Das bringt Tribut, und den lieben sie sehr. Wird es für lange sein?"

„Für ein Jahr vielleicht."

„Zweitausend Krieger... ein Jahr", murmelte der König. „Nun, Fürst, wir werden Rat halten, ich lade auch dich zu dieser Beratung ein."

Kaum dunkelte es, als in einer Schlucht hinter Uppsala, in einem heiligen Eichenhain, viele Feuer entzündet wurden. In diesem Eichenhain erhob sich ein Tempel, dessen Säulen ein Eisendach stützten. Hier war schon alles für den Thing und das heilige Opfer vorbereitet. Diener hatten Teppiche ausgelegt und im Tempel vor dem hohen Eichenholzthron des Königs Bänke für die Ältesten aufgestellt. Hinter den Felsen stiegen Flammen zum Himmel auf, sie beleuchteten die Statuen der Götter Odin, Thor, Gler und Niord. Davor standen im Halbkreis funkelnde Kupferschalen, lagen Weihwedel aus Borsten bereit, Opferpriester wandelten umher. Weiter weg im Dunkeln waren Pferde und Kühe eingezäunt.

Olaf Sketkonung nahm auf dem Thron Platz. Die Gespräche verstummten allmählich.

„Jarle und Landesverweser!" begann der König. „Ich befahl, einen Thing einzuberufen, um mit euch Rat zu halten. Der Nowgoroder Fürst Woldemar kam zu mir mit der Bitte, Hilfe zu leisten. Er will nach Süden ziehen zur Stadt Kiew, um seinen Bruder zu strafen, der den Fürsten Oleg tötete, er will den Thron des Vaters zurückerobern."

„Wieviel Krieger braucht er?" wollte ein Jarl wissen.

„Zweitausend."

„Und welche Belohnung gibst du, Fürst Woldemar?"

Es begann ein Handel, der bald erfolgreich beendet wurde. Der älteste Gefolgsmann füllte zwei Hörner mit Met, verneigte sich tief und reichte eins davon über das Feuer hinweg dem König, das andere dem Fürsten Wladimir. Es waren keine gewöhnlichen Hörner, sondern heilige Eidbecher. Das Feuer sollte den Met darin von irdischer Lüge und Zwietracht reinigen.

Der König von Schweden und Fürst Wladimir leerten ihre Hörner in einem Zuge. Inzwischen hatten die Opferpriester, wie das Gesetz es befahl, neun Tiere männlichen Geschlechts getötet und ihr Blut in einer Kupferschale aufgefangen. Jetzt besprengten sie die Krieger mit Weihwedeln, Diener reichten ihnen gebratenes Fleisch.

Tiefe Nacht. Ringsum herrschte Stille. König Olaf schlief nicht. Er stand am Fenster seines Gemachs, schaute in den Sternenhimmel und atmete tief die frische Luft ein.

Der König war nicht allein. Jarl Fulner war bei ihm und beobachtete ihn unverwandt. Nicht ohne Grund trug Fulner seinen Namen: Das rechte Auge wurde von einer schwarzen Binde verdeckt, die Nase erinnerte an den Schnabel eines Geiers, die oberen Schneidezähne an Keilerhauer, die Ohren an große Pilze.

Woran dachte Olaf Sketkonung? Die Begegnung mit dem Fürsten, der Thing, das heilige Opfer hatten in ihm einen ganzen Schwarm von Gedanken wachgerufen.

Eigentlich, überlegte er, hatten die Schweden, Norweger und Dänen schon immer von Feldzügen in fremde Städte und Länder geträumt, in denen man Gold und Silber erbeuten konnte. Während die Fürsten von Dänemark und Norwegen siegreich die Meere im Westen und Süden durchstreiften, richteten die Könige von Schweden ihre Aufmerksamkeit auf die Länder im Osten des Warägermeeres, auf die Rus. Allerdings war es ihnen nur selten geglückt, den widerspenstigen Russen ihren Willen aufzuzwingen.

„Hör zu, Fulner!" sagte der König. „Du ziehst mit zweitausend Kriegern in die Rus. Dem Nowgoroder Fürsten nur dabei zu helfen, seinen Bruder zu besiegen und in Kiew Fuß zu fassen — das ist für einen Schweden zu wenig. Sieh dich um, Jarl! Mag Wladimir Jaropolk töten oder umgekehrt, du hüte das Blut unserer Krieger. Zwischen Nowgorod und Kiew liegt das Polozker Land, dort sitzt Regwold, ein Schwede. Sollte sich Regwold mit Jaropolk verbünden, werden sie Wladimir bestimmt besiegen, und du hilfst ihnen dabei."

Fulner hörte zu, und ein heimtückisches Grinsen spielte auf seinem Gesicht. Nein, nicht ohne Grund trug er seinen Namen.

4

Fürst Wladimir kehrte wohlbehalten aus Schweden zurück und mit ihm die zweitausend Krieger von Olaf Sketkonung.

In Nowgorod mochte man die Schweden nicht, und deshalb ordnete Fürst Wladimir an, sie außerhalb der Stadt unterzubringen, dort, wo der Wolchow aus dem Ilmensee fließt.

Inzwischen hatten sich unübersehbar viele Menschen aus den nördlichen Ländern eingefunden, auf dem Wolchow schaukelten Schiffe aus allen fünf Nowgoroder Landesteilen. Die Männer mußten beköstigt und für den Weg ausgerüstet werden. Die Vorratskammern auf dem Markt und dem Fürstenhof waren geöffnet, und die Bewohner der Stadt gaben, was der Fürst befahl: Rollen zum Schleppen der Schiffe, Schilde und Schwerter, Pferdegeschirr, Sättel, Kessel und Töpfe.

Aber der Befehl, die Segel zu setzen, kam nicht. Nachdem Fürst Wladimir aus Schweden zurückgekehrt war, entschied er, erst einmal den Wojewoden Michalo nach Polozk zum Fürsten Regwold zu senden.

„Richte ihm aus, daß ich nicht grundlos Blut vergießen will, daß ich Frieden mit ihm wünsche und ihn bitte, mit mir nach Kiew zu gehen, um Eintracht in der Rus zu schaffen."

„Fürst Regwold ist hinterlistig", antwortete Michalo, „können wir ihm trauen?"

„Du hast recht. Sage ihm also, daß ich als Zeichen unserer Freundschaft seine Tochter Rogned zur Frau nehmen will ..."

Später überlegte Wladimir noch oft, wie er wohl darauf gekommen war. Die Fürstentochter Rogned galt als Schönheit, er selbst aber hatte sie niemals gesehen.

Die Zeit verging, Michalo und die anderen Gesandten hätten längst wieder in Nowgorod sein müssen, aber nicht einmal eine Nachricht kam von ihnen.

Endlich zeigten sich eines Tages im Morgengrauen auf dem Ilmensee die spitzen Segel der Nowgoroder Schiffe.

Fürst Wladimir empfing seine Gesandten im Großen Saal der Festung. Dort fanden sich auch die Bojaren, Edlen und Vornehmen in ihren dunklen, langen Gewändern und hohen Biberpelzmützen ein. Mitten im Saal standen, auf die Schwerter gestützt, die Wojewoden und Heerführer. Dann trat, die Schellentrommel in den Händen, der Opferpriester Jemez ein, und alle machten ihm Platz. Zuletzt erschien der Fürst.

„Gruß dir, Fürst! Bleib gesund, Fürst!" murmelten alle im Saal, die Wojewoden und Heerführer klapperten mit den Schwertern. Jemez fuhr mit den Fingern über die Schellentrommel, ein trockener, kratzender Ton floß in den allgemeinen Lärm ein.

„Auch euch Gesundheit, Nowgoroder Männer!" erwiderte Fürst Wladimir, nahm die mit Edelsteinen verzierte Pelzkappe vom Kopf, schnallte das Schwert ab und setzte sich in seinen Lehnstuhl.

Im Saal trat Stille ein. Durch die runden Glimmerfensterchen leuchtete der purpurrote Abendhimmel. Gridni gingen umher und zündeten die dicken Wachskerzen in den schweren Leuchtern an. Im Kerzenschein war Fürst Wladimir deutlich zu sehen, sein helles silberdurchwirktes Gewand, der breite grüne Gürtel, der rote Mantel. Hinter ihm standen wie immer der Wojewode Dobrynja und einige alte Wojewoden.

An der Tür des Saales waren schwere Schritte zu hören. Die Männer traten zur Seite und ließen die Gesandten durch, die aus Polozk gekommen waren, voran der Wojewode Michalo.

„Wir grüßen dich, Fürst, und ganz Nowgorod", begann Michalo und verneigte sich.

„Auch dir Gesundheit, Michalo, und euch, Gesandte!" entgegnete der Fürst. „Die Nowgoroder mußten lange auf euch warten. Warum habt ihr euch verspätet?"

„Die Segel hielten dem Sturm nicht stand", sagte Michalo, „aber mehr noch behinderten uns Betrug, Ungerechtigkeit und Lüge."

„Was meinst du?" fragte Wladimir finster.

„Wir wären besser nicht nach Polozk gefahren. Auf deinen Befehl hin richteten wir Regwold aus, daß wir nicht auf Zwietracht aus sind, sondern nach Gesetz und Sitte unserer Väter in Frieden leben wollen. Ich erklärte ihm, daß du, der Nowgoroder Fürst Wladimir, dem Fürsten Regwold vorschlägst, mit ihm gegen den Fürsten Jaropolk zu ziehen."

„Was erwiderte Regwold?"

„Er nahm unser Schreiben, las und zerriß es."

Die Wojewoden und Bojaren auf den Bänken pochten aufgebracht mit den Stäben auf den Boden. Manche sprangen auf und trampelten mit den Füßen. Nur Wladimir verhielt sich ruhig.

„Was sagte Regwold noch?" fragte er in den Lärm hinein.

„Es widerstrebt mir, seine Worte zu wiederholen", sagte Michalo in der eintretenden Stille.

„Sprich!" befahl Wladimir.

„Fürst Regwold erklärte, daß ihn das Ansinnen des Fürsten verwundere und er es ablehne, von Nowgorod Lehren anzunehmen. Er war voller Stolz und sagte, daß er frei wählen könne, zu wem er stehe, zu Nowgorod oder zu Kiew."

„Er hat wohl schon gewählt?"

„So ist es, Fürst. Er verbündet sich mit dem Fürsten Jaropolk."

Michalo verstummte.

„Verschweigst du mir auch nichts?" fragte der Fürst.

„Sie haben uns erniedrigt, indem sie unsere Bärte beschnitten ... Und dich haben sie auch beleidigt", endete Michalo. „Fürst Regwold hat uns befohlen zu übermitteln, daß seine Tochter dem Sohn einer Magd nicht einmal die Schuhe ausziehen wird ..."

Wladimir ließ sich nicht anmerken, wie verletzt er war. Er blickte die Wojewoden und Bojaren an und wartete auf ihre Äußerungen.

Da hob einer der Bojaren den Stab zum Zeichen,

daß er sprechen wolle, stand auf und trat vor. Es war der alte Skordjata. Er hatte auf der Stirn eine tiefe Narbe und war auf einem Auge blind.

„Regwold hat nicht nur dich, Sohn des Swjatoslaw, beleidigt, sondern auch die Bojarenschaft und das ganze Nowgoroder Land. Nun denn, ziehen wir gegen Jaropolk und Regwold ..."

„Richtig, richtig!" stimmten alle im Saal ihm zu.

„Und ich sage euch", fügte Skordjata hinzu, „daß wir diese Rogned zwingen werden, unserem Fürsten die Schuhe auszuziehen. Immerhin haben wir ihn großgezogen."

„Führe uns, Fürst! Für die Rus!" riefen die Wojewoden und Bojaren.

In den Saal drang langgezogenes Glockengeläut. Das Wetsche trat zusammen. Fürst Wladimir stand auf, um daran teilzunehmen. Sein Herz schlug wieder gleichmäßig.

Nach der Volksversammlung traf Wladimir in seinem Zimmer im oberen Stockwerk des Turmhauses mit Dobrynja zusammen.

Es war Nacht. Der Fürst stand am Fenster, durch das Stimmen von den Booten und trauriger Gesang zu hören waren.

„Nun machen wir uns also auf den Weg, mein Wojewode", begann Wladimir. „Oft habe ich an Kiew gedacht, es zog mich dorthin, aber so wollte ich eigentlich nicht zurückkehren."

„Sei nicht traurig, Fürst." Dobrynja trat näher an ihn heran. „Das Recht ist auf deiner Seite, du schützt Gesetz und Sitte deiner Väter. Außerdem führst du ein starkes Heer mit dir, und unterwegs werden sich euch noch viele Männer anschließen, davon bin ich überzeugt."

„Das ist ja alles richtig, Dobrynja, aber wieviel Blut müssen wir vergießen? Warum hat Jaropolk Zwietracht gesät?“ Wladimir fuhr sich mit der Hand über die Stirn. „Ich muß in den Kampf gehen. Möge Perun mein Heer segnen.“

„Du bist nicht allein, Fürst, ich bin immer an deiner Seite.“

„Nein, Dobrynja!“ erwiderte der Fürst. „Dich nehme ich nicht mit auf diesen Weg.“

Der Wojewode wußte nicht, wie ihm geschah.

„Ich liebe Kiew“, fuhr Wladimir bedächtig fort, „aber in diesen Jahren lernte ich auch Nowgorod lieben ... Die Menschen hier haben eisige Mienen, aber warme Herzen. Und deshalb will ich sie nicht als Waisen zurücklassen ... Unser Weg ist weit, und hier können jeden Tag Schweden oder Wolgabulgaren auftauchen. Ich werde in Nowgorod einen Possadnik zurücklassen, dem ich vertraue, und das bist du, Dobrynja.“

„Ich?“

„Ja, du, mein Erzieher und Wojewode!“

Dobrynja schwieg lange. Alle möglichen Gedanken kamen ihm. Einerseits versprach der Feldzug Ehre und Ruhm, im Süden wartete der Sieg, davon war er überzeugt. Die Gora, die jetzt Jaropolk diente, würde sich dann vor Wladimir verneigen. Aber würde die Gora ihn, Dobrynja, aufnehmen, den ehemaligen Griden in der Drushina des Fürsten Swjatoslaw? Schon damals hatte er Feindseligkeiten zu spüren bekommen. In Nowgorod war er allen Bojaren und Wojewoden gleichgestellt, und als Possadnik würde er sogar über ihnen stehen.

„Ich bedaure sehr, Fürst“, sagte Dobrynja seufzend, „daß du mich nicht mitnimmst, aber ich sehe ein, daß du in Nowgorod eine feste Hand brauchst. Denke immer daran, Fürst, daß ich hier ganz in deinem Sinne den Thron hüten werde.“

Soll ich jetzt dem Fürsten die Wahrheit über ihn und meine Schwester Maluscha sagen? dachte Dobrynja. Aber was würde er denken, wenn er sie erst jetzt erführe? Womöglich änderte er dann seine Entscheidung. Nein, es war besser zu schweigen.

„Leb wohl, Fürst! Viel Glück!" flüsterte er nur mit trockenen Lippen.

5

Bevor Fürst Wladimir in den Krieg mit Jaropolk aufbrach, befahl er dem gesamten Heer, sich am Berg Perin zum Opfer zu versammeln. Vom Berg aus konnten der Fürst und die Wojewoden weit ins Land sehen — auf den funkelnden Wasserspiegel des Ilmensees, die dichten grünen Wälder an seinen Ufern, auf Nowgorod, den Wolchow und die endlose, im Dunst versinkende Ebene.

In der Mitte des Opferplatzes erhob sich das eichene Standbild Peruns, um ihn herum standen die Götter der fünf Nowgoroder Landesteile. Sie hatten einen Kopf auf den Schultern, einen auf der Brust und noch einen anstelle der Genitalien. Einer der Götter hatte die Gestalt eines großen Hundes. Für das Opfer war schon alles vorbereitet: Flammen loderten gen Himmel, die Opferpriester schlugen mit aller Kraft die Schellentrommeln und ließen die Kupferglöckchen klingen, das Vieh brüllte.

Als Wladimir am Opferaltar ankam, legte sich der Lärm. Der Fürst stand eine Weile in tiefem Sinnen vor den Göttern, die Wojewoden um ihn herum schwiegen. Stille herrschte auf dem ganzen Berg.

Dann dröhnten die Schellentrommeln und Glöckchen erneut los, die Wahrsager stießen wilde Schreie aus, Ochsen und Pferde röchelten, das Blut der Opfertiere floß, über allen Feuerstellen begann Rauch aufzusteigen, der den Opferaltar verhüllte und die Abhänge hinunterkroch.

Fürst Wladimir war ganz vom Zauber des Rituals eingefangen. Er hatte das Schwert aus der Scheide gezogen und auf die Erde gelegt. Rauchwolken umwogten ihn, Funken stoben, der rote Widerschein des Feuers geisterte über sein Gesicht.

„Für die Rus! Für unsere Götter! Im Namen der Väter!“ erklang es überall auf dem Berg.

Fünftes Kapitel

1

Im Großen Palast von Konstantinopel wußte man über alles, was sich in der Rus tat, bestens Bescheid: Fürst Jaropolk hatte Gesandte dorthin geschickt, die die Kaiser Basileios und Konstantin in seinem Namen bitten sollten, ihm im Kampf gegen den Bruder zu helfen. Dafür wollte er eine Eparchie des Patriarchen von Konstantinopel in der Rus anerkennen, und er gab auch zu verstehen, daß er auf gewisse Ländereien im Norden von Klimati und bei Tmutarakan verzichten könne.

Selbstverständlich nahmen sich nicht die Kaiser Basileios und Konstantin dieser Angelegenheit an: Der eine verbrachte Tage und Nächte mit seinen Mönchen, der andere amüsierte sich in den Schenken von Pera mit den Mädchen. Der Erste Minister Basileios empfing die Gesandten des russischen Fürsten.

Nur zu gerne hätte er Jaropolks Bitte erfüllt. Byzantinische Legionen am Dnepr und in Kiew — ja, davon hatten die Kaiser in Konstantinopel schon immer geträumt!

Aber Byzanz konnte keine Legionen in die Rus schicken: Eine tödliche Bedrohung schwebte über dem Imperium.

Es handelte sich um Ward Sklir, den der Erste Minister Basileios vor dem Tod des Kaisers Johannes nach Kleinasien geschickt hatte, weil er in Konstantinopel zu gefährlich war. Dieser Feldherr hatte unter den Senatsmitgliedern und dem Rat der Ältesten zahlreiche Helfershelfer, die ihn zweifellos nach dem Tod von Johannes zum Kaiser ausgerufen hätten. Auch viele seiner Gesinnungsgenossen und Freunde mußten sich auf Befehl des Ersten Ministers nach Kleinasien zurückziehen. Andere Feldherren und Patrizier flohen aus Angst vor Basileios aus Konstantinopel. Sie nahmen ihre Familien und alle ihre Schätze mit und siedelten sich in Armenien oder Georgien an, wo sie gastfreundlich aufgenommen wurden.

Plötzlich begriff der Erste Minister, welche Kraft sich in Kleinasien um Ward Sklir zusammenballte, und er enthob ihn im Namen der Kaiser seines Postens und ernannte ihn zum Gouverneur von Antiochia.

Aber zu spät. Ward Sklir konnte sich auf die Legionen stützen, die ihm der Erste Minister selbst zugesprochen hatte, auf die besten Feldherren des Imperiums, auf angesehene Byzantiner, die über unschätzbare Reichtümer verfügten.

Aber nicht nur Kleinasien bereitete dem Ersten Minister Kummer. Auch hinter den Rhodopen schien ein Gewitter aufzuziehen. In den Gebirgspässen und Schluchten und sogar in der Ebene südlich der Rhodopen tauchten immer häufiger bulgarische Abteilungen auf, die den byzantinischen Grenztruppen große Verluste beibrachten. Die Söhne des Gebietsregenten Schischman gingen offenbar zum Angriff über.

Deshalb bereitete der Erste Minister Basileios den Gesandten aus Kiew einen herzlichen Empfang. Sie wurden in die Hagia Sophia und in die Blachernen-Kirche geführt, man zeigte ihnen im Magnaura die verschiedenen Wunderdinge wie die goldenen brüllenden Löwen und die singenden Vögel und veranstaltete Gastmähler für sie.

Eine Antwort auf die Anfrage des Fürsten Jaropolk erhielten die Gesandten allerdings nicht.

2

Das Heer des Fürsten Wladimir kam auf den Flüssen und Seen schnell vorwärts. Voran fuhren die Schiffe des Nowgoroder Landes, hinter ihnen die schweren flachbödigen der Waräger, den Schluß bildeten Flußboote, Seeschiffe und Einbäume aus den nördlichen Ländern. Ein großer Teil der Krieger zog zu Fuß und zu Pferd an der Lowat entlang südwärts.

Die Schlacht kam immer näher. Späher, die dem Heer vorausjagten, berichteten dem Fürsten von Zeit zu Zeit, was sie an den Ufern und in den Dörfern beobachtet hatten.

„Die Leute halten sich in den Wäldern und Sümpfen versteckt, um nur nicht mit Jaropolk gehen zu müssen. Aber als sie hörten, daß du, Fürst, gegen Jaropolk ziehst, kamen sie hervor. Sie wollen mit uns gehen."

„Und wo ist Jaropolk?"

„Danach fragte ich sie auch, Fürst. Sie haben nur von ihm gehört, gesehen haben sie noch nichts. Angeblich sammelt sich sein Heer hinter dem Wolok, die Schiffe stehen weit hinter Smolensk."

Als die Krieger die Quelle der Lowat erreicht hatten, mußten sie ihre Schiffe von See zu See und von Fluß zu Fluß bis zum Dnepr schleppen. Eines Nachts erblickten sie im Westen einen purpurroten Widerschein. Dort lag, umgeben von Wäldern, die Stadt Polozk, wo hinter hohen Mauern Fürst Regwold residierte. Das Feuer erlosch die ganze Nacht nicht.

Für Fürst Wladimir war es das Zeichen, daß die vorderen Abteilungen seines Heeres die Stadt erreicht hatten und Hilfe brauchten. Er und Tausende seiner Mitstreiter schwangen sich auf die Pferde, die schon lange in den nahe gelegenen Dörfern bereitstanden, und jagten nach Westen.

Jarl Fulner war sehr ungehalten, als er davon erfuhr.

Schlau ist der Nowgoroder Fürst, dachte er, verzichtet auf mich als Verbündeten im Kampf gegen Regwold. Was soll's, mag er allein kämpfen ...

3

Als Fürst Wladimir Polozk erreichte, waren seine Krieger schon bis an die Stadtbefestigung vorgedrungen.

Regwolds Drushina verschloß die Tore, zog die Brükken hoch und kletterte auf die Mauern. Die Frauen und Bauern hatten kochendes Pech, Steine und Bündel von Pfeilen vorbereitet.

Der Kampf begann. Die Nowgoroder drangen mit großer Mühe zur Umzäunung aus Pfählen vor und schleuderten sie beiseite. Sie umgingen den Wall und die Gräben, gelangten zu den eigentlichen Stadtmauern, kletterten hinauf und begannen das Tor zu zerschlagen. Von oben floß Pech, Steine und Tausende von Pfeilen kamen geflogen, die Erde wurde rot von Blut, hinter den Mauern hörte man Schreie, Pferde wieherten.

Der erste Angriff der Nowgoroder wurde abgeschlagen. Jetzt bereiteten sich die Polozker offenbar darauf vor, die Brücke herabzulassen, das Tor zu öffnen und im Kampf vor den Toren der Stadt die Nowgoroder zu vertreiben. In diesem Augenblick wurde ihre Aufmerksamkeit auf Reiter gelenkt, die sich, in eine Staubwolke gehüllt, unter lautem Geschrei von Osten näherten. In aller Eile begannen die Polozker Pech und Pfeile vorzubereiten und das Tor mit Balken und Erde abzusichern.

Währenddessen rückten unbemerkt von Westen einige hundert Isborsker Krieger an die Stadtmauer heran, nahmen sie und öffneten das Tor.

Fürst Wladimir ritt in die Festung. Hier bot sich ihm ein schreckliches Bild: Mitten im Hof lag der tote

Regwold, seine zwei Söhne hatten die Isborsker mit Speeren durchbohrt. Verwundete schrien um Hilfe, Pferde wieherten. Die rasend gewordenen Krieger schlugen Türen und Fenster ein.

„Genug!“ schrie Fürst Wladimir. „Es ist unwürdig, Tote zu verhöhnen.“

Als die Sonne tief über der Dwina stand, löste sich ein großes Boot vom Ufer, beschrieb im Wasser einen Halbkreis und bewegte sich mit der Strömung nach Westen. Weder ein Steuermann noch ein Ruderer waren darin zu sehen. Am Mast flatterte eine große schwarze Fahne. Auf den Bohlen lagen drei Tote, Fürst Regwold und seine Söhne Roald und Swen, vorbereitet für einen langen Weg. Ihre Haare waren sorgfältig gekämmt, die Hände gewaschen, die Nägel geschnitten, die Brust mit Erde bestreut. So befahl es der Brauch der Schweden, und daran hielt sich Regwolds Tochter Rogned. Fürst Wladimir hatte ihr erlaubt, den Vater und die Brüder zu bestatten.

Als sich das Boot in Bewegung setzte, stand Rogned mit gelöstem Haar und tränenfeuchten Wangen am Ufer und blickte hinter ihm her, bis es in der Ferne verschwand. Und sollte das Boot irgendwo ans Ufer stoßen, würde jeder Polozker es in die Flut zurückstoßen, bis es ins Warägermeer kam. Und wenn es auch dort nicht sank, würde es die fernen felsigen Ufer Schwedens erreichen.

4

Nach dem Kampf an den Stadtmauern und in der Festung rief Fürst Wladimir seine Ältestendrushina im großen Speisesaal zusammen, um mit ihnen zu trinken, zu essen und über den weiteren Feldzug zu beraten.

Draußen war es schon dunkel. Das Gesinde zündete auf den Tischen die mit Bärenfett gefüllten Lämpchen an, deren Dochte unerträglich qualmten, sie stellten Töpfe und Holzschüsseln mit Fleisch, Fisch, Gemüse, Krüge mit Met und Bier hin.

„Ruhm dir, Wladimir!“ dröhnte es im Speisesaal, wo vor gar nicht langer Zeit noch Fürst Regwold gesessen und gezecht hatte.

„Ruhm dir, Wladimir!“ erschallte es überall in der Stadt und im Tal.

Wladimir trank nicht. Er unterhielt sich mit dem Polozker Heerführer Swid, der im entscheidenden Augenblick den Kriegern in der Festung befohlen hatte, die Schwerter gegen Regwold zu wenden, und mit dem Nowgoroder Wojewoden Putjata, den er als Statthalter in Polozk zurücklassen wollte.

„Eine kleine Drushina bleibt hier zurück. Ruf morgen die Leute zusammen, sag ihnen, daß Frieden und Ruhe im Polozker Land herrschen muß, achte ihre Gesetze und Sitten und sei auf der Hut vor Feinden, die von Westen kommen können.“

„Und was wird aus Regwolds Tochter?“ fragte Putjata.

„Die Polozker achten Rogned“, schaltete sich der Heerführer Swid ein. „Sie ist ein gutes, tapferes Mädchen, sie geht mit den Männern auf Jagd, den Armen gegenüber ist sie freigebig, anders als ihr Vater.“

„Den Toten Vergebung, den Lebenden das Leben“, sagte Fürst Wladimir. „Aber was ist das?“ fragte er, während er auf die mit einer dünnen Haut bezogenen Fenster des Speisesaals blickte, die über und über rot wurden.

Alles Weitere ging sehr schnell. Beißender Geruch von Pech drang in den Speiseraum, die Wojewoden stürzten zu den Türen, aber die waren von draußen verschlossen, die Lederfensterchen begannen zu platzen.

Irgend jemand mußte am Speisesaal Feuer gelegt haben.

Plötzlich wurden die Türen geöffnet. Die Wojewoden und der Fürst stürzten Hals über Kopf nach draußen, wo einige Krieger damit beschäftigt waren, das Feuer zu löschen und sich unbekannten Männern zur Wehr zu setzen.

„Verrat!“ schrien sie. „Man wollte euch lebendig verbrennen, Fürst! Sie haben die Wände mit Pech begossen und alle Ausgänge versperrt. Wir haben sie dabei ertappt. Schweden waren es, Diener Regwolds. Angeführt hat sie diese Schlange, die Tochter des Fürsten. Erlaubt uns, die Männer und das Weibsbild zu bestrafen!“

Die Brandstifter wurden herbeigeführt. Beim Licht der Fackeln erblickte Fürst Wladimir einige blutbefleckte Männer und eine Frau in einem dunklen Gewand, die Hände auf dem Rücken gebunden.

„Tod ihnen, Tod!“ forderten Wladimirs Krieger.

Da ertönte die entschlossene Stimme des Fürsten: „Weshalb habt ihr es so eilig, meine Drushinniki? Wir werden sie richten, wie es unser Gesetz vorschreibt. Ich befehle, alle Brandstifter einzukerkern. Mit der Fürstentochter will ich reden ... Führt sie in das Turmhaus und bewacht sie. Morgen werden wir Gericht halten!“

5

Rogned stand in der Mitte des Zimmers. Das dunkle Kleid umschloß ihre schlanke, große Gestalt, ein Reifen auf dem Kopf faßte die Haare zusammen, die an Goldfäden erinnerten. Sie hatte, wie die meisten Schweden, meerblaue Augen und schien zäh und kräftig zu sein, war aber zugleich märchenhaft schön, und Wladimir ergötzte sich an ihrem Anblick.

„Du wolltest mich sprechen", sagte Rogned, „ich höre."

„Ich wollte verhindern", erwiderte Wladimir, „daß dich meine Krieger töten." Er schwieg einen Augenblick und fügte hinzu: „Glaub jedoch nicht, daß sie Mörder und Räuber sind. Immerhin hast du die Hand gegen ihren Fürsten erhoben ... Unser altes Gesetz sagt: Auge um Auge, Zahn um Zahn."

„Warum hast du mich ihren Händen entrissen? Ich wollte an Feinden Rache üben, die meinen Vater getötet haben. Die Götter haben mir dabei nicht geholfen, deshalb wäre ich schon lieber unter euren Schwertern gestorben ... Genug, Fürst, wir haben nichts zu besprechen — töte mich ..."

Fürst Wladimir lächelte spöttisch.

„Weshalb sollte ich das tun?"

„Du hast dich an Blut berauscht und warst auf Tribut aus", antwortete sie. „Du bist der Sohn einer Magd und selbst ein Knecht. Deine Gesandten haben verlangt, daß mein Vater sich dir unterwirft und ich deine Frau werde. Mein Vater hob das Schwert gegen dich, und ich werde dem Sohn einer Magd nicht einmal die Schuhe ausziehen, hörst du? Alles Weitere weißt du: daß Odin mir befahl, Rache zu üben, weil du meinen Vater und meine Brüder getötet hast. Aber ich war unfähig dazu ... Nun, das Schicksal hat entschieden, jetzt bist du am Zuge und mußt mich töten — Auge um Auge und Zahn um Zahn."

„Du bist kühn und stolz, Rogned", entgegnete ihr Wladimir und fügte verächtlich hinzu: „Nur sind deine Hände zu schwach, um russische Fürsten und ihre Krieger zu vernichten."

Sie erbleichte und preßte die Zähne zusammen. „Stell mich unter die Eiche des Todes, und ich lege mir selbst die Schlinge um den Hals."

„Hör zu, Rogned", sagte Wladimir nach langem

Schweigen, „bei uns russischen Menschen gibt es einen alten Brauch: Wenn wir einen Feind besiegt haben, schließen wir Frieden mit ihm. Das Polozker Land hat sich unterworfen, von nun an wird hier Frieden sein. Nur du hast dich nicht gebeugt, du wolltest mich töten, Rache lebt in deinem Herzen."

„Ich begreife nicht, was du von mir willst..."

„Ich könnte von dir Tribut fordern, aber das will ich nicht, denn was wäre ich für ein Fürst, wenn ich an jungen Mädchen, Witwen oder Waisen Rache übte... Du hast dich so verhalten, wie es dein Gesetz befahl, deshalb bestrafe ich dich nicht... Tu, was dir Verstand und Herz vorschreiben, Rogned, nur sei nicht bösartig... Du kannst hier in der Stadt bleiben oder auch in das Land deiner Vorfahren zurückkehren. Ich gebe dir ein Schreiben mit, und Krieger von mir werden dich überallhin begleiten, selbst bis hinter das Warägermeer. Überleg dir genau, was du willst... Jetzt geh, Rogned!"

Sie rührte sich nicht vom Fleck.

„Sag mir eins, Fürst, warum redest du so? Willst du mich nach allem, was du mir angetan hast, auch noch verspotten?"

„Verspotten? O nein!" erwiderte er hastig. „Schon in Nowgorod wünschte ich, daß du meine Frau wirst. Aber du hast meine Hand zurückgestoßen."

Rogned schwieg. Sie war nicht mehr jene hochmütige Polozkerin, die eben noch den Fürsten gedemütigt hatte. Sie senkte die Augen, und ihre Arme fielen kraftlos herab.

„Überleg dir, Rogned, ob du gehen oder bleiben willst. Aber jetzt laß mich allein, ich bin sehr müde, und morgen ziehen wir weiter... Geh, Rogned!"

Ohne den Blick zu heben, wandte sie sich um und ging zur Tür hinaus.

Mitten in der Nacht ertönten vor der Tür zum Schlafgemach des Fürsten gedämpfte Stimmen.

„Wer ist da?" fragte der Fürst, zog rasch die Schuhe an und griff nach dem Schwert.

„Ich bin es", hörte er Rogneds Stimme. „Ich will mit dir sprechen. Aber deine Krieger lassen mich nicht herein ..."

„Gridni", befahl er, „öffnet der Fürstentochter die Tür und zündet Licht an."

Als beide allein waren, begann Rogned:

„Verzeih, Fürst, ich konnte keine Ruhe finden, mir war so schwer ums Herz ... Ich mußte einfach zu dir gehen. Die Götter wollten es so." Sie schwieg für einen Augenblick, und Wladimir bemerkte, wie Tränen in ihre Augen traten. „Ich bin gekommen ... um dir die Schuhe auszuziehen."

Er war zutiefst überrascht.

„Eben noch wolltest du mich töten, und jetzt ..."

„Fürst Wladimir", sagte sie, „du bist ein tapferer Held, du verstehst zu hassen und zu verzeihen, ich bin gekommen, weil ich dir gehören will, Fürst!"

„Ich bin der Sohn einer Magd", erwiderte Wladimir herausfordernd.

Rogned war einen Augenblick verwirrt, dann antwortete sie:

„Es tut mir leid, daß ich das sagte. Wäre ich damals nicht so hochmütig gewesen, würden mein Vater und meine Brüder noch am Leben sein ... Durch dich habe ich vieles eingesehen. Auch daß es unwesentlich ist, ob jemand der Sohn einer Magd ist oder nicht ... Ich liebe dich. Glaubst du mir?"

„Du bist eine Frau nach meinem Herzen, Rogned!" erwiderte Wladimir zögernd.

„Und mehr hast du nicht zu sagen? Vergiß, was gewesen ist."

Er ging auf sie zu und umfaßte sie. Rogned umschlang seinen Hals, und sie küßten sich.

Das war der letzte Tropfen, der Rogneds Herz überströmen ließ. Wladimir setzte sich auf das Bett, sie ließ sich vor ihm auf die Knie nieder und zog ihm, wie es der Brauch befahl, die Schuhe aus. Dann beugte sich Wladimir zu ihr herab, hob sie auf das Bett und dankte ihr mit einem langen Kuß für diese Geste.

„Rogned ist ein schöner Name“, flüsterte er, „aber ich würde dich lieber russisch Rogneda nennen. Darf ich das?“

Bei Tagesanbruch fragte sie:

„Gehst du jetzt fort, Fürst Wladimir?“

Er blickte lange in ihr Gesicht, dann erwiderte er:

„Ja, Rogneda, jetzt gehe ich fort. Das Land ruft, die Menschen ... Vor mir liegt eine schwere Schlacht.“

„Ich weiß. Dir stehen Krieg, Kiew und Ruhm bevor ... Dort wirst du mich vergessen.“

„Nein, ich vergesse dich nicht.“

Er küßte ihre Lippen, sie waren kalt.

„Ich werde für dich ebenso beten, wie ich für meinen Vater und meine Brüder gebetet habe ...“

Fürst Wladimir verließ das Gemach und begab sich in den Speisesaal. Dort hatte man schon das Frühstück vorbereitet, die Ältestendrushina war versammelt. Aber keiner hatte sich an den Tisch gesetzt, alle warteten auf den Fürsten.

„Wir müssen los, Männer!“ sagte Wladimir. „Vor uns liegt ein weiter Weg.“

Sie aßen und tranken. Dann gingen der Fürst und die Wojewoden hinaus in den Hof, bestiegen die Pferde und ritten zum Fluß, wo sie in Boote umsteigen wollten.

Noch lange konnte Wladimir Rognedas einsame schwarze Gestalt auf der Festungsmauer ausmachen.

Aber der strahlende Frühlingsmorgen ließ in ihm keine Abschiedsstimmung aufkommen. Auf den Wiesen grünte das Gras, gelbe und blaue Blumen flimmerten darin, der Kuckuck rief, eine Lerche jubilierte. Das alles ergötzte sein Herz. Der neue Tag war dem vergangenen überhaupt nicht ähnlich. Gestern noch war Blut geflossen und die Erde von Pferdehufen erschüttert worden. Das Schicksal von Polozk hatte über das ganze Unternehmen — die große Heerfahrt nach Kiew — entschieden, und der erste Sieg beflügelt einen Menschen immer. Jetzt war Wladimir davon überzeugt, daß er auch weiterhin Erfolg haben würde.

Und er war stolz, daß er die eigenwillige Polozker Fürstentochter erobert hatte. Er nahm sich vor, sie später nach Kiew zu holen.

6

Vom deutschen Kaiserreich aus beobachtete man gespannt, was sich in der Rus tat. Die Zwietracht zwischen Wladimir und Jaropolk machte den Rittern Mut, gen Osten zu ziehen. Aber sie wollten den Brand lieber nicht mit eigenen Händen schüren: Der polnische Fürst Mieszko I. rückte in ihrem Namen mit seinen Regimentern aus, um russische Städte und Länder zu erobern. Und während Fürst Wladimir in Polozk kämpfte und dann in Richtung Smolensk weiter nach Süden gegen Jaropolk vorrückte, schlichen sie sich ins Land. In dunkler Nacht stiegen sie über die Stadtmauern von Przemyśl. Eine Schlacht entbrannte, viele Menschen kamen um, die Stadt ging in Flammen auf. Von hier aus rückte das feindliche Heer nach Tscherwen vor, nahm den Ort und äscherte ihn innerhalb von drei Tagen ein.

In der Begleitung des Heeres befanden sich der Bischof Leo und der Priester Reinbern. In Kiew hatte man es ihnen nicht erlaubt, mit dem Kreuz zu arbeiten, jetzt arbeiteten sie mit dem Schwert.

Aber auch nach Osten drang die Nachricht vom Streit der Fürstenbrüder. Die Wolgabulgaren sammelten Krieger und schickten Gesandte in die Steppe hinter die Wolga. Die Horden aus den Tiefen Asiens sollten sich mit ihnen vereinigen und gegen die Rus ziehen.

Schweren Schaden fügte Fürst Jaropolk dem russischen Land zu.

Sechstes Kapitel

1

Fürst Wladimir wußte im voraus, daß Jaropolk das Heer aus dem Norden nicht an Kiew heranlassen, sondern sich bemühen würde, es am Oberlauf des Dnepr zu treffen und zu zerschlagen. Trotzdem dauerte es eine Weile, ehe die Vorhut das feindliche Heer ausfindig machen konnte.

Endlich, an einem der ersten Tage im Juni des Jahres 980, jagten bei Tagesanbruch Späher heran, sprangen von den schaumbedeckten Pferden und berichteten, daß sich Jaropolks Fußkrieger in den Wäldern und die Reiter im Feld bei Ljubetsch am Dnepr aufhielten.

Fürst Wladimir berief die Ältestendrushina ein, um mit ihr zu beraten, wie die Schlacht mit Jaropolks Regimentern zu beginnen sei. Von dieser Entscheidung hing das Schicksal der ganzen Rus ab, deshalb wollte er zuerst die Meinung seiner erfahrenen Wojewoden hören, die die russischen Länder kreuz und quer durchstreift hatten und über die Meere gefahren waren, um den Feind zu schlagen.

„Ihr wißt, meine Wojewoden“, begann Wladimir, „Jaropolks Heer hat in der Nähe von Ljubetsch haltgemacht. Wie wollen wir vorgehen? Sprecht, Wojewoden!“

Fürst Wladimir, bekleidet mit weißen Hosen, einem langen, am Kragen aufgeknöpften weißen Hemd, das von einem breiten Gürtel zusammengehalten wurde, und grünen Saffianlederstiefeln, saß da und wartete ab. Ein leichter Wind strich über seine hellbraunen Haare, die braunen Augen blickten die Wojewoden forschend an.

Einer der Männer meinte, daß die berittenen Krieger die Regimenter Jaropolks weit umgehen sollten, um ihnen dann in den Rücken zu fallen. Das Fußvolk würde in Schiffen auf dem Dnepr vorrücken, um das gegnerische Heer von vorn anzugreifen.

Ein anderer riet, die Schiffe vorerst zurückzuhalten, in der Nacht einen Teil des Heeres vorzuschicken, um sich Jaropolk zu nähern und ihn wie ein Blitz anzugreifen. Der Rest sollte ihn von den Schiffen aus endgültig zerschlagen.

Ein dritter schlug vor, sich nicht von der Stelle zu rühren, Wälle aufzuschütten und zu warten, bis Jaropolk angriff.

Fürst Wladimir blieb es jetzt überlassen, eine Entscheidung zu fällen und den Wojewoden und Kriegern Befehle zu erteilen.

Aber der Fürst hatte keine Eile. Den Wojewoden schien es, als veränderte sich sein Gesicht in diesen Augenblicken, als bekäme es harte und entschlossene Züge.

„Ich habe aufmerksam zugehört, meine Drushina“, sagte Wladimir, „und danke für die Ratschläge. Aber ich kann sie nicht befolgen. Das Heer auseinanderzureißen würde bedeuten, Arme und Beine vom Leib zu trennen. Wir sind russische Menschen und müssen uns nicht wie Petschenegen an Jaropolk heranschleichen. Nein, Wojewoden, wir werden vorgehen, wie es unsere Väter und Großväter taten. Ich fürchte Jaropolk nicht, ich verlasse mich auf euch, Wojewoden, und auf mein Heer, ich baue darauf, daß die Sewerjanen, Drewljanen und Poljanen mit uns gehen. Ich erkläre Jaropolk noch einmal: ‚Ich ziehe gegen euch‘, dann soll das Schwert sprechen. Mögen uns die Götter helfen.“

2

Der Streit zwischen den Fürsten Jaropolk und Wladimir veränderte auch das Leben in Ljubetsch. Bereits im Winter, als der Weg vom Dnepr zur Desna glattgewalzt war, fuhr der Possadnik Brasd mehrmals nach Oster, um sich mit dem Statthalter Koshema zu beraten. Swarg, der Schmied, bekam die Erlaubnis, in den fürstlichen Ländereien Erz abzubauen. Tag und Nacht schmiedete er Schwerter, Pfeilspitzen, Äxte und Speere. Brasd sorgte dafür, daß diese Waffen nach Oster gebracht wurden, einen Teil behielt er selbst.

Ja, die Einwohner von Ljubetsch hatten alle Hände voll zu tun: Die einen fällten Bäume und brachten sie zum Dnepr, die anderen bauten daraus am Ufer Boote. Brasd bezahlte gut — es war ja nicht sein Geld, sondern das des Fürsten.

Im Frühling dann, als das Eis geschmolzen war und die ersten Boote aus Kiew den Dnepr aufwärts fuhren, rief Brasd alle Einwohner an der alten Siedlung zusammen. Früher hatten sie bei solchen Gelegenheiten erst einmal ihrer Vorfahren gedacht und dann über dringende Angelegenheiten gesprochen, den Sippenältesten angehört und die Meinung aller berücksichtigt.

Jetzt verlief es anders: Brasd und all jene, die Turmhäuser und Höfe besaßen — Zimmerleute, Töpfer, Gerber und andere, die für den Fürsten arbeiteten, unter ihnen auch Swarg —, stiegen auf eine Anhöhe, während sich die armen Ljubetschaner unten drängten.

„Unser Fürst Jaropolk zieht in die Schlacht gegen die Krieger der nördlichen Länder, die Wladimir, der Sohn der Magd, führt", begann Brasd. „Er ruft alle auf, ihm zu folgen, wie es schon bei unseren Vätern üblich war. Ich führe euch, Ljubetschaner. Wir vereinigen uns mit dem Amtsbezirk Oster, den Statthalter Koshema führt ... Fürst Jaropolk ruft uns. Zögert nicht,

Leute, ihm zu Hilfe zu kommen. Sobald Statthalter Koshema in Ljubetsch eintrifft, müssen wir aufbrechen."

Die Leute schwiegen. Über ihnen strahlte die Sonne, ringsum grünten die Wiesen, das Getreide sproß. Da sollten sie in den Krieg ziehen?

Aber was blieb ihnen übrig? Fürst Jaropolk hatte kein Mitleid mit den Ljubetschanern, seinen Befehlen konnte sich keiner widersetzen.

„Gepriesen sei Fürst Jaropolk!" rief Brasd.

„Gepriesen! Gepriesen!" riefen die Leute widerwillig.

Sie kehrten auf ihre Höfe zurück. Mütter, Ehefrauen und Kinder fingen an zu weinen, als sie die Neuigkeit vernahmen. Oh, russisches Land, wann wirst du wieder Pflüge statt Schwerter schmieden?

In der Nacht konnte Mikula keine Ruhe finden. Er stieg auf den Wall der Siedlung und blickte auf den Dnepr. Von hier aus sah er, daß sich nicht weit entfernt einige Schatten bewegten; da kroch jemand über den Steilhang, noch einer und noch einer. Bald konnte Mikula erkennen, daß es Ljubetschaner waren, Menschen seiner Sippe, mittellos wie er.

Einer von ihnen sagte: „Es ist nicht in Ordnung, daß ein Fürst gegen den anderen kämpft ... Frieden und Ruhe müssen im Land sein."

„Und was hält die Fürsten davon ab, den Streit im Zweikampf miteinander zu entscheiden?" fragte ein anderer.

„Nicht so laut, Leute, der Fürst hat seine Ohren überall."

„Wofür kämpft denn Jaropolk, warum ruft er uns?" flüsterte jemand.

„Mit den Rhomäern schloß er einen schmachvollen Frieden", erklärte einer, „und uns legt er Ketten um den Hals ... Anstatt den Petschenegen all das Blut, die Kränkungen und Tränen heimzuzahlen, nennt er sie

Brüder und gibt ihnen unser Land ... Erst tötet er seinen Bruder, jetzt will er uns zu Sklaven machen ..."

Eine Weile schwiegen die Männer.

„Nicht Jaropolk müssen wir beistehen — Wladimir ist unser Fürst, er wahrt Gesetz und Sitten."

Wer hatte das gesagt? Alle blickten in die Richtung, aus der die Worte gekommen waren. Auf einem Vorsprung des Steilhangs saß Mikula.

„Unter Fürst Swjatoslaw wußten wir, wofür wir kämpfen. Er hat uns geführt."

„Und wirst du uns jetzt führen, Mikula?"

Der Sohn des Ältesten Ant dachte lange nach. Mußte er in dieser schweren Stunde noch einmal zum Schwert greifen?

„Ich führe euch!"

In der Nacht verließen die armen Männer Ljubetsch.

„Geh voran, Mikula", sagten sie. „Du bist Ants Sohn, hast unter Fürst Swjatoslaw gekämpft und kennst dich aus."

In allen Siedlungen oberhalb von Ljubetsch schlossen sich ihnen Leute an.

„Für Fürst Wladimir! Für Gesetz und Sitten unserer Ahnen! Für die Heimat und unseren Glauben!"

Am Morgen, als sich auf Brasds Befehl die Krieger von Ljubetsch versammelten, kam der Possadnik herangeritten, blickte sich um und sagte:

„Da fehlen doch welche. Wo sind sie?"

Schweigen.

Brasd geriet in Wut: „Wir werden sie ausfindig machen! Wehe dem, der zu Wladimir überläuft. Dem gebührt der Tod!"

3

Nacht. Fürst Wladimir schlief nicht. Er saß im Zelt an einem Tisch, auf dem ein Leuchter brannte, und versuchte, ein Schreiben auf Birkenrinde zu entziffern. Es war auf seltsame Weise in seine Hände geraten. In der Dämmerung hatten Späher einen Krieger aus Jaropolks Lager ergriffen, der, sich hinter Büschen und in Vertiefungen verbergend, immer näher an Wladimirs Lager herangekommen war. Als die Wache den Krieger endlich umringt hatte, erklärte der, ein Schreiben von einem Mann im Lager des Fürsten Jaropolk überbringen zu wollen.

Eben dieses Schreiben las Fürst Wladimir gerade.

„Achte heute gegen Mitternacht auf den Ruf des Uhus. Ein Wojewode aus Kiew wird zu dir kommen ..."

Und wirklich. Gleich nach Mitternacht brachte die Wache einen Mann ins Zelt, der einen schwarzen Umhang trug, darunter ein Gewand mit goldenem Besatz und ein Schwert an einem breiten Gürtel. Helm und Kragen verdeckten Stirn, Wangen und Nase.

„Ich grüße dich, Fürst Wladimir", sagte der Unbekannte heiser.

„Ich wünsche dir Gesundheit. Wer bist du?"

„Ich stelle mich vor, wenn ich mit dir allein bin."

„Geht hinaus!" befahl Wladimir.

Der Unbekannte löste den Kragen und hob seinen Helm hoch. Fürst Wladimir erblickte ein hageres Gesicht mit hervorstehenden Wangenknochen und leicht schräggestellten dunklen Augen.

„Du bist Bljud, der Erzieher des Fürsten Jaropolk."

„So ist es, Fürst Wladimir. Du hast ein gutes Gedächtnis. Ich war Jaropolks Erzieher, jetzt bin ich fürstlicher Wojewode. Hast du mein Schreiben gelesen? Ich sorge mich um den Kiewer Thron, ich will für die Rus und ihre Menschen nur Gutes ..."

„Indem Fürst Jaropolk seinen Bruder Oleg tötete, beleidigte er auch mich, den zweiten Bruder. Er stellte ein Heer auf und schürte den Krieg mit mir. Du bist sein Erzieher, der Wojewode, der ihm am nächsten steht. Hört er denn nicht auf dich?"

„Ich bin nicht allein, viele Bojaren und Wojewoden umgeben ihn. Und da ist auch seine Frau, die Griechin Julia. Sie zwingen Jaropolk, die Waffe gegen dich zu erheben ... Ich aber, Fürst Wladimir, muß an deinen Vater Swjatoslaw denken und rate Jaropolk unermüdlich, sich mit dir zu versöhnen."

„Morgen früh", entgegnete der Fürst entschieden, „schicke ich meine Gesandten zu Jaropolk. Ich werde ihm vorschlagen, Frieden zu schließen."

„Das habe ich längst getan."

„Und was sagen die Wojewoden und die Kiewer Edlen dazu?"

„Sie hören mich nicht einmal an."

„Dann soll eine ehrenhafte Schlacht die Entscheidung bringen."

„Fürst Wladimir!" sagte Bljud beschwörend. „Warum denn das Blut so vieler Menschen vergießen, wenn ein Wort genügt ..."

Mit weit geöffneten Augen blickte Wladimir den Wojewoden an.

„Was hast du vor?"

„Ich will dir die Wahrheit sagen ... Schon lange stehen viele Wojewoden mit Jaropolk auf Kriegsfuß. Ich habe mit ihnen gesprochen — ein Wort von dir, Fürst, und Jaropolk wird morgen früh nicht mehr am Leben sein. Es wird kein Blut vergossen, und dich erwarten Ehre und Ruhm ..."

„Genug!" rief Fürst Wladimir. „Hörst du, Wojewode? Auf solchen Ruhm kann ich verzichten. Wenn du der Rus einen Dienst erweisen willst, überrede Jaropolk, Frieden zu schließen."

„Wäre es dir recht“, fragte Bljud, „wenn ich Jaropolk zu dir führte?“

„Ich schwöre, wenn du das schaffst, werden dir große Ehren zuteil.“

„Mein Fürst!“ rief Bljud. „Erlaube mir, mich zu verabschieden, die Nacht ist kurz, ich muß noch viel für dich und Jaropolk, für alle russischen Menschen tun.“

„Geh, Wojewode! Meine Krieger werden dich begleiten. Wenn der Morgen graut, sende ich Boten zu Jaropolk.“

Der Wojewode Bljud schlug den Kragen hoch und setzte den Helm auf.

Bevor es dämmerte, ritten zwei Männer am Dnepr entlang, der Wojewode Bljud und der Waffenträger Sgar. Im Schutz von Dämmen und Büschen bewegten sie sich von Schlucht zu Schlucht auf Jaropolks Lager zu.

Plötzlich sprang der Wojewode von seinem Pferd und flüsterte:

„Haben wir uns nicht verirrt?“

„Nein, nein, Wojewode“, sagte Sgar und saß ebenfalls ab. „Wir müssen noch zwei Werst reiten, biegen dann nach links ab und stoßen auf unser Lager ... Sei unbesorgt, Wojewode, ich sehe nachts ebensogut wie am Tag.“

Der Wojewode schwieg, lauschte und murmelte dann:

„Mir scheint, ich höre Pferdegetrappel.“

Der Wojewode zog sein Schwert aus der Scheide.

„Nein“, erwiderte Sgar ruhig, „ich habe gute Ohren und höre nichts.“

In dem Moment hob Bljud sein Schwert und schlug Sgar den Kopf ab.

Ringsum war Stille. Bljud wischte das Schwert im Gras ab, steckte es in die Scheide, stieg in den Sattel und ritt weiter auf dem Pfad, den ihm der Waffenträger Sgar gewiesen hatte.

Im Lager angekommen, sagte er zu den Wojewoden, die Wache hielten:

„Die Wölfe aus dem Norden schleichen um unser Lager herum. Ich bin mit dem Waffenträger Sgar ausgeritten, um mich umzuhören. Dabei sind wir auf einen Spähtrupp gestoßen. Den Waffenträger haben sie getötet."

Die Gesandten, die auf Befehl des Fürsten Wladimir zu Jaropolks Lager ritten, zügelten auf einem Steilhang oberhalb von Ljubetsch ihre Pferde. Von hier aus konnten sie die Regimenter, die Boote auf dem Dnepr und das Fürstenzelt überblicken.

„Fürst Wladimir schickt uns", schrie einer von ihnen. „Wir wollen mit dem Fürsten Jaropolk sprechen."

Einige Wojewoden, unter ihnen Bljud, kamen herangeritten und fragten nach dem Anliegen der Gesandten.

„Wir haben eine Botschaft von Fürst Wladimir zu überbringen", antworteten sie. „Er läßt seinem Bruder ausrichten: ‚Es soll keine Feindschaft zwischen uns sein, Krieg zwischen russischen Menschen bedeutet Unheil, ich bin für Frieden und Freundschaft.' "

Die Kiewer Wojewoden ritten ins Lager zurück. Fürst Jaropolk erwartete sie. Er trug ein mit Silberfäden durchwirktes blaues Gewand, auf den Schultern einen roten Umhang und am Gürtel ein vergoldetes Schwert.

„Wer war das?" fragte er.

„Gesandte Wladimirs."

„Was wollten sie?"

Als Jaropolk die Botschaft vernahm, wurde er nachdenklich. In diesem Moment fiel die Entscheidung über sein eigenes Schicksal, das des Kiewer Thrones und der ganzen Rus. Noch war es nicht zu spät. Wladimirs Vorschlag war so einleuchtend, daß sogar Jaropolks Herz erbebte. Irgend etwas in ihm forderte: Geh nicht in die Schlacht, hör auf deinen Bruder!

In diesem Augenblick trat Bljud an ihn heran und flüsterte:

„Lüge und Verrat! Dein niedrig geborener Bruder kann gar nicht gegen dich bestehen, eine Meise wird doch keinen Adler besiegen. Keine Angst, Fürst, unser Heer wird Wladimirs Krieger gebührend empfangen, der Sieg erwartet dich."

Fürst Jaropolk wandte sich den Wojewoden zu und erklärte: „Übermittelt ihnen, daß ich mit dem Sohn einer Magd nicht zu sprechen gedenke."

4

Die Krieger des Fürsten Jaropolk und des Fürsten Wladimir trafen auf einem hohen, steilen Hang aufeinander. Fürst Jaropolk wußte, daß er das Heer aus dem Norden bei Ljubetsch aufhalten müßte, wenn er verhindern wollte, daß es über den Dnepr und die Desna nach Kiew vordrang.

Die Schlacht begann etwa zehn Werst von Ljubetsch entfernt an der schmalsten Stelle des Dneprs. Fürst Jaropolk hatte befohlen, hier vor Anker zu gehen, die Boote mit Seilen und Bast aneinanderzubinden und einen Schutzwall zu errichten, den Wladimirs Boote nicht durchbrechen konnten. Außerdem hatte er Bretter auf die Boote legen lassen, so daß die Krieger von einem Ufer zum anderen gehen konnten.

Inzwischen standen sich am Ufer die beiden Heere gegenüber: In der ersten Reihe Schild an Schild, die Speerspitzen vorgeschoben, erfahrene bärtige Krieger, bereit, den ersten Schlag abzufangen, dahinter die

Steinschleuderer und Bogenschützen, dann Krieger mit Stichwaffen, schließlich welche mit Schwertern, Äxten, Keulen oder nur mit Knüppeln.

Jaropolks Reiter warteten in den Schluchten, Wäldern und Hainen am Dnepr auf das Zeichen zum Angriff.

Und noch einmal ritten Herolde des Fürsten Wladimir vor und forderten durch Sprachrohre die andere Seite auf, die Waffen niederzulegen. Als Antwort kam aus Jaropolks Lager die erste Wolke von Pfeilen und Steinen herübergeflogen.

Dann rückten die Heere wie zwei gigantische Schlangen aufeinander zu. Als sie zusammenstießen, dröhnten dumpf die Schilde, klirrten Speere und Gabeln, pfiffen Hämmer und Knüppel durch die Luft, schrien die Verwundeten. Bald wichen die Krieger zurück, bald stürzten sie ungestüm vorwärts. Die Erde war mit Leichen übersät und mit Blut übergossen ...

Auch auf dem Dnepr war der Kampf entbrannt: Die Schweden näherten sich in ihren flachbödigen Schiffen der Brücke aus Booten, die Jaropolks Krieger gebaut hatten, konnten sie aber nicht durchbrechen.

Es wurde schon dunkel, als Jaropolks Heer unter wütendem Gebrüll noch einmal zum Angriff überging. Wladimirs Krieger spannten ihre letzten Kräfte an. Sie waren nahe daran, aufzugeben, als plötzlich hinter Jaropolks Regimentern eine Horde bewaffneter Männer auftauchte.

„Was hat das zu bedeuten?“ fragte mit trockenen Lippen Fürst Jaropolk, der mit seiner Ältestendrushina auf einem Steilhang stand.

„Verflucht!“ stieß Bljud hervor. „Sie greifen von hinten an. Fürst! Wir müssen überlegen, wie wir uns nach Kiew durchschlagen!“

Es waren die Männer aus Ljubetsch und Umgebung, die sich in dem Moment mit Schwertern, Bogen oder auch nur mit Stöcken von hinten auf Jaropolks Krieger stürzten, als diese Wladimirs Heer zu überwältigen drohten.

Im Kampfgetümmel stand Mikula plötzlich seinem Bruder Brasd gegenüber.

„Ich bin für Jaropolk!" schrie Brasd.

„Und ich für Wladimir, für Gesetz und Sitten unserer Ahnen!" entgegnete Mikula.

Und der Bruder ging gegen den Bruder los. Brasd hatte eine unsichere, schwache Hand. Mikula verletzte ihn am Kopf.

Wie freute sich Mikula, als er sah, daß Jaropolks Boote auf dem Dnepr in Flammen aufgingen und seine Krieger die Flucht antraten. Der Sieg war nahe.

Da flog ein Speer auf seinen Kopf zu und traf die Narbe auf der Stirn. Mikula stürzte zu Boden.

Siebentes Kapitel

1

Nach der Schlacht bei Ljubetsch ritten Fürst Jaropolk und seine Drushina im Galopp nach Kiew zurück, während die Krieger zu Fuß auf beiden Seiten des Flusses oder in Booten den Rückzug antraten.

Jaropolk hörte nicht auf seine Wojewoden, die ihm rieten, den Kampf gegen Wladimir noch vor Kiew wieder aufzunehmen, entweder im Mündungsgebiet des Pripjat oder bei Wyschgorod. Er hatte Eile, nach Kiew zu gelangen.

Neben ihm ritt Bljud.

„Mein Wojewode", begann Jaropolk, „wie konnte es nur zu dieser Niederlage kommen? Wir hatten die besten Krieger und die erfahrensten Wojewoden zusammengerufen, der Sieg war schon unser, und trotzdem ..."

„Der Sohn der Magd ist schlau", antwortete Bljud. „Er tritt für das alte Gesetz ein, und damit gewinnt er die Bauern ..."

„Mag sein, aber Bauern gibt es schließlich überall. Da werden wir wahrscheinlich in Kiew unser Wunder erleben ..."

„O nein, Fürst", widersprach Bljud. „Um Kiew mach dir keine Sorgen. Die ganze Gora ist gegen Wladimir, der Podol und die Obolon ebenso. Ich bin auch überzeugt davon, daß uns die Petschenegen und die Kaiser der Rhomäer zu Hilfe kommen werden."

„Das ist wahr", stimmte Jaropolk zu. „Nie und nimmer teile ich den Thron mit Wladimir. In Kiew werden wir den Angriff aus dem Norden zurückschlagen. Und dann stelle ich Ordnung im Lande her, daß den Bauern Hören und Sehen vergeht."

Fürst Jaropolk schlug wütend auf das Pferd ein.

Am Abend des dritten Tages kam Fürst Jaropolk mit seiner Ältestendrushina in Kiew an. Fürstin Julia beobachtete, wie er in den Hof ritt, vom Pferd sprang und über die Schwelle des Turmhauses trat. Aber er kam nicht, wie sonst üblich, sogleich zu ihr, sondern erst spät in der Nacht.

„Du hast mich lange warten lassen, Geliebter ..."

„Ich mußte mit der Ältestendrushina Rat halten. Du weißt ja nicht ..."

„Doch, ich weiß alles. Bljud hat es mir erzählt. Aber diese Niederlage hat nichts zu bedeuten. Hier, in Kiews Mauern, wirst du den Sohn der Magd besiegen. Angeblich wurde diese Stadt ja noch niemals eingenommen. Aber weshalb stehst du? Komm, setz dich an den Tisch, mein Lieber, ich schenke dir Wein ein. Es ist dein Lieblingswein, griechischer ..."

Gierig leerte Jaropolk einen Becher und noch einen. Julia war in dieser nächtlichen Stunde, im Licht der Kerzen besonders schön. Sein Blick glitt über ihre dunklen Haare, die hohe Stirn, die schmale Nase, die Lippen und die Augen.

Trotzdem konnte er das, was hinter ihm lag, nicht vergessen; die Erinnerung an die grausame Schlacht bei Ljubetsch und die Furcht vor der Zukunft peinigten seine Seele.

„Julia", fragte er mit mißtrauischer Stimme, „weshalb treffen keinerlei Nachrichten aus Konstantinopel ein? Als du nach Kiew kamst, machten mir die Gesandten der Kaiser die größten Versprechungen."

Julia schwieg einen Augenblick. Sie wußte zuverlässig, daß Jaropolk keinerlei Hilfe aus Byzanz zu erwarten hatte. Aber das mußte sie natürlich für sich behalten. Im übrigen setzte sie auf die Wojewoden und Bojaren: Nicht für die Rus oder den Fürsten würden sie kämpfen, sondern für sich selbst. Das kannte sie aus Konstantinopel.

„Mein Fürst!" flüsterte sie. „Du bist stark genug, um Wladimir zu besiegen. Außerdem bin ich überzeugt, daß die Gesandten bald aus Byzanz zurückkehren und die Petschenegen Hilfe leisten werden."

Fürstin Julia löschte die Kerzen. Im Gemach wurde es still, und Stille herrschte auf der ganzen Gora. In dieser Nacht schlug die Stadtwache nicht auf das Wachtbrett, sie blickte unverwandt nach Norden, wo weit in der Ferne Feuer brannten.

2

Jeder Mensch erfährt in seinem Leben Freude und Enttäuschung, Schmerz und Trost, Liebe und Haß, Unglück und Glück. Dem Griden Tur war es bestimmt, nur eines kennenzulernen — das Leid. Er war noch ein Kind gewesen, als seine Eltern starben. Daraufhin ging er nach Kiew und wurde als Page in die fürstliche Drushina aufgenommen. Zwanzig Jahre lang war er Griden, dann jagten ihn Jaropolks Leute davon.

Übrigens lernte der Griden Tur auch die Liebe kennen. Seit er Maluscha vor vielen Jahren das erste Mal begegnet war, liebte er sie, traute sich aber nicht, es ihr zu zeigen.

Auch Maluscha hatte nicht viel Glück. Als sich Swjatoslaw, der Fürstensohn, in sie verliebte, begann für sie eine schwere Zeit.

Tur dachte all die Jahre nur daran, wie er ihr wohl helfen könnte. Aber Maluscha war nicht zu helfen, und schließlich erfuhr Tur, daß sie gestorben sei. Damals entschied er sich zu einem folgenreichen Schritt: Er ließ sich in der Kirche an der Potschaina taufen. Auf dem Podol hatte er oft Christen getroffen und viel über ihre Worte nachgedacht. Erstmals im Leben fühlte sich Tur getröstet, als er von ihnen hörte, daß den Menschen auf Erden kein Glück beschieden sei, sondern erst nach dem Tod. Dann kämen sie ins Paradies, wo es weder Reiche noch Arme gab. Immer dann, wenn er die flammenden Worte des Priesters vernahm, wenn er im Gebet versunken war und sich demütig vor dem neigte, den er nicht kannte, dem er aber glauben wollte, vergaß Tur sein Leid.

Groß war sein Glück, als eines Tages die totgesagte Maluscha in der Kirche auftauchte. Genau wie er hatte sie alles auf der Erde verloren und hoffte auf den Himmel. Mit ihr konnte er über alles sprechen, was sein Herz bewegte, über vergangene Zeiten, über Kiew, Jaropolk und Wladimir.

Tur, der nicht wußte, wo er die nächste Nacht verbringen sollte, ging jetzt häufig über den Podol und die Obolon. Hier half er, einen Baum zu fällen, dort arbeitete er bei irgendeinem Töpfer oder Gerber für ein Stück Brot, für ein Nachtlager.

In jener Nacht, als weit weg von Kiew die Lagerfeuer von Wladimirs Kriegern brannten, traf Tur bei den Hütten auf dem Podol eine Gruppe von Männern, deren Wortführer Dawilo war, ein Bauer. Tur kannte ihn. Auf Jaropolks Befehl wurde ihm die Hütte abgerissen und auf seinem Land ein Graben ausgehoben. Was blieb ihm anderes übrig, als für seine Familie auf dem Podol eine Erdhütte zu graben?

„Was haben wir von Jaropolk zu erwarten“, rief Dawilo gerade. „Ich sage euch, die Bojaren saugen uns aus, und Jaropolk läßt sie walten. Wladimir ist unser Fürst!“

„Weshalb denn unser?“ entfuhr es Tur.

„Du als Griden hast sicher andere Sorgen", entgegnete Dawilo spöttisch.

„Das war einmal", antwortete Tur, „Jaropolk braucht mich nicht mehr."

„Ach so", sagte Dawilo und fuhr fort: „Grausamkeit, Lüge und Diebstahl sind überall an der Tagesordnung. Dafür sind Jaropolk und seine Bojaren verantwortlich, sie brachten Leid über unser Land. Aber wir werden Blut mit Blut abwaschen, wir werden das Gesetz unserer Väter bewahren, wir werden die Rus schützen ..."

Die Männer gingen schweigend auseinander, neben der Hütte blieben nur Dawilo und Tur zurück.

„Ich wußte nicht, daß man dich aus der Drushina gejagt hat", sagte Dawilo, „sonst hätte ich schon längst mit dir gesprochen."

Tur legte die Hand auf Dawilos Schulter. „Eins sollst du wissen, Dawilo, ich hasse die Gora ebenso wie du."

„Dann komm mit!" Dawilo erhob sich. „Wir versammeln uns dort am Steilhang. Komm mit, Tur!"

3

Die Krieger aus dem Norden rückten immer näher an Kiew heran. Bisweilen fielen Jaropolks Drushinas aus dem Hinterhalt über sie her, aber zu einem offenen Kampf wie bei Ljubetsch kam es nicht mehr. Wladimirs Heer floß wie Frühlingswasser an Dnepr und Desna entlang. Oster, Wyschgorod und Belgorod waren gefallen, die Vorhutabteilungen konnten Kiew bereits sehen.

Fürst Wladimir ließ sein Zelt auf einem Berg hinter Stschekawiza aufstellen und befahl den Regimentern, zwischen Dorogoshitschi und der Obolon haltzumachen. Dann begann der Angriff auf die Stadt. Erst am zweiten Tag gelang es Wladimirs Kriegern, die Wälle zu durchbrechen. Sie stiegen vom niederen Wall in die Schlucht herunter, wo ein Bach schäumte, kletterten auf den oberen Wall, schlugen die Pfähle um. Beide Seiten hatten zahllose Opfer zu beklagen.

Auf der Fürstenburg waren Tag und Nacht die Brükken hochgezogen, die Tore verschlossen. Hier brodelte es wie in einem aufgescheuchten Bienenstock. Nicht nur Kiewer hatten sich eingefunden, sondern auch Statthalter, Possadniks, Wojewoden und Steuereinnehmer aus anderen Ländern und Städten. Die Gora erinnerte an ein großes Heerlager, überall standen mit Hab und Gut beladene Fuhrwerke umher, Pferde wieherten, Ochsen brüllten, Bauern liefen geschäftig hin und her.

Fürst Jaropolk konnte auch in der Nacht keine Ruhe finden. Bald begab er sich in den Goldenen Saal, bald in den Volkssaal, blickte durchs Fenster, lauschte dem Lärm von draußen.

Plötzlich hörte er Schritte auf der Treppe. Der Wojewode Bljud kehrte vom Podol zurück, um dem Fürsten Bericht zu erstatten.

„Was hast du zu sagen, Wojewode?“ fragte Jaropolk.

Bljud seufzte und sagte langsam:

„Dieses Mal habe ich schlechte Nachrichten, Fürst.“

„Haben sie den letzten Wall durchbrochen?“

„Nein, Fürst, noch nicht, aber ich fürchte, daß sie Unterstützung bekommen ...“

„Ich verstehe dich nicht, Wojewode.“

Bljud senkte die Stimme und flüsterte:

„Auf dem Podol und in der Vorstadt rotten sich die armen Kiewer zusammen. Man munkelt, sie seien sogar bewaffnet.“

„Laß sie einfangen!“

„O Fürst, wenn das so einfach wäre. Meine Leute durchkämmen den Podol, die Obolon und die Vorstadt, aber ohne Erfolg ... Ich fürchte, Fürst, wir müssen Kiew verlassen. Ich schlage vor, nach Rodnja zu fliehen, dort kann uns Wladimir nichts anhaben, bis die Petschenegen und die Rhomäer uns zu Hilfe kommen werden."

„Nach Rodnja fliehen? Den Thron der Ahnen, die Fürstenburg verlassen?"

„Denke nur nicht, Fürst, daß die Gora Wladimir einen freudigen Empfang bereiten wird. Wer ist er schon? Ein Heide, Sohn einer Magd! ... Fürst Swjatoslaw wollte ihn auf den Kiewer Thron setzen, aber die Gora war damit nicht einverstanden. Und jetzt wird sie ihn empfangen, wie es dem Sohn einer Magd gebührt ..."

Jaropolk ging aufgebracht durch den Raum, und in der Stille des Turmhauses hallten seine Schritte donnernd wider.

4

Es dauerte einige Tage und Nächte, ehe Jaropolks Heer auf Schleichwegen Kiew verlassen hatte. Ihm schlossen sich Wojewoden, Edle, Beamte und Kaufleute an. Jaropolks Frau Julia fuhr des Nachts in einer geschlossenen Kutsche davon, die von einigen Hundertschaften gesichert wurde.

In der Stadt und auf den Wällen bei Stschekawiza blieben lediglich einige Regimenter zurück, die den Kriegern des Fürsten Wladimir keinen großen Widerstand entgegenbringen konnten.

Es war tiefe Nacht, als Fürst Jaropolk, Bljud, einige Wojewoden und mehrere Dutzend Gridni das Tor zur Gora passierten und die Boritschew-Auffahrt zum Fluß hinunterritten. Niemand schloß hinter ihnen das Tor, niemand zog die Brücke hoch. Die Fürstenburg war ausgestorben.

Plötzlich zügelten die Reiter ihre Pferde und lauschten. Vom Podol drangen Geschrei und dumpfe Schläge herüber, in der Dunkelheit loderten Flammen auf. Reiter kamen ihnen entgegen. Die Wojewoden und Gridni zogen ihre Schwerter.

„Hinter dem Podol tobt eine Schlacht", rief ihnen der Anführer der Reiter zu. „Die Bauern haben sich mit Wladimirs Kriegern vereinigt und sind dabei, die Drushina auf den Wällen zu überwältigen."

„Wie sieht es am Ufer der Potschaina aus? Ist die Boritschew-Auffahrt noch frei?" erkundigte sich Bljud.

Man antwortete ihm, daß die Schlacht auf den Wällen tobe, daß es an den Ufern der Potschaina still und die Boritschew-Auffahrt vorläufig frei sei.

Die Männer um Jaropolk gaben ihren Pferden die Sporen. Das Licht der Fackeln wurde immer heller, das Geschrei auf dem Podol immer lauter.

Erst am Ende der Boritschew-Auffahrt, am Ufer der Potschaina, umgab sie wieder rabenschwarze Stille, und sie stürzten sich in diese Stille wie in ein rettendes Tor. Die Angst saß ihnen im Nacken. Die einen erreichten die Boote über Bretter, die ans Ufer hinübergelegt worden waren, die anderen ließen sich den Abhang hinabrollen, sprangen ins Wasser und kletterten von dort aus in Boote. Fürst Jaropolk selbst glitt aus, als er ins Boot stieg, und bekam nasse Füße.

Endlich stieß das große Ruderschiff mit dem Fürsten und seiner Ältestendrushina vom Ufer ab.

„Wir haben die Gora gerade noch rechtzeitig verlassen", flüsterte Bljud dem Fürsten zu.

Jaropolk schwieg. Er hatte sich wie ein Wolf aus Kiew davongestohlen, war aber überzeugt, daß er eines Tages hierher zurückkehren würde. Oh, dann würden sein Bruder und das ganze russische Land zittern!

5

In dieser Nacht verließ Fürst Wladimir sein Zelt und begab sich zur Ältestendrushina, die in der Nähe auf ihn wartete.

„Die Schlacht kann jeden Augenblick beginnen", sagte er.

„Die Regimenter sind bereit, Fürst. Wir warten nur auf das Zeichen aus Kiew."

„Rücken sie vielleicht schon vor? Ruhe bitte!"

Alle lauschten. Irgendwo in der Dunkelheit, die den Podol, die Vorstadt und die Fürstenburg einhüllte, war vielstimmiges Geschrei zu hören, zuerst verhalten, dann immer lauter. Im nächsten Augenblick blinkten überall in der Finsternis Fackeln auf.

Das war der Moment, auf den alle warteten. Die Krieger des Fürsten Wladimir rückten gleichzeitig von verschiedenen Seiten auf Kiew zu: das Fußvolk von Doroshitschi und den Wiesen hinter der Obolon, die Reiter vom Perewesistschansker Wald aus.

Die Nachricht von der Flucht Jaropolks und seiner Wojewoden erhielt Wladimir von Bauern, die aus der Vorstadt herbeigelaufen kamen.

Kiew war gefallen.

Unter dem Banner seines Vaters Swjatoslaw mit den zwei gekreuzten goldenen Speeren ritt Fürst Wladimir an der Spitze der Ältestendrushina in Kiew ein.

Bewegt blickte er auf die Stadt, die er vor vielen Jahren verlassen hatte. Er erkannte sie nicht wieder. Die Obolon, wo einst nur hier und da eine Hütte gestanden hatte, war jetzt mit ärmlichen Behausungen übersät. Auf dem Podol, am Markt und am Ufer der Potschaina waren viele Turmhäuser mit Speichern, Kellern und Scheunen emporgewachsen, Zäune aus Pfählen schirmten sie voneinander ab. Verändert hatte sich auch die Vorstadt. Wladimir konnte sich lediglich an die Erdhütten der Schmiede, Töpfer und Gerber, an das steinerne Turmhaus der Fürstin Olga und an einige Bojarenhäuser erinnern. Jetzt umgaben Turmhäuser aus Stein und Holz die ganze Fürstenburg und schienen die Erdhütten zerdrücken zu wollen.

Die Kiewer bereiteten Wladimir und seinen Kriegern einen freudigen Empfang. Auf dem Podol begegneten Nowgoroder Wojewoden Kaufleuten aus ihrer Heimatstadt, bewirteten Chasaren die Krieger mit Met, umarmte ein Schwede den anderen. Vor der Holzstatue des Gottes Wolos mitten auf dem Markt loderte ein Feuer. Den versilberten Schnurrbart des Gottes hatten Jaropolks Krieger noch in der Nacht abgeschlagen.

Fürst Wladimir traf hier auch jene Männer, die in der Nacht Jaropolks Regimenter von hinten angegriffen hatten. Sie erwarteten ihn nicht weit vom Markt entfernt auf einem großen, von Linden umgebenen Platz. Es waren einige Hundert, die einen zu Pferd, mit Schwertern und Schilden, die anderen zu Fuß, mit Speeren oder lediglich mit Knüppeln in den Händen.

An der Spitze des Fußvolks saß hoch zu Roß ein grauhaariger alter Mann, der auf dem linken Auge blind war.

„Wir grüßen dich, Fürst Wladimir!“ sagte er.

„Ruhm dem Fürsten Wladimir!“ riefen alle.

„Wer bist du?“ fragte Wladimir den Alten.

„Ich bin der Wojewode Rubatsch“, antwortete jener.

„Hast du Jaropolk gedient?“

„Nein, Fürst Wladimir! Ich zog mit deinem Vater Swjatoslaw gegen die Rhomäer und sorgte dafür, daß sein Schwert und sein Schild wieder nach Kiew gelangten. Aber ich habe die Waffen in die falschen Hände gelegt, Fürst Jaropolk hat sie mißbraucht ...“

„Willst du mir dienen?“

„Ja, Fürst, solange meine Kraft reicht", antwortete der Wojewode Rubatsch.

„Und wer bist du?" fragte Wladimir den Mann, der hinter Rubatsch stand.

„Ich heiße Tur und war ein Griden ..."

„Unter Fürst Jaropolk?"

„Nein! Ich war Griden des Fürsten Swjatoslaw, Jaropolk ließ mir Schwert und Schild wegnehmen."

„Ich danke dir, Tur, daß du meinem Vater und mir geholfen hast ... Ich will dich belohnen."

Tur zuckte hilflos mit den Schultern.

„Mich belohnen? Wofür denn? Außerdem war ich nicht allein."

„Du bist ein wunderlicher Mensch, Tur! Lehnst eine Belohnung ab ... Hast du wirklich keinen Wunsch?"

„Gib mir Schwert und Schild zurück."

„Ein Schwert und ein Schild für den Griden!" befahl der Fürst.

6

Zu denen, die den Fürsten Wladimir begrüßten, gehörte auch eine Frau mittleren Alters. Sie hatte ein anziehendes Gesicht mit strengen Zügen, warme braune Augen und schmale Brauen und trug ein dunkles Kleid und ein ebensolches Tuch auf dem Kopf. Die Lippen vor Erregung zusammengepreßt, starrte sie dem Heer des Fürsten Wladimir entgegen, das auf der Boritschew-Auffahrt vorrückte.

Niemand in der Menge kannte diese Frau. Es war Maluscha, einst Beschließerin der Fürstin Olga, die heimliche Liebe des verstorbenen Fürsten Swjatoslaw, die Mutter des Fürsten Wladimir, der jetzt siegreich in die Stadt einzog.

Maluscha hatte ihren Sohn viele Jahre nicht gesehen. Wie oft hatte sie in dieser Zeit für ihn gebetet, wie oft war sie zum Steilhang am Dnepr gegangen, um zu sehen, ob nicht in der Ferne seine Schiffe auftauchten. Von diesem Steilhang aus hatte sie ihm auch nachgeblickt, als er nach Nowgorod zog.

Heute nun rückten die Krieger des Fürsten Wladimir in Kiew ein. Maluschas Herz schlug heftig, ihr Gesicht brannte, als sie ihren Sohn erblickte. Ein wenig müde saß er auf seinem Pferd, grüßte lächelnd nach rechts und links.

„Ruhm dem Fürsten Wladimir!“ dröhnte es ringsherum. „Ruhm, Ruhm!“

Nur Maluscha schwieg. Sie war glücklich, daß sie endlich ihren Sohn wiedersah. In Gedanken umarmte und küßte sie ihn. Sie beschied sich mit ihrem Los, zwar die Mutter des Fürsten zu sein, aber selbst für alle Zeiten Magd zu bleiben.

Plötzlich stutzte Maluscha. Hinter dem Fürsten ritt Tur, am Gürtel ein Schwert. Sie fürchtete schon, er würde sie in der Menge entdecken, aber der Griden blickte nicht in ihre Richtung.

Dann lenkte sie ihre Aufmerksamkeit wieder ganz auf den Sohn. Begierig betrachtete sie sein Gesicht, verfolgte jede seiner Bewegungen, faßte an seinen Steigbügel und machte einige Schritte neben ihm her. In diesem Moment vergaß sie Kummer und Tränen.

7

Am Tor der Fürstenburg ließ Wladimir halten und saß ab. Er übergab einem Reitknecht die Zügel und ging langsam auf die Brücke, blieb am Tor stehen, betrachtete die Mauern und Türme, auf denen keine Wachposten standen. Alles hier war ihm vertraut.

Allerdings überraschte es ihn, wie still und öde es auf der Gora war. Das Feuer am Opferaltar brannte nicht, die Turmhäuser der Bojaren und Wojewoden, die sich rechts und links aneinanderreihten, schienen ausgestorben zu sein, überall sah man Fuhrwerke stehen und herrenloses Vieh umherstreifen.

Als Wladimir und sein Gefolge im Begriff waren, das fürstliche Turmhaus zu betreten, tauchten hier und da auf den Höfen Männer auf, unter ihnen auch der Oberpriester. Von weitem musterten sie den Fürsten und seine Drushina, kamen dann zögernd näher.

Wladimir erkannte einige von ihnen, sie waren schon damals angesehene Männer gewesen, Bojaren oder Beamte. Aber wie standen sie heute zu ihm, nachdem soviel Wasser den Dnepr heruntergeflossen war?

„Wir grüßen dich, Fürst!“ riefen die Männer.

Wladimir nickte ihnen zu, wechselte mit einigen Bojaren ein Wort, winkte auch dem Oberpriester zu und betrat, umgeben von seinen Wojewoden, das Turmhaus.

Ohne zu zögern begab er sich nach oben in den Goldenen Saal, wo die Rüstungen der ehemaligen Fürsten hingen. Der Fürst und seine Ältestendrushina betrachteten sie schweigend. Sonnenstrahlen flossen durch die schmalen Fenster und spiegelten sich in den Rüstungen, Schilden, Schwertern und Helmen.

Nahe am Ausgang hingen die Waffen seines Vaters Swjatoslaw. Wladimir erkannte sie sofort. Er nahm das Schwert in die Hand und zog es aus der Scheide. Es war ein langes zweiseitiges Schwert, wie es die Rodnjaer Schmiede anfertigten. Einige Scharten erinnerten an einen harten Kampf, vielleicht sogar an den letzten auf der Grigori-Insel.

Wladimir umfaßte das Schwert, drückte seine Lippen auf den kalten Stahl, schob es in die Scheide und hängte es wieder an die Wand.

Das Leben ging weiter, der Kampf mit Jaropolk war noch nicht beendet! Von der Stadtmauer aus konnte man die Regimenter und auf dem Dnepr die Boote sehen, die sich gen Süden bewegten. Boten meldeten, daß Jaropolks Fußheer und die Schiffe schon Witischew passiert hätten und sich Tripolje näherten.

Fürst Wladimir gab Befehl, Jaropolks Heer weiter zu verfolgen und es zu umzingeln, wenn es Halt machte. Über alle Vorkommnisse wollte er unterrichtet sein. Es hieß auf der Hut sein: Auf dem Podol, in der Vorstadt, auf der Gora — überall lauerte der Feind.

Erst gegen Abend fanden Wladimir und seine Wojewoden Zeit zu essen. Im Speisesaal war der Tisch schon gedeckt, verschiedene Speisen und Krüge mit Wein standen bereit. Eine Frau im weißen Kleid empfing sie mit einer tiefen Verbeugung.

„Ich grüße dich, Fürst“, sagte sie mit leiser Stimme.

Als sie den Kopf hob, erkannte Wladimir sie: Es war Praxeda, die einst den Platz seiner Mutter, der Beschließerin Maluscha, im Speisesaal eingenommen hatte.

„Weshalb brennt kein Feuer auf dem Opferaltar? Ich will ein Opfer bringen“, sagte Fürst Wladimir in barschem Ton. „Bereite alles vor!“

Die Beschließerin überstürzte sich, nahm den roten griechischen Teppich ab, der den Altar bedeckte, lief zum Herd, um Glut zu holen.

Fürst Wladimir wartete, bis sie fertig war, dann warf er von jeder Speise ein wenig ins Feuer. Rauchwolken stiegen empor, das Feuer loderte auf. Schweigend, den Kopf gesenkt, gedachten der Fürst und die Wojewoden der Ahnen. Sie glaubten daran, daß die Seelen der Vorväter hier im Speisesaal schwebten und dann das Mahl mit ihnen gemeinsam einnehmen würden.

Als die Männer nach dem Essen den Speisesaal verließen, blickte die Beschließerin Praxeda lange hinter dem Fürsten her.

Ganz die Mutter, dachte sie feindselig, dieselben Augen.

Als Fürst Wladimir am Abend allein war, durchstreifte er das Turmhaus. Hier hatte er seine Jugendjahre verbracht, hier war ihm alles vertraut. Zuletzt betrat er den Raum, in dem er früher gewohnt hatte und den er auch jetzt beziehen wollte.

Tiefe Stille lag über der Gora, über Kiew und dem Dnepr. Nicht mehr lange, dachte der Fürst, und im Land herrscht Frieden.

Aber nicht nur Zuversicht erfüllte seine Seele. Er war betrübt, daß alles so gekommen war. In Nowgorod und auf dem Feldzug nach Kiew war er von dem Gedanken besessen gewesen, das Vermächtnis des Vaters zu erfüllen und den selbstherrlichen Bruder zu besiegen.

Aber hier in Kiew, im fürstlichen Turmhaus, wo noch in der vergangenen Nacht Jaropolk und seine Bojaren, Wojewoden und Edelleute die Macht hatten, kamen ihm Bedenken. Macht zerschlug Macht. Und weiter? Jaropolk wollte sich offenbar auf der Festung Rodnja verbergen. Wladimirs Krieger würden die Festung im Sturm nehmen und keinen verschonen, weder den Fürsten noch seine Männer ...

Aber das war nicht seine Schuld, er hatte Jaropolk nicht nur einmal die Hand hingestreckt. Er war nicht nur Rächer, sondern vor allem Bruder. Heute hatte er wieder Boten entsandt, die Jaropolk auffordern sollten, den Kampf zu beenden und Frieden zu schließen.

Den Fürsten bedrückte es, daß Zwietracht im russischen Land war, daß Blut fließen mußte. Jahre würden vergehen, ehe die Wunden der Rus geheilt und alle Stacheln aus dem Körper entfernt waren.

Achtes Kapitel

1

Rodnja war eine kleine hölzerne Festung auf einem Berg über dem Dnepr. Gewöhnlich hielten sich hier einige hundert Krieger auf. Die Wache gab acht, ob sich vom Mündungsgebiet fremde Schiffe näherten oder ob Pferdehufe irgendwelcher Horden am linken Ufer Staub aufwirbelten. Wenn das geschah, zündeten die Krieger Feuer an. Der Rauch, der zum Himmel aufstieg, war ein Zeichen für die Wojewoden in Tripolje, daß ein Feind das Land bedrohte. Außer diesen Kriegern lebten in Rodnja, in Erdhütten am Abhang der Berge, noch viele geschickte Schmiede. Sie sammelten an den Ufern und in den Sümpfen von Dnepr und Ros Erz und fertigten Schwerter, Schilde, Helme und Rüstungen. Mit Gold- und Silberdraht oder schwarzer Emaille schmückten sie diese Arbeiten, für die sie nicht nur in der Rus, sondern weit über die Grenzen hinaus bekannt waren.

Am Tor der Festung machte Jaropolks Drushina Halt. Hier trafen sich der Fürst, seine Frau Julia und Bljud, die auf dem Schiff gekommen waren, mit den Bojaren und Edlen aus Kiew, die von der beschwerlichen Reise in Fuhrwerken oder zu Pferd schweißüberströmt und staubig waren.

Beim Anblick von Rodnja waren sie entsetzt: Das war eine Stadt, aber keine sichere Festung! Wie sollten sie sich hier halten?

„Fürst!“ riefen sie aufgebracht. „Hier werden wir krepieren wie die Mäuse!“

Der Fürst schwieg. Was sollte er auch sagen? Auf dem Dnepr hatten flache Boote und Schiffe aus dem Norden den Anker geworfen, am rechten Ufer rückte Fußvolk unter dem Banner Wladimirs vor, von Süden und Westen näherten sich Reiterabteilungen.

„Schnell in die Festung! Verschließt die Tore!" befahl er.

Unter lautem Knarren hob sich hinter den Flüchtlingen die schwarze Brücke wie der Deckel eines Sarges.

In der Festung war ein schreckliches Gedränge: Bojaren und Edle beeilten sich, für ihre Fuhrwerke den besten Winkel an den Mauern zu ergattern und spannten ihre Pferde aus, Wojewoden und Heerführer trieben die Krieger auf die Mauern.

Fürst Jaropolk und seine Frau gingen, von Gridni umgeben, in einen der Türme und stiegen in den oberen Teil der Festung hinauf.

Die Krieger des Fürsten Wladimir griffen weder am ersten noch am zweiten oder am dritten Tag Rodnja an. Sie ließen sich Zeit. Wladimir wollte Rodnja nicht im Sturm nehmen, sondern es belagern.

Das Warten bereitete den Flüchtlingen regelrechte Qualen. An einen offenen Kampf mit Wladimirs Heer war nicht zu denken. Und wie lange sollten sie hier in Rodnja sitzen?

Besonders unruhig waren die Bojaren, in Wort und Tat sonst nicht zimperlich. Sie machten sich Vorwürfe, vor dem Aufbruch in Kiew nicht alles richtig erwogen und sich nur auf Jaropolks Worte verlassen zu haben.

Sie mußten unbedingt mit ihm besprechen, was jetzt zu tun sei, und begaben sich in den großen Raum im Palas. Jaropolk stand an einem Fenster, durch das man auf den Dnepr blicken konnte. Julia saß auf einer Holzbank in der Ecke.

„Einen guten Abend dir und deiner Frau, Fürst“, begann der Bojar Konizar. „Wir sind zu dir gekommen, um zu erfahren ...“

„Danke“, antwortete Jaropolk gleichgültig. „Setzt euch, Bojaren und Mannen.“

„Wir haben eine Frage an dich, Fürst“, sagte Konizar und trat vor. „Wir würden gerne wissen, ob wir noch lange hier bleiben werden.“

Jaropolk ärgerte sich. Die Bojaren taten so, als sei er schuld an dem, was geschehen war, dabei waren sie es, die ihn seit Jahren zwangen, das zu tun, was ihnen nützlich war!

Er stand in seiner ganzen Größe vor den Bojaren, in einem mit Gold und Silber durchwirkten Gewand, das Schwert am Gürtel, voller Energie, sich mühsam beherrschend. Aber auch die Bojaren waren von kräftiger Gestalt. Sie trugen dunkle Gewänder und blickten Jaropolk mit funkelnden Augen an.

„Bisher ist alles so verlaufen, wie wir es in Kiew besprochen hatten“, antwortete der Fürst schroff, „und jetzt wird kommen, was kommen muß ...“

„Heißt das, wir werden zugrunde gehen?“

„Nein!“ schrie er. „Wer spricht denn davon? Dank eurer Kraft werden wir Wladimir besiegen!“

Die Bojaren schwiegen.

„Unsere Kraft reicht nicht, Fürst“, fing Konizar wieder an, „wo bleiben die Petschenegen?“

„Sie werden kommen!“

„Und die Rhomäer?“

„Auch die Rhomäer werden kommen.“

Damit war das Gespräch beendet. Schweigend stiegen die Bojaren in den Hof hinunter, schweigend gingen sie auseinander.

Die Lage in Rodnja wurde von Tag zu Tag dramatischer. Die beiden Brunnen an der Südmauer gaben nicht mehr genug Wasser her. Von morgens bis abends strahlte die Sonne, heißer Wind wehte und trocknete alles aus. Auch der Vorrat an Nahrung ging zur Neige. Der Fürst befahl, Pferde zu schlachten, aber das linderte nur für kurze Zeit die Not.

Der Mond am Himmel wurde immer größer, er blickte mit gelbem Antlitz auf die Menschen, als wollte er sie verspotten.

Allerdings knurrte nicht allen in Rodnja der Magen: Die Bojaren und Edlen hatten aus Kiew gepökeltes Schweinefleisch und gedörrten Fisch mitgebracht und aßen sich heimlich satt. Auch der Fürst und seine Frau litten keine Not. Es ging das Gerücht, daß die Wojewoden und Bojaren eine Quelle kannten, die irgendwo in den unterirdischen Gewölben sprudelte.

Die Krieger träumten davon, aus Rodnja auszubrechen, Wasser aus dem Dnepr zu trinken, Früchte, Gemüse, ein Stück Brot in den Dörfern ringsum aufzutreiben. Und einer nach dem anderen fragte sich, ob es nicht vernünftiger wäre, sich Wladimir auf Gnade und Verderb auszuliefern, anstatt hier in Rodnja sinnlos zu krepieren.

2

Eines Nachts erschien am Tor der Gora eine Reiterabteilung mit dem Heerführer Iwor an der Spitze, der sogleich mit dem Fürsten Wladimir zu sprechen wünschte.

„Bleib gesund, Fürst Wladimir! Ich komme direkt aus Rodnja.“ Iwor verneigte sich tief.

„Bleib auch du gesund. Was gibt es Neues in Rodnja?“

„Wir stehen fest, keine Maus schlüpft aus der Stadt. Man sagt, Jaropolks Leute nagen schon an ihren Gürteln. Der Hunger geht um in Rodnja ...“

„Wir sind nicht schuld daran. Würden wir die Stadt im Sturm nehmen, müßte wieder sinnlos Blut fließen."

„Es scheint sich da etwas anzubahnen, Fürst! In der vorigen Nacht kam als Gesandter Jaropolks der Wojewode Bljud aus Rodnja in unser Lager. Er fragte nach dir und will nur mit dir sprechen."

„Wo ist er?"

„Er wartet draußen."

„Bring ihn her!"

Bljud wurde von Gridni hereingeführt und fiel vor Wladimir auf die Knie.

„Steh auf, Wojewode!" fuhr ihn der Fürst an. „Was hast du mir zu sagen?"

„Kann ich allein mit dir sprechen?" flüsterte Bljud.

Auf Wladimirs Zeichen verließen der Heerführer und die Gridni das Gemach.

„Ich danke dir, Fürst", begann Bljud, „und möchte dir einen Gruß von deinem Bruder überbringen."

Wladimir lachte auf. „Allein deshalb wirst du doch wohl nicht gekommen sein. Kiew ist nicht Ljubetsch ..."

„Ich weiß, worauf du anspielst, Fürst Wladimir. Was bei Ljubetsch geschah, bedauert Fürst Jaropolk ebenso wie ich ... Ich habe damals den Fürsten zu überreden versucht, er war auch einverstanden, aber dann haben ihn die Wojewoden und Bojaren bedrängt, weil sie auf die Hilfe der Petschenegen und Rhomäer hofften ..."

„Und wo sind sie jetzt, eure Petschenegen und Rhomäer?"

„Auf sie ist kein Verlaß, Fürst Jaropolk verflucht sie."

„Und auf wen verläßt sich Jaropolk?"

„Ich soll dir sagen, Fürst, daß er dir die Hand reichen möchte wie einem Bruder. Er ist bereit, sich deinem Urteil und deiner Gerechtigkeit zu unterwerfen."

Fürst Wladimir schwieg lange und starrte in die flackernden Kerzen auf dem Tisch.

„Auf ihm lastet eine schwere Schuld“, sagte er schließlich. „Er hat den Menschen hier Leid und Tod gebracht, das Gesetz und die Sitten unserer Väter verletzt, seine eigenen Interessen über die der Rus gestellt und schließlich auch noch seinen Bruder ermordet. Für all das muß er bestraft werden.“ Fürst Wladimir fiel wieder in Schweigen. „Aber er ist mein Bruder“, fuhr er dann fort, „und das Blut unseres Vaters befiehlt mir, ihm zu verzeihen.“

„Wie großmütig du bist, Fürst Wladimir! Fürst Jaropolk wird dir mit Herz und Seele dienen.“ Bljud trat vor, ergriff Wladimirs Hand und wollte sie küssen.

Wladimir zog sie gereizt zurück und sagte:

„Nicht mir soll mein Bruder dienen, sondern den russischen Menschen ... Unser Land ist groß und hat Arbeit nicht nur für zwei, sondern für viele Fürsten.“

„Fürst Jaropolk wird den Menschen Tag und Nacht dienen, und dir wird er ein treuer Mitkämpfer sein.“

Fürst Wladimir wollte das Gespräch beenden.

„Reite nach Rodnja“, sagte er, „und kehre mit meinem Bruder nach Kiew zurück.“

„Ich tu, was du befiehlst. Nur eins noch ... Die Bojaren, die mit Fürst Jaropolk in Rodnja sitzen, wollen wissen, was aus ihnen wird.“

„Ich verzeihe dem Bruder, ich verzeihe auch den Bojaren.“

„Du weißt, Fürst, daß viele von ihnen Christen sind ...“

„Die Menschen in der Rus beten zu verschiedenen Göttern, an der Opferstätte dort hinter der Gora stehen sie. Wenn die Christen daneben noch ein Götzenbild ihres Gottes aufstellen wollen, verwehre ich es ihnen nicht. Nicht die Götter sind es, die hier auf der Erde kämpfen, sondern die Menschen!“

„Großer Fürst", rief Bljud. „Bald wird dein Bruder vor dir stehen und mit ihm die ganze Bojarenschaft. Leb wohl, Fürst!"

Mit einer tiefen Verbeugung verließ Bljud rückwärts das Gemach.

Wladimir trat ans Fenster. Der Morgen dämmerte. Am Fuß der Gora zeichnete sich silbergrau, wie ein gigantisches gekrümmtes Schwert, der Dnepr ab.

Werden jetzt die Waffen verstummen und endlich Ruhe und Ordnung in den Ländern eintreten? dachte Wladimir.

3

Grauer Nebel stieg vom Dnepr auf, er ballte sich über den Seen, erfüllte das Tal und kroch auf den Rodnjaer Berg zu. Es dunkelte rasch, während der Himmel im Westen noch flammend rot war. Davor zeichneten sich die hölzernen Türme der Festung und ein Schwarm Krähen ab.

Zu dieser Stunde ritten einige Männer durch das Feldlager bei Rodnja den steilen, gewundenen Weg zur Festung empor.

Der Wojewode Bljud kehrte zurück. Im Hof stieg er vom Pferd, warf einem Diener die Zügel zu, durchquerte die Diele und begab sich nach oben in Jaropolks Gemach.

„Guten Abend, Fürst!" sagte Bljud.

„Guten Abend auch dir, Wojewode!" antwortete der Fürst aus einer dunklen Ecke des Gemachs. „Was bringst du?"

Bljud zögerte einen Moment, ein hämisches Lächeln huschte um seine Mundwinkel.

„Ich bringe gute Nachrichten, Fürst."

Jaropolk trat vor, sein bleiches Gesicht rötete sich. „Hast du Wladimir angetroffen?"

„Ja, das habe ich. Man ließ mich zu ihm, und ich sagte ihm alles ..."

„Weshalb verstummst du? Was erwiderte Wladimir?"

„Er erwartet dich in Kiew."

„Wojewode Bljud, du verschweigst mir doch etwas ... Warum erwartet er mich in Kiew? Will er Gericht halten?"

Bljud warf einen verächtlichen Blick auf Jaropolk. Oder kam es Jaropolk vielleicht nur so vor, weil auf Bljuds Gesicht wieder ein Lächeln erschien?

„Nein, Fürst Wladimir erwartet dich wie einen Bruder, er hat dir verziehen und sprach von Freundschaft und Liebe ... Da ist sein Schreiben, wir können ungehindert nach Kiew reiten."

Jaropolk nahm Wladimirs Schreiben mit dem goldenen Siegel entgegen. Das war die Rettung!

Es war schon dunkel, als Fürst Jaropolk mit einem Krug Wein in der Hand in Julias Gemach trat, einen kalten und düsteren Raum. Auf dem Tisch flackerte ein Licht.

„Willst du auf unser Ende trinken?" fragte Julia, die, in einen warmen Schal gehüllt, in einer Ecke saß.

„Nein, auf unser neues Leben", antwortete Jaropolk frohgemut.

„Was ist geschehen?" Julia sprang auf. „Hast du Nachricht von den Petschenegen bekommen?"

Jaropolk winkte ab.

„Von denen doch nicht! Ich habe Nachricht aus Kiew und reite morgen dorthin."

Julia füllte einen Becher mit Wein und blickte voller Neugier in Jaropolks Gesicht.

„Das ist unser letzter Krug", sagte er langsam, „aber in Kiew gibt es genügend Wein, und besseren vor allem ..." Er leerte seinen Becher bis auf den Grund.

„Nun rede doch endlich, was ist geschehen?"

„Wladimir will Frieden mit mir schließen. Ich hatte den Wojewoden Bljud zu ihm geschickt, und der ist heute zurückgekehrt."

„Sei bloß vorsichtig, Jaropolk. Diese Taktik kommt mir noch aus Byzanz bekannt vor. Man will dich aus dem Versteck locken und umbringen."

„Nein, das ist nicht Wladimirs Art, ich kenne meinen Bruder ... Trinken wir darauf, daß wir heil nach Kiew gelangen und uns gütlich mit Wladimir einigen."

„Und wie stellst du dir diese Einigung vor?"

„Ich denke, daß ich auch in Zukunft Fürst bleiben werde. Schließlich war das der Wille unseres Vaters, und daran rüttelt Wladimir nicht. Für zwei Fürsten wird es in Kiew allerdings zu eng sein ..."

„Was wird eigentlich aus mir, wenn du nach Kiew reitest?"

„Bljud und ich werden morgen früh unter dem Schutz einer Drushina voranreiten, und du kommst mit den Wojewoden nach."

„Endlich können wir diese düstere Festung verlassen. Nun wird doch noch alles gut, Jaropolk."

Tief unter dem Turm, in dem Jaropolk in Rodnja wohnte, gab es tatsächlich ein Gewölbe. Am Gestein rann unablässig Wasser herab. Tiefe Dunkelheit herrschte. Leute, die sich hier aufhielten, konnte man nur an der Stimme erkennen.

„Was gibt es Neues aus Kiew?"

„Ich sprach mit Wladimir. Er willigte ein, Jaropolk zu empfangen und Frieden mit ihm zu schließen", antwortete Bljud.

„Und wie steht es mit uns?"

„Wladimir erklärte sich bereit, auch euch aufzunehmen."

Im unterirdischen Gewölbe herrschte ein beredtes Schweigen.

„Und wie sieht es in Kiew aus?“ fragte jemand mit gedämpfter heiserer Stimme.

„Wie eh und je. Unsere Turmhäuser, Höfe und Speicher stehen noch.“

„Und hast du ihn wegen des Glaubens angesprochen, Bljud?“

„Auch das. Der Fürst hat gelacht und gesagt, daß hinter der Stadtmauer alle möglichen Götzenbilder stünden. Wer wolle, könne auch eins von Christus aufstellen ...“

„Von Christus stellt man kein Götzenbild auf“, erklang es aus der Ecke. „Er ist im Herzen, und ohne den Glauben an ihn kann weder ein Fürst noch ein Bauer existieren. Das wird auch Wladimir eines Tages begreifen.“

Jetzt war es Bljud, der eine Frage hatte.

„So steht es also, Bojaren. Aber was soll in Kiew aus dem Fürsten Jaropolk werden?“

Im Gewölbe trat solch eine Stille ein, daß man hören konnte, wie das Wasser auf das Gestein tropfte.

„Das hatten wir doch schon besprochen, Bljud ... Sobald du in Kiew bist, erklärst du dem Fürsten Wladimir, daß wir jetzt seine Diener sind.“

„Wir kennen Jaropolk doch“, sagte ein anderer. „Er hat uns die Hilfe der Petschenegen und der Rhomäer zugesichert, aber all das waren nur leere Versprechungen. Er sieht nur sich und seine Frau, uns vergißt er ... Sobald er in Kiew ist, wird er seine neue Macht nur zu unserem Schaden gebrauchen.“

„Ehe wir zwei Fürsten dienen, sollten wir einen töten ...“, erklärte ein dritter.

Bei Sonnenaufgang wurde die Brücke herabgelassen, und die Tore öffneten sich. Die Ältestendrushina trat mit gesenkten Fahnen heraus — zum Zeichen, daß sich die Festung ergab.

Gleichzeitig versammelte sich in Wladimirs Lager die Ältestendrushina und ging ihr entgegen. Als sich beide begegneten, richtete einer der siegreichen Wojewoden die Fahnen der Besiegten auf.

Bleich, mit erschöpfter Miene, ohne Schwert trat jetzt Jaropolk durch das Tor, ein bedauerndes Lächeln auf den schmalen Lippen.

Im Hof der Festung war zu dieser Zeit schon alles auf den Beinen. Die Bojaren spannten ihre Pferde vor die Fuhrwerke, die, die keine besaßen, drängten sich ihnen auf. Alle wollten schnell nach Kiew kommen.

Jaropolks Krieger, staubig, unrasiert und erschöpft, warfen an den Toren mit einer Geste des Abscheus ihre Speere, Schwerter, Pfeile auf die Erde und rannten geradewegs zum Dnepr oder zur Ros, um ihren Durst zu löschen. Einige von ihnen begaben sich in Wladimirs Lager, um ihren Vater oder Bruder zu begrüßen, gegen den sie zum Glück nun nicht hatten kämpfen müssen.

4

Zwei Tage ritten Jaropolk und der Wojewode Bljud unter dem Schutz einer Drushina des Fürsten Wladimir von Rodnja nach Kiew. Am ersten Tag waren sie bis Sonnenuntergang unterwegs. Sie übernachteten in der Stadt Iwan, standen zeitig auf und ritten den ganzen Tag, machten auch nach Sonnenuntergang nicht Halt und galoppierten die ganze Nacht am Ufer des Dnepr entlang.

Es begann schon zu tagen, als sie von der Boritschew-Auffahrt aus die Mauern der Gora erblickten. Die letzte Nachtwache war gerade abgelöst worden, die Tore knarrten, die Brücke wurde heruntergelassen. Ein Wojewode trat aus dem schwarzen Schlund des

Tores auf die Brücke hinaus, musterte die Ankömmlinge und forderte dann den Starschina der fürstlichen Drushina und den Wojewoden Bljud auf, ihn auf die Fürstenburg zu begleiten.

Ein grauer Morgen brach an, es nieselte, vom Dnepr blies ein kalter Wind. Die Geräusche, die aus dem Nebel kamen, klangen irgendwie bedrohlich.

Der Wojewode ließ lange auf sich warten. Fürst Jaropolk fühlte sich elend in seiner Haut. Er stieg vom Pferd, suchte an der Mauer Schutz vor dem Regen und verbarg die erstarrten Hände unter dem Umhang.

Endlich kehrte der Wojewode, der sie auf der Brücke empfangen hatte, zurück. Er erlaubte der Drushina, auf den Podol zu reiten.

„Komm mit, Fürst!“ sagte er dann.

Jaropolk ging langsam durch das Tor, seine Schritte hallten unter dem Bogen dumpf wider. Hinter dem Tor wartete Bljud.

„Bring den Fürsten ins Turmhaus“, wandte sich der Wojewode an Bljud, er selbst blieb am Tor stehen.

„Seltsam“, sagte der Fürst zu Bljud, „niemand begleitet uns.“

„Wozu auch?“ Bljud lachte leise. „Wir sollten froh sein, daß bisher alles so gut verlaufen ist.“

Und Jaropolk gab Bljud im stillen recht. Was hinter ihm lag, kam ihm jetzt wie ein Traum vor. Er war am Leben, und auf der Fürstenburg hatte sich nichts verändert. Dort gingen zwei Bojaren in dunklen Gewändern, mit schwarzen Kappen auf dem Kopf und langen Stäben in den Händen, und verschwanden hinter der Ecke des Turmhauses. Da drüben trug eine Frau einen Eimer Milch über den Hof, rutschte aus und verschüttete die Milch.

„Hast du Wladimir gesehen?“

„Nein, ich war nur in der Diele.“

„Und was geschieht jetzt?“

„Der Fürst ist schon wach, er wartet auf dich... Gehen wir hinein, Fürst, nur zu!“

Jaropolk betrat die Diele und blickte sich verwundert nach Bljud um, der die Tür fest verschlossen hatte und stehengeblieben war. In der Diele empfing sie weder ein Wojewode noch der Fürst, nur zwei Krieger standen an der Wand. Diese beiden sahen zuerst den Fürsten an, dann Bljud, zogen plötzlich die Schwerter aus der Scheide und stürzten auf Jaropolk zu. Der wollte über die Treppe nach oben fliehen, aber die Krieger verstellten ihm den Weg. Sie hoben die Schwerter und durchbohrten seine Brust...

Der Wojewode Bljud stand immer noch an der Tür. Er machte sie auf, um die beiden Männer hinauszulassen.

Jaropolk hielt sich noch einen Moment auf den Beinen, dann wankte er und fiel unter Schmerzensschreien zu Boden.

Fürst Wladimir wußte, daß Jaropolk nach Kiew unterwegs war, in der Nacht hatten ihm Boten die Nachricht gebracht. Noch vor Tagesanbruch war er aufgestanden und hatte einen Wojewoden zum Tor geschickt mit dem Auftrag, Jaropolk und Bljud in die Fürstenburg einzulassen.

Wladimir wünschte aus tiefster Seele Frieden mit seinem Bruder. Es war genug Blut geflossen. Die Rus war groß und bot Platz für sie beide.

Nachdem der Wojewode Jaropolks Ankunft gemeldet hatte, kleidete sich Fürst Wladimir an und begab sich in den Goldenen Saal, um hier den Bruder zu empfangen. Plötzlich hörte er Schritte in der Diele, Lärm und ein Schreien, das ihm durch Mark und Bein ging und das ganze Turmhaus erfüllte.

Im nächsten Augenblick befand sich Wladimir in der Diele, sah das entsetzte Gesicht Bljuds, die offene

Tür, die zwei Schwerter auf dem Steinfußboden und am Fuß der Treppe den Fürsten Jaropolk.

Dieser lag mit geschlossenen Augen und kreideweißem Gesicht da, wollte etwas sagen, konnte aber nicht. Von seiner Brust strömte Blut auf die Steine.

„Was ist passiert?“ schrie Wladimir.

Die Arme hilflos vorgestreckt, zitternd vor Erregung fiel Bljud vor Wladimir auf die Knie und stammelte aufgeregt:

„Ich habe alles getan, wie du befohlen hast ... Wir kamen in die Diele ... Da stürzten sich zwei Gridni auf den Fürsten, töteten ihn ... Fürst Jaropolk! Sag doch ein Wort ... Oh, wie schrecklich ist die Welt, was für furchtbare Menschen es gibt!“

„Steh schon auf!“ fuhr Wladimir Bljud an. „Wo sind die Mörder hin? Wir müssen sie fangen, diese Verbrecher!“

Jaropolk öffnete die Augen.

„Wo bin ich?“ fragte er.

„Du bist in Kiew, auf der Gora, dein Bruder Wladimir steht neben dir. Ich habe dich erwartet, Bruder, wollte mit dir Frieden schließen ... Weshalb schweigst du? Jaropolk, sag doch etwas!“

Aber Jaropolk schwieg. Der Tod war über die Schwelle des fürstlichen Turmhauses getreten.

5

Fürst Wladimir forderte die Gridni auf, bei der Suche nach den beiden Mördern seines Bruders keine Mühe zu scheuen, und versprach dem, der sie ausfindig machen würde, eine Belohnung.

Gegen Abend wurden die Verbrecher auf der Obolon gefunden. Sie hatten sich in der Hütte des Bauern Rashba versteckt und den Verdacht auf sich gelenkt, weil sie beim Anblick der fürstlichen Späher in den Wald flüchten wollten.

Zeugen bestätigten, daß diese Männer eben jene waren, die am Morgen das Turmhaus fluchtartig verlassen hatten. Doch die Verbrecher bekannten sich nicht schuldig, obwohl man ihnen mit Knüppeln und Fäusten zusetzte. Sie erklärten, die Wahrheit nur dem Fürsten sagen zu können.

So führte man sie denn in der Dunkelheit auf die Fürstenburg und warf sie dort in den Kerker.

Der Wojewode Bljud wurde in der Nacht durch heftiges Pochen geweckt. Er hatte keine Ahnung, daß man die beiden Gridni gefunden hatte, und konnte sich nicht erklären, was man von ihm wollte. Er weckte seine Frau und befahl, Licht anzuzünden, schob die zwei schweren Eisenriegel zurück und öffnete die Tür. Von außen wehte nächtliche Kühle in das warme Turmhaus. Auf der Treppe standen mehrere Männer, unter ihnen Bljuds Nachbar, der Kaufmann und Bojar Worotislaw.

„Zieh dich an, Bljud! Fürst Wladimir ruft!" erklärte jemand barsch.

„Sag mal, Worotislaw", flüsterte Bljud seinem Nachbarn zu, „was ist denn los?"

„Zieh dich an und komm mit! Der Fürst erwartet dich ...", erwiderte Worotislaw ausweichend.

Jetzt wurde Bljud doch unsicher. Er kleidete sich in aller Eile an, schnallte aber das Schwert nicht um.

Fürst Wladimir erwartete Bljud im Volkssaal. Er war nicht allein. Um ihn herum standen jene Wojewoden, die mit ihm aus Nowgorod gekommen waren, aber auch einige, die früher Jaropolk gedient hatten, außerdem Edelleute, Bojaren, Richter und Steuereinnehmer.

„Ich grüße dich, Fürst", begann Bljud und verneigte sich tief.

Der Fürst erwiderte seinen Gruß nicht.

„Warum hast du das getan, Wojewode Bljud?“ fragte er.

Bljud versuchte ein Lächeln, aber es mißlang.

„Ich weiß nicht, wovon du sprichst“, brachte er schließlich mühevoll hervor.

„Du weißt es nicht?“ rief der Fürst. „Dann hast du wohl auch vergessen, daß ich mich mit meinem Bruder versöhnen wollte?“

„Großfürst!“ Bljud drückte beide Hände an die Brust. „Ich habe deinen Befehl erfüllt und Jaropolk überredet, nach Kiew zu reiten.“

„Das ist richtig, aber warum hast du ihn dann getötet?“

„Fürst Wladimir“, entsetzte sich Bljud, „ich soll den Fürsten getötet haben? Ich schwöre bei allen Göttern, daß die Gridni ihn in der Diele mit den Schwertern durchbohrten ...“

„Schwöre nicht bei allen Göttern, wenn du keinen Gott im Herzen hast. Sag lieber, für wieviel Goldstücke du die Seele meines Bruders Jaropolk verkauft hast. Du schweigst? Wojewoden, führt die Verbrecher herein.“

Man brachte die beiden Gridni in den Saal. Sie fielen auf die Knie.

„Wir bekennen uns schuldig“, versicherten sie. „Sei gnädig, Fürst!“

„Wer hat euch angestiftet, den Fürsten Jaropolk zu töten? Wieviel bekamt ihr für den Mord an meinem Bruder?“

„Der da war es, der Wojewode Bljud!“ schrie einer der beiden. „Er hatte sich schon früher mal an uns gewandt, jetzt kam er wieder, gab jedem hundert Griwni und erklärte, du hättest es so befohlen. Wir sind arme Leute, hab Erbarmen mit uns.“

„Hast du gehört, Wojewode?“ wandte sich der Fürst an Bljud. „Ist es wahr, was die beiden sagen?“

Bljud schwieg.

„Führt sie hinaus“, befahl der Fürst.

Stille trat ein.

„Siehst du“, begann Fürst Wladimir, „wem du das Schwert in die Hand gegeben hast? Ich werde sie bestrafen, wie es das Gesetz vorschreibt. Aber nach welchem Gesetz soll ich dich, den wirklichen Mörder meines Bruders Jaropolk, richten?“

„Sei gnädig, Fürst!“ schrie Bljud und schlug mit dem Kopf auf den Boden. „Es ist ja wahr, aber glaube mir, Jaropolk hat sich gebrüstet, daß er dich töten würde, und er hätte es auch getan ...“

„Schweig, Wojewode!“ rief Fürst Wladimir erzürnt. „Es steht dir nicht zu, einen Fürsten zu beschuldigen. Jedes Wort von dir ist Lüge ... Nach unserer letzten Begegnung meinte ich, dir wie einem Freund vertrauen zu können. Du hast mich maßlos enttäuscht ...“ Fürst Wladimir schwieg einen Augenblick, dann wandte er sich an die Wojewoden und Edelleute: „Nehmt diesen Verbrecher, der meinen Bruder Jaropolk ermordet hat, und richtet ihn wie einen Hund mit Knüppeln! Sein Hof wird zur Plünderung freigegeben, wie es das Gesetz befiehlt.“

Bljud wurde bei Sonnenaufgang in der Vorstadt oberhalb der Boritschew-Auffahrt öffentlich gerichtet. Die Gridni hoben die Knüppeln und vollzogen das Urteil. Der tote Leib des Wojewoden rollte den Steilhang hinab.

6

Fürst Jaropolk wurde nach griechischem Zeremoniell mit Priestern und Sängern auf Wosdychalniza beigesetzt, gar nicht weit entfernt vom Grabmal der Fürstin Olga.

Alle Wojewoden und Bojaren kamen, um dem Fürsten die letzte Ehre zu erweisen. Wußten sie doch, daß Wladimir Wert darauf legte.

Inzwischen war Fürstin Julia aus Rodnja eingetroffen. Tief erschüttert stand sie am Sarg ihres Mannes.

Auf dem Weg zur Beisetzung schritt Wladimir gleich hinter dem Schlitten, auf dem der Tote lag, er senkte den Kopf, als der Sarg in die steinerne Gruft gesetzt wurde, und warf als erster eine Handvoll Erde auf das frische Grab.

Das Totenfest wurde im Speisesaal gefeiert. Fürst Wladimir hatte befohlen, es an nichts fehlen zu lassen. Die Tische bogen sich unter den Speisen, überall an den Wänden standen Fässer mit Met und Bier. Auch in der Vorstadt und auf dem Podol wurde Essen und Trinken ausgegeben.

Im Speisesaal der Fürstenburg fanden sich Wojewoden ein, die mit Wladimir nach Kiew gekommen waren, aber auch solche, die mit Jaropolk nach Rodnja geflohen waren. Sie priesen jetzt den Fürsten Wladimir, stießen auf sein Wohl an und wünschten ihm Glück, Gesundheit und Ruhm. Über den verstorbenen Fürsten wurde nicht gesprochen — seine Seele schwebte bereits im Jenseits.

Fürst Wladimir trank an diesem Abend nicht weniger als die anderen, ohne dabei seine Sorgen zu vergessen. Oh, er wußte schon, welchen Wert die Worte besaßen, die vor ihm verschüttet wurden. Im Saal saßen Männer, die einstmals Feinde seines Vaters gewesen waren oder noch vor kurzem mit hinterlistigen Reden Jaropolk aufgehetzt hatten. So ging es auf der Gora seit eh und je zu.

Auch Julia war zur Totenfeier gekommen. Sie saß bei den Bojarenfrauen, die sie von ihrem Kummer abzulenken versuchten. Es war schon spät, als sie vom Tisch aufstand und unbemerkt fortging.

Bald darauf verabschiedete sich auch Wladimir. Das

Stimmengewirr im Speisesaal blieb hinter ihm zurück.

Auf einmal stutzte er. An der Tür des Goldenen Saales stand jemand.

„Wer da?" fragte der Fürst.

Keine Antwort. Als Wladimir noch einen Schritt vorwärts tat, erkannte er Fürstin Julia.

„Fürstin!" sagte er. „Was machst du denn hier?"

„Ich hab auf dich gewartet", antwortete sie leise.

„Warum das?"

„Ich wollte dir dafür danken, daß du trotz aller Streitigkeiten Jaropolk die letzte Ehre erwiesen hast."

„Aber das war doch selbstverständlich. Ich glaube, daß böse, dunkle Kräfte sein Herz beherrschten und jene, die sich seine Freunde nannten, in Wirklichkeit seine Feinde waren. Viel Unheil hat Jaropolk angerichtet, aber schließlich erkannte er seine Irrtümer und wollte sich mit mir versöhnen. Ja, deinem Mann und meinem Bruder wurde verziehen, seine Seele findet im Himmel Ruhe."

„Auch dafür danke ich dir, Fürst Wladimir."

„Das ist nicht nötig, Fürstin Julia. Geh jetzt in dein Gemach und ruh dich aus von den Strapazen der letzten Zeit. Ich begleite dich, Fürstin."

„Ich danke dir für alle Mühe, Fürst", sagte Julia, als sie an der Tür zu ihrem Gemach angekommen waren. „Aber ich kann einfach keine Ruhe finden", fuhr sie mit verzweifelter Stimme fort. „Du als Fürst hast es gut, und gut hat es auch mein Mann Jaropolk, denn er ist schon im Paradies. Aber was wird aus mir? Kiew ist nicht meine Heimatstadt, ich habe hier weder Verwandte noch Freunde, alle sind mir fremd. Mir bleibt nur ein Ausweg — der Tod."

Wladimir berührten ihre Worte sehr, denn das Gefühl der Einsamkeit kannte er von Kindheit an.

„Fürstin!" sagte er. „Wie kannst du so sprechen? Du stammst doch aus einem bedeutenden kaiserlichen Geschlecht, du warst die Frau meines Bruders Jaropolk, und die Ehre, die wir ihm erwiesen, wird auch dir zuteil werden. Wenn du willst, wird man dich nach Konstantinopel zu deinen Verwandten begleiten, und das Turmhaus auf der Gora steht immer für dich offen."

Julia lachte bitter. „Jetzt, wo ich keine Fürstin mehr bin? Oh, eitle, schreckliche Welt! Ich fürchte sie, ich fürchte sie, Fürst!"

Wladimir schwieg. Aus den wenigen Worten Julias sprach der tiefe Kummer einer Frau, die in ihrer Heimat Ansehen genossen hatte, die aber hier in Kiew in der Tat allen eine Fremde war.

Das Gesicht der griechischen Prinzessin wurde vom Wandleuchter beschienen, und in diesem Augenblick entdeckte Wladimir, wie schön sie war. In seiner Seele regte sich Neid auf den, der ihren jungen, biegsamen Leib umarmt hatte. Er unterdrückte dieses Gefühl, wollte es nicht wahrhaben.

„Du darfst nicht so reden, Fürstin", sagte er zu ihr. „Ich weiß, du hast einen großen Verlust erlitten, aber glaub mir, morgen sieht schon alles anders aus. Und ich werde dir beistehen, wo ich nur kann. Beruhige dich, geh jetzt schlafen, Julia", schloß Wladimir liebevoll.

„Du willst mich trösten und mir Mut machen", erwiderte Julia, „und dafür danke ich dir. Für dich ist alles so einfach, aber ich bin eine schwache Frau, ich fürchte mich vor allem, ich fürchte mich sogar, in das Gemach zu gehen, dort geistern Schatten umher. Furchtbar, hörst du?" Sie streckte die Hand nach ihm aus, er nahm sie und fühlte, daß sie eiskalt war. „Fürst! Begleite mich und bleib ein wenig bei mir im Gemach."

Wladimir blickte nach rechts und links, ob sie auch niemand beobachtete.

„Hier ist keiner", flüsterte Julia. „Ich flehe dich an, begleite mich!"

Sie öffnete die Tür und trat über die Schwelle des

Gemachs. Dort brannte eine Kerze, durch das offene Fenster drangen die Stimmen der Krieger vom Ufer des Dnepr herein, in einer Ecke zählte eine Wasseruhr die Stunden: tro-opf, tro-opf.

Wladimir trat ebenfalls ein.

„Und wo sind die Schatten?“ fragte er lachend.

„Du hast sie vertrieben, Fürst Wladimir! Komm, setz dich. Ich würde dich gern bewirten, aber ich habe nichts.“

„Das macht nichts, wir kommen ja gerade von der Totenfeier.“

„Ja, die Totenfeier ist vorbei, alles ist vorbei ...“

Tränen glänzten in ihren Augen.

„Sprich nicht so, Julia! Und weine nicht! Jeder von uns trägt an dem Verlust, jedem schmerzt das Herz, aber wir müssen weiterleben!“

„Ich danke dir, Fürst! Ich weine schon nicht mehr. Wie gut, daß du mitgekommen bist!“

Beide schwiegen.

„Schlaf jetzt, Fürstin!“

„Leb wohl, Fürst! Vergiß mich nicht.“

Am nächsten Tag ritt Fürst Wladimir mit der Drushina nach Belgorod am Fluß Irpen, um dort die alte Festung zu besichtigen und mit den Wojewoden zu beraten, wie sie umzugestalten war, wo neue Mauern errichtet und Wälle aufgeschüttet werden mußten, um einen vom Westen nach Kiew heranrückenden Feind aufzuhalten.

Aber nicht nur deshalb ritt Wladimir hierher. Nach allem, was geschehen war, und bevor er die großen Aufgaben in Angriff nahm, die vor ihm standen, wollte er einen Tag in der Einsamkeit des Irpen-Flusses zubringen, der inmitten grüner Wiesen gen Osten strömte.

Ursprünglich hatte er sogar in Belgorod übernachten wollen, änderte aber am Abend seinen Plan. Er war auf die Festungsmauer gestiegen und beobachtete, wie die Sonne unterging und über dem Fluß und den Wiesen weiße Nebel aufstiegen. Dabei spürte er, daß er eigentlich gar keine Lust hatte, in dieser alten Festung zu bleiben. Als er hierherritt, wollte er allein sein, aber jetzt, da er seine Einsamkeit spürte, fürchtete er sie.

Es war schon dunkel, als der Fürst und sein Gefolge das Tor zur Gora passierten. Das Turmhaus war wie ausgestorben. Unten in der Diele brannte ein Lämpchen, zwei Posten hielten Wache. Wladimir wechselte einige Worte mit ihnen, dann stieg er die Treppe nach oben.

In der Nähe seines Gemachs traf er, wie am Abend zuvor, auf Julia.

„Es ist schon spät, Fürstin. Weshalb schläfst du nicht?“

Ihre Wangen waren seltsam bleich, ihre Augen wie vor Schreck weit aufgerissen, die Lippen zusammengepreßt.

„Wie gut, daß du gekommen bist, Fürst. Ich habe so darum gebetet ...“

„Gebetet?“

„Ich hab solche Angst, Fürst ...“

„Weshalb?“

Sie ging auf ihr Gemach zu, Fürst Wladimir folgte ihr.

„Kommst du mit hinein, Fürst?“

„Wenn du es wünschst ...“

In dieser Nacht war das Fenster, das zum Dnepr hinausging, verhängt, auf dem Tisch standen ein Krug Wein, Becher und Speisen.

„Heute kann ich dir etwas zu essen und zu trinken anbieten.“

„Ich habe in Belgorod zu Abend gegessen.“

„Willst du nicht auf das Andenken deines Bruders trinken?“

„Da sage ich nicht nein. Gieß ein! Aber du zitterst ja.“

„Mir ist kalt, Fürst ..."

„Kalt?" Er nahm seinen Umhang ab und legte ihn ihr um die Schultern. „Gleich wird dir warm."

„Danke, Fürst! Eigentlich war es mehr meine Seele, die fror. Aber jetzt, wo du da bist, fühle ich mich viel besser. Laß mich nicht allein, hörst du? Ich habe dann immer solche Angst." Sie suchte seine Hände. „Ich glaube, du bist ein guter Mensch, Fürst ..."

„Ich und gut? Du weißt doch bestimmt, daß ich der Sohn einer Magd bin, oder hat Jaropolk dir das nicht erzählt?"

„Doch", bestätigte Julia, „aber Jaropolk lebt nicht mehr, du bist nicht der Sohn einer Magd, sondern Großfürst."

„Der Schatten meines Bruders steht trotzdem zwischen dir und mir."

„Nein, Wladimir, es gibt keine Schatten mehr. Es sei denn, du liebst eine andere ..."

„In der Stadt Polozk nahm ich die Fürstentochter Rogneda zur Frau. Vielleicht liebe ich sie."

„Vielleicht? Nein, wenn du so redest, liebst du sie nicht. Vielleicht überschreitest du nie wieder die Schwelle meines Gemachs, vielleicht denke ich nie wieder an dich ... Nur bleib diese Nacht bei mir ..."

Fürst Wladimir wußte nicht, wie ihm geschah. Er fürchtete diese Frau — und begehrte sie. Noch vor kurzem hatte sein Bruder sie umarmt, jetzt tat er es ...

7

Im fürstlichen Turmhaus schliefen alle, nur die Beschließerin Praxeda nicht. Bis spät in die Nacht hinein räumte sie den Speiseraum auf, dann ging sie in die Diele und stieg die Treppe hinauf. Die Wache schenkte ihr keine Aufmerksamkeit, sie hatte sich an sie gewöhnt. Wenn die Fürsten schliefen, mußte die Beschließerin an den kommenden Tag denken.

Und Praxeda ging wie ein Gespenst von Saal zu Saal, kontrollierte die Riegel an den Kammertüren, hinter denen die fürstliche Kleidung aufbewahrt wurde, und bewegte sich so leise durch die Gänge, daß nicht einmal das schärfste Ohr ihre Schritte wahrnahm.

Bei den Gemächern der Fürstin Julia blieb Praxeda stehen. Vielleicht war eine Kerze ausgebrannt, oder die Fürstin hatte sonst einen Wunsch — die griechische Prinzessin war launisch, Gott verhüte, daß man ihr irgend etwas nicht recht machte! Praxeda schätzte Julia nicht besonders, sie war stolz und behandelte die Bediensteten von oben herab.

Aber was war das? An der Tür zu Julias Gemach blieb Praxeda stehen und lauschte. War das nicht die Stimme des Fürsten Wladimir? Da, jetzt wieder!

Bald darauf stieg Praxeda wieder langsam in die Diele hinab, äußerlich ruhig und umsichtig wie immer. Darin unterschied sie sich nicht von den früheren Beschließerinnen der Kiewer Fürsten, von Jaryna und Maluscha. Sie tauchten wie Schatten im Turmhaus auf, wie Schatten entschwanden sie.

In Praxedas Seele aber ging es ganz anders zu. Sie sorgte sich um den Fürsten, vergaß aber sich selber nicht dabei. Sie lebte nicht in einer armseligen Kammer wie ihre Vorgängerinnen, sondern in einem eigenen Haus im Garten hinter dem fürstlichen Turmhaus und hatte ein ansehnliches Vermögen zusammengetragen.

Praxeda verwaltete die Schlüssel zum fürstlichen Reichtum und zu ihrem eigenen. Und in dieser Nacht war ein Schlüssel in ihre Hände gefallen, wie sie noch niemals einen besessen hatte ...

8

Über Kiew ging ein neuer Tag auf. Im Turmhaus war es noch still, durch die offenen Fenster floß frische Morgenluft herein.

Fürst Wladimir saß auf der Kante seines Bettes und versuchte sich darüber klarzuwerden, was geschehen war.

Er konnte es nicht begreifen: Er hatte die Nacht mit der Frau seines Bruders verbracht, dessen Blut in der Diele gerade erst geronnen war.

Der Wein? Leidenschaft und Unbesonnenheit? Eine Versuchung der dunklen Kräfte der Welt?

Eine Nacht! Würde er sie vergessen und so weiterleben können wie bisher?

Im Turmhaus wurden die ersten Stimmen laut. Bald darauf klopfte jemand an die Tür von Wladimirs Schlafgemach — es war an der Zeit, in den Speisesaal hinunterzusteigen, den Göttern ein Opfer zu bringen, von den Speisen zu essen und danach in den Goldenen Saal zu gehen.

Heute war der 11. Juli 980, der Tag, an dem Fürst Wladimir den Thron seiner Väter besteigen sollte. Er war als einziger übriggeblieben von der Sippe Swjatoslaws, er mußte das Vermächtnis des Vaters erfüllen.

Fürst Wladimir stand auf, zog ein weißes Hemd und weiße Hosen an, befestigte das Schwert am Gürtel, warf den roten Umhang über die Schultern und begab sich in den Goldenen Saal.

An diesem Morgen hatten sich hier bedeutend mehr Menschen eingefunden als sonst. Alle Länder der Rus vom Weißen bis zum Russischen Meer hatten ihre Abgesandten geschickt: Tiwerzen und Ulitschen, Radimitschen und Polozker, Wessen und Tschuden. In ihrer Mitte aber standen die Nowgoroder. Ihnen gebührten

Ehre und Ruhm, denn mit ihnen war Fürst Wladimir in den Kampf gezogen, sie hatten sich tapfer geschlagen und ihr Leben nicht geschont.

Hier im Goldenen Saal trafen nicht nur Gleichgesinnte aufeinander. Manche von ihnen hatten sich noch gestern im Kampf auf Leben und Tod gegenübergestanden, und nicht alle von denen, die mit Jaropolk nach Rodnja geflohen waren, wollten jetzt klein beigeben. Vorerst jedoch hüllte sich ein jeder in Schweigen.

Im gespenstisch flackernden Licht hoben sich auf den dunklen Balkenwänden des Saales, für alle gut sichtbar, die Rüstungen und Waffen der früheren Fürsten ab. An einem Ende des Goldenen Saales stand auf einem Podest ein Sessel mit geschnitzten Armlehnen und Beinen. Darüber glänzte das Banner des Fürsten Swjatoslaw mit zwei gekreuzten Speeren, daneben das des Fürsten Wladimir mit drei gekreuzten Speeren. Zum Speer des Großvaters und des Vaters war der des neuen Fürsten hinzugekommen.

In dem Sessel, der auf dem Podest stand, hatten einst Oleg und Igor, die Fürstin Olga und Swjatoslaw gesessen und vor kurzem noch Jaropolk. Jetzt wartete der Sessel auf einen neuen Fürsten.

„Bleib gesund, Fürst! Gruß dir, Fürst!“ riefen die Anwesenden, als Fürst Wladimir in den Saal trat. Er stieg auf den Podest, verneigte sich, blickte auf die Versammlung und griff mit der Hand nach dem Schwert.

„Warum ruft ihr mich, Mannen und Drushinniki?“ rief er. „Ich höre euch an.“

„Der Kiewer Thron soll wieder einen Fürsten haben“, erscholl die Antwort, „und die Rus einen Großfürsten!“

Er schwieg eine Weile und sagte dann:

„Meine Drushina, Fürsten, Wojewoden, Bojaren, Menschen der Rus! Ich freue mich, daß ihr aus allen Ländern fern und nah erschienen seid, um mich aufzufordern, in der Stadt Kiew als Fürst zu regieren. Ihr wißt, wie meine beiden Brüder den Tod fanden, und ich möchte euch noch einmal versichern, daß ich nur das Beste für Kiew und die Rus im Sinne hatte, als ich mit meinem Heer aus Nowgorod hierherzog. Ihr wißt aber auch, daß mich mein Vater als Fürst in Nowgorod eingesetzt hat. Ich habe das Land liebgewonnen und meine, daß es mich braucht, weil von Norden immer wieder Feinde heranrücken."

„Du gehörst nach Kiew, auf den Thron deines Vaters, Fürst Wladimir."

„Wir bitten dich, Wladimir, unser Fürst zu sein."

Im Namen der Nowgoroder trat der Heerführer Michalo vor und übertönte alle:

„Wladimir muß in Kiew sitzen... Wir werden aus der Ferne seine Stimme vernehmen. In Nowgorod haben wir ja deinen Possadnik, Fürst, und außerdem noch das Wetsche."

Diejenigen im Saal, die nicht für Wladimir stimmten, waren in der Minderheit und wurden lauthals übertrumpft:

„Wir bitten Wladimir: Sei unser Fürst! Der Thron deines Vaters ruft dich, Fürst!"

Der Thron des Vaters! Diese Worte erinnerten Wladimir an das letzte Gespräch mit Swjatoslaw, in dem dieser ihm ruhig und bestimmt erklärt hatte, daß es bei einem Fürsten nicht auf Äußerlichkeiten ankomme, sondern einzig und allein darauf, daß er sein Land liebe.

Wladimir trat einen Schritt vor, die Wojewoden faßten ihn unter und setzten ihn auf den Sessel.

„Großfürst Wladimir ließ sich auf dem Thron nieder."

„Gepriesen sei Fürst Wladimir!" ertönte es im Saal.

Jetzt galt es, einen alten Brauch zu vollziehen: Wojewoden nahmen ein schon vorbereitetes Rasenstück und legten es auf den Kopf des Fürsten, Erdkrumen rieselten ihm über Hals, Rücken und Brust — Krumen jener Erde, die für den Erhalt des Lebens sorgt, aber auch ihren Tribut fordert.

„Wo bist du, Fürst?"

„Ich bin unter der Heimaterde und unter meinen Menschen."

„Wirst du deinen Menschen getreulich dienen?"

„Ich schwöre es."

„Aber wenn du zurückweichst?"

„So mag die Erde mich verschlingen."

Vier Männer hoben das Rasenstück hoch und zerbrachen es über dem Fürsten. Die Erdkrumen rieselten zu Boden.

9

Seit Wladimir fortgegangen war, lag Julia mit offenen Augen im Dunkeln und sann darüber nach, was unter dem Schleier der Nacht geschehen war. Sie war selbst erstaunt, wie schnell Jaropolk aus ihrem Herzen verdrängt werden konnte. Schließlich hatte er doch alles getan, was sie von ihm verlangte! Und sie hatte immer gerne seine Geschenke angenommen, ihn geküßt und mit der Glut ihres jungen Körpers umarmt. Aber geliebt?

Wenn sie es richtig bedachte, war Jaropolk doch ein schwacher und erbärmlicher Fürst gewesen, der es nicht verstanden hatte, die Erwartungen der Kaiser der Rhomäer, die auch die ihren waren, zu erfüllen. Als sie hinter Jaropolks Sarg hergegangen war, hatte sie das letzte Mal einen Gedanken an ihn verschwendet, und schon während der Totenfeier nur noch Augen für Wladimir gehabt ...

Jemand klopfte an die Tür.

„Bist du es, Praxeda?“

„Ja, Fürstin.“

„Komm herein! Was ist denn heute im Turmhaus los?“

„Fürst Wladimir wurde im Goldenen Saal zum Großfürsten ausgerufen. Alle Bojaren und Wojewoden haben sich versammelt und ihm den Treueid geleistet, und jetzt gehen sie zum Opferaltar.“

Fürstin Julia sprang aus dem Bett, zog sich ein leichtes Gewand an und ging zum Fenster. Praxeda folgte ihr.

„Sieh nur, Fürstin, Fürst Wladimir kommt gerade aus dem Turmhaus“, sagte sie, ohne Julia aus dem Auge zu lassen. Ihr war sogleich aufgefallen, daß das blasse, müde Gesicht der Fürstin Unruhe und Besorgnis ausdrückte.

Julia hatte Wladimir inmitten der Menge, die sich mit Fackeln über den Hof bewegte, ausfindig gemacht und wartete begierig darauf, daß er einen Blick auf das Fenster jenes Gemachs warf, in dem er die vergangene Nacht zugebracht hatte.

Aber er schaute nicht nach oben. Nachdenklich den Kopf gesenkt, schritt er unter seinem Banner auf das Tor der Gora zu.

Über Praxedas Lippen huschte ein schadenfrohes Lächeln.

10

Fürst Wladimir hatte den Thron seines Vaters bestiegen. Voller Spannung warteten die Gora, die Vorstadt und der Podol darauf, was er jetzt tun und sagen, auf wen er sich stützen und welchen Göttern er gewogen sein würde.

In Kiew auf der Fürstenburg lebten viele Menschen, die das Christentum angenommen hatten — möglicherweise waren sie sogar in der Mehrzahl. Auch auf dem Podol gab es viele Christen, in den verschiedenen Ländern wiederum betete man zu allen möglichen Göttern.

Das Christentum annehmen? Nein, das hielt Wladimir nicht für angebracht, solange mit dem christlichen Glauben auch Byzanz, der erbitterte Feind der Rus, an Einfluß gewinnen würde.

Einige Tage zuvor hatte man damit begonnen, auf einem Hügel hinter dem Turmhaus die Erde umzugraben und mit Hilfe von Zimmerleuten, Steinmetzen, Gold- und Silberschmiedemeistern eine Opferstätte zu errichten. In der Mitte ragte Perun auf, den Holzschnitzer aus einer alten knorrigen Eiche gefertigt hatten. Sie gaben ihm lange, steif nach unten hängende Arme, breite Schultern, die Brüste einer Frau sowie einen breiten Gürtel, ein Schwert und einen Köcher. Die Schmiede versahen den Kopf des Gottes mit einem großen Helm aus Silber und einem goldenen Schnurrbart.

Halbkreisförmig nach rechts und links schlossen sich Perun die anderen Götter an, zur Rechten Dashd-Bog, der bedeutend kleiner war und die Arme vor dem großen runden Leib verschränkt hielt, links Stribog, der aus einem viereckigen Stein gemeißelt worden war und unter einer großen Mütze hervor mit vier Gesichtern in alle Himmelsrichtungen blickte. Hinter ihm standen der gute Bilobog, der böse Tschornobog und Wolos.

Auf der Opferstätte waren nicht nur die Götter der Poljanen zu finden, sondern auch Mikoscha, den die Krieger aus dem Norden anbeteten und der einen menschlichen Rumpf und einen Stierkopf hatte, Smaragl, den man hinter der Wolga verehrte, und verschiedene andere, die wie Ungeheuer aussahen. Streng, stumm, unnahbar standen diese Götzenbilder da. Daneben bleichten auf langen Stangen Tierschädel. Am Himmel darüber kreisten Raben, die Beute witterten.

Fürst Wladimir und sein Gefolge wurden bei der neuen Opferstätte von einer Menschenmenge erwartet. Dichter Rauch stieg von den Feuerstellen auf, Pferde wieherten, Stiere brüllten. Die Tiere sollten als Opfer dargebracht werden. Die Priester, die angsteinflößende Masken trugen, schlugen die Schellentrommeln und gingen geschäftig zwischen den Göttern umher. Der Widerschein der Feuer beleuchtete die strengen Gesichter der Götzen.

„Ruhm, Ruhm dem Fürsten Wladimir!" schrie die Menge, und Wladimir war beglückt. Da hatten sich Handwerker, Schmiede und Zimmerleute aus der Vorstadt, einfache, schwer arbeitende Menschen vom Podol und der Obolon und Krieger aus allen Ländern der Rus eingefunden, um zu den alten Göttern zu beten und zu bezeugen, daß sie für Gesetz und Sitten der Ahnen eintreten würden.

Er hob die rechte Hand und gab damit den Leuten zu verstehen, daß er jetzt zusammen mit ihnen beten wolle.

In seiner Seele war Ruhe eingekehrt. Er sagte sich, daß er das Vermächtnis seiner Väter erfüllt, Frieden und Eintracht in die Stadt am Dnepr gebracht und nicht nur die Menschen, sondern auch ihre Götter versöhnt hatte.

Wladimir wandte sich den Götzen zu, wie es von alters her vor und nach einem großen Werk üblich war, und sprach:

„Götter! Ich bitte euch, meinen Menschen zu helfen.
Ich danke euch, Götter, daß ihr unser Gebet erhört habt.
Ich danke euch, daß ihr uns den Sieg über die Feinde schenktet.
Götter! Unterstützt auch fernerhin unser Mühen.
Schenkt uns den Sieg in der Schlacht und Frieden im Land!"

Die Priester schrien wie wild und schlugen mit aller Kraft die Schellentrommeln. Männer, Frauen und Kinder, die zur Darbringung des Opfers gekommen waren, fielen ein, die Krieger klirrten drohend mit den Schwertern und schlugen an die Schilde.

Fürst Wladimir legte die Waffen ab und begann mit dem Dankesopfer. Die heidnische Rus, so alt wie die Berge und der Dnepr, betete zu ihren Göttern.

Neuntes Kapitel

1

In Kiew, der alten Stadt am Dnepr, war friedlicher Alltag eingezogen. Die Schmiede fertigten keine Schwerter mehr an, sondern Pflüge, auf der Glubotschiza wurden die Gräben zugeschüttet, vor dem Gott Wolos auf dem Marktplatz an der Potschaina loderte wieder ein Feuer, und Schiffe brachten Gäste aus allen moglichen Ländern in die Stadt.

Fürst Wladimir ging bei Sonnenaufgang in die Diele hinunter, nahm mit der Ältestendrushina im Speisesaal die erste Mahlzeit ein, danach hielt er Gericht im Volkssaal oder sprach im Goldenen Saal mit Gesandten, Kaufleuten, Wojewoden und Bojaren.

Frieden herrschte wieder, aber viel mußte noch getan werden, um alle Wunden zu heilen.

Bei seinem Besuch in Schweden hatte Fürst Wladimir seinerzeit mit Olaf Sketkonung vereinbart, daß die schwedischen Krieger bei der Ankunft in Kiew mit Gold entlohnt und entlassen würden. Der Kampf mit Jaropolk war beendet, Fürst Wladimir erfüllte sein Versprechen und händigte den Schweden Gold, Anker und neue Segel aus.

Diese jedoch hatten es nicht eilig, Kiew zu verlassen. Tag für Tag kamen sie von Wititschew aus, wo ihre Schiffe lagen, in die Stadt, streiften über den Podol, handelten auf dem Markt mit allerlei Kuriositäten, tranken Wein, zettelten Streitereien an und griffen bei dem geringsten Anlaß zum Schwert.

Fürst Wladimir ließ Jarl Fulner kommen.

„Wolltest du mit deinen Kriegern nicht längst auf dem Russischen Meer sein?“ begann er.

„Wir müssen erst noch mit dir abrechnen, Fürst“, antwortete der Jarl dreist.

„Was heißt das, Fulner? Gold, Anker, Segel, alles hast du bekommen.“

„Der Feldzug dauerte länger als vereinbart, und bald ist Herbst — da können wir nicht nach Schweden zurückkehren.“

„Ich erinnere mich, daß du nicht nach Schweden zurückkehren, sondern ins Russische Meer fahren wolltest“, entgegnete Fürst Wladimir.

„Ein Wikinger fährt, wohin er will.“

„Was verlangst du noch?“

„Zehn Goldstücke für jeden Krieger.“

Der Fürst schwieg. Fulner war ein unverschämter und verwegener Jarl. Ihn mit Gewalt davonzujagen, würde nur Unheil bringen.

„Einverstanden“, sagte Fürst Wladimir, „zehn Goldstücke für jeden, aber morgen verläßt du Wititschew, meine Krieger begleiten dich bis zum Mündungsgebiet.“

Der Jarl verneigte sich tief und verließ den Saal.

Gold, immer wieder Gold! Dabei hatte Jaropolk die fürstliche Schatzkammer fast leer hinterlassen.

Die Bojaren der Gora halfen ihrem Fürsten bereitwillig aus — der Krieg hatte ihnen so manche Einnahmequelle gebracht. Aber irgendwann mußte Wladimir ihnen die Anleihe zurückzahlen oder sie belehnen. Nur zu gerne hätte er ihre Hilfe abgewiesen.

Nicht nur den Schweden mußte Fürst Wladimir auf die Finger sehen: Irgendwo in der Ebene am Dnepr trieben sich wieder Petschenegenhorden herum. Die Wolgabulgaren belagerten den Weg an der Wolga und überfielen die Kaufleute, die zum Kaspischen Meer wollten. Am Ufer des Russischen Meeres wetzten die Rhomäer die Klingen, ihre Kaiser Basileios und Konstantin führten etwas im Schilde. Die Chersoneser und Chosaren kreuzten auf dem Don.

„Ich denke, wir sollten nicht abwarten, bis die Feinde Kiew angreifen“, erklärte Wladimir, „sondern uns Schutzmaßnahmen einfallen lassen.“

Die Wojewoden und Bojaren tuschelten miteinander und klopften beipflichtend mit den Stäben.

„Ich habe vor, von der Westgrenze bis zur Wolga Gräben ausheben, Wälle aufschütten und dahinter Städte errichten zu lassen“, fuhr Wladimir fort.

Die Bojaren waren von diesem Plan beeindruckt. Auf die Feldwache, die hinter dem Dnepr umherstreifte, war kein Verlaß! Doch sie wußten auch, wie schwer es war, das ganze Land abzugrenzen. Wer sollte die Gräben ausheben und die Wälle aufschütten? Und was das kostete!

„Kein schlechter Gedanke, Fürst“, ertönten Stimmen im Saal, „aber wer macht die Arbeit?“

„Bald ist Herbst“, antwortete Wladimir, „die Krieger aus dem Norden können nicht mehr an den Wolchow zurück. Was soll's, da schicke ich sie eben los.“

Die anwesenden Nowgoroder Wojewoden waren einverstanden, ohne zu bedenken, daß sich die Arbeit über Jahre hinziehen würde. Die Männer der Gora hüllten sich in Schweigen. Ihnen taten nicht die Krieger aus dem Norden leid, sondern die Gelder, die für Bekleidung und Verpflegung aufgebracht werden mußten.

Fürst Wladimir ahnte, warum die Gora schwieg. Und es bedrückte ihn, daß niemand für eine sichere Zukunft eintrat, sondern jeder nur den eigenen Reichtum im Sinn hatte.

„Meine Drushina“, sagte der Fürst bekümmert, „mir geht es nicht nur um Kiew, sondern um die ganze Rus ... Laut Gesetz müssen alle Länder Kiew Tribut zahlen, demzufolge werden sich auch alle daran beteiligen, Wälle zu errichten."

„Einverstanden, Fürst." Die Mienen der Bojaren hellten sich auf.

„Wojewoden und Bojaren, meine Mannen!" fuhr Wladimir fort. „Wie ihr wißt, haben Regimenter des polnischen Fürsten unsere Städte Przemyśl und Tscherwen genommen. Jetzt waren Edelleute der Radimitschen und Wjatitschen bei mir, sie wollen in Zukunft keinen Tribut mehr zahlen ..."

Oh, wie brodelte es da im Goldenen Saal! Sie weigerten sich, Tribut zu entrichten! Woher sollte denn der Fürst Gold, Silber, Getreide, Felle nehmen, um der Gora seine Schulden zurückzuerstatten?

Fürst Wladimir stand auf und hob beschwichtigend den Arm: „Deshalb schlage ich vor, daß wir im Frühling zu den Radimitschen und Wjatitschen und weiter bis zur Wolga, zu den Bulgaren dort und nach Tmutarakan ziehen, um Ordnung in das Land zu bringen."

Jetzt schwiegen alle im Saal. Viele, die hier saßen, erinnerten sich an die Fürsten Igor, Olga und Swjatoslaw und daran, wie schwer es war, Ordnung in der Rus herzustellen.

Aber Fürst Wladimir, der auch wußte, daß ein schwaches, uneinheitliches Land doppelt bedroht ist, sagte entschlossen: „Wir müssen den Weg meines Vaters gehen, müssen die Zukunft unseres Landes sichern."

2

Drei Monate waren vergangen, seit Fürst Wladimir Polozk verlassen hatte. Da traf in Kiew ein Bote mit einem Schreiben von Rogneda ein, das mit einer Eisenspitze auf Birkenrinde geschrieben worden war.

„Mein Fürst Wladimir", schrieb sie, „ich lebe nach

wie vor im Turmhaus meiner Väter, und mir fehlt es hier an nichts. Nur eins macht mir Sorgen: daß ich von dir keine Nachricht bekomme. Ich denke dabei nicht nur an mich — ich trage dein Kind unter dem Herzen, und wir beide brauchen dich, Fürst. Ein Wort genügt, und mir wird vielleicht leichter ums Herz ..."

Nachdem Wladimir die Zeilen gelesen hatte, saß er lange da und starrte ins Kerzenlicht.

Er sagte sich, daß er bisher einfach keine Zeit gefunden hatte, an Rogneda und ihre gemeinsame Zukunft zu denken. Zuerst der Kampf mit Jaropolk und nun die Sorgen um das Land. Jeden Tag ritt er mit seiner Drushina durch das Gelände östlich und südlich von Kiew, um den Bau der Wälle zu kontrollieren, jede Nacht schlief er woanders, in einem Turmhaus, einer Hütte oder einfach auf der Erde.

Aber war das der einzige Grund für sein Schweigen? Die Nacht in Julias Gemach hatte seine Seele in Verwirrung gestürzt. Er mußte sich über seine Gefühle im klaren sein, dann erst konnte er Rogneda antworten.

Fürstin Julia hatte ihn heute morgen im Speiseraum um ein Gespräch gebeten. Am besten, er geht jetzt gleich zu ihr, vielleicht hat sie ihm wirklich etwas Wichtiges zu sagen.

Wladimir löschte die Kerze und trat ans Fenster. Auf der Gora war es still, irgendwo auf den Sandbänken des Dnepr schrien Vögel, am Himmel standen riesige, funkelnde Sterne. Die Luft war schwül, bald würde es Gewitter geben.

Julia öffnete die Tür ihres Gemachs.

„Ich bin so froh, daß du gekommen bist", flüsterte sie. Wladimir setzte sich auf eine Bank ans Fenster, Julia ließ sich neben ihm nieder. Ihre Schulter berührte die seine. Im Mondlicht sah er ihr Gesicht dicht vor sich, die schwarzen Haare, die schmale Nase, die großen, dunklen Augen, in denen sich der Mond spiegelte.

„Du warst lange nicht bei mir, Fürst", begann sie und legte die Hand auf seine Schulter.

„Ich war immer unterwegs", antwortete Wladimir. „Aber das ist nur die halbe Wahrheit, Julia. Ich wollte kommen, wagte es aber nicht. Du weißt doch, daß Rogneda in Polozk auf ein Wort von mir wartet."

Julias Finger drückten Wladimirs Schulter.

„Sag die Wahrheit, Fürst! Liebst du sie?"

„Heute kam ein Schreiben von ihr. Rogneda trägt ein Kind von mir unter dem Herzen ..."

„Das ist es also", sagte Julia und nahm die Hand von Wladimirs Schulter. „Und was soll jetzt werden?" Sie schwieg einen Augenblick und erklärte dann: „Ich bin auch schwanger, Fürst Wladimir ..."

Er stand auf.

„Wessen Kind ist es?"

„Ich weiß es nicht", entschlüpfte es Julia. „Nein, nein, es ist die Frucht unserer Liebe", fügte sie eilig hinzu.

Wladimir war entsetzt. Er ließ sich auf die Bank fallen und vergrub den Kopf in den Händen.

„Einmal sagtest du", begann er endlich, „daß du dich in diesem Gemach vor den Schatten deines Mannes fürchtest, und ich wollte das nicht wahrhaben. In einer anderen Nacht war ich es, der von Jaropolks Schatten sprach, der zwischen dir und mir steht, was du wiederum nicht akzeptiert hast. Aber jetzt ist es nicht mehr nur sein Schatten, sondern ein Kind, das mich immer an meine Sünde erinnern wird ..."

„Wladimir!" rief Julia fassungslos. „Ist dies dein letztes Wort?"

Als er sich ihr zuwandte, blickte er sie an, als hätte er sie noch nie gesehen.

„Dich trifft keine Schuld", sagte Wladimir, „schuld

bin nur ich, und ich weiß nicht, wie ich damit fertig werden soll ... Du kannst als Fürstin hier auf der Gora leben, ich werde für dich und das Kind sorgen ..."

Julia lachte spöttisch.

„Nun denn, Fürst, vielen Dank. Für mich brauchst du nicht lange zu sorgen, mich hält nichts mehr in Kiew."

„Willst du zu deiner kaiserlichen Familie nach Konstantinopel zurückkehren?"

Julia schwieg eine Weile, dann schüttelte sie den Kopf und sagte schroff:

„Hör zu, Wladimir, da ich mich von dir verabschiede, sollst du die Wahrheit erfahren: Ich bin ebenso wenig die Nichte von Kaiser Roman und die Schwester von Basileios wie es dir ansteht, dich Imperator zu nennen. Du bist der Sohn einer Magd, und ich bin eine Sklavin!"

3

Fürst Wladimir machte die ganze Nacht über kein Auge zu. Er saß in seinem Schlafgemach und blickte auf die Mauern der Gora und den Sternenhimmel.

Er hatte in seinem Leben bisher Siege wie auch Niederlagen kennengelernt. Er war unaufhörlich vorwärtsgeschritten und fest davon überzeugt, alle seine Vorhaben zu einem guten Ende bringen zu können. Die Begegnungen mit Rogneda und Julia hatte er anfangs wie ein Lächeln des Schicksals, wie ein Geschenk der Jugend hingenommen.

Doch es stellte sich heraus, daß beide tiefe Auswirkungen auf sein Schicksal haben sollten. Nun, Rogneda würde ihm gewiß eine gute Frau sein, aber wie stand es um Julia? Er hatte selber immer unter seiner Einsamkeit gelitten und sich zu der ebenso einsamen wie schönen und leidenschaftlichen Fürstin hingezogen gefühlt. Dafür rechnete das Schicksal nun mit ihm ab. Julias Kind würde zwei Väter haben, Jaropolk und Wladimir. Was für eine schreckliche Verkettung!

Hinter dem Dnepr spann die Morgendämmerung die ersten rosafarbenen Fäden, die Posten schlugen auf die Wachtbretter, Hähne krähten. Die Morgensonne drang auch in Wladimirs Gemach und beschien sein bleiches Gesicht, die Augen, unter denen sich in der Nacht dunkle Schatten gebildet hatten, die hervorstehenden Jochbeine, die bläulichen Lippen.

Wladimir nahm eine Schwanenfeder in die Hand und schrieb an Rogneda: „Ich erhielt dein Schreiben, meine Frau, und danke dir dafür. Verzeih, Rogneda, daß ich so lange nichts von mir hören ließ. Ich habe in dieser Zeit viel Kummer gehabt, und viele Zweifel und Sorgen setzen mir auch jetzt noch zu. Aber ich glaube und hoffe, daß ich alle Schwierigkeiten bewältigen kann und Ruhe meine Seele erfüllen wird und daß du mir dabei behilflich bist, Rogneda ..."

4

Der Herbst kam — zuerst ein trockener, goldener, dann ein regnerischer, grauer. Er klang aus wie ein schwermütiges Lied und machte den ersten Frösten Platz, dann fiel Schnee, der Dnepr fror zu ...

Fürst Wladimir durchlebte eine schwere Zeit. Er fühlte sich einsam in seinen Gemächern, mit keinem konnte er ein offenes Wort wechseln, sich mit keinem beraten.

Er schlief, wie alle in der Stadt, bis zum Tagesanbruch, brachte das Opfer dar und frühstückte mit einigen Wojewoden im kalten Speisesaal. Dann sprach er im Volkssaal Recht oder verhandelte im Goldenen Saal mit Gesandten, Beamten und Boten aus den Ländern der Rus.

Die Beamten und Boten berichteten jeden Tag, daß trotz der kalten Jahreszeit die Wälle wuchsen und Städte an Irpen und Stugna, an Desna und Supij, an Psjol und Sejm sowie am rechten Ufer der Ros im Wachsen begriffen waren. Der Fürst befahl, alle Leute, die abkömmlich waren, dorthin zu schicken. Auch an Lebensmitteln, Holz, Werkzeug und Steinen sollte es nicht fehlen.

Gesandte des polnischen Fürsten Mieszko kamen nach Kiew und beteuerten, daß zwischen ihrem Land und der Rus nur Freundschaft herrschte. Fürst Wladimir antwortete ihnen, daß die Besetzung der Tscherwensker Städte eine andere Sprache spräche. Im Westen braute sich offenbar ein Gewitter zusammen.

Deshalb stellte Fürst Wladimir schon im frühen Winter ein Fuß- und Reiterheer zusammen und schickte einzelne Regimenter im voraus näher an das Tscherwensker Land heran.

Auch Gesandte des ungarischen Fürsten weilten in diesem Winter in Kiew. Nur aus Bulgarien kam niemand, und das beunruhigte den Fürsten Wladimir.

Der Frühling begann. Mit dem Hochwasser trafen Boten aus Polozk ein und brachten die Nachricht, daß Fürstin Rogneda einen Sohn geboren hatte. Fürst Wladimir schrieb ihr und bat sie, nach Kiew zu kommen, sobald es wärmer wurde.

In einer Aprilnacht drang aus den Gemächern der Fürstin Julia das Greinen eines Neugeborenen. Am Morgen erfuhr Wladimir, daß sie einem Sohn das Leben geschenkt hatte, den sie Swjatopolk nannte.

5

Als das Wasser im Dnepr stieg, begann sich der Kaufmann und Patrizier Theodor für den langen Weg nach Konstantinopel zu rüsten. Wie in jedem Jahr hatte er im Winter und im zeitigen Frühjahr bei den Leuten, die aus allen Ecken der Rus nach Kiew gekommen waren, für einen Spottpreis Pelze, Honig, Wachs, Bernstein, Bibergeil, Samen und Getreide aufgekauft. Jetzt belud er seine Boote mit diesen Waren, um flußabwärts zur Mündung des Dnepr zu fahren, das Russische Meer zu durchqueren und dann in Konstantinopel alles mit großem Gewinn abzusetzen. Von Theodors guten Verbindungen zum byzantinischen Herrscherhaus ahnte niemand in Kiew etwas.

Bei Tagesanbruch bestieg der Kaufmann das Boot, bekreuzigte sich dreimal und befahl seinen griechischen Sklaven, die Anker zu lichten. Er stand am Bug und blickte in die Ferne. Als Kiew außer Sichtweite war und nur noch menschenleere, mit zartem Grün bewachsene Ufer den Fluß säumten, stieg Theodor nach unten und kehrte mit einer Frau zurück, die eine dunkle Tunika und einen Schleier trug.

„Kennt mich hier auch niemand?“ fragte sie.

„O nein“, antwortete der Kaufmann, „ich habe nur Sklaven an Bord.“

Die Frau hob den Schleier — es war Julia, die Frau des Fürsten Jaropolk.

„Wann werden wir an der Dneprmündung sein?“

„In etwa zwei Wochen, Fürstin. Schneller geht es nicht.“

Fürstin Julia atmete gierig die frische Luft ein. „Ich konnte nicht länger in Kiew bleiben und bin dir sehr dankbar, Patrizier Theodor, daß du mich mitgenommen hast. So wird niemand erfahren, wo ich bin.“

„Und warum willst du nicht nach Konstantinopel zurückkehren?" fragte der Kaufmann. „Ich bin überzeugt, daß man dich im Großen Palast würdig empfangen und aufnehmen würde."

„Neit, nein!" widersprach Julia entschieden. „Ich will nicht zurück ... Wir hatten abgemacht, daß du mir an der Dneprmündung ein Schiff zu Verfügung stellst, das mich mitsamt meinem Hab und Gut in die Stadt Chersones bringt."

„Es ist dein Wille", erwiderte Theodor.

Der Wind frischte auf, die Schiffe gewannen an Tempo.

Zehntes Kapitel

1

Kaum war Kaufmann Theodor in Konstantinopel angekommen, lud ihn der Erste Minister Basileios in den Großen Palast zu einer Unterredung ein. Er wollte wissen, was jetzt in der Rus vor sich ging, fragte nach Kiew, den Ländern und den Fürsten.

„Der Kiewer Fürst Jaropolk ist im Krieg gegen seinen Bruder umgekommen. Jetzt regiert in Kiew und in der ganzen Rus Fürst Wladimir, ein illegitimer Sohn Swjatoslaws."

„Kommt er nach seinem Vater?"

„Es scheint so ... Die Christen in Kiew beten heimlich, Fürst Wladimir ließ bei der Stadt eine Opferstätte errichten."

„Hat er jetzt alle Länder in der Gewalt?"

„Nein, Erster Minister, einige Länder weigern sich, Kiew Tribut zu zahlen, und einige Städte wurden, wie du vielleicht weißt, von den Polen erobert, denen sich angeblich deutsche Ritter und Prediger des Papstes angeschlossen haben."

„Papst Benedikt und Kaiser Otto haben es eilig", murmelte der Erste Minister unwillig. „Und was tut Wladimir?"

„Er will Krieg gegen Polen führen und die abtrünnigen Länder zurückführen."

„Solange sie sich dort nicht einig sind, haben wir noch eine Chance ...", flüsterte Basileios, verstummte aber sogleich — der Kaufmann mußte ja nicht alles wissen.

„Und was macht unsere Jungfer Julia?“ fragte der Erste Minister.

„Die Tochter des Kaisers?“ Theodor mußte grinsen.

„Ja, die Kaisertochter aus Pera“, bestätigte der Erste Minister, ebenfalls grinsend.

„Sie tat alles, was sie sollte“, antwortete Theodor. „Kürzlich gebar sie einen Sohn. In Kiew wird gemunkelt, daß nicht Jaropolk, sondern Wladimir der Vater ist.“

„Heißt das, Julia ist jetzt Wladimirs Frau?“

„Nein, nein, Julia hat mit mir zusammen Kiew verlassen.“

„Hast du sie etwa mit nach Konstantinopel gebracht?“

„O nein, Erster Minister, sie hat sich auf einem meiner Schiffe nach Chersones begeben. Den Sohn hat sie am Hof des Fürsten Wladimir gelassen.“

„Der Sohn der Griechin Julia lebt am Hof des Fürsten Wladimir? Das ist gut, Patrizier Theodor. Für dieses Kind lohnt es sich zu kämpfen. Und dabei werden wir auch Julia nicht vergessen ... Über Wladimir müssen wir alles in Erfahrung bringen. Ich verlasse mich auf dich, Patrizier!“

2

Die Lage im Imperium war immer noch gespannt.

Eine dunkle Wolke schob sich von Süden heran, wo sich Ward Sklir zum Kaiser ausgerufen hatte. Der Erste Minister kannte diesen Feldherrn — er ging mit größter Umsicht vor, schlich sich an den Feind heran, verstand es, die günstigste Gelegenheit auszuwählen und ihm einen Hieb zu versetzen. Und dieser Hieb würde nicht mehr lange auf sich warten lassen.

Auch der Nachbar Bulgarien beunruhigte Basileios.

Das Land war geteilt, das Gebiet am Russischen Meer bis zur Donau hinauf und am Ägäischen Meer bis Larissa hatte Kaiser Johannes Tzimiskes erobert, den Bulgaren war der zumeist bergige Westen geblieben, und dorthin zogen sich jene zurück, die nicht unter dem Joch des Imperiums leben wollten. Ihre Anführer waren Samuil und Aaron, die Söhne des Gebietsregenten Nikola Śchischman.

Die Truppen unter der Führung Samuils eroberten ganz Thessalien, nahmen Saloniki und Larissa und näherten sich den Ufern des Ägäischen Meeres. Aaron vernichtete die Abteilungen der Grenztruppen Mazedoniens und bedrohte Philippopel.

3

Nach Tzimiskes' Tod und der Ausrufung von Basileios und Konstantin zum Kaiser lebte Theophano als verwitwete Kaiserin im Blachernen-Palast. Hin und wieder besuchte sie ihre Söhne im Großen Palast, bisweilen beriet sich der Erste Minister mit ihr, der annahm, daß sie ihm nicht mehr gefährlich sei. Tatsächlich aber konnte Theophano dem Ersten Minister den Verrat nicht verzeihen und setzte alles daran, sich an ihm zu rächen und ihn zu vernichten.

Theophano, zu dieser Zeit fast vierzig Jahre alt, war in der Blüte ihrer Schönheit und sich dessen auch bewußt. Sie spürte die ersten Anzeichen des herannahenden Alters und wollte noch einen letzten verwegenen Schritt tun.

Sie hatte es immer verstanden, unter den vielen Männern, die ihr im Leben begegnet waren, den kühnsten und stärksten auszuwählen — wobei es nicht auszuschließen war, daß ihre göttliche Schönheit den Auserwählten kühn, stark und mitunter unvernünftig machte.

Gemeinsam mit dem jeweiligen Liebhaber erreichte sie immer ihr Ziel.

Ihr Sohn Basileios war inzwischen zwanzig, Konstantin siebzehn Jahre alt. Bei ihren Gesprächen mit dem ältesten Sohn spürte sie sehr bald, daß er nicht der war, für den man ihn allgemein hielt: ein in Gebete versunkener Mönch, ein Schwächling, der nicht in der Lage war, das Imperium zu regieren. Basileios konnte hassen wie seine Mutter. Er betete zu Christus und wetzte insgeheim das Messer, das auch eines Tages den Ersten Minister treffen sollte.

Theophano sah ihrem Sohn in die Augen, weihte ihn in ihre Pläne ein, schürte seine Gier nach Macht und Ruhm und den Haß auf den Ersten Minister.

Und Theophano hatte noch eine Hoffnung: ihre Tochter Anna, die zwei Tage nach dem Tod ihres ersten Mannes, des Kaisers Romanos, geboren worden war und bald fünfzehn Jahre alt wurde. Alles sprach dafür, daß Anna die Schönheit von Theophano geerbt hatte. Daß auch Annas Seele nach der der Mutter geriet, dafür sorgte Theophano unermüdlich!

Der Erste Minister begab sich zu Theophano.

„Ich bin zu dir wie zu einem alten Freund gekommen“, sagte er, als er die Schwelle zu ihrem Gemach im Blachernen-Palast überschritten hatte.

„Bin ich etwa so alt wie du?“ entgegnete Theophano höhnisch.

„Nein“, antwortete der Erste Minister, „du bist jung und schön, ich alt und schwach. Ich meinte die Dauer unserer Freundschaft.“

„Nun“, fuhr Theophano bissig fort, „unsere Freundschaft ist in der Tat alt und hatte schon manchen Riß, aber versuchen wir es noch einmal. Setz dich, alter und ewig junger Erster Minister.“

„Dem Imperium ging es lange nicht so schlecht wie

jetzt." Der Erste Minister seufzte schwer. „Kleinasien und Sklir, Bulgarien und die Rus, Quedlinburg und Rom ..."

„Das weiß ich alles selbst", antwortete sie scharf, „und was hat das mit deinem Besuch zu tun?"

„Es gibt eine schlimme Neuigkeit ... Ein Bote traf aus Kleinasien ein, der berichtete, daß Ward Sklir sich zum Kaiser erklärt, den Purpurmantel und rote Sandalen angezogen hat ..."

„Es ist wirklich schade, Erster Minister, daß du damals, als Johannes starb, nicht an mich gedacht hast. Wahrscheinlich wolltest du Byzanz nur mit meinen Söhnen regieren. Du bist undankbar, Erster Minister!"

„Basileios und Konstantin sind immerhin deine Söhne!"

„Du hast sie mir entrissen, aber nicht verstanden, ihnen ein Vater zu sein. Ist es nicht so, Erster Minister? Sprich!"

Theophano blickte mit zusammengekniffenen Augen in das bleiche, hagere Gesicht des Verschnittenen, und auch er beobachtete sie aufmerksam.

„Basileios und Konstantin sind nicht imstande, das Imperium zu retten", sagte er mit ausdrucksloser Stimme.

„Das wußte ich im voraus", antwortete Theophano vorsichtig. „Aber wer wäre dann in der Lage? Wieder schweigst du. Warum?"

„Nur du kannst das Imperium retten, Theophano."

„Endlich mal ein wahres Wort über mich ... Aber du wolltest doch gewiß noch hinzufügen, daß ich das Imperium nur mit dir zusammen retten kann. Das denkst du doch?"

„Für mich ist es zu spät, die Krone aufzusetzen. Wer bin ich? Nur Erster Minister, der Schatten der Kaiser, der Aufseher über ihr Schlafgemach. Und wie steht es mit dir, Theophano?"

„Du weißt, daß ich nicht an der Spitze des Imperiums stehen kann. Für mich ist es ebenfalls zu spät. Aber ich bin überzeugt davon, daß du noch einen anderen Vorschlag hast.“

„Das stimmt ... Basileios und Konstantin sind nicht fähig, man muß sie beseitigen ...“

„Meinst du, sie sollten gestürzt und verbannt werden?“

Der Erste Minister war einen Augenblick verwirrt.

„Kaiser verbannt man nicht, man vernichtet sie“, antwortete er leise. „Das weißt du doch am besten, Theophano ...“

„Das kommt zu plötzlich“, sagte Theophano, und Tränen traten in ihre Augen. „Und wer soll das tun?“

Der Erste Minister blickte sie lange an.

„Ich.“

„Und dann? Wer soll den Thron besteigen?“

„Ich denke, dafür kommt nur einer in Frage — Ward Phokas.“

Theophano zuckte zusammen. Der Erste Minister hatte ein gutes Gespür und wußte genau, wem der Adel aus Konstantinopel, der nach Kleinasien übergesiedelt war, vertraute. Nur eins wußte er glücklicherweise nicht: Theophano hatte Ward Phokas bedeutend eher auserkoren und entsprechende Vorkehrungen getroffen.

„Das ist sicher richtig“, stimmte Theophano zu. „Ward Phokas wird vom gesamten Adel und sogar vom Rat der höchsten Würdenträger unterstützt.“

„Ich bitte dich, Theophano, Ward beizustehen. Als Frau von Nikephoros bist du seine nächste Verwandte.“

„Das war ich einmal, jetzt bin ich eine unglückliche Witwe.“

„Vielleicht begegnet dir noch einmal das Glück, Theophano.“

„In Gestalt von Ward? Ja, als Jüngling war er in mich verliebt, heute jedoch ...“

„Nein, nein, dafür ist es nie zu spät ... Aber jetzt gib mir etwas von dem Pulver, das du noch hast.“

Theophano ging in das benachbarte Gemach, und als sie gleich darauf mit einem Fläschchen zurückkehrte, zitterten ihre Hände.

Und dann geschah das, was keiner im Großen Palast erwartet hatte. Als Kaiser Basileios eines Morgens aus seinen Gemächern kam, umgaben ihn keine Mönche und Priester, sondern Gardisten mit gezückten Schwertern in den Händen. Und er hatte keine leidvolle Pose eingenommen, sondern schritt mit hoch erhobenem Haupt selbstbewußt aus, seine Augen sprühten vor Zorn.

Im Goldenen Saal angekommen, befahl Basileios sofort den Ersten Minister zu sich.

„Du hast mich gerufen, Kaiser ... Da bin ich“, begann der mit erstickter Stimme und fiel auf die Knie.

Der Kaiser musterte ihn eine Weile, dann brüllte er:

„Abscheulicher, nichtsnutziger Verschnittener! Hast du noch immer nicht genug Blut getrunken?“

„Ich weiß nicht, wovon der Kaiser spricht ...“, murmelte der Erste Minister.

„Du wolltest mich umbringen!“ Basileios sprang vom Sessel.

„Lüge! Alles Lüge!“ beteuerte der Minister und sah in dem Moment Theophano und vier der Befehlshaber der Gardisten in den Saal treten. Wie unvorsichtig war er doch gewesen, als er sich Theophano anvertraute!

Aber so schnell wollte er nicht aufgeben.

„Großer Kaiser!“ sagte er beherrscht. „Man hat dich irregeführt. Ja, großer Kaiser, man wollte dich töten, hier im Großen Palast gibt es jemanden, der dich ins

Jenseits befördern wollte und der mir Gift gab für dich, Kaiser, und für den Kaiser Konstantin."

„Wo ist das Gift?" rief Basileios.

„Hier hab ich es." Der Erste Minister zog das Giftfläschchen aus dem Gürtel hervor und gab es dem Imperator.

„Woher stammt es?" fragte der.

Der Erste Minister überlegte nicht lange. „Dieses Gift gab mir deine Mutter Theophano ..."

Der Kaiser schwieg.

In diesem Augenblick entschied sich im Goldenen Saal das Schicksal von zwei Menschen, die zwar ihre Missetaten gemeinsam ausgeführt, aber nur Haß füreinander empfunden hatten.

„Mein Sohn", sagte Theophano, „gib mir dieses Gift."

Sie entnahm dem Fläschchen eine Probe und schluckte sie herunter. Dann trat sie siegesgewiß vor, legte die Hand auf Basileios Schulter und erklärte:

„Fürchte dich nicht, mein Sohn! Das ist kein Gift, sondern Kreide. Jetzt siehst du, was der Erste Minister Basileios im Schilde führte."

„Dieser Nichtswürdige ist die längste Zeit Erster Minister gewesen! Verjagt ihn aus dem Großen Palast, aus Konstantinopel, aus dem Imperium! Fort mit ihm!"

Kaiser Basileios zahlte es dem Ersten Minister grausam heim. Er nahm Rache für seinen Vater Romanos, für die Kaiser Konstantin, Nikephoros und Johannes, die alle durch die Hand des Ersten Ministers zu Tode gekommen waren. Daß seine Mutter Theophano dabei Mittäterin und manchmal auch Anstifterin gewesen war, ahnte der Kaiser natürlich nicht.

Basileios wurde unter Bewachung und unter dem Geschrei einer riesigen Menschenmenge durch die Straßen Konstantinopels zum Goldenen Tor geführt. Dort, wo der Weg nach Eudom begann, ließ man ihn laufen.

Gestern noch Herrscher des Imperiums, heute Bettler. Aber wer würde ihm ein Stück Brot geben? Als Feind der Kaiser wurde er von allen nur geschmäht. So schleppte sich Basileios den Weg entlang, um eines Tages irgendwo am Straßenrand elendig zugrunde zu gehen.

Kaiser Basileios lenkte von nun an die Geschicke des Landes aus eigener Kraft. Er tat dies mit Entschlossenheit und Erbarmungslosigkeit. Die Liebe lernte er niemals kennen, er starb kinderlos, nahm weder Fleisch noch Wein zu sich, trug ein Büßerhemd und schlief auf einem harten Holzbett.

Sein Bruder Konstantin teilte zwar den Thron mit ihm, trat aber kaum in Erscheinung. Wer von ihm sprach, nannte ihn Konstantin den Säufer.

Die bulgarischen Truppen unter der Führung Samuil Schischmans hatten zu Frühlingsbeginn Larissa eingenommen. In den Mauern dieser Stadt verlebte der Sohn des Gebietsregenten eine unwiederbringlich schöne Zeit. Er begegnete der anmutigen Griechin Irina und verliebte sich in sie.

Als der Frühling verblühte, befahl Samuil seinem Heer, in die Berge zurückzukehren. Er begab sich mit seiner Frau Irina zum Prespasee, wo auf einer Insel mitten im See sein Sohn Gawriil geboren wurde.

Weitere Kämpfe mit Byzanz standen bevor. Wäre der Aufstand in Kleinasien nicht, hätte Kaiser Basileios längst seine Legionen gegen Bulgarien geworfen.

Gerade in dieser Zeit unternahm der Gebietsregent Samuil, der von seinem Vater Nikola Schischman und dem Bruder David die Königskrone erhalten hatte, einen sonderbaren Schritt: Er rief die Bojaren und Wojewoden aus ganz Westbulgarien zusammen und ließ sie Roman zu ihrem König wählen, Roman, den Verschnittenen, den einzig noch lebenden Sohn Peters, den Enkel des berühmten Simeon.

Manche sagten, Roman hätte Samuil versprochen, ihn zu adoptieren, wodurch Samuils Sohn gesetzmäßiger Nachfolger des kinderlosen Königs aus dem Geschlecht Simeons würde. In Wirklichkeit aber wollte Samuil lediglich erreichen, daß die bulgarischen Könige wie früher mit den Kaisern der Rhomäer auf gleicher Ebene standen und ihre Gesandten an der rechten Seite der Kaiser saßen.

Der Gebietsregent sorgte sich um die Zukunft seines Landes und beging dabei einen Fehler, für den er eines Tages büßen mußte.

Kaiser Basileios war hauptsächlich damit beschäftigt, die Angelegenheiten in Kleinasien zu regeln, und seine Mutter Theophano half ihm dabei.

Zum Parakimomen ernannte er Ignatios, der bis dahin Feldherr in Thrakien war, einen strengen, enthaltsamen Mann. Nach dem Tod des Patriarchen Antonios wählten die griechischen Priester unerwartet Nikolai II. Chrisowerg zu seinem Nachfolger. Er war zwar verheiratet gewesen und hatte erst vor ein paar Jahren seine Frau beerdigt, war aber, entsprechend dem Wunsch des Kaisers, ein ebenso gehorsamer wie gnadenloser Mann. Außerdem umgab sich Basileios mit einem Schwarm von Bischöfen, Priestern und Mönchen.

Die wichtigste Person aber war für ihn Theophano. Sie half ihm, das Knäuel der Verschwörungen in Kleinasien zu entwirren und, wenn erforderlich, irgendwo anders ein neues zu flechten.

Liebte der Kaiser seine Mutter, vertraute er ihr? Das wohl kaum. Aber ohne sie konnte er auch nicht auskommen, sie kannte die Aristokratie in Konstantinopel gut, hatte Freunde und Liebhaber in Europa, Kleinasien, Armenien, Georgien.

„Der verfluchte Schischman hat doch diesen Roman zum König gemacht", erregte er sich eines Tages in ihrer Anwesenheit. „Gerade jetzt, wo wir noch mit Kleinasien beschäftigt sind."

Theophano dachte einen Moment nach.

„Ich glaube nicht", sagte sie dann, „daß Roman sein Amt als König von Bulgarien jemals richtig ausüben kann, und das weiß er selbst am besten ... Man müßte jemanden ausfindig machen, mein Sohn, der hier im Großen Palast sein Vertrauen genoß, und ihn zu Roman schicken ..."

„Vielleicht seinen Beichtvater, den Metropoliten von Sewastien, Flavian."

„Ein guter Einfall."

„Ich denke darüber nach, Mutter. Ich habe ja Zeit. Wenn nur erst der Aufstand in Kleinasien niedergeschlagen wäre! Dann sammle ich meine Krieger und schicke sie gegen die Bulgaren. Aber wie soll ich den Aufstand niederschlagen, wo doch Sklir alle meine Legionen befehligt?"

Theophano überlegte.

„Das ist wirklich kein leichtes Problem. Aber warum willst du nicht nach dem Rezept früherer Kaiser handeln: Kannst du selbst nicht eingreifen, so entzweie den Feind."

„Mit wem sollte ich Sklir entzweien?"

Theophano entgegnete mit leiser, ruhiger Stimme: „Ich denke an die Verwandten meines Mannes Nikephoros Phokas, die unter Kaiser Johannes und seinem Ersten Minister viel erdulden mußten."

„Leon Phokas ist blind, und sein Sohn Ward lebt als Mönch im Kloster auf Chios", warf Basileios ein.

Theophano wußte genau, was sie wollte.

„Der blinde Leon", antwortete sie, „kann uns wirklich nicht helfen, aber Ward Phokas ist durch die strenge Schule des Klosterlebens gegangen. Wenn wir ihn zum ranghöchsten Feldherrn in Kleinasien machen, wird er das Imperium retten. Vergiß nicht, Basileios, daß Phokas in ganz Konstantinopel und Kleinasien einen guten Ruf hat."

Kaiser Basileios überlegte eine Weile.

„Woher aber die Legionen für Ward Phokas nehmen?"

„Wenn du ihn zu deinem ranghöchsten Feldherrn machst, beschaffe ich sie", erklärte Theophano.

Nach diesem Gespräch setzte Kaiser Basileios einen Brief an Ward Phokas auf, in dem er bekannte, daß dieser von Johannes Tzimiskes ungerecht behandelt worden war. Er versprach Ward Phokas die Freiheit und die Rückgabe der Besitzungen und ernannte ihn zum ranghöchsten Feldherrn über das Heer, das Ward Sklir besiegen sollte.

Theophano ihrerseits schrieb einen Brief an David, den Zaren der Zaren von Georgien, zu dem sie während ihres Aufenthaltes in Armenien gute Beziehungen angeknüpft hatte. Sie bat ihn im Namen ihres Sohnes, dem Imperium in einer schweren Stunde zu helfen und dem neuen Feldherrn in Kleinasien, Ward Phokas, zehntausend Krieger zu überlassen.

Basileios und Theophano beauftragten den Konstantinopeler Patrizier Tornikios, der aus Georgien stammte und unlängst Mönch im Kloster auf Athos geworden war, die Briefe auf die Insel Chios und in die Stadt Tbilissi zu befördern. Tornikios war der geeignete Mann für diese weite Reise.

Einige Zeit verging, und der Zar der Zaren, David, schickte, nachdem er sich mit seinen Wesiren beraten hatte, die gewünschte Anzahl Krieger in die Wüsten Kleinasiens, wo bald darauf der Zweikampf zwischen Sklir und Phokas begann. Städte gingen in Flammen auf, Menschen starben — aber das byzantinische Imperium konnte weiterexistieren.

Dreimal stießen Ward Phokas und Ward Sklir aufeinander, und im entscheidenden letzten Kampf konnte der Feldherr in der Mönchskutte, mit dem Kreuz auf der Brust und dem Schwert in der Hand, seine Gegner in die Flucht schlagen. Ward Sklir ließ auf dem Schlachtfeld sein Heer und sein Schwert zurück und suchte bei den Arabern Unterschlupf, wurde aber vom Kalif ins Gefängnis geworfen.

Mit reicher Beute kehrten die georgischen Krieger vom Schlachtfeld zurück, zur Erinnerung an diese Kämpfe erichteten sie auf dem Athos das Kloster Iwiron.

Der ehemalige Mönch Tornikios kam mit einer schlechten Nachricht nach Konstantinopel: Der Zar der Zaren, David, forderte für seine militärische Hilfe einen hohen Tribut.

Der byzantinische Kaiser in der Mönchskutte träumte inzwischen davon, Kleinasien zu unterwerfen, gegen Bulgarien zu ziehen und, wenn es besiegt war, auch gegen die Rus.

4

Wladimir saß als Großfürst der Rus auf dem Thron seiner Ahnen in Kiew. Die Rus war keine Insel inmitten des Meeres, fremde Länder, Stämme und Völker umgaben sie, von denen die meisten um friedliche Nachbarschaft bemüht waren.

Aber wer lebte hinter dem Warägermeer, hinter dem Kaspischen und dem Russischen Meer? Die weite Welt war voller Geheimnisse. Wenig wußten die Menschen voneinander, und es war schwierig, etwas in Erfahrung zu bringen. Um von Kiew nach Konstantinopel zu gelangen, war man zwei bis drei Monate unterwegs, zur Wolga ein halbes Jahr, durch das Kaspische Meer nach Schemacha oder Urgentsch gar mehrere Jahre.

Aber es gab immer wieder Menschen, die diese Strapazen auf sich nahmen. Russische Kaufleute, Gesandte oder einfach Glückssucher drangen bis nach Bagdad, Merw, Balassaghun, Kaschgar, ja sogar bis zu den Flüssen Huanghe und Jangtsekiang im Staate China vor. Sie bahnten sich einen Weg durch das üppige Gras des Dikoje Polje und durch endlose Steppen, schliefen auf der Erde und ernährten sich von Früchten oder von Tieren, die sie mit dem Pfeil, einer Axt oder einem Jagdspieß erlegt hatten.

Es war nicht einfach, diese seltsame Welt zu erkennen und einen Platz in ihr zu finden.

Nacht. In der Steppe an einem Kurgan brannte ein Feuer, daneben saß ein bärtiger, sonnenverbrannter, helläugiger Mann und aß ein Stück Fleisch, das er am Spieß über dem Feuer gebraten hatte.

Das Feuer glühte nur noch. In der Nähe graste das Pferd, sonst herrschte tiefe Stille. Die Steppe erinnerte an einen schwarzen Teppich, über dem wie ein umgestülpter Pokal der Himmel hing.

Die Erde — eine Ebene mit Wäldern, Bergen, Flüssen und Meeren, die unbeweglich auf Säulen stand und vom Ozean umspült wurde. Der Himmel — eine unerforschte Welt mit Gärten, Flüssen und dem Paradies, wo die Seelen der Vorfahren wie Vögel umherflatterten. Am Tag verließ die Sonne ihre unterirdischen Gewölbe und glitt über den Himmel, in der Nacht zündete die himmlische Wache den Mond und die Sterne an, die die dunkle Erde beschienen.

Das Feuer war ausgebrannt. Der Mann schlief immer noch nicht. Er blickte in die Dunkelheit und dachte nach.

Eine weite, geheimnisvolle Welt! Der Mensch, der darin wohnte, war ein Kind, das in einem dunklen Wald umherirrte und sich durch Windbruch und Dikkicht einen Weg bahnte.

Dem Fürsten Wladimir fiel es nicht leicht, sich in dieser Welt voller Gefahren zurechtzufinden. Aber mit seinen zwanzig Jahren war er voller Zuversicht. Er glaubte fest daran, daß die alte Rus, die sich vom Russischen bis zum Eismeer, von den Karpaten bis zur Wolga und dem Ural erstreckte, ewig existieren würde. Er liebte dieses Land mit seinen von den Ahnen übernommenen Gesetzen und Sitten, den Göttern aus Holz und den Menschen, die bereit waren, es mit ihrem Leben zu schützen.

Aber Fürst Wladimir übersah auch nicht, daß sich in der Rus etwas Unausweichliches und Notwendiges vollzog. Wie der Dnepr im Frühling sein Flußbett änderte, indem er Steilhänge unterspülte und andere Stellen versanden ließ, so veränderte sich auch die Rus.

Es hatte eine Zeit gegeben, da sich die einzelnen Länder der Rus wie Mitglieder einer Familie um Kiew als den Ältesten eines großen Geschlechts scharten. Zu den Pflichten eines Kiewer Fürsten gehörte es, diese Länder zu beschützen. Dafür hatte er eine Drushina, Wojewoden, Heerführer, Hundertschaftsführer — die ganze Gora. Und um alle zu kleiden und zu ernähren, zahlten die Länder Tribut.

Nicht nur, daß die Kiewer Gora ihm jetzt mitunter die Unterstützung versagte und ihn unerbittlich wie ein Blutegel aussaugte, auch der Jungwald, der einst unter dem Schutz der mächtigen Eiche Kiew herangewachsen war — Nowgorod, Polozk, Smolensk, Turow, Murom, Rostow, Tmutarakan —, schien den alten Baum zu vergessen.

Es war ja richtig so, daß jede dieser Städte eine eigene Gora, eigene Amtsbezirksvorsteher, Wojewoden, Bojaren, Edle, Älteste besaß, die über die Angelegenheiten ihres Landes entscheiden konnten, aber darüber sollten sie niemals Kiew vergessen.

Wladimir nahm sich vor, wie sein Vater Swjatoslaw in diese Länder zu ziehen und für die alten Gesetze und Sitten, für die alten Götter zu kämpfen.

5

Ende April ritt Fürst Wladimir den Dnepr stromaufwärts nach Wyschgorod. Hier wollte er die Polozker Fürstentochter Rogneda empfangen. Dieser stille Ort schien ihm für ein Wiedersehen nach langer Trennung geeigneter zu sein als die Gora.

Auf Hügeln, die steil zum Dnepr abfielen, stand seit ewigen Zeiten auf steinigem Untergrund eine Holzfestung, die von einer Mauer, einem Graben und Wällen umgeben war. Man hatte einen schönen Blick auf den Dnepr und die waldigen Berge an seinen Ufern, auf die blauen Wasser der Desna und auf Kiew weit im Süden.

Wladimir wollte der Polozker Fürstin einen würdigen Empfang bereiten, deshalb befanden sich in seiner Begleitung angesehene Männer und Edelleute, Wojewoden, Bojaren und ihre Frauen. Bedienstete und Gesinde waren vorausgefahren, um für die Verpflegung zu sorgen. Leben kam in die Wyschgoroder Festung, die Dutzende von Jahren schweigend am Dnepr gestanden hatte, um die nördlichen Grenzen Kiews zu sichern.

Fürst Wladimir mußte nicht lange auf Rogneda warten, bereits am dritten Tag tauchten aus dem morgendlichen Dunst am Oberlauf Schiffe auf. Im wasserreichen Dnepr kamen die schwarzen, mit geschnitzten Vögeln, Meeresungeheuern und glotzäugigen Wassermännern geschmückten spitznasigen Boote schnell näher. Auf einem von ihnen wehte die Fahne des Polozker Landes.

Am Ufer hatten die in ihre feinsten Gewänder und gold- und silberbestickte Umhänge gekleideten Edlen, Bojaren und Wojewoden Aufstellung genommen. Ihre Frauen, die am Hals und an den Ohren schweren, funkelnden Schmuck und an Armen und Beinen goldene Reifen trugen, tuschelten erwartungsvoll miteinander.

Fürstin Rogneda stand mit dem Säugling auf dem Arm im Boot, neben ihr der Wojewode Putjata, hinter ihnen mehrere Frauen, darunter die dunkeläugige Schwedin Amma, die Nährmutter der Fürstin. Rogneda war schlicht gekleidet: in ein weißes Gewand und ein dunkelblaues Überkleid mit Ärmeln, die Stirn zierte ein schwarzes Band.

Dann kam sie über das schwankende Brett ans Ufer. Fürst Wladimir trat auf seine Frau zu, küßte sie und nahm ihr das Kind ab.

Rogneda wurde sogleich von den Frauen umringt, umarmt und geküßt, und eine von ihnen bestreute nach alter Sitte den Weg der Fürstin mit Korn.

Rogneda lächelte Wladimir an.

„Das ist Jarl... So nannten wir ihn in Polozk...“, sagte sie.

Wladimir wollte seine Frau nicht kränken, die dem Sohn einen schwedischen Namen gegeben hatte. Er dachte einen Moment nach und antwortete:

„Unser Kind soll nach dir und auch nach mir kommen. Jarl steht für dich, Slawa für mich. Wir werden es Jaroslaw nennen.“

„Jaroslaw! Jaroslaw!“ riefen die Männer und Frauen. „Wir grüßen dich, Fürstin Rogneda, und verneigen uns vor dem Fürstensohn Jaroslaw.“

Jaroslaw schlief. Fünfundsiebzig Jahre würden vergehen, und derselbe Jaroslaw, gebrechlich und schwach, flüchtete sich nach Wyschgorod, um zu sterben...

Das Gastmahl begann. Das Gesinde hatte drei Tage und drei Nächte lang die Speisen zubereitet. Immer wieder wurde auf Wladimirs Ruhm, Rognedas Ehre und auf die Gesundheit ihres Sohnes Jaroslaw angestoßen.

Als sie am Abend allein in ihrem Gemach waren, sagte Rogneda:

„Ich bin froh, daß du mich nicht in Kiew empfangen hast, sondern hier in Wyschgorod. Ich fürchte mich vor Kiew.“

„Du fürchtest dich?“ Fürst Wladimir lächelte. „Ich erkenne dich kaum wieder, Rogneda. In Polozk warst du doch so tapfer.“

„Das war einmal“, antwortete sie nachdenklich. „Polozk ist meine Heimat, in den Wäldern dort wuchs ich auf.“ Sie stockte einen Augenblick. „Ehe ich dir begegnete, ja, auch danach noch, kannte ich die Furcht nicht ... Aber jetzt haben wir einen Sohn. Ich liebe dich, und ich liebe meinen Sohn ... Und jetzt weiß ich, was Angst ist. Ich hatte Angst um dich, Angst, ob du mich rufst, Angst vor dem, was mich hier erwartet!“

Rogneda legte ihre Arme um den Hals des Fürsten und blickte ihm in die Augen.

„Fürchte dich nicht“, erwiderte Wladimir. „Ich hatte dir doch versprochen, dich zu rufen.“

„Wladimir, mein Fürst!“ antwortete Rogneda darauf. „Ich wußte, daß du dein Wort nicht brichst. Um dein Herz bangte ich. Ich liebe dich mit ganzer Seele.“

Oh, wenn Rogneda wüßte, was in diesem Augenblick in ihm vor sich ging! Eigentlich hatte Wladimir vorgehabt, Rogneda zu gestehen, daß er in Kiew eine Sünde begangen hatte. Aber sie blickte ihn so unschuldig an, daß er es nicht fertigbrachte.

„Glaub mir, meine Liebe“, sagte er, „bei mir hat sich nichts geändert. Ich bin glücklich, daß du gekommen bist, und ich danke dir dafür, daß du mir einen Sohn geboren hast.“ Er legte den Arm um sie und führte sie zum Fenster. „Sieh nur, wie schön es hier ist!“

Draußen grünte und blühte alles. Der Dnepr wälzte seine Wasser gen Süden, links schimmerte blau die Desna. Am Horizont ragten Kurgane wie Wachtposten auf. In der Ferne sah man Kiew.

„Ist das nicht ein herrliches Land?“ sagte Fürst Wladimir. „Es braucht eine feste Hand. Viele Aufgaben müssen in Angriff genommen werden, aber ich glaube, ich bewältige sie ... Und dabei wirst du mir helfen, Rogneda. Und niemals, hörst du, niemals wird sich zwischen uns etwas ändern ..."

Fürst Wladimir hoffte, daß diese Beteuerung die dunkle Wolke, die über ihnen hing, verbannte und sie beide wirklich glücklich würden. Die Menschen denken mitunter, daß zum Glück nur wenig nötig ist ...

6

Rogneda hatte früh ihre Mutter verloren und von da an die Aufgaben der Hausherrin übernommen. Ihr war das Gesinde unterstellt, sie verwahrte die Schlüssel zu den Vorrats- und Metkellern, zu allem Hab und Gut. So mußte es sein: Rognedas Vater und Brüder waren Krieger, ihr als einziger Frau der Familie kam es nach alter Sitte zu, die Wirtschaft zu führen, für Speise und Trank zu sorgen.

Natürlich konnte man das Anwesen der Kiewer Fürsten nicht mit dem in Polozk vergleichen. Dem Fürsten Wladimir gehörten das große Turmhaus auf der Gora und das neue Turmhaus, das Fürstin Olga in der Vorstadt hatte erbauen lassen. Die Kiewer Fürsten nannten Wyschgorod, Belgorod, Höfe am Ufer der Ros, der Stugna, der Lybed und viele Ländereien und Wälder an beiden Ufern von Dnepr und Desna ihr eigen.

Einstmals hatte Fürstin Olga über all diese Besitztümer verfügt. Sie ließ ihre Ländereien, Wälder und Flüsse mit den fürstlichen Wappen kennzeichnen, Possadniks setzten in ihrem Namen Steuern und Abgaben fest, sammelten sie ein und brachten sie der Fürstin auf die Gora. Unter Olgas wachsamem Auge wurde das Getreide in Kornkästen geschüttet, wurden Wachs, Honig, Pelzwerk, Bernstein, Fischbein und Bibergeil zusammengetragen. Erst im Alter vertraute die Fürstin die Schlüssel zum fürstlichen Besitz Jarina an, später Maluscha und nach ihr Praxeda.

Als Rogneda in Kiew eingetroffen war, stand das Turmhaus auf der Gora einige Tage lang Bojaren- und Wojewodenfrauen offen, die unermüdlich kamen, um die Fürstin aus dem Norden kennenzulernen. Gemeinsam mit Wladimir fuhr sie auf den Podol, in die Vorstadt, nach Belgorod am Irpen und zu einigen Höfen. Und auch in Praxedas Reich wollte sie Einblick nehmen. Die Beschließerin führte die neue Herrin des Fürstenhofes durch sämtliche Wirtschaftsräume, sie öffnete ihr die Türen zu den Vorratskellern, erklärte ausführlich, wo Getreide, wo Pelzwerk lagerte, in welchen Kellergewölben Wein und in welchen Met zu finden war. Ins Turmhaus zurückgekehrt, sagte Rogneda zu Praxeda:

„Du hast das fürstliche Eigentum wachsam behütet, Beschließerin. Es ist erstaunlich, daß nach solch einem Krieg noch alles in Hülle und Fülle vorhanden ist. Ich danke dir, Praxeda!"

Die Beschließerin verneigte sich tief vor der Fürstin.

„Jetzt geh", sagte Rogneda. „Die Schlüssel leg hier auf die Bank."

Die Beschließerin blickte sie wütend an. Wollte die Fürstin etwa sofort alles in die eigenen Hände nehmen und sie, Praxeda, zur einfachen Magd machen?

„Die Schlüssel werden hier auf der Bank liegen", fuhr Rogneda unbeirrt fort. „Wenn etwas gebraucht wird, öffne ich die Vorratskammern und gebe es heraus."

„Gut, Fürstin", stieß Praxeda hervor, nestelte mit zitternden Fingern das Schlüsselbund vom Gürtel und warf es auf die Bank, daß es klirrte.

7

Im Schlafzimmer war es still, die Nacht floß durch das geöffnete Fenster herein.

Fürst Wladimir hatte einen arbeitsreichen Tag hinter sich. Vom Morgen an hatte er Gericht gehalten, danach im Goldenen Saal mit den Edelleuten und Beamten verhandelt und nach dem Mittagessen das Heer besichtigt, das sich auf dem Podol versammelt hatte.

Auch Fürstin Rogneda war müde. Sie war vor Tagesanbruch aufgestanden und sogleich in den Speisesaal hinuntergegangen, um mit Praxeda alles für den Empfang der Gäste und Gesandten vorzubereiten. Zwischendurch hatte sie ihren Sohn gestillt. Hier in Kiew kam Rogneda kaum zur Ruhe, aber die Liebe zu Wladimir gab ihr die Kraft, alles zu bewältigen.

„Gute Nacht, mein Fürst!“ flüsterte Rogneda. „Unser Sohn schläft, Kiew schläft, schlaf auch du ...“

Es dauerte nicht lange, bis Fürst Wladimir und Rogneda eingeschlafen waren.

Auf einmal wurde mitten in der nächtlichen Stille nicht weit vom Turmhaus entfernt ein Weinen laut. Beide erwachten und lauschten.

„Wladimir!“ flüsterte Rogneda. „Mir scheint, da weint ein kleines Kind!“

„Ja, ein kleines Kind.“

Wladimir stand schweigend auf und ging unruhig am Fenster hin und her. Der Säugling weinte immer noch.

„Wladimir, was ist das für ein Kind?“ fragte Rogneda, von seiner Unruhe angesteckt. „Weshalb schweigst du, Wladimir?“

Er wandte sich ihr zu und antwortete: „Da weint der Sohn meines Bruders Jaropolk.“

„Der Sohn deines Bruders? Warum hast du mir nichts von ihm gesagt?“

„Mein Bruder lebt nicht mehr", erwiderte Wladimir gereizt, „ist es da nicht ganz egal, ob er ein Kind hat oder nicht?"

„O nein, Wladimir, es ist nicht egal, ob hier auf der Gora noch ein Fürstensohn lebt ..."

„Dieser Fürstensohn stört weder mich noch meinen Sohn."

„Das meine ich auch nicht, Wladimir ... Aber schließlich muß dieses Kind ja eine Mutter haben — die Fürstin."

„Rogneda", entgegnete Wladimir streng, „fürchtest du etwa, daß noch irgendeine andere Fürstin im Spiel ist?"

„Nein, Wladimir", sagte Rogneda mit Tränen in der Stimme, „du willst mich nicht verstehen. Ich muß doch wissen, ob es hier auf der Gora noch eine Fürstin gibt."

„Julia, die Frau des Fürsten Jaropolk, ist nach dem Tod ihres Mannes aus Kiew fortgegangen."

„Fortgegangen? Weshalb? Und wohin?"

„Das weiß keiner. Fürstin Julia nahm alles mit, was sie besaß, und verschwand. Vielleicht mit griechischen Kaufleuten ..."

„Wie schrecklich!" entfuhr es Rogneda. „Hast du ihr denn nicht angeboten, hier auf der Gora wie eine Fürstin zu leben? Du bist doch sonst so gerecht ... Vielleicht hat jemand sie getötet?"

„Nein, das ist ausgeschlossen, Rogneda. Aber mehr weiß ich nicht. Auf der Welt gibt es vieles, was man weder verstehen noch erklären kann."

„Aber dir läßt es doch auch keine Ruhe ..."

„Das stimmt, Rogneda ... Jaropolk war mein Bruder. Swjatopolk ist sein Kind ..."

Rogneda schwieg lange, dann fragte sie:

„Wie alt ist denn dieses Kind?"

„Swjatopolk wurde im Frühjahr geboren. Sein Vater war schon tot."

„Und wann ist seine Mutter aus Kiew verschwunden?“

„Vor kurzem ... Aber ist das denn so wichtig, Rogneda?“

„Für mich ist alles wichtig, was dich beunruhigt, Wladimir.“

Rogneda wurde unsagbar schwer zumute. Das Weinen des Säuglings war für sie ein unheilvoller Vorbote.

8

Praxeda arbeitete wie eh und je im fürstlichen Turmhaus. Die Schlüssel aber, die früher an ihrem Gürtel hingen, lagen jetzt auf der Bank in dem Gemach der Fürstin Rogneda, und das quälte Praxeda. Die Fürstin aus dem Norden hatte sie bis aufs Blut beleidigt.

„Dein Kind ist gut geraten, Fürstin“, sagte sie einmal, als sie sich mit Rogneda im Schlafgemach befand. „Ein hübsches Kind, und es weint nie.“

„Weshalb sollte es auch weinen?“ entgegnete die Fürstin, die an der Wiege stand.

„Nicht alle Kinder sind so friedlich wie Jaroslaw“, erwiderte Praxeda. „Das Kind der griechischen Fürstin Julia schreit beinahe Tag und Nacht.“

„Dann hat es keine gute Amme“, mutmaßte Rogneda.

„Nein, nein, Fürstin, das Kind kommt nach der Mutter. Fürstin Julia war böse, und ihr Kind ist es auch.“

„Wie sprichst du denn von der Frau des Fürsten Jaropolk? Das schickt sich nicht!“

„Das, was sie tat, schickte sich auch nicht.“ Praxeda lachte laut. „Die Wurzel war sündig, was soll da Gutes gedeihen? Wie die Fürstin, so ihr Sohn!“

„Beschließerin“, rief Rogneda, „was erlaubst du dir?“

Praxeda war nicht zu bremsen.

„Ich sage die reine Wahrheit ... Fürstin Julia hatte nicht nur einen Mann. Jaropolk war schon tot, da habe ich mit eigenen Ohren gehört, wer nachts in ihrem Gemach war ...“

„Was redest du, Praxeda?“

„Was ich rede?“ flüsterte Praxeda. „Wenn Fürst Wladimir das erfährt, tötet er mich.“

Und plötzlich begriff Praxeda, daß sie zu weit gegangen war. Sie fiel vor Rogneda auf die Knie und bat sie um Verzeihung.

„Steh auf“, antwortete die Fürstin streng. „Du nimmst doch wohl nicht an, daß ich deinen Worten Glauben schenke. Geh jetzt, mehr habe ich dir nicht zu sagen.“

9

Fürstin Rogneda hatte begriffen: der geheimnisvolle Säugling, der nicht im Turmhaus lebte, die ständige Unruhe Wladimirs, die er vor Rogneda nicht verbergen konnte, und jetzt noch Praxedas Worte — daraus reimte sie sich zusammen, was auf der Gora im vergangenen Sommer geschehen war.

Ihr Stolz war so verletzt, daß sie ihre ganze Beherrschung aufbringen mußte, um nicht laut aufzuschreien. Schließlich war sie in einer Familie aufgewachsen, die nach strengem nördlichem Gesetz den Verrat an einer Frau mit Mißbilligung und Verachtung strafte, und der Gedanke an ihren Vater und die Brüder, für deren Tod Wladimir verantwortlich war, bereitete ihr noch heute große Schmerzen. Zuerst wollte sie alles stehen und liegen lassen und sich mit dem Sohn davonstehlen. Aber es gab einen Grund, der Rogneda zwang, dies nicht zu tun.

Ihre Liebe zu Wladimir war so groß, daß sie ihren Stolz vergaß, sich besann und in seine Lage zu versetzen suchte. Wahrscheinlich mußte etwas bedeutend Schrecklicheres geschehen, um diese Liebe aus ihrem Herzen zu reißen.

Sie erinnerte sich an ihre Begegnung in Polozk, an die Nacht, als sie mit der Fackel in der Hand Rache nehmen wollte, dann aber vor dem gerechten und starken Mann auf die Knie fiel und ihm die Schuhe auszog ... Und sie dachte auch daran, daß Fürst Wladimir sie und den Sohn herzlich und mit echter Freude empfangen hatte. Erst das Schreien des Säuglings hatte ihn so verändert.

Fürstin Rogneda begriff, daß Wladimir in dieser Zeit viel durchgemacht hatte und bereit war, für sein Vergehen zu zahlen. Ihre Eifersucht ließ allmählich nach, und sie verzieh Wladimir.

Ihm gegenüber erwähnte Rogneda ihren Kummer mit keinem einzigen Wort, dazu war sie zu stolz. Allerdings konnte sie die Beschließerin nicht mehr im Turmhaus ertragen, obwohl diese nach dem Gespräch geradezu demütig auftrat.

„Mir gefällt unsere Beschließerin Praxeda nicht", sagte Rogneda zum Fürsten.

„Stiehlt sie etwa?"

„O nein", antwortete die Fürstin, „das nicht. Aber sie ist ein unliebsamer Zuschauer unseres Lebens und imstande, dich und mich zu verunglimpfen."

Fürst Wladimir blickte in Rognedas Gesicht, das schrecklich bleich war. Vielleicht begriff er, worauf die Fürstin anspielte.

„Einverstanden", sagte er leise. „Ich habe für diese Frau auch nichts übrig. Sie hat meiner Mutter Maluscha viel Böses zugefügt. Ich duldete sie nur, weil Großmutter Olga sie eingestellt hatte und ich ihr Wort nicht brechen wollte."

Am nächsten Morgen winkte er die Beschließerin zu sich an den Tisch und sagte:

„Ich glaube, die Arbeit hier im Speisesaal und im Turmhaus geht langsam über deine Kräfte!"

Praxeda fiel auf die Knie und begann zu weinen.

„Weine nicht, Beschließerin", fuhr Fürst Wladimir streng fort. „Für deine guten Dienste belohne ich dich mit Land im Dorf Budutin. Dort wirst du dein Leben beschließen."

In dieser Nacht sagte Fürstin Rogneda zu Wladimir:

„Ich habe lange über Jaropolks Sohn nachgedacht. Weshalb lebt er nicht hier bei uns im Turmhaus? Schließlich ist er ein Fürstenkind, und mit seinem Vater hattest du Frieden geschlossen. Meinst du nicht auch, Swjatopolk sollte gemeinsam mit unserem Sohn aufwachsen?"

„Ich danke dir, Rogneda!" erwiderte Wladimir.

Bei Tagesanbruch ritt Fürst Wladimir an der Spitze eines großen Heeres aus der Stadt Kiew. Über ihm flatterten zwei Fahnen im Wind, die weiße, vom Vater übernommene mit den zwei gekreuzten goldenen Speeren, und die blaue, die Wladimirs neues Zeichen trug — drei silberne Speere, die durch ein goldenes Band zusammengehalten wurden. Der Fürst ritt auf einem blendend weißen, breitbrüstigen Hengst mit schlanken Fesseln. Sein Helm war mit einem grünen Fähnchen geschmückt, auf den Schultern loderte rot wie Feuer der Umhang, die Stiefel waren ebenfalls rot und ihre Sohlen mit Kupferdraht angenäht.

Dem Fürsten folgten die Mitglieder der Ältestendrushina in vergoldeten Rüstungen über feinmaschigen Kettenhemden und mit farbenfrohen Büschen auf den spitzen Helmen.

Der Ältestendrushina schlossen sich, soweit das Auge reichte, die Krieger des Fürsten Wladimir an — zu Pferde, zu Fuß oder auf Fuhrwerken, die von Ochsen gezogen wurden.

Im Laufe des ersten Tages erreichte das Heer bereits das Drewljanenland. Gegen Abend ließ Fürst Wladimir halten. Am Abhang eines Kurgans aß er zusammen mit einigen Wojewoden Abendbrot.

Neben dem Kurgan brannte ein Lagerfeuer, das die Gesichter und die Rüstungen der Männer beleuchtete. Die Wojewoden erinnerten sich an vergangene Feldzüge, an den Fürsten Igor, der diesen Weg gegangen war, um die Drewljanen zu unterwerfen, und nicht weit von hier den Tod gefunden hatte, an Fürstin Olga, die aus Rache für ihren Mann Iskorosten einäscherte.

„So war es, so ist es, und so wird es sein“, meinten die Wojewoden, „jeder, der von Kiew abfällt, bekommt seine Strafe.“

„Und jetzt werden wir unter deiner Führung, Fürst, das Tscherwensker Land befreien“, fügte der Wojewode Wowtschi Chwist — Wolfschwanz — hinzu.

„Anschließend gehen wir mit dir gegen die Wjatitschen und die Radimitschen“, ergänzte der Wojewode Sluda.

Die Männer waren erregt, die Kampfeslust hatte sie erfaßt. Sie wußten, wenn die Rus geeint war, erhielt Fürst Wladimir Tribut von den Ländern, und für sie würden Lehen — Land, Flüsse, Wälder — herausspringen.

Nur der alte Wojewode Rubatsch, der Swjatoslaws Schwert und Schild nach Kiew gebracht hatte, schwieg. Nachdenklich blickte er in das niederbrennende Feuer.

10

Der Morgen graute. Der schwache Schein einer Kerze fiel auf ein Bett, eine Ikone und ein Tischchen, die einzigen Einrichtungsgegenstände einer in den harten

Sand gegrabenen Höhle. Auf der mit Heu bestreuten Erde kniete eine Frau.

Es war Maluscha. Sie war wie immer vor Tagesanbruch aufgestanden, um in der Höhle aufzuräumen und rechtzeitig in der Kirche zu sein. Und dann mußte sie bis in die Nacht hinein arbeiten.

Aber erst einmal betete Maluscha.

Gestern hatte sie Tur gesehen und von ihm erfahren, was in der letzten Zeit geschehen war: Er hatte zusammen mit anderen Kiewern dem Fürsten Wladimir geholfen, Jaropolk zu schlagen und Kiew zu nehmen. Dafür wollte Wladimir ihn belohnen, aber Tur hatte nur Schwert und Schild angenommen. Weiter erzählte er, daß er wieder in der Drushina des Fürsten dienen und jetzt mit ihm in das Tscherwensker Land gehen würde.

„Beschütze ihn!“ bat Maluscha beim Abschied. „Nur sprich nicht von mir. Niemand soll erfahren, daß seine Mutter, die Magd, hier in Kiew lebt.“

Und jetzt blickte sie auf die Ikone und murmelte ihr Gebet:

„Gott, hilf deiner Dienerin und meinem Sohn Wladimir, schütze ihn vor dem bösen Blick, vor Hinterlist, Verrat und dem feindlichen Schwert, schenke ihm den Sieg in der Schlacht, Gesundheit und Glück für viele Jahre.“

Maluscha blickte auf das strenge Antlitz Christi mit den blauen Augen und dem braunen Bart, auf seine segenspendenden, aber so schwachen Hände ... Und um die Wahrheit zu sagen: Die einfache Frau aus dem Poljanengeschlecht wußte nicht, ob sie sich ganz auf Christus verlassen konnte.

Sie zog einen Kasten unter dem Bett hervor, nahm eine Bronzegestalt heraus und stellte sie neben die Ikone. Es war eine Frau mit kleinem Kopf und über dem Leib zusammengelegten Händen — die Beschützerin der Frauen, die mildtätige, aber mächtige Göttin Rosheniza.

„Hilf auch du mir“, flüsterte Maluscha, „schütze meinen Sohn vor dem bösen Blick, vor Hinterlist, Verrat und dem feindlichen Schwert.“

Maluscha war davon überzeugt, daß Christus und die Göttin gemeinsam ihre Bitte erhören würden.

Dann betete sie noch für den Griden Tur, der immer für sie da war und jetzt an der Seite Wladimirs kämpfte.

Die Kerze war ausgebrannt. Maluscha verbarg die Göttin im Kasten unter dem Bett und verließ die Höhle.

Ein neuer Tag begann. Der Horizont war purpurrot und fast durchsichtig, einige Sterne leuchteten noch, irgendwo hinter dem Dnepr ertönte vielstimmiges Vogelgezwitscher.

Reite nur zu, mein Sohn, dachte Maluscha, deine Mutter betet für dich!

Zweites Buch

Der Herrscher

Erstes Kapitel

1

Die Sonne ging auf und wies Wladimirs Kriegern den Weg durch die Steppe, die vom Pferdegetrappel, von den Stimmen der Männer und vom Klirren der Schilde wie eine gespannte Schellentrommel zu tönen anfing. Regiment für Regiment rückten sie vor, zuerst die Reiter, nach ihnen das Fußvolk, eingehüllt in Wolken rötlichen Staubes, dahinter der Troß, Fuhrwerke mit sechs oder acht Pferden, manchmal auch mit einem Dutzend Ochsen davor. Über den Kriegern flatterten Fahnen, auf die angsteinflößende Visagen, jungfräuliche Göttinnen, die heilige Birke, riesige Hähne gemalt oder gestickt worden waren.

Das blaue Banner mit den drei gekreuzten Speeren war mit der Zeit etwas verblaßt, wie auch das sonnenverbrannte, von Wind und Wetter gegerbte Gesicht des Mannes an der Spitze des Zuges gealtert war. Das Haarbüschel, das Zeichen fürstlicher Macht, das unter dem Helm hervorlugte, war ebenso wie der lange Bart, der auf den purpurroten Umhang fiel, graumeliert, die Stirn von tiefen Falten durchfurcht.

Dem Heer voran ritt Swjatoslaws Sohn Wladimir, der Großfürst der Rus.

Wie sein Vater brachte er viel Zeit auf Feldzügen zu. Dabei schlief er auf der Erde, die Pferdedecke war sein Bett, der Kopf lag auf dem Sattel, er aß gedörrtes Pferdefleisch mit trockenem Brot und trank Wasser dazu.

Doch gab es zwischen den Feldzügen von Vater und

Sohn einen großen Unterschied. Fürst Swjatoslaw kämpfte sein Leben lang gegen Feinde der Rus, die Petschenegen, Chosaren und Rhomäer, während Wladimir, der auch von diesen Feinden bedroht wurde, erst einmal mit dem Schwert in die eigenen Länder ziehen mußte, die während seiner Zwietracht mit Jaropolk von Feinden unterjocht worden waren oder sich aus eigenem Willen von Kiew gelöst hatten und keinen Tribut mehr zahlen wollten. Darin erinnerte er an seine Großmutter, die das russische Land zusammengefaßt und geordnet hatte. Olga war im Schlitten bis in das ferne Nowgorod gefahren, sie hatte mit den Ländern Verträge abgeschlossen, in denen sie Steuern und Abgaben festlegte. Das Drewljanenland aber unterwarf sie mit der Waffe.

Wladimir war zuerst nach Westen gezogen, um Przemyśl, Tscherwen und andere Städte und Dörfer zu befreien, die der polnische Fürst Mieszko in Besitz genommen hatte. Fürst Mieszko war nicht nur mit seinem Heer in die Rus gekommen, sondern auch in Begleitung freiwilliger Reiterregimenter der Deutschen und Söldnertruppen der Waräger, die alle mit deutschen Schwertern, dicken Rüstungen und hohen Schilden ausgestattet waren.

Mit den Kriegern hatten sich zahlreiche Geistliche ins Land geschlichen, an der Spitze der Gesandte des Papstes, Bischof Reinbern. Die Priester hatten nichts Eiligeres zu tun, als nach der Besetzung der Tscherwensker Städte und Dörfer die alten Götter zu stürzen, die Menschen zu ergreifen und sie im Namen des Papstes zu taufen.

Als Fürst Wladimir das Gebiet befreit hatte, veranlaßte er, die Holzgötter wieder aufzustellen, und brachte ihnen mit allen Bewohnern ein Dankesopfer dar.

Dann rückte er immer weiter nach Westen vor, über die Karpaten hinweg nach Ushgorod und an der

Theiß entlang zum Berg Gowerla. Der Rückweg führte ihn über die Karpaten hinweg und durch das Land der Radimitschen, die sich während des Zwistes mit Jaropolk vom Kiewer Thron gelöst hatten. Die Auseinandersetzung mit ihnen verlief unblutig. Als sie Wladimirs Regimenter unter Wowtschi Chwist vorrücken sahen, zogen sie es vor, die Flucht anzutreten.

„Die Radimitschen sind vor einem Wolfsschwanz geflohen", sagte der Fürst lachend, als er davon erfuhr.

Er hielt Rat mit den Wojewoden und Bojaren der Radimitschen, und sie einigten sich darauf, daß in Zukunft wieder Eintracht zwischen ihnen herrschen sollte.

Gerade erst nach Kiew zurückgekehrt, brach Wladimir in das Land der Wjatitschen auf, die hoch im Norden lebten und sich ebenso wie die Radimitschen vom Kiewer Thron losgesagt hatten. In jener Zeit war das ein Feldzug ans Ende der Welt.

Aus Nowgorod kam dem Fürsten der Possadnik Dobrynja mit einem großen Heer zu Hilfe, und gemeinsam riefen sie die Wjatitschen zur Räson.

Fürst Wladimir ließ in Nerinsk die Wojewoden, Bojaren, Edelleute und Ältesten herbeikommen und fragte sie: „Warum, Männer, habt ihr den Vertrag verletzt? Warum wollt ihr Kiew keinen Tribut mehr zahlen?"

Schweigen.

„Denkt an die Rus, Männer!"

„Wir fühlten uns immer mit der Rus verbunden", sagte schließlich einer der Männer, trat vor und verneigte sich vor Wladimir, „doch wir leben an der Grenze, haben uns ständig der Feinde ringsum zu erwehren. Kiew ist weit und uns deshalb keine Hilfe."

Bittere Wahrheit war in den Worten des Wjatitschen. Rauh war das Land, schwer hatten es die Menschen, die hier in Nachbarschaft mit den Wolgabulgaren, Chosaren und Petschenegen lebten. Swjatoslaw und die Fürsten vor ihm hatten sich um die Sicherheit der Grenzen gekümmert, auch um die des Wjatitschenlandes, aber Jaropolk hatte diese Aufgabe vernachlässigt.

„Wjatitschen", entgegnete Fürst Wladimir, „ich verspreche, euer Land zu beschützen, wie es früher üblich war. Dafür werde ich einen angemessenen Tribut festsetzen."

„Dann werden wir dir treu und ehrlich dienen", antworteten die Wjatitschen.

Seinen Plan, auch zu den Wolgabulgaren und Chosaren zu ziehen, um mit ihnen Frieden zu schließen, mußte Wladimir aufgeben, da Boten aus Kiew die Nachricht brachten, daß die Jatwinger die Grenzen zur Rus überschritten hatten.

Fürst Wladimir kehrte nach Kiew zurück, ergänzte seine Drushina und zog an die Westgrenze, wo er die Truppen der Jatwinger vernichtend schlug.

„Warum seid ihr in die Rus eingedrungen, Wojewoden?" fragte er.

Auch diese Männer hüllten sich in Schweigen. Und was sollten sie auch sagen? Sie waren mit deutschen Schwertern ausgerüstet, Ritter von Kaiser Otto und warägische Söldner kämpften in ihren Reihen.

„Wir in der Rus sind nicht auf fremdes Land erpicht, wir haben genug", erklärte Fürst Wladimir. „Sagt selbst, Wojewoden, was ist besser: Krieg oder Frieden zwischen Nachbarn?"

Die Jatwinger legten ihre Schwerter auf die Erde.

Nun erst konnte Fürst Wladimir zur Wolga aufbrechen, um Frieden mit den Wolgabulgaren und Chosaren zu schließen. Weiter führte ihn sein Weg südwärts zum Kaspischen Meer und ins Vorgebirge des Kaukasus. Hier und am Suroshsker Meer lebten die Alanen und Kassogen, mit denen Fürst Wladimir ebenfalls Frieden schloß.

An der Wolga, am Kaspischen und Suroshsker Meer stellten sich dem Fürsten keine Feinde entgegen. Erst als er mit der Drushina in der russischen Stadt Tmutarakan ausgeruht, über die Kertschensker Meerenge gesetzt hatte und seinen Weg in Richtung Dikoje Polje nahm, kam es wieder zu schweren Kämpfen.

An den Dneprstromschnellen wurde Wladimir von vier Petschenegenhorden erwartet, an deren Spitze Khan Rodman, sein Sohn und die Khane Kurja und Kutschuk standen. Überzeugt davon, daß das Kiewer Heer nach dem langen Weg geschwächt sei, planten sie, es aus dem Hinterhalt anzugreifen.

Doch Fürst Wladimir kam ihnen zuvor. Die Spuren der Petschenegen wurden von der Streife entdeckt, und als sie im Morgengrauen auf ihren kleinen, aber schnellen und ausdauernden Pferden am Horizont erschienen und in einem großen Halbkreis auf das russische Heer zujagten, um es zu umzingeln, ahnten sie nicht, daß sie selbst eingekreist waren. Die russischen Fußkrieger hatten zu ihrem Empfang Schilde, Speere und Schwerter zu einer Art Dornenwand zusammengestellt, die Reiter tauchten plötzlich mit wildem Geschrei weit hinter den Petschenegen auf, daß die Erde erdröhnte.

Der Kampf am Fluß dauerte nicht lange. Khan Rodman und sein Sohn konnten die Umzingelung mit Mühe und Not durchbrechen und sich retten. Viele Petschenegen aber fanden auf dem Schlachtfeld den Tod, auch der alte Khan Kurja, der einst auf der Insel Chortiza den Fürsten Swjatoslaw überfallen hatte.

Auch viele russische Krieger fielen im Kampf, und Fürst Wladimir wurde an der Brust verwundet, etwas unterhalb des Herzens. Eine Woche lang kämpfte er gegen den Tod an.

2

In Kiew wurden die Krieger voller Ungeduld erwartet. Zum Empfang versammelten sich die Bewohner der Gora, des Podol und der Obolon an der Potschaina, auf der Stadtmauer dröhnten die Kupferklöppel. In der ersten Reihe der Wartenden standen in gold- und silberbestickten Gewändern, mit Halsspangen und Ketten auf der Brust die Bojaren, Edlen und Landedelleute, die Beamten und Richter, der ganze Adel der Gora mit Frauen und Kindern, darunter auch Wladimirs Frau Rogneda mit den Söhnen und der Tochter.

„Sie kommen, sie kommen!" wurde in der Menge geschrien. „Ruhm! Ruhm unserem Fürsten Wladimir! Ruhm!" riefen die Bojaren und Edlen.

Der Fürst sprang ans Ufer, begrüßte die Bojaren, umarmte Rogneda und die Kinder. Dann begab er sich in Begleitung seiner Familie und der Ältestendrushina die Boritschew-Auffahrt hinauf zur Gora. Über allen wehten die farbenprächtigen Fahnen der Länder der Rus, Zimbeln und Schalmeien erklangen, dumpf schlugen die Trommeln. An der Opferstätte unweit der Mauer machte der Zug halt. Hier rauchten schon die Feuer, warteten Opferpriester in dunkler Kleidung, brüllte das Vieh.

Der Fürst trat vor. Er nahm das Schwert vom Gürtel, legte es auf die Erde und blickte andächtig auf die Holzgötter, auf denen der Widerschein des Feuers spielte. Dann legte auch die Ältestendrushina ihre Waffen ab.

Für einen Augenblick wandte sich Wladimir zu jenen um, in deren Namen er das Opfer brachte, und wunderte sich. Seine Familie, die ganze Ältestendrushina, die Heerführer, einige Stadtältesten standen da, aber die meisten Bojaren, Edlen und Landedelleute gingen weiter auf die Stadtmauern zu. Der Fürst wollte jetzt nicht weiter darüber nachdenken, die Priester führten bereits die Opfertiere herbei.

Fürst Wladimir hob die Hand und betete, wie es schon seine Ahnen getan hatten: „Götter! Ihr brachtet uns den Sieg in der Schlacht, wir danken euch, Götter, für eure große Hilfe. Gebt uns, Götter, Frieden in den Ländern der Rus, dafür wollen wir euch preisen und zu euch beten, Götter!“

Und alle fielen ein: „Wir wollen euch preisen und zu euch beten, Götter!“

3

Gegen Abend dann saßen die vom Feldzug heimgekehrten Krieger im Kreis ihrer Verwandten, gedachten der Toten und beteten für die Lebenden.

Fürst Wladimir wurde von Rogneda und den Kindern am Herd im Speisesaal erwartet, am Herd, in dessen Nähe nach seinem Glauben die Seelen der Ahnen schwebten.

Als er auf Rogneda zuging, sah er, daß sie Tränen in den Augen hatte.

„Du weinst, Rogneda?“

„Vor Freude, Fürst... Immerhin bist du in der Schlacht schwer verwundet worden.“

„Das war nicht so schlimm“, entgegnete er lachend.

„Deine Wojewoden berichteten, daß du schwer verwundet warst, direkt unter dem Herzen. Warum mußt du dich auch immer als erster dem Feind stellen?“

„Hör nicht auf die Wojewoden, Rogneda! Die Wunde ist ja längst verheilt.“ Mit einem Blick auf die Söhne fügte er hinzu: „Und den Kriegern voranzugehen, ist meine Pflicht. So war es immer. In einer Schlacht ist der Fürst ein Krieger wie jeder andere auch.“

Jetzt begrüßten ihn die Kinder: der stämmige, wortkarge Jaroslaw, der kleine hellblonde Wyscheslaw, der große Ähnlichkeit mit der Mutter hatte, der schlanke Mstislaw mit den schwarzen Haaren und der spitzen Nase, die Zwillinge Wsewolod und Isjaslaw sowie Swjatoslaw und Brjatscheslaw, die Jüngsten.

Auch Jaropolks Sohn Swjatopolk, ein sehniger Jüngling mit finsterem Gesicht und schwarzen, flinken Augen, war unter ihnen. Fürst Wladimir und Rogneda behandelten ihn wie ihr eigenes Kind, doch Zutrauen und Anhänglichkeit konnten sie in ihm nicht wecken. Swjatopolk trat vor den Fürsten, verneigte sich und ging, ohne eine Miene zu verziehen, sogleich wieder beiseite.

Unter den Söhnen fehlte Poswesd, er und eine seiner Schwestern waren an einer Seuche gestorben, die im vergangenen Winter in der Stadt gewütet hatte. Doch durfte der Toten nicht gedacht werden — ihre Seelen schwebten ja hier im Speisesaal über dem Herd.

Als letzte begrüßte die hübsche, blonde, blauäugige Predslawa ihren Vater.

„Ich hab dir ein Geschenk mitgebracht", flüsterte Wladimir seiner Tochter ins Ohr, „sieh mal, eine Halskette aus Tmutarakan."

Auf den Kohlen im Herd brannte das Opfer aus. Fürst Wladimir und seine Familie standen schweigend und warteten, daß die Ahnen ihren Anteil entgegennahmen.

Dann setzten sich alle an den Tisch, der Fürst und die Fürstin auf den Ehrenplatz an der Schmalseite, die Kinder an die Längsseiten. Wladimir genoß es, nach dem weiten Weg die müden Hände auf den Tisch legen zu können, die vertrauten Gesichter vor sich zu haben und den zärtlichen Blick seiner Frau auf sich zu spüren.

Im Speisesaal wurde es dunkel. Amma, die Kinderfrau, brachte einen silbernen Leuchter mit durchsichtigen Wachskerzen und stellte ihn auf den Tisch. Die

Mahlzeit wurde wie üblich schweigend eingenommen. Als alle fertig waren, begann Wladimir vom Feldzug zu erzählen.

Dann brach die Nacht an.

„Ich kann es noch gar nicht glauben, daß ich wieder zu Hause bin“, entfuhr es Wladimir. „Und wie die Kinder gewachsen sind!“

„Wir haben gute Kinder, Wladimir“, entgegnete Rogneda. „Ich tat alles, wie du befohlen hattest. Sie bekamen Lehrer, die sie reiten und fechten lehrten. Mstislaw würde am liebsten auch Tag und Nacht auf dem Pferderücken zubringen, Swjatopolk ist der beste Fechter in Kiew ...“

„Sehr gut!“ bemerkte Wladimir mit einem zufriedenen Lächeln.

„Und die großen Kinder erfassen bereits die Weisheit der Bücher. Sie lesen, was die Schreiber früherer Fürsten auf Pergament festgehalten haben. Jaroslaw kann bulgarisch, fränkisch, hebräisch und griechisch lesen und schreiben.“

„Diese Gelehrtheit haben sie aber nicht von mir“, sagte Wladimir abwehrend. „Meine Großmutter brachte mir nur die russischen Buchstaben und noch ein wenig Griechisch bei. Hoffentlich kommt mit all dem Wissen nicht irgendeine griechische Krankheit zu uns ins Turmhaus ...“

„O nein, da passe ich schon auf“, entgegnete Rogneda.

„Ja“, lobte Wladimir, „du bist wirklich eine fürsorgliche Hausherrin und Mutter und auf dem Kiewer Thron eine gute Fürstin.“

„Ich danke dir, mein Mann“, sagte Rogneda. „Aber manchmal ist es schwer, sehr schwer ...“

„Wieso?“ fragte er. „Verheimlichst du mir etwas? Was ist so schwer für dich?“

Hinter dem Fenster zeichneten sich die von grünlichem Mondlicht übergossenen Turmhäuser ab. An den glänzenden kupfernen Wachtbrettern stand, auf die Lanzen gestützt, die Nachtwache.

„Du schweigst, Rogneda? Was ist, hat uns wieder jemand ins Gerede gebracht?"

„Ach, Wladimir", antwortete sie. „Ich hätte gar nicht davon anfangen sollen. Was ist schon übles Gerede, solange wir uns verstehen ... Mir ist gleichgültig, was böse Zungen behaupten. Du verfichst eine gerechte Sache, Wladimir, du bist ein Held, der Fürst aller Fürsten, der große Herrscher der Rus — das wissen alle ... Du bist mächtig, aber ebenso mächtig ist die Gora", fuhr Rogneda fort. „Während deiner Abwesenheit sorgte sich hier niemand um die Rus, sondern nur um sich, um sein Hab und Gut."

Wladimir hatte Rogneda aufmerksam zugehört. „Ich kenne die Gora", sagte er, „aber was soll ich tun? Ohne sie geht es nun mal nicht, ich brauche ihre Unterstützung."

„Ich bin nur deine Frau, Wladimir, und verstehe nicht alles. Wie kommt es, daß die Gora — und, wie es aussieht, bald ganz Kiew — nicht mehr zu unseren Göttern betet, sondern zu Christus?"

Wladimirs Gesicht wurde finster.

„Das habe ich heute auch gesehen", sagte er aufgebracht. „Die Gora glaubt an Gott den Vater, den Sohn und den Heiligen Geist. Aber in den Ländern ringsum nehmen sie Christus nicht an. Von mir aus können sie anbeten, wen sie wollen. Perun oder Christus — sind sie nicht alle gleich?"

„Es geht nicht nur ums Beten. Ich habe mich in letzter Zeit ein bißchen mit dem Glauben der Christen beschäftigt. Sie sind der Überzeugung, daß Gott den Besitz der Reichen segnet und den Armen das Paradies im Himmel gibt. Ich weiß nicht warum, aber dieser Glaube hat eine besondere Anziehungskraft."

Wladimir blickte sie neugierig an.

„Ich bin viel unterwegs, und manches von dem, was bei mir zu Hause geschieht, entgeht mir. Womöglich bist du auch Christin?"

Im Licht des Mondes war zu sehen, wie sich Rognedas Miene verdunkelte und ihre großen Augen funkelten.

„Ich glaube an die Götter meiner Väter", erklärte sie. „An Odin und Thor, und ich glaube auch an deine Götter, an Perun und Dashd-Bog ... Du bist mein Herz, meine Seele und mein Glauben ..."

„Verzeih!" Wladimir legte ihr die Hand auf die Schulter. „Es tut mir leid, daß ich so geredet habe. Ich kenne dich, Rogneda, und ich vertraue dir. Mit unserem Glauben und unserer Kraft werden wir alle besiegen."

„Ich sehe es kommen", fuhr Rogneda fort, „daß die Gora sich von uns abwendet und Unterstützung in Byzanz sucht."

„Das ist es, was auch mich beunruhigt", sagte Wladimir. „Wir müssen die Augen offenhalten. Nichts auf der Welt ist unzerstörbar. Es wird die Zeit kommen, und ich ersetze das alte Gesetz durch ein neues. Ebenso wird es mit dem Glauben sein."

Rogneda schmiegte sich an Wladimirs Schulter. Seine Worte beruhigten sie. Sie liebte diesen strengen, entschlossenen Mann, nur verstand sie es ebenso wenig wie er, diese Liebe in Worten auszudrücken. Aber was sind schon Worte?

„Wir werden nicht umhinkönnen", fuhr Wladimir fort, „noch einmal in den Krieg zu ziehen."

„Ein neuer Feldzug?"

„So ist es, Rogneda, ein letzter, gegen die Feinde der Rus."

4

Wowtschi Chwist war Wladimirs rechte Hand, sein Hauptwojewode. Nach der Rückkehr vom Feldzug wurde er in seinem Turmhaus hinter dem hohen Palisadenzaun von seiner Frau Pawma und den Kindern empfangen. In den Räumen duftete es nach Honig und Harz. Nachdem er alle begrüßt hatte, kniete Wowtschi Chwist vor einem Bild Christi nieder.

Dann packte er die Geschenke aus. Für seine Frau hatte er Samt und Atlas und einen goldenen Gürtel aus Tmutarakan mitgebracht, für die Töchter Gold- und Silberschmuck, für die Söhne prächtige Gürtel, Krummdolche und Stiefel.

Und da war noch ein prall gefüllter Sack. Wowtschi Chwist nahm ihn schweigend vom Fuhrwerk, trug ihn ins Turmhaus und versteckte ihn unter dem Bett.

Trotz der späten Stunde fanden sich noch ein paar neugierige Gäste bei ihm ein: benachbarte Bojaren, einige Edelleute, entfernte Verwandte des Wojewoden und der Vermögensverwalter der Fürstenburg, Worotislaw.

Sie setzten sich an den Tisch, auf dem hell die Kerzen brannten. Pawma trug Krüge mit Met und Bier sowie einen Imbiß auf. Man trank, aß, gedachte der Toten und wünschte den Lebenden Glück und Gesundheit.

„Wo wart ihr überall, Wojewode?“ fragte Worotislaw.

„Unser Land ist groß, Bojaren. Und unser Fürst war nicht aufzuhalten, er mußte unbedingt die Rus von einem Ende zum anderen durchqueren.“

„Da können sich der Fürst und die Fürstin die Hand reichen“, sagte Worotislaw lachend. „Während Wladimir euch durch die Länder getrieben hat, mußten wir hier so mancherlei durch Rogneda erdulden.“

„Was denn?“ erkundigte sich Wowtschi Chwist. „Ist sie so streng?“

„Mehr als das“, antwortete Worotislaw. „Ihr ganzes Sinnen und Trachten gilt dem Fürstenthron, dem Mann und den Kindern. Um uns schert sie sich überhaupt nicht. Was uns zusteht, müssen wir regelrecht erzwingen ... Doch jetzt, wo der Fürst zurückgekehrt ist, hat das ein Ende. Mit ihm werden wir schon einig. Erzähl mal, wie sieht es dort in den Ländern aus?“

„Alles ist wie früher. Das Tscherwensker Land gehört wieder uns, mit den Radimitschen und Wjatitschen haben wir einen Vertrag geschlossen, in Tmutarakan herrscht Ruhe ...“

„Wojewode Wowtschi Chwist!“ fiel ihm Worotislaw ins Wort. „Das interessiert uns nicht. Wir wollen wissen, was in diesen Verträgen festgelegt wurde.“

„Dasselbe wie früher bei seinem Vater. Wladimir bestätigt den Ländern, daß das alte Gesetz und der alte Glaube weiterhin Gültigkeit haben, und verspricht, sie mit der fürstlichen Drushina zu schützen. Dafür erhebt er einen ziemlich geringen Tribut.“

„Und was ist mit den Ländereien, Wäldern und Flüssen? Hat er dabei an uns gedacht?“

„Der Fürst läßt den Ländern freie Hand. Er sagt: ‚Ihr seid die Herren, haltet selbst Gericht, straft und sprecht Recht ...‘ “

„Großzügig ist unser Fürst, nur nicht zu uns“, murrten die Männer am Tisch. „Altes Gesetz und alter Glaube schön und gut, aber so einen Vertrag muß man nach neuen Gesichtspunkten aufsetzen. Ihr Wojewoden habt in den Ländern sicher allerhand eingesteckt ...“

„Wo denkt ihr hin!“ beteuerte Wowtschi Chwist und bekreuzigte sich sogar.

„Sei still!“ sagte Worotislaw finster. „Das gehört nun mal zu einem Feldzug. Ihr habt gekämpft, euer Leben eingesetzt, dafür steht euch das zu ... Aber was ist mit uns? Olga und Swjatoslaw haben uns Lehen gegeben, die im Tscherwensker Land, bei den Radimitschen oder Wjatitschen liegen. Haben wir da jetzt gar nichts mehr zu sagen? Wir waren auch einmal Wojewoden. Müssen wir jetzt, wo wir Bojaren und Älteste sind, unser Eigentum zurückgeben? Und wovon will Wladimir die Drushina bezahlen, wenn er einen so niedrigen Tribut erhebt? Unser Lehen ist keinen Pfifferling wert, am besten, wir halten uns selbst eine Drushina ... Offenbar hat Fürst Wladimir vergessen, wer die Stütze des Kiewer Throns ist ... Die Bojaren und Wojewoden — die sind eine Kraft!"

Alle waren schon ziemlich betrunken. Nur der Gastgeber hatte sich zurückgehalten.

„Und was gibt es sonst Neues, Bojaren?" fragte er.

„Wir fühlen uns wohl in Kiew", erwiderte einer der Männer, „und wenn der Fürst uns vergißt, sorgen wir selber für uns. Bei den Poljanen, Sewerjanen, Drewljanen und auch im Ulitschen- und Tiwerzenland sind wir die Herren. Und solange wir Gott nicht vergessen, sorgt er sich auch um uns ..."

„Und die Rhomäer?"

„Geh zur Potschaina oder auf den Podol — dort sitzt ein Grieche auf dem anderen. Wir verstehen uns gut mit ihnen, wo sie doch Christen sind wie wir ..."

Wowtschi Chwist hörte den Bojaren, die jetzt unverblümt ihre Meinung äußerten, aufmerksam zu.

„Inzwischen gibt es hier in Kiew eine Menge Christen", fuhr ein anderer am Tisch fort. „Wir warten darauf, daß sich unser Glaube in der Rus festigt, dann müssen auch Gesetz und Recht angepaßt werden ... Können wir auf dich zählen, Wojewode?"

„Fürst Wladimir plant, an die Donau zu ziehen", sagte Wowtschi Chwist.

So betrunken die Bojaren auch waren, bei dieser

Nachricht stutzten sie einen Moment, dann brausten sie auf.

„Will er etwa wieder gegen die Rhomäer kämpfen? He, Wojewode, jetzt ist nicht die Zeit dafür. Wir überwinden Byzanz nicht!“

Alle waren erregt.

„Unser Fürst ist rasch gealtert. Kein Wunder, wer am Alten festhält, wird selbst alt. Soll er! Es gibt Fürstensöhne hier in Kiew, die nicht von einer Magd abstammen, sondern wirklich fürstlichen Geblüts sind ...“

„Leise, Bojaren“, mahnte Wowtschi Chwist, „sonst hört uns noch jemand.“

Worotislaw konnte sich nicht beherrschen.

„Und wenn! Wer sollte uns verbieten, für Wladimirs Kinder und auch für Jaropolks Sohn, den wirklichen Fürsten Swjatopolk, zu beten?“

Es war spät, als die Gäste des Wojewoden Wowtschi Chwist auseinandergingen. Ihre Stäbe klopften auf die harte Erde, dann war alles still.

Der Wojewode stand am Bett. Er zog den Sack hervor, den er vom Feldzug mitgebracht hatte, und sortierte Dirheme, Dinare und Drachmen. Das Metall rann wie ein glitzerndes Bächlein durch seine Hände.

5

Als Maluscha eines Tages an der Potschaina Reisig sammelte, kam ein Krieger durch das Gras auf sie zu.

„Guten Abend, Maluscha! Wie hast du dich verändert!“

„Guten Abend, Tur“, antwortete Maluscha, „wir beide haben uns verändert.“

Sie setzten sich auf einen Abhang an der Potschaina. Die Wiesen hinter ihnen, die Zweige des Weidengebüsches und das Wasser des Dnepr wurden von blauem Nebel eingehüllt.

Plötzlich zuckte Maluscha zusammen.

„Heute ist ja der Abend des Kupalo, und genau an dieser Stelle bin ich einst Swjatoslaw begegnet ... Oder nein, der Dnepr hat den Abhang unterspült. Jetzt fließt dort Wasser."

„Unsere ganze Vergangenheit hat der Fluß unterspült ...", fügte Tur leise hinzu.

Ein alter Mann und eine alte Frau. Ihr Leben ging zu Ende. Eines vereinte den graubärtigen Griden Tur und die ehrwürdige Frau in der Nonnenkleidung: Tur diente als Griden bei Maluschas Sohn, dem Fürsten Wladimir, er wußte viel von ihm zu erzählen, und Maluscha war bereit, ihm endlos zuzuhören.

„Wladimir sitzt jetzt fest auf dem Kiewer Thron", berichtete Tur. „Alle Länder haben sich ihm unterworfen und zahlen ihm Tribut. Reich ist der Kiewer Fürst, stark seine Drushina, auch seine Wojewoden sind nicht arm ..."

„Und dienen sie ihm auch treu?" warf Maluscha ein.

„Er weiß, daß er nicht allen trauen kann. Leicht hat er es gewiß nicht ..."

Es dunkelte. Im Tal wurden Feuer angezündet.

„An den Stromschnellen wurde unser Heer von den Petschenegen überfallen, unter ihnen war auch Khan Kurja, der Mörder des Fürsten Swjatoslaw", erinnerte sich Tur auf einmal.

„Ach, mein Gott! Habt ihr Rache genommen?"

„Ja, unsere Krieger töteten ihn."

„Gelobt sei Gott!" Maluscha bekreuzigte sich.

„In diesem Kampf wurde auch Wladimir verwundet. Eine ganze Woche lang war er ohne Bewußtsein. Ich wich nicht von seiner Seite, gab ihm zu trinken und zu essen und legte Heilkräuter auf seine Wunde, bis es ihm besser ging."

Immer mehr Feuer wurden auf der Wiese entzündet. Überall ertönten Lieder oder freudig erregte Stimmen.

„Und du, Tur“, fragte Maluscha, „wurdest du auch verwundet?“

„Ja, als ich den Fürsten schützen wollte, verlor ich zwei Finger der rechten Hand.“

„Das ist ja entsetzlich! Was wird denn nun aus dir?“ entfuhr es Maluscha voll Verzweiflung.

„Was aus mir wird?“ fragte Tur beinahe gleichgültig zurück. „Ein verkrüppelter Griden nützt dem Fürsten nichts ... Da bleibt mir nur, aufs Paradies zu warten ...“

In Maluschas Augen glänzten Tränen.

„Ich bin an allem schuld, Tur!“

„Nein“, widersprach er. „Ich tat, was ich tun mußte. Und so arm wie du denkst, bin ich nicht. Auf Befehl des Fürsten werden mir, wie allen alten Kriegern, ein Flecken Land und Holz für eine Hütte zugeteilt.“

„Hast du dir denn gar nichts vom Feldzug mitgebracht?“

Tur lachte, aber sein Lachen war nicht fröhlich.

„Nein, Maluscha, für die einfachen Krieger ist nichts abgefallen, uns gibt es ja wie Sand am Ufer des Dnepr. Die Wojewoden, die haben tüchtig was eingeheimst. Aber wer weiß, ob sie damit glücklich sind.“

Zweites Kapitel

1

Mit Besorgnis richtete Fürst Wladimir den Blick nach Süden und Westen, wo zwei Imperien sein Heimatland bedrohten — Byzanz und Deutschland.

Im übrigen beobachtete Wladimir nicht lange, sondern handelte. Ohne seiner Drushina und sich selbst Erholung zu gönnen, begab er sich mit dem Heer südwärts, in die Länder der Tiwerzen und Ulitschen. Am Ufer der Donau ließ er halten.

Von einem hohen Steilhang aus blickte Fürst Wladimir auf das rechte Ufer der Donau, wo vom Mündungsgebiet bis nach Dorostolon und Tutrakan die Abteilungen der byzantinischen Grenztruppen standen und das von Byzanz eroberte Ostbulgarien bewachten.

Die Nachricht, daß russische Krieger an den Ufern der Donau standen, verbreitete sich wie ein Lauffeuer.

Männer in langen schwarzen Kutten, mit Kapuzen auf den Köpfen setzten in Kähnen über die Donau. Sie wollten mit Fürst Wladimir sprechen. Der empfing sie in seinem Zelt.

„Ich bin der Bischof von Dorostolon, Neophit", begann ein alter graubärtiger Mann mit einer silbernen Kette und einem Kreuz auf der Brust. „Ich bitte dich, den Klerus und mich aufzunehmen."

Wladimir blickte den Bischof verständnislos an.

„Ich bin ein russischer Fürst, ein Heide, Vater, und du ein Christ", sagte er.

„Aber du und ich, Fürst, sind Menschen! Es ist noch

gar nicht so lange her, da floh der Patriarch Damian vor den Rhomäern und König Boris zu deinem Vater nach Dorostolon. Ich war bei ihm Priester, und gemeinsam beteten wir für die Bulgaren, für den Fürsten Swjatoslaw und seine Krieger ... Die russischen Menschen sind gerecht. Jetzt bete ich für die ewige Ruhe des Fürsten Swjatoslaw ... Nachdem er von hier fortgegangen war, brach für die Bulgaren eine schwere Zeit an. Die Kaiser der Rhomäer verdammten den Patriarchen Damian, und uns vertrieben sie ..."

„Soviel ich weiß, habt ihr einen neuen Patriarchen und eine eigene Kirche."

„Der Metropolit von Sewastien, der beim Gebietsregenten Aaron in Sredec sitzt, dient dem Patriarchen von Konstantinopel, er ist nicht unser Vater!"

„Und der Metropolit von König Roman?"

Der Bischof schüttelte traurig den Kopf.

„König Roman ist ein unwürdiger Enkel Simeons, geprägt vom Großen Palast in Byzanz. Es gibt kein Bulgarien, es gibt keinen König — wir sind Waisen, Fürst. Deshalb bitten wir dich: Nimm uns mit in die Rus!"

Unter diesen Bedingungen wußte auch Fürst Wladimir nichts in Bulgarien auszurichten. Er wies die Tiwerzen und Ulitschen an, die Grenze an der Donau nicht aus dem Auge zu lassen, und kehrte nach Kiew zurück.

2

Seit Jahren bereitete sich der Gebietsregent Samuil auf den Kampf mit Byzanz vor. Er wußte, daß diese Schlacht die entscheidende sein würde und daß Bulgarien im Anschluß daran entweder als wiedervereinigtes Land aufblühen oder gänzlich in Knechtschaft geraten würde.

Den Gedanken an eine Niederlage schob Samuil weit von sich: Tausende und aber Tausende Bulgaren waren bereit, ihm auf sein Zeichen hin mit Bogen und Schwert zu folgen. Vom Peloponnes, aus Thrakien, Makedonien und der Donautiefebene, aus Armenien, Georgien und Arabien trafen immer wieder Flüchtlinge ein, die nicht unter der Fuchtel des Kaisers leben, sondern lieber an Samuils Seite kämpfen wollten. Andere Länder wie Ungarn und Deutschland boten Bulgarien ihre Unterstützung im Kampf gegen die Rhomäer an.

Einzig zur Rus hatte Samuil keinen Kontakt, und dafür gab es einen gewichtigen Grund. Noch zu Zeiten Fürst Swjatoslaws hatten Bulgarien und die Rus an der Donau eine gemeinsame Grenze, jetzt hingegen waren die Donautiefebene und das ganze südliche Bulgarien bis hin zum Russischen Meer von den Rhomäern unterworfen. Zwischen Bulgarien und der Rus erhob sich eine Wand.

Nördlich von Ochrida ragte mitten im Gebirge der Berg Simeon auf, an dem sich, wie es hieß, der berühmte Khan und seine Bojaren und Wojewoden vor einem Feldzug versammelt hatten, um Rat zu halten. Von diesem Berg aus bot sich ein herrlicher Blick auf die Felsen, Schluchten, Flüsse und dunklen Wälder ringsum.

Auch Samuil zog es oft hierher. Mit einer kleinen Drushina begab er sich von Ochrida aus durch die Schlucht des Tschorny Drin über steile, von Fichten und Tannen gesäumte Pfade immer höher und höher. Zur Abendzeit herrschte am Berg Simeon tiefe Stille, die Luft war so klar, daß sie zu leuchten schien. Eine riesige purpurrote Sonne ging hinter den Bergen unter.

„Schau mal", sagte Samuil zu seinem Sohn Gawriil, „wie schön unser Bulgarien ist ... Schwöre, daß du es immer lieben und, wenn es sein muß, mit deinem Leben verteidigen wirst."

Kaiser Basileios wußte, was für eine Gefahr Byzanz drohte. Wenn das Imperium Samuils Ansturm nicht standhielt, würde die Rus über Byzanz herfallen, gefolgt von den Ungarn, Tschechen, Polen, dem deutschen Kaiserreich und Kleinasien.

Und Basileios war zu jedem Opfer bereit. Da er seinen Feldherren nicht traute, erklärte er, daß er persönlich das Heer gegen Samuil führen würde. Als alle Vorbereitungen getroffen waren, befahl er den Diakon Leon zu sich, der als Historiker in Konstantinopel bekannt war und bereits die Heldentaten von Nikephoros Phokas und Johannes Tzimiskes für die Nachwelt zu Papier gebracht hatte.

„Du begleitest mich auf dem Feldzug gegen die Bulgaren, und ich hoffe, Diakon, daß du den Sieg des rhomäischen Heeres würdig beschreiben wirst."

Kaiser Basileios führte seine Legionen weder nach Ochrida noch nach Skopje, wo der Gebietsregent Samuil und König Roman saßen, sondern durch die Schluchten der Rhodopen direkt auf Sredec zu, die Hauptstadt Bulgariens zu Simeons Zeiten. Dabei blieben die Hauptkräfte Samuils links liegen. Auf seinem weiteren Weg nach Norden erhob sich eine unzugängliche Gebirgskette, die nur an einer Stelle, am Trojaner Tor, überquert werden konnte. An diesem Tor stand, wie Basileios aus zuverlässigen Quellen wußte, Aarons Heer.

Kaiser Basileios führte seine Truppen immer weiter auf das Trojaner Tor zu. Der schwere Schritt der Legionen weckte das Echo in den Bergen. Wachposten hätten das Heer längst wahrnehmen müssen, zumal es auch von den Bergen aus nicht mehr zu übersehen war.

Aber nichts rührte sich. Das Trojaner Tor war geöffnet, weit und breit keine Krieger, die den Legionen von Kaiser Basileios den Eintritt verwehrten.

Siegreich zogen sie immer weiter nach Norden. Sredec

war schon nah und würde, wenn es fiele, den Legionen den Weg nach Westen freimachen.

Doch Stille im Krieg ist tückisch und trügerisch.

Kaiser Basileios wiegte sich in völliger Sicherheit. Die Regimenter der Unsterblichen umgaben ihn und beschützten seine Krone, seine Ehre. Nach einigen Tagen zügigen Vormarsches beschloß er, sich und seinen Kriegern eine Ruhepause zu gönnen. Als geeigneter Platz dafür erwies sich ein Tal neben der Festung Stoponion. Hier drohte dem göttlichen Kaiser keine Gefahr, hier gab es Weide für die Pferde und Trinkwasser.

Kaum war dieser Platz von Landmessern ausfindig gemacht worden, als Tausende Fußsoldaten heranrückten, um Gräben auszuheben, Wälle aufzuschütten, Pfahlgruben anzulegen und Stricke um das Lager zu ziehen, an denen Glöckchen hingen.

Gegen Abend war alles fertig. Kaiser Basileios bezog sein Zelt, das von den Unsterblichen bewacht wurde und über dem die Fahnen des Imperiums wehten.

Die Nacht verlief ruhig. Während der Kaiser noch amüsiert den Aufzeichnungen des Diakon Leon lauschte, geschah allerdings etwas Ungewöhnliches: Vom dunklen Himmel löste sich ein blendend weißer Stern, kam immer näher und zersprang direkt über dem Lager.

Den Diakon Leon erschreckte die Himmelserscheinung zu Tode, aber er nahm sich zusammen und sagte:

„Dieser Stern prophezeit dir den Sieg, ähnlich jenem Stern, der auf das trojanische Heer fiel ..."

Der Diakon ahnte, daß Kaiser Basileios die Geschichte der Griechen nicht kannte, denn in Wirklichkeit wurde in jener Nacht, als der Stern gefallen war, das trojanische Heer zerschlagen.

„Wie dieser Stern, göttlicher Kaiser, werden Bulgarien und ihre Gebietsregenten dir zu Füßen fallen", schloß Leon.

Der Kaiser lächelte; ihm gefielen diese Worte.

Am nächsten Morgen rückten die Legionen weiter. Aber kaum durchquerte das Heer die nächste Schlucht, als Waffengeklirr, das Sirren von Pfeilen und Geschrei die Stille des Waldes zerrissen. Keiner begriff, was geschah. Von allen Seiten stürzten Krieger mit Schwertern, Speeren und Eichenknüppeln in den Händen über sie her und trieben Basileios' Truppen in die Flucht. Die Unsterblichen erwiesen ihrem Namen keine Ehre. Zum Glück war die göttliche Person des Kaisers von der Leibgarde umgeben. Basileios konnte fliehen. Der Diakon rettete sich, indem er auf ein ungesatteltes Pferd sprang, das ihn irgendwohin ins Gebirge entführte.

Nachdem er eine Weile geritten war, wähnte er sich in Sicherheit. Er sprang vom Pferd, durchstöberte die tiefen Taschen seines Gewandes, fand Pergamentblätter, Tintenfaß und Feder und ließ sich auf einem umgestürzten Baum nieder. Nach einigem Überlegen schrieb er:

„Die Bulgaren griffen unser Heer an, viele starben, sie eroberten das kaiserliche Zelt mit allen Schätzen und den Troß. Zu dieser Zeit war ich, der dieses Unglück schildert, leider als Diakon neben der Person des Herrschers ..."

Er hörte für einen Augenblick zu schreiben auf, seine Hand zitterte, weil der Lärm der Schlacht herandrang.

„... und ich wäre beinahe Opfer eines Skythenschwertes geworden, aber Gott führte mich aus der Gefahr, indem er befahl, so schnell wie möglich auf einen Gipfel zu reiten, der vom Gegner nicht besetzt war. Vom übrigen Heer gelang es nur wenigen, vor dem herandrängenden Feind in die unwegsamen Berge zu fliehen ..."

Das waren wahrscheinlich die letzten Zeilen, die der Diakon Leon in seinem Leben schrieb.

8

Seit zwanzig Jahren kämpfte der Gebietsregent Samuil Schischman gegen Byzanz, und die Bulgaren hielten zu ihm. Sie sahen ihn als ihren König an, obwohl er nur der Sohn eines Gebietsregenten war. Er strebte nicht nach Ruhm, lebte wie ein einfacher Krieger und brachte das ganze Leben im Sattel zu. Zusammen mit seinem Bruder Aaron fühlte er sich stark genug, die Heimat zu schützen.

Samuil wußte, daß Kaiser Basileios mit seinen Legionen zu den Rhodopen zog, daß er Preslaw hinter sich ließ und sich dem Trojaner Tor näherte, aber er war überzeugt, daß die Rhomäer nicht weiterkamen, weil sie am Tor von Aarons besten Regimentern erwartet wurden. Zu dieser Zeit stand Samuil mit seinen Truppen am Fluß Struma, um den Rhomäern den Rückweg zu versperren.

Doch es geschah etwas Unbegreifliches: Die Legionen von Kaiser Basileios durchschritten das Trojaner Tor, zogen am Isker entlang nach Sredec und näherten sich der Festung Stoponion.

Samuil fürchtete zuerst, Aarons Regimenter hätten dem feindlichen Ansturm nicht widerstanden, und wollte dem Bruder zu Hilfe eilen.

Bei der Festung Stoponion besiegten die kampfeswütigen Bulgaren unter seiner Führung zahlreiche Reiter- und Fußtruppen und eroberten sogar das Zelt von Kaiser Basileios, in dem sich noch alle seine Insignien befanden.

Hier fiel Samuil ein Schreiben an Kaiser Basileios in die Hand. Die Schrift kam ihm bekannt vor, und er begann zu lesen ... Zuerst traute er seinen Augen nicht — nein, das konnte doch nicht möglich sein!

Wie ein Wirbelsturm flog Samuil durch die Rhodopen dahin. In seiner Begleitung befanden sich neben einer Drushina Bojaren und Wojewoden, zur Rechten galoppierte sein Sohn Gawriil. Das Witoschagebirge umgehend, gelangten sie nach Sredec. Hier im Palast traf Samuil nur Johannes, den Sohn des Bruders an, Aaron befand sich angeblich mit seiner Frau im neuen Palast in Rosmetaniz.

Samuil Schischman wußte, was in Rosmetaniz geschehen mußte, und er wollte nicht, daß sein Sohn an dem Gespräch mit Aaron teilnahm. Außerdem war es angebracht, daß jemand in Sredec bei Aarons Sohn blieb.

Deshalb sagte er zu Gawriil:

„Du bleibst mit meinen Kriegern in Sredec, warte hier auf mich und hüte Johannes wie deinen Augapfel."

„Und weshalb?" fragte Gawriil.

„Das erzähl ich dir später, mein Sohn!"

In Rosmetaniz stellte Samuil seinen Bruder zur Rede. Er zog das Schreiben, das er im Zelt des Kaisers gefunden hatte, aus der Tasche und reichte es ihm. Aaron bedankte sich darin beim Kaiser dafür, daß ihn jener als König Bulgariens anerkannte und einwilligte, seinem Sohn Johannes die kaiserliche Schwester Anna zur Frau zu geben. Und am Ende des Briefes versicherte Aaron, daß er den Legionen das Trojaner Tor öffnen würde ...

„Hast du gelesen?" fragte Samuil.

„Ich verstehe nicht!" stammelte Aaron.

Samuil lachte bitter.

„Du verstehst wohl nicht, wie dieses Schreiben zu mir gelangte ... Und ich erkläre dir: Das Leid Bulgariens ist auch unser, der Schischmans, Leid, und du, der älteste Sohn der Schischmans, hast den ehrlichen Namen deines Vaters Nikolai, deiner Mutter Rensame und deiner Brüder entehrt ..."

„Bruder Samuil!" Aaron fiel auf die Knie. „Es ist wahr, ich schrieb diesen Brief, ich wußte nicht, was ich tat! Meine Frau ist schuld und der Metropolit von Sewastien, der im Namen der Kaiser zu mir kam ... Ich bin schon genug bestraft, denn der Kaiser und der Metropolit haben mich betrogen ..."

„Wie das?"

„Statt Anna, der Schwester des Kaisers, schickten sie irgendeine Dirne her. Wir töteten sie, und der Metropolit, der sie brachte, wurde verbrannt ... Hab Erbarmen, Bruder!"

„Du bist die längste Zeit mein Bruder gewesen", erklärte Samuil und wandte sich an seine Bojaren und Wojewoden. „Aaron, seine Frau und sein Sohn haben Bulgarien verraten. Was soll mit ihnen geschehen?"

„Sie verdienen den Tod!" erklang die einhellige Antwort.

Krieger ergriffen Aaron und führten ihn in den Hof, wo schon seine Frau Warwara mit gebundenen Händen stand.

Gawriil und Johannes hatten in Sredec ein langes Gespräch geführt, in dem Johannes auch seine Angst offenbart hatte, seinem Vater könnte etwas zustoßen. Gawriil befahl, zwei Pferde zu satteln, und ritt mit Johannes zum Stadtrand. Hier nahmen beide Abschied voneinander, umarmten und küßten sich wie Brüder.

„Reite zu!" rief Gawriil Johannes hinterher.

Der versetzte seinem Pferd einen Hieb und jagte auf die Berge zu. Viele Jahre später wird Johannes in seiner Erbitterung Gawriil und seine Frau töten und ihren Sohn blenden lassen ...

4

Nach der Niederlage in den Rhodopen kam Kaiser Basileios nicht mehr zur Besinnung. Die Probleme wuchsen ihm schier über den Kopf.

Ward Phokas, der Neffe des ermordeten Kaisers Nikephoros Phokas, der in Kleinasien Ward Sklir, den erbitterten Feind des Imperiums, besiegt hatte, meinte jetzt, Anspruch auf die höchste Belohnung zu haben: Er wollte nach Konstantinopel zurückkehren, an der Spitze aller Truppen des Imperiums stehen und einen Platz in der Versammlung der höchsten Würdenträger einnehmen.

Hätte er zusätzlich die Gunst von Theophano gewonnen, wäre er gewiß ein treuer Diener des Kaisers geworden, aber dieser machte alle seine Hoffnungen zunichte. Basileios gestattete Ward Phokas gar nicht erst, nach Konstantinopel zurückzukehren, sondern befahl ihm nachdrücklich, in Kleinasien zu bleiben und ein wachsames Auge auf Armenien, Georgien, die arabischen Emirate und den Kalif von Bagdad zu werfen.

Und so kam, was kommen mußte: Bei Ward Phokas fanden sich aus Konstantinopel geflohene wohlhabende Männer ein, die früher Sklir gedient hatten und jetzt, begierig, sich an Basileios zu rächen, Ward aufhetzten, mit den Legionen nach Konstantinopel zu gehen.

In Armenien, im Haus von Eustatios Melanir, einem Verwandten von Nikephoros Phokas, trafen sie sich und riefen Ward Phokas feierlich zum Kaiser von Byzanz aus, setzten ihm eine Krone auf, hüllten ihn in einen purpurroten Umhang.

Unter Wards Kommando standen immerhin zehntausend Georgier — eben jene, die ihm der Zar der Zaren, David, seinerzeit zur Verfügung gestellt hatte und die ihm auf Davids Befehl weiterhin untergeben waren. Mit ihnen sollte er nach Konstantinopel ziehen und Basileios stürzen ...

Ward Phokas wußte, daß der Kampf mit Konstantinopel nicht leicht sein würde. Seine Freunde von heute würden schnell ins Lager der Feinde abwandern. Und wie stand es mit Ward Sklir, der jetzt noch im Gefängnis saß?

Unter dem Vorwand, Sklir zu seinem Feldherrn zu ernennen, verwendete er sich für seine Freilassung, lud ihn zu sich ein und ließ schließlich ihn und seinen Bruder, den Patrizier Peter, ins Verließ werfen.

Dann brach Ward Phokas nach Norden auf, in die Hauptstadt. Auf dem Weg dorthin, in Koloneia und Kappadokien, Paphlagonien und Optimaton, schlossen sich ihm weitere Legionen an. Eine mächtige Woge rollte von Süden auf Konstantinopel zu ...

Der Gebietsregent Samuil wußte genau, daß das Imperium schwere Tage durchlebte. Er nutzte die Situation und rückte ebenfalls gegen Byzanz vor. Er führte seine Truppen nach Westen, nahm die Städte Drač und Lesch an der Küste der Adria, bog nach Süden ab, eroberte Bar, überquerte den Vardar und tauchte bei Saloniki am Ägäischen Meer auf.

Eine Woge von Süden, eine Woge von Norden, und wenn sie sich träfen, würde Konstantinopel zugrunde gehen.

Immer weiter schloß sich der gefährliche Ring um Byzanz. Seine Länder Apulien und Kalabrien in Süditalien bedrohte von Norden der deutsche Kaiser Otto, von Süden, von Sizilien aus, rückten die Araber heran. Die Zukunft des Imperiums hing an einem Faden.

Verzweiflung und Angst griffen in Konstantinopel um sich. Selbst am hellichten Tag wurde gestohlen und gemordet. Nur noch wenig Getreide gelangte nach Konstantinopel, der Hunger ging um, gefolgt von Seuchen.

Das einzige ruhige Fleckchen im Imperium war Klimati, von dort kam auch noch Getreide in die Hauptstadt. Hinter Klimati aber dehnte sich die Rus aus, und Gott bewahre, daß sie sich mit den Bulgaren vereinte!

Ein griechischer Dichter berichtete:

„O weh, ein Schwert teilt die einst einträchtige Familie, der Vater tötet seine Söhne, der Sohn besudelt sich mit dem Blut des Vaters. Wehe uns, wehe, der Bruder hebt die Streitaxt gegen den Bruder ... Aber du, Stadt der Kaiser, Byzanz, sag, wohin gehst du, einstmals Stadt des Glücks, jetzt Stadt des Unglücks? Zitterst du nicht täglich? Stürzen deine Mauern nicht ein? Und deine Kinder, in deinen Umarmungen groß geworden? Die einen werden Beute des Schwertes in der Schlacht, die anderen verlassen ihre Wohnungen und sind gezwungen, ihr ganzes Leben auf öden Inseln, in Schluchten oder zwischen Felsen zu leben ... Verfinstere dich, Sonne, verblasse Glanz des Mondes ...

... Ich sehe die wahnsinnig gewordene Menge, die dem Hungrigen das letzte Stück Brot und alle Habseligkeiten entreißt. Ich höre das Stöhnen und Weinen der Männer, Frauen und Kinder, die ihre Arme zum Himmel strecken ...

... Des Seufzens und des Weinens wert sind auch die Felder, durch die Trockenheit aufgerissen, die Ähren sind welk und siechen dahin. Und die Ackerbauern beugen sich über die Erde und sagen: ‚Die Hoffnung starb, vergebens ist unsere Arbeit, alles kommt um, alles verbrennt ... Wer bezahlt unsere Schulden? Wer ernährt unsere Frauen und Kinder? Wer entrichtet die Abgaben an die Staatskasse? Keiner! Worauf wartest du noch, Land? Nimm am besten mit der leeren Ähre auch uns — wir können nicht länger den Hunger ertragen, wir sind bereit. Besser ein schnelles Ende ...‘ “

5

Gesandte des Kaisers Basileios in Kiew? Und das im Winter, da alle Wege nach Westen und Süden vom Schnee verweht waren?

Ungeachtet dessen hatten sich die Gesandten durch Frost und Schneestürme nach Kiew gekämpft, auf dem Podol, im Haus des griechischen Kaufmanns Theodor, Quartier genommen und um einen Empfang beim Fürsten ersucht.

Wladimir wollte sie am zweiten Tag der Woche bei Tagesanbruch empfangen, auch einige Bojaren, Wojewoden, Edelleute und Älteste sollten dazu in den Goldenen Saal kommen. Der Fürst sah sich nicht genötigt, den Gesandten besondere Ehre zu erweisen: Die Kaiser waren offensichtlich in einer großen Notlage, wenn sie mitten im Winter Gesandte schickten.

Die Vermutung bewahrheitete sich. Am Dienstag kam der Fürst lange vor Tagesanbruch in den Goldenen Saal, wo sich bereits Wojewoden, Bojaren und Edelleute versammelt hatten. Im Turmhaus war es kalt, deshalb trugen die Männer gefütterte Stiefel und Pelze. Als der Fürst eintrat, verneigten sie sich tief.

Er setzte sich auf seinen Thron unter den Fahnen, die Männer standen an den Wänden entlang, das Gesinde kam und entzündete die Kerzen.

Die Gesandten traten langsam in den Saal und begaben sich zum Podest, wo sie sich in einer Reihe aufstellten und bis zur Erde verneigten.

„Wir sind Gesandte der Kaiser Basileios und Konstantin", begann einer von ihnen, und der Dolmetscher übersetzte es. „Wir sind gekommen, um die Freundschaft zwischen unseren Ländern zu bekräftigen. Sind Fürst Wladimir und seine Familie wohlauf?"

„Übermittelt den Kaisern Basileios und Konstantin", antwortete Wladimir, „daß auch wir an der Freundschaft zwischen unseren Ländern interessiert sind. Meiner Familie geht es gut. Aber wie habt ihr, Gesandte, den weiten Weg hierher bewältigt?"

„Wir danken, Fürst, wir kamen gut voran und wurden überall freundlich empfangen. Aber kalt ist es in der Rus!"

Die Gesandten waren offensichtlich nicht auf die Kälte eingerichtet. Sie trugen dunkle Seidenröcke, weite Mäntel und Sandalen und zitterten am ganzen Körper.

„Ja, im Winter haben wir's hier grimmig kalt", erwiderte der Fürst. „In Konstantinopel ist es jetzt wohl warm?"

„So ist es, Fürst, sehr warm."

Inzwischen trugen die Diener, die mit den Gesandten gekommen waren, die Geschenke der Kaiser herein und legten sie auf die Bänke: reichverzierte Waffen, Samt, Gold- und Silberschmuck.

Fürst Wladimir bedankte sich und wartete darauf, daß die Gäste ihr Anliegen vorbrachten, das sie zur Winterzeit nach Kiew geführt hatte.

„Die Kaiser", begannen sie, „befahlen zu übermitteln, daß sie in Freundschaft mit der Rus leben wollen und hoffen, daß die alten Verträge nicht in Vergessenheit geraten sind. Darin wird dem russischen Fürsten im Falle eines Krieges am Pontos Euxinos Hilfe durch die Krieger des Kaisers zugesichert."

„Ich kenne diese Verträge, aber die Rus hat noch niemals die Hilfe der Rhomäer benötigt."

„Dafür erbittet Kaiser Basileios jetzt die Hilfe des russischen Fürsten."

„Kaiser Basileios will, daß ich ihm Krieger zur Verfügung stelle?"

„So ist es, Fürst, Kaiser Basileios bittet um sechstausend Mann."

„Wofür?"

Der Sprecher der Gesandten schilderte die Lage im Imperium.

„Ward Phokas und Ward Sklir bedrohen nicht nur Byzanz, sondern auch die Rus", erklärte er.

„Ich habe euch angehört, Gesandte. Sofort kann ich

euch nicht antworten, ich muß erst mit meiner Drushina Rat halten", sagte Wladimir.

Die Rhomäer verließen den Saal. Die Bojaren und Wojewoden beobachteten, wie sie den Hof überquerten und durch das Tor verschwanden.

„Schwer müssen es die Kaiser haben, wenn sie mitten im Winter Gesandte in die Rus schicken", bemerkte mit einem hämischen Lachen Worotislaw, der in der Jugend oft nach Byzanz zum Handeln gefahren war. „Wie die Reiher staksen sie durch den Schnee, hahaha!"

Fürst Wladimir mußte ebenfalls schmunzeln.

Im Saal wurde es allmählich wärmer, hinter dem Dnepr war die Sonne aufgegangen.

„Nun, welche Antwort geben wir ihnen, meine Drushina?" fragte der Fürst.

Worotislaw trat vor.

„Aus jeder Sache muß man seinen Nutzen ziehen", sagte er. „Im Kampf gegen die Rhomäer haben wir schon viel Blut vergossen, aber erreicht haben wir nichts."

Der Wojewode Wowtschi Chwist unterstützte Worotislaw.

„Wir können jetzt nicht in den Krieg ziehen, Fürst!"

Im Goldenen Saal brodelte es.

„Davon spricht doch keiner. Leisten wir den Kaisern nun Hilfe oder nicht?" rief der Fürst.

„Warum nicht?" sagte Worotislaw. „Ich hätte nichts dagegen, Fürst."

Jeder der Männer äußerte seine Meinung, mehr oder weniger hitzig. Fürst Wladimir, der anfangs dagegen war, die Bitte der Rhomäer zu erfüllen, wurde schließlich von der Gora umgestimmt.

„Ich und meine Drushina", erklärte Fürst Wladimir, „haben über die Bitte der Kaiser der Rhomäer nachgedacht und beschlossen, ihnen mit sechstausend Kriegern

Hilfe zu leisten. Wir bestehen allerdings darauf", fuhr er fort, „auch über uns Nutzbringendes zu sprechen."

Die Gesandten, beflügelt durch diese Zusage, lauschten interessiert den Dolmetschern, die die Worte des Fürsten übersetzten.

„Wir verlangen, daß die Kaiser die alten Verträge bestätigen und unbedingt einhalten."

„Die Kaiser bestätigen sie und halten sie ein."

„Für unsere Hilfe zahlt Byzanz einen Tribut von zehn Griwni für jeden Krieger und tausend Griwni an die Stadt Kiew."

„Die Kaiser sind einverstanden."

„Mein Vater, Fürst Swjatoslaw", fuhr Wladimir fort, „schloß in Dorostolon mit Kaiser Tzimiskes einen Vertrag, nach dem sowohl die russischen als auch die rhomäischen Krieger Bulgarien zu verlassen hatten. Fürst Swjatoslaw zog sich zurück, eure Krieger aber stehen heute noch an der Donau."

„Sie mußten in Bulgarien bleiben, weil dort ein Aufstand ausbrach. Ein Land kämpfte gegen das andere ..."

„Wir mischen uns nicht in die Angelegenheiten anderer Länder ein und meinen, jeder sollte die Verantwortung für sich selbst tragen."

„Die Krieger von Byzanz werden Bulgarien verlassen", lautete die Antwort.

„Auch über den Handel zwischen unseren Ländern müssen wir reden", sagte Fürst Wladimir. „Unsere Kaufleute fordern, sich in Konstantinopel ebenso frei bewegen zu können wie eure Kaufleute hier in Kiew und in den übrigen Städten der Rus. Ihr schließt sie im Kloster des Heiligen Mahmud ein, laßt nicht mehr als fünfzig Mann in die Stadt, setzt einfach einen Preis für ihre Waren fest und verkauft uns, was euch gerade einfällt. Weshalb ist das so? Notiert es euch: Die russischen Kaufleute dürfen sich in Konstantinopel frei bewegen, sie brauchen keinen Zoll zu zahlen, können ihre Preise selber festsetzen und kaufen, was sie wollen. Außerdem steht ihnen eine Ration an Lebensmitteln zu. Und ich erwarte in Zukunft auch“, schloß Fürst Wladimir, „daß Byzanz mit der Rus wie mit seinesgleichen umgeht und ihre Kaiser mit dem russischen Fürsten ebenfalls. Wir sind für Frieden und Freundschaft ...“

Drittes Kapitel

1

Fürst Wladimir hielt Wort: Er stellte ein Heer zusammen und rüstete es mit Waffen aus.

Und wieder wurden in Kiew Tränen vergossen, wieder hieß es Abschied nehmen und in den Krieg ziehen, noch dazu in ein fremdes Land, nach Byzanz. Aber Fürst Wladimir und die Gora hatten so entschieden ...

Der griechische Kaufmann Theodor war in diesen Tagen ganz außer Rand und Band. Inzwischen schon alt und gebrechlich, schleppte er sich immer wieder zum Fürsten oder in die Turmhäuser der Wojewoden und Bojaren, und er erschien dort nicht mit leeren Händen. Sein Sohn Johannes beköstigte die Heer- und Hundertschaftsführer und spendierte bisweilen auch den einfachen Kriegern Met oder Bier.

Lange dachte der Fürst darüber nach, wer als Wojewode das russische Heer nach Konstantinopel führen sollte, und beriet sich darüber auch mit seinen Wojewoden und Bojaren. Als alles zum Abzug bereit war, erklärte er zur Überraschung der ganzen Gora den alten Rubatsch zum Heerführer.

Rubatsch war, wie alle wußten, ein erbitterter Feind von Byzanz. Er hatte schon mit dem Fürsten Swjatoslaw gegen die Rhomäer gekämpft und dann dessen Schild und Schwert nach Kiew gebracht. Außerdem hatte er nur noch ein Auge.

Das alles gaben die Wojewoden und Bojaren Wladimir zu bedenken, doch der änderte seine Entscheidung nicht.

Ende Januar brach das Heer nach Byzanz auf. Vor ihm lag ein weiter und schwieriger Weg, der sie zuerst durch Schnee und Eis zur Steppe am Russischen Meer, dann durch die Länder der Tiwerzen und Ulitschen und durch Bulgarien führte.

2

Nachdem die Regimenter des Wojewoden Rubatsch bei Perejaslawez die Donau und dann die Gebirgsflüsse Bulgariens überquert hatten, erblickten sie bald die Mauern von Konstantinopel.

Der Empfang am Goldenen Horn war kühl, sie erhielten lediglich den Befehl, sich sofort in die am Ufer bereitstehenden Schiffe zu setzen.

Nicht ohne Grund trieb man sie zur Eile: Ward Phokas stand bereits am kleinasiatischen Ufer gegenüber von Konstantinopel, an seiner Seite eine gewaltige Legionenmacht, nämlich die Abteilungen des georgischen Zaren David, die früher Ward Sklir gedient hatten.

Ward Phokas teilte sie in zwei Hälften, die eine, die unter dem Kommando seines Bruders und des Patriziers Kalokir Delphin stand, stellte er in Chrisopol auf, die andere, die von ihm selbst und von Leon Parsakutinos befehligt wurde, auf den Höhen von Abydos.

Phokas verfügte auch über Schiffe; sie lagen in der Meeresenge zwischen Marmara- und Mittelmeer, bereit, von dort aus Konstantinopel anzugreifen.

Spät abends wurden die russischen Krieger mitsamt ihren schwerbepackten Pferden an das gegenüberliegende Ufer des Bosporus transportiert.

Die kaiserlichen Legionen besetzten die Abydosebene und das Tal bei Chrisopol. Basileios hatte am felsigen Ufer Kleinasiens alle seine Kräfte zusammengefaßt.

In dieser Nacht kam es zu einer Begegnung zwischen

dem Wojewoden Rubatsch und dem Kaiser. Es war nicht leicht, zu ihm vorzudringen. Viele Regimenter umgaben sein Lager, am Zelt standen Schulter an Schulter die Leibgardisten, die Unsterblichen, und im Zelt drängten sich die Heerführer.

Der Wojewode Rubatsch ging allein zum Kaiser hinein und begrüßte ihn mit einer Verbeugung.

„Ich hörte von dir, tapferer Wojewode", begann Basileios, „und würde gern länger mit dir sprechen, aber die Zeit drängt. Der Kampf mit dem Usurpator Ward Phokas läßt sich nicht länger aufschieben. Mit Gottes Hilfe werde ich ihn bestrafen. Wir beginnen die Schlacht mit eigenen Kräften. Du, Wojewode, beziehst im Wald hinter unserem Lager Stellung und rückst mit deinen Reitern erst vor, wenn ich dir ein Zeichen gebe ... Meine Feldherren werden dir jetzt zeigen, wo du deine Krieger aufstellen mußt, und dir auch erklären, wie der Angriff verlaufen soll. Hast du mich verstanden, Wojewode?"

„Ich wollte mit dir im Namen des russischen Fürsten über den Vertrag, über den Frieden und die Freundschaft zwischen unseren Ländern sprechen, Kaiser", erwiderte der Wojewode.

„Wenn die Schlacht beendet ist, lasse ich dich rufen, Wojewode. Im Goldenen Palast werden wir über alles sprechen. Dort werden auch deine Krieger entlohnt."

Ein Aprilmorgen. Hinter dem Wald bei Abydos glitzerten die blauen Wasser des Marmarameeres. In der Ferne sah man die grüne Halbinsel mit den funkelnden Kuppeln der Hagia Sophia, den hohen Mauern, den Dächern und den Gärten.

Ringsum war Stille, nur eine Schar Raben flog krächzend über den Bosporus und weiter zu den Ebenen von Chrisopol, wo die Legionen Aufstellung genommen hatten — jene, die aus Konstantinopel übergesetzt waren, und jene aus den Wüsten Kleinasiens. An den Ufern des Marmarameeres lagen zwei Armadas: die eine im Mündungsgebiet der Meerenge, die andere am Ausgang vom Goldenen Horn und am Bosporus.

Der Kampf begann, kaum daß die Sonne hinter Pera auftauchte.

Das Heer Kaiser Basileios' rückte nach einer alten Taktik vor: Eine nicht zu große Anzahl von Kriegern wurde dem Feind entgegengeworfen und trat, vom ersten Schlag betäubt, den Rückzug an, um die gegnerischen Regimenter in einen Hinterhalt zu locken. Dort sollten sie von einer großen Streitmacht angegriffen werden, und zwar nicht nur von vorn, sondern auch in den Flanken und im Rücken.

Doch die Heerführer des Kaisers hatten wohl außer acht gelassen, daß die kleinasiatischen Truppen von rhomäischen Feldherren angeführt wurden, die diese Taktik kannten und deshalb die Verfolgung nicht in offener, sondern in geschlossener Schlachtordnung, Schulter an Schulter, aufnahmen, ohne den Legionen von Basileios die Möglichkeit zu geben, sie von den Seiten her zu schlagen oder ihnen in den Rücken zu fallen. Mehrmals lockten sie ihrerseits mit dieser Taktik den Gegner in den Hinterhalt.

Es vergingen einige Stunden, und das Schlachtfeld bei Chrisopol war bereits mit Leichen übersät. Da begann ein letzter wütender Kampf, der über Leben und Tod entscheiden mußte. Beide, der untersetzte, breitschultrige Ward Phokas wie auch Basileios, führten zu Pferde ihre Legionen an.

Aber diesmal wurde das Glück dem Kaiser Basileios untreu. Bald schon mußten seine Truppen den Rückzug antreten. Kleinasien nahm Rache am Imperium, und sogar der Himmel schien Kaiser Basileios aufgeben zu wollen.

In diesem Augenblick kamen Reiter aus dem Wald

in die Ebene gejagt, angeführt vom einäugigen, graubärtigen Wojewoden Rubatsch.

Alles Weitere geschah in Windeseile. Wie ein Wirbelwind fielen die russischen Krieger über die Legionen von Ward Phokas her. Innerhalb einer Stunde wurden auf dem Schlachtfeld bei Abydos die Sieger zu Besiegten. Phokas' Legionen verteidigten sich verzweifelt — fast zweitausend russische Krieger fanden auf der fremden Erde den Tod. Der Wojewode Rubatsch wurde an der Brust verwundet und stürzte vom Pferd.

Trunken vom Sieg, ritt Kaiser Basileios über das Schlachtfeld, bis er die Leiche von Ward Phokas fand. Der Kaiser befahl, den Leib zu begraben, den Kopf aber nach Konstantinopel zu bringen und, auf eine Lanze gesteckt, zur Schau zu stellen. Weiter befahl er, Wards Bruder in den Kerker zu werfen und den Feldherrn Kalokir Delphin zu pfählen.

Und die russischen Krieger, die Byzanz die Rettung gebracht hatten? Die Nachricht, daß zweitausend von ihnen auf dem Schlachtfeld den Tod gefunden hatten und daß Rubatsch schwer verwundet worden war, ließ den Kaiser ziemlich kalt. Überhaupt schien er plötzlich vergessen zu haben, daß er mit dem Fürsten der Rus einen Vertrag geschlossen und die Truppen persönlich angefordert hatte.

„Ich will diese Männer nicht in Konstantinopel sehen“, stieß er hervor, „geschweige denn mit ihnen sprechen... Fahrt sie über den Bosporus und schickt sie nach Bulgarien! ... Mehr habe ich dazu nicht zu sagen.“

3

In Kiew wartete man sehnsüchtig auf die Rückkehr der Krieger. Die Wache auf den Mauern hielt Ausschau, Reiter jagten ihnen auf dem Tscherwensker Weg entgegen, aber ohne Ergebnis. Schließlich drangen Gerüchte in die Stadt, daß sie im Land der Ulitschen und Tiwerzen gesehen worden waren. Aber weshalb gaben sie nicht selbst von sich Kunde?

Endlich, an einem glühendheißen Tag, tauchte am Horizont im Süden eine rotbraune Staubwolke auf und wuchs und wuchs. Wie langsam sie näher kam! Die Wartenden trauten ihren Augen nicht. Sollten das die Krieger sein, die auf feurigen Pferden ausgezogen waren?

„Was ist mit euch geschehen?" fragte einer der Stadtältesten bei der Begrüßung. „Habt ihr etwa dem russischen Land Schande gebracht? Wo sind eure Wojewoden und Heerführer? Wo ist eure Fahne?"

Die Heer- und Hundertschaftsführer traten vor. Auf ihren Schultern trugen sie einen Sarg aus einem ausgehöhlten Baumstamm, der mit der Fahne des Fürsten Wladimir bedeckt war.

„Wir bringen die sterblichen Überreste unseres Wojewoden Rubatsch mit", sagte einer von ihnen. „Und hier ist auch das Banner. Nun hört: Wir kämpften ehrenvoll, aber die Griechen haben uns betrogen. Nach der Schlacht, in der wir Konstantinopel den Sieg brachten, wollten sie uns gegen die Bulgaren schicken. Von Tribut war keine Rede mehr ..."

Die Menschen ringsum schwiegen. Aus den wenigen Worten, die am Sarg des Wojewoden Rubatsch gesprochen worden waren, konnte sich jeder ein Bild davon machen, was in Byzanz geschehen war. Kränkung, Zorn und Verzweiflung brannten in den Herzen.

Die Krieger, die heimgekehrt waren, und die Kiewer, die so lange gewartet hatten, zogen den Weg hinauf zur Boritschew-Auffahrt. Über den Köpfen schaukelte der Sarg des Wojewoden Rubatsch.

Am Turmhaus des griechischen Kaufmanns Theodor machten sie halt. Diener kamen heraus, aber als sie die aufgebrachte Menge sahen, versteckten sie sich sogleich hinter dem Palisadenzaun. In den oberen Fenstern des Turmhauses tauchten für einen Augenblick die Gesichter des Kaufmanns Theodor und seines Sohnes Johannes auf.

„Komm heraus, Kaufmann, wir wollen mit dir sprechen!" rief eine erregte Stimme.

„Verantworte dich für den Tod unserer Männer!"

„Versteck dich nicht, Diener der Kaiser. Du warst es doch, der unser Heer nach Konstantinopel gelockt hat!"

Die Menge brüllte, ein jeder dürstete nach Rache. Ein Funke genügte, und ein Gewitter würde sich entladen.

Wer weiß, vielleicht wäre alles anders verlaufen, wenn Theodor und sein Sohn aus dem Turmhaus gekommen und am Sarg des Wojewoden Rubatsch auf die Knie gefallen wären. Aber sie taten es nicht, sondern befahlen den Dienern, Jagdspieße zu nehmen, und griffen selber nach den Äxten ...

Der Zorn der Leute war nicht mehr aufzuhalten. Sie stemmten sich mit den Schultern gegen die Eichenbalken, das Haus fing an zu krachen, die Wände stürzten zusammen und begruben unter sich den Kaufmann Theodor und seinen Sohn Johannes.

„Tod den Griechen!" schrien alle. „Gegen Byzanz! Zum Fürsten Wladimir!"

4

Fürst Wladimir hielt sich zu diesem Zeitpunkt nicht in Kiew auf. Schon eine ganze Woche war er in Rodnja, wo man um die alte Festung zwischen Dnepr und Ros Gräben aushob, Wälle aufschüttete, Mauern und Türme errichtete. Rodnja war das letzte Glied in der Kette von Sicherungsanlagen, die von Norden nach Süden errichtet wurden und das Poljanenland gegen

Übergriffe vom Dikoje Polje und vom Russischen Meer schützen sollten.

Hier in Rodnja erhielt Fürst Wladimir durch Boten Kunde von dem, was in Byzanz geschehen war. Er war erschüttert, und nachdem er befohlen hatte, die Pferde zu satteln, begab er sich auf dem schnellsten Wege nach Hause.

Kiew empfing ihn mit Schweigen. Nirgends eine Menschenseele, nirgends ein Rauchwölkchen.

Neben dem Turmhaus des Fürsten warteten Bojaren, Wojewoden, Beamte und Edelleute der Gora. Sie folgten dem Fürsten in den Goldenen Saal und stimmten sogleich ein Geschrei an:

„Fürst, unserem Heer ist es in Byzanz schlecht ergangen!“

„Ich hörte es schon, Männer. Das Leid ist wirklich groß!“

„Nicht nur darum geht es. Alle in der Stadt sind aufgebracht. Nachdem sie erfahren hatten, was den Kriegern passiert war, zerstörten sie das Turmhaus des Kaufmanns Theodor. Dabei kamen er und sein Sohn um ... Wir sind außer uns, schließlich schickte nicht der Kaufmann die Krieger nach Konstantinopel, sondern wir!“

„Ich bedaure sehr, daß ich nicht in Kiew war“, sagte Fürst Wladimir. „Es stimmt, was ihr sagt: Wir haben den Vertrag mit dem Kaiser unterschrieben und die Männer nach Konstantinopel geschickt.“

„Auch du, Fürst!“

„So ist es, auch ich“, bestätigte Fürst Wladimir.

Stille trat ein.

„Was werden wir tun, Fürst?“ erklang eine Stimme.

Fürst Wladimir saß in sich zusammengesunken da. Bei dieser Frage richtete er sich auf und blickte in den Saal.

„Ihr fragt, was zu tun ist?“ Der Fürst seufzte. „Was

schon? Morgen wird der Wojewode Rubatsch beigesetzt ... Auf Wosdychalniza, wo die Fürsten bestattet werden. Außerdem befehle ich, allen Kriegern, die auf dem Feldzug waren, oder ihren Hinterbliebenen eine Belohnung zu geben. Und ich erkläre: Ich gestatte den Kaisern der Rhomäer nicht, so mit der Rus und mit mir umzugehen. Von nun an sind sie unsere Feinde."

Da erhob sich der Bojar Worotislaw.

„Du sprichst uns aus dem Herzen, Fürst", begann er leise, „es ist eine Schande, wie die Kaiser mit dir und mit uns umspringen. Wahrlich, sie sind unsere Feinde ... Aber ich frage mich, weshalb sie es tun. Mit den polnischen und tschechischen Fürsten sprechen sie wie mit ihresgleichen, die Deutschen und die Ungarn sind ihre Freunde, aber uns behandeln sie, als wären wir Barbaren."

Der Bojar Iskusjew stand auf und sagte: „Die polnischen, tschechischen und ungarischen Fürsten wie auch die deutschen Kaiser sind Christen. Sie haben neue Gesetze, die vollkommener sind als unsere und die die Rechte der Fürsten und Bojaren segnen, die aber auch den Armen etwas versprechen. Wir jedoch beten zu Holzgöttern und leben noch immer nach altem Gesetz und Recht. Es ist längst an der Zeit, das zu verändern."

Diese Worte fanden im Saal große Zustimmung.

Fürst Wladimir sah viele Augenpaare vor sich, die gnadenlos und finster blickten — die Augen der Gora. Und er versuchte sich vorzustellen, welchen Ausdruck jetzt die Augen der Krieger, Gridni, Handwerker und Bauern hätten.

Er erhob sich, streckte die Rechte vor und sagte entschlossen:

„Ich hörte euch zu und erkläre folgendes: Ich habe die Rus von einem Ende zum anderen durchquert, um Ordnung zu schaffen und den Frieden zu sichern. Aber unser Land ist keine Insel im Meer. Viele Länder, Völker und Stämme schlagen wie Wellen an unsere Ufer, und mit allen müssen wir zusammen leben. Der Streit mit Byzanz ist nicht neu. Seit die Rus besteht, hat sie in den Schlachten mit den Kaisern viel Blut vergossen, und ein Ende ist nicht abzusehen ... Ihr habt nicht alles gesagt, Männer, ich tue es für euch und für die ganze Rus. Wir können solche Behandlung nicht länger dulden. Jetzt spreche ich auf meine Weise mit ihnen: Ich ziehe gegen sie!"

„Wir gehen mit dir, Fürst!" riefen Bojaren und Edelleute.

„Führe uns, Fürst!" stimmten die Wojewoden ein und umfaßten ihre Schwerter.

Noch einmal trat Worotislaw vor, der wie viele auf der Gora schon lange das Christentum angenommen hatte.

„Du hast recht, Fürst", sagte er leise, „und wir sind einer Meinung mit dir! Aber weshalb sollten wir gegen Byzanz ziehen? Die Toten können nicht wieder zum Leben erweckt werden. Tribut nehmen? Nein, wir brauchen die griechischen Goldstücke nicht, wir haben selbst Gold, Silber und alle möglichen Waren. Von Byzanz Land nehmen? Wir haben selber genug davon!" Worotislaw machte eine Pause und fuhr dann fort: „Es gibt Byzanz, und es gibt die Rus. In Konstantinopel sitzt ein Kaiser und in der Stadt Kiew du, unser Fürst und Herrscher. Dort rühmen sie sich ihrer Gesetze, und auch wir haben gute Gesetze. Aber offenbar ist es notwendig, unsere zu erneuern. Ist es nicht so, Bojaren und Wojewoden?" wandte sich Worotislaw an die im Goldenen Saal stehenden Männer.

„So ist es, Bojar Worotislaw, so ist es!" bestätigten sie ihm.

5

In dieser Nacht fand Fürst Wladimir keinen Schlaf.

Er ging zu Rogneda, um mit ihr über seine Sorgen zu reden, doch das Gespräch dauerte nicht lange. Sie hatte eigenen Kummer, und außerdem fiel es ihr schwer, zu begreifen, was die Forderungen der Bojarenschaft für ihren Mann bedeuteten.

„Wieder ein Krieg“, klagte sie, „und wieder gehst du fort. Muß das alles wirklich sein?“

Den Kopf an seine Brust gelegt, weinte sie still vor sich hin.

„Hör auf zu weinen, Rogneda“, sagte er rauh. „Die Kaiser der Rhomäer haben nicht nur mich, sondern die ganze Rus beleidigt.“

Fürstin Rogneda hob sogleich den Kopf. Die Ehre ihres Mannes war auch ihre Ehre, und wer die Rus beleidigte, traf damit auch sie.

„Wenn es so ist“, sagte Rogneda und trocknete die Tränen, „dann fahre.“

„Ich muß den Kaisern ebenbürtig werden“, erklärte Wladimir, „und die Rus auf eine Ebene mit Byzanz stellen.“

„Tu das, mein Mann!“

„In der Rus muß ein neues Gesetz bestätigt werden!“

„Bestätige es, Fürst!“

„Gräm dich nicht, Rogneda, es wird alles gut.“

„Ich vertraue dir, Wladimir!“

Bei Einbruch der Dunkelheit wurde der Fürst am Perewesistschansker Tor vom Wojewoden Wowtschi Chwist erwartet.

„Ich habe deinen Befehl ausgeführt, Fürst. Die Pferde sind bereit, an der Stugna erwartet man uns, wir können reiten.“

„Das alles hier bleibt unter uns, Wojewode!“

„Ich bin dein Diener, Fürst."

„Gut, reiten wir also."

Der Wojewode jagte voran. Er kannte den Weg zur Stugna, an deren Ufer ein Fürstenhof stand und daneben sein eigener. Der Fürst ritt, in tiefes Nachdenken versunken, hinter ihm her.

Schade, dachte er, daß ich mit Rogneda nicht über mein Vorhaben gesprochen habe. Und mit den Bojaren und Wojewoden konnte ich es auch nicht, denn ich habe diesen Entschluß nicht ihretwegen gefaßt, sondern weil das Leben mich dazu zwang. Nicht für mich tue ich das, sondern für alle ...

Die Pferde galoppierten immer schneller durch die schwarze Nacht.

Im Fürstenhof an der Stugna hatten sich alle zur Ruhe begeben. Aber irgendwer schien die beiden Reiter erwartet zu haben, denn aus einem der Fenster des Turmhauses, das auf einem Steilhang am Wasser stand, schimmerte Licht, und als das Trappeln der Pferde im Hof erklang, tauchte sogleich jemand an der Treppe auf und empfing die Gäste.

In einem geräumigen Gemach wurde der Fürst von Grigori empfangen, dem Geistlichen, der schon Fürstin Olga gedient hatte. Grigori saß an einem Tisch, auf dem Pergamente lagen. Als der Fürst die Schwelle des Gemachs überschritt, erhob er sich.

„Ich grüße dich, Fürst! Was führt dich in dieser ungewöhnlichen Stunde zu mir?"

Fürst Wladimir begrüßte den Geistlichen und ließ sich auf einer Bank nieder. Der Priester kehrte zu seinem Sessel am Tisch zurück.

Der besonnene Ausdruck im Gesicht des alten Mannes, seine gütigen Augen beruhigten den Fürsten und ermunterten ihn, offenherzig und aufrichtig zu reden.

„Ich will mit dir über die Seele und den Glauben sprechen, Vater", begann er.

„Jeder, der zu mir kommt", antwortete der Priester, „spricht über die Seele und den Glauben, und ich helfe gern. Sag, was du denkst, Fürst, wir sind unter uns, nur Gott hört zu."

„Zuerst möchte ich über die Rus sprechen. Ich liebe sie, Vater, sie erzog mich, und deshalb war mir kein Einsatz zu hoch. Ich glaubte an ihre Götter wie mein Vater und alle fürstlichen Ahnen."

„Ich weiß, Fürst", entgegnete der Geistliche.

„Aber was ist geschehen?" fuhr Fürst Wladimir fort. „Weshalb sind mein Land und seine Menschen so ruhelos? Zwietracht und Leidenschaften zerreißen sie, in Kiew und auf der Gora herrscht keine Eintracht mehr. Und auch in meiner Seele ist keine Ruhe, kein Glauben ... Wohin gehe ich, wohin muß ich meine Menschen führen?" Er verstummte und fuhr nach einer Weile fort: „Ich suchte lange und beharrlich nach einem Glauben. Zu mir kamen Bulgaren von der Wolga, die zu Mohammed beten, Juden aus Chosarien, Priester aus Rom. Aber an ihre Götter konnte ich nicht glauben."

„Alle deine Zweifel und Wagnisse sind mir bekannt", erklärte der Priester, „und ich habe seit langem auf dich gewartet. Ich ahnte, daß du nirgends einen Glauben finden würdest: Er hat nämlich schon längst in der Rus Fuß gefaßt, Fürst ... Ich kenne dich, seit du als Säugling in den Gemächern von Fürstin Olga lagst. Schon damals wollte sie dich taufen lassen, aber dein Vater Swjatoslaw erlaubte es nicht."

Fürst Wladimir konnte sich noch genau an die Worte seines Vaters erinnern: „Wenn aber die Zeit kommt, mein Sohn, daß das Glaubensgesetz unserer Väter schwindet und ein neues kommt, wenn sich die Menschen von Perun lossagen und nach Christus verlangen, stell dich ihnen nicht entgegen ..."

„Er hat sein Leben lang am alten Glauben festgehalten", fuhr der Priester mit gleichmäßiger, ruhiger Stimme fort, „und auch du hast dich bisher zu ihm bekannt ...“

„Verurteilst du mich, Vater?“

„Wie könnte ich“, antwortete der Geistliche ohne zu überlegen und lächelte, „du hast getan, was du tun mußtest. Nur so konntest du leben und handeln ... Was mich angeht, so habe ich deine Großmutter, die Christin Olga, verehrt und deinen toleranten Vater ebenfalls. Wie sollte ich dich, ihren Nachfahren, nicht verehren?“

„Danke, Vater“, sagte Wladimir bewegt.

„Nicht nur du“, fuhr der alte Mann fort, „alle Menschen in der Rus haben es jetzt schwer, das Leben ist viel komplizierter geworden. Der Reiche erfreut sich seines Reichtums, der Arme leidet Hunger, aber jeder will an etwas glauben. Und du selbst, der du über Reichtum und Macht verfügst und von den Bojaren, Wojewoden und der Drushina unterstützt wirst, fürchtest das Leben und weißt nicht, wie man es bewältigen soll ... Ist das so, Fürst?“

Wladimir dachte lange nach und sagte schließlich:

„So ist es, Vater, manchmal ist es eine Qual für mich.“

„Aber warum?“ fragte der Priester. „Das Leben verändert sich, du hältst es nicht auf, Fürst. Alles ist im Fluß, und so wird es immer sein. Einstmals schuf der Mensch die Holzgötter, und diese Holzgötter halfen ihm. Doch heute können sie nichts mehr ausrichten. Christus allein wacht über das neue Leben. Er verkündet: ‚Denn es ist keine Obrigkeit, ohne von Gott.‘ Christus schreibt uns vor, nicht zu stehlen, sondern uns mit dem zu begnügen, was uns gehört, Gott zu fürchten und den Fürsten zu ehren.“

Der Geistliche schien mit seinen klaren Augen bis in die Seele des Fürsten zu blicken.

„Wenn jemand die Taufe annimmt“, sagte er, jedes

Wort betonend, „vergibt ihm der Herr alle Sünden. Durch das Taufbecken tritt der Mensch in ein neues Leben ... Und wenn es kein Leben auf Erden gibt, so gibt es das ewige Leben im Paradies."

Ein tiefer Seufzer kam aus Wladimirs Brust.

„Das ist es, was mich zu dir führt, Vater!" sagte er. „Ich glaube nicht ... Hilf mir aus meinem Unglauben!"

„Wenn der christliche Glaube schlecht wäre, Fürst Wladimir, hätten ihn deine Großmutter Olga und viele russische Menschen nicht angenommen."

Er legte sich das Epitrachelion um, nahm Evangelium und Kreuz in die Hand.

„Das Taufbecken ist bereit", sagte der Priester. „Entkleide dich, Fürst, und steig hinein ..."

Fürst Wladimir tat, wie ihm geheißen.

Der Priester hob die Hand und sprach:

„Ich taufe dich im Namen des Vaters, des Sohnes und des Heiligen Geistes."

Bei Tagesanbruch erreichte der Fürst das Tor der Gora, stieg vom Pferd und warf Wowtschi Chwist die Zügel zu. Er ging an der Mauer entlang zum Wall auf den Steilhängen des Dnepr.

Die Nacht verabschiedete sich. Hoch am Himmel war der Morgenstern zu sehen, die anderen Sterne erloschen einer nach dem anderen. In dieser Nacht hatte sich für den Fürsten Wladimir etwas Unausweichliches vollzogen. Noch lebte um ihn herum die alte heidnische Rus, ganz in der Nähe zeichneten sich die Holzgötter auf der Opferstätte schwarz ab. Aber er, der Fürst der Rus, war jetzt kein Heide mehr, sondern Christ.

Hatte er gut daran getan, das Christentum anzunehmen, das viele noch ablehnten?

Wladimir stand mit unbedecktem Kopf da, Tau legte sich auf sein Gewand, die Kälte der Erde kroch in seine Füße. Er wußte auf diese quälende Frage keine Antwort. Er begriff nur, daß dies alles nicht allein von ihm abhing. Auf der Welt und in der Rus gab es eine Kraft, die ihn zwang, so zu handeln. Heute oder morgen hätte es geschehen müssen.

Wer aber war dieser Christus? Kannte ihn jemand? Wladimir blickte nach oben zum Sternenhimmel, entdeckte aber nichts. Auch hier auf der Erde war er nirgends zu finden.

Nein, Fürst Wladimir erreichte Christus mit dem Verstand noch nicht, obwohl er längst nicht mehr an die Holzgötter glaubte. Er spürte, wie die alte Welt täglich morscher wurde und die alten Götter langsam zu Staub zerfielen, und sah eine neue Welt entstehen, deren Fahne das Antlitz Christi trug ...

Wenn er sich nun dieser neuen Welt verschrieb, mußte er sich auch der Barmherzigkeit von Byzanz, des deutschen Kaisers und des römischen Papstes ausliefern?

„Nein", entfuhr es dem Fürsten, „ich unterwerfe mich Byzanz nicht, ich erkenne die Vormachtstellung des deutschen Kaisers nicht an, ich verfluche den römischen Papst! ... Christus!" sagte er mit heiserer Stimme. „Hier stehe ich, Fürst der Rus, am Dnepr. Komm auch du von deinem himmlischen Thron herunter und hilf mir!"

Der Himmel schwieg. Die Erde schwieg. Jeden Moment würde der Tag anbrechen. Da flammte hinter dem Dnepr ein üppiges goldenes Strahlenbündel auf. Ringsum kam vielstimmiges Vogelgezwitscher auf.

Es wurde hell. Fürst Wladimir stand auf dem Berg, blickte in die Ferne und erwartete den neuen Tag.

Viertes Kapitel

1

Den ganzen Herbst und Winter über wurde der Feldzug nach Byzanz vorbereitet. Das Heer mußte gesammelt und ausgerüstet werden. Die Drushina übte auf dem Podol und an der Potschaina.

Niemand wußte im voraus, welchen Hindernissen die russischen Krieger auf dem weiten Feldzug begegnen würden und unter welchen Bedingungen sie zu kämpfen hatten. Man mußte auf alles gefaßt sein.

An einem Abhang wurden eine hohe Steinmauer und einige Türme errichtet, Gräben ausgehoben, Wälle aufgeschüttet und darauf ein Palisadenzaun aufgestellt. In voller Ausrüstung, mit Schilden, Speeren oder Äxten, stürmten die Krieger die Mauer, wurden abgewehrt und zurückgestoßen.

Auf der Obolon wurde Schießen geübt. Man stellte riesige Schilde mit Abbildungen von Pferden und Reitern auf, die den Feind darstellen sollten und auf die aus verschiedenen Entfernungen mit dem Bogen geschossen wurde. Solange der Dnepr noch nicht zugefroren war, sprangen die Krieger angekleidet und mit Lasten behängt in die kalten Fluten, schwammen ans andere Ufer, wärmten sich auf den Landzungen an Lagerfeuern auf und schwammen wieder zurück.

An der Potschaina, in Wyschgorod und Wititschew baute man Boote. Aus allen Richtungen wurden Pferde und Ochsen nach Kiew getrieben. Boten ritten in die Länder, um das Fußheer zusammenzutrommeln und kamen auch nach Oster und Ljubetsch.

Mikulas Grab war inzwischen von dichtem Gras überwachsen, so daß der kleine Hügel, unter dem neben dem letzten Sippenältesten des Ljubetscher Geschlechts auch seine Frau ruhte, kaum noch zu erkennen war.

Außer Mikula lagen im Sand bei Ljubetsch viele Krieger, die gegen Jaropolk gekämpft hatten und auch solche, die an Jaropolks Seite gegen Wladimir gegangen waren. Der Tod hatte alle gleichgemacht und die erbittertsten Feinde versöhnt.

Nachdem Fürst Wladimir mit seinem Heer siegreich in Kiew eingezogen war, herrschte in Ljubetsch für eine gewisse Zeit Ruhe, die Menschen warteten ab, was weiter geschehen würde. Sie hofften, daß der Fürst nach Beendigung des Krieges Nachsicht üben und ihnen das Land zuteilen würde, das Brasd ihnen geraubt hatte, daß er die Abgaben verringern und als Possadnik einen gerechten und guten Mann schicken würde.

Weit gefehlt! Brasd lebte nicht mehr, hinterließ aber drei Söhne, Gordej, Samson und Wawila. An sie ging nach dem Gesetz, das von Jaropolk erlassen und von Wladimir bestätigt worden war, die ganze Hinterlassenschaft des Vaters über: das Turmhaus in Ljubetsch, das Land am Dnepr, die Wälder und die Biberjagdgründe — alles, was sein Wappen mit dem Mond und der Sonne trug.

Auch Brasds Bruder Swarg büßte nichts von seinem Besitz ein. So war es nun mal mit den Reichen. Wojewoden, Bojaren, Statthalter, Possadniks dienten jedem beliebigen Fürsten. Sie kämpften für ihre Ehre und mehrten ihr Eigentum. Aber die eigentliche Last des Krieges wurde den armen Menschen auferlegt, und die gingen leer aus.

Einmal war auch der Statthalter Koshema nach Ljubetsch gekommen. Im Krieg zwischen den fürstlichen Brüdern hatte er Jaropolk und das Kiewer Bojarentum unterstützt, doch kaum waren Jaropolks Krieger geflohen, da befahl er seiner Drushina, die Waffen niederzulegen, und schwor, Wladimir zu dienen.

So blieb er Statthalter in Oster, bereiste im Namen des Fürsten Wladimir Städte und Dörfer an Dnepr und Desna, stellte das Wappen des Fürsten Wladimir auf und setzte in dessen Namen neue Abgaben fest, wobei er auch seine eigenen Belange berücksichtigte.

Koshemas Herr war nach wie vor der Tschernigower Fürst Oskol, der seinerzeit nach Rodnja geflohen und jetzt ebenfalls dem Fürsten Wladimir ergeben war.

Nach Brasds Tod mußte in Ljubetsch ein neuer Possadnik ernannt werden. Die Entscheidung war von vornherein klar: Den Platz konnte nur Brasds ältester Sohn Gordej einnehmen, ein noch junger Mann und dem Vater ähnlich wie ein Wassertropfen dem anderen. Eines allerdings erkannte Gordej sehr bald: Mit Gewalt, wie der Vater vorgegangen war, konnte man in der neuen Zeit wenig ausrichten. Gordej war Christ, er konnte lesen und schreiben und schlich sich liebedienerisch in die Seele eines jeden.

Als er sich nach seiner Frau umsah, ging Gordej auch andere Wege als sein Vater. Er nahm nicht einfach ein Mädchen, das ihm gefiel — nein, er fuhr nach Oster, besuchte den Statthalter Koshema und ging mit dessen Tochter Limena im Garten spazieren. Limena war nicht gerade eine Schönheit zu nennen. Aber Gordej wurde mit dem Mädchen einig, sprach mit Koshema und brachte sie als seine Frau nach Ljubetsch.

Gordej wurde auch deshalb Possadnik, weil er der reichste Mann in der Siedlung war, die sich langsam zur Stadt mauserte.

Das neue Ljubetsch war mit der alten Siedlung kaum noch zu vergleichen. Es gab jetzt eine Gora mit Turmhäusern, die von hohen Zäunen umgeben wurden, und am Wald entlang eine Vorstadt. Die Hütten der Handwerker schlossen sich an die Gora an. Das gemeine Volk und die Hörigen mit ihren vielköpfigen Familien hausten in Erdhütten am Dnepr. Ihnen blieb eine Hoffnung: Die beiden Priester, die auf der Ljubetscher Gora lebten, der Grieche Xenophon und der Bulgare Kosmas, versprachen den Armen, daß die Glückseligkeit im Paradies mit jedem Leid, das ihnen auf Erden widerfuhr, größer würde ...

Nach Mikulas Tod stand seine Hütte lange leer. In den Nächten, so erzählte man sich, sei dort ein Stöhnen und Weinen zu hören, und jemand hatte sogar in den Luftlöchern der Hütte Licht blinken sehen. An so einen Ort, wo Hausgeister lebten und die Seelen der Ahnen weinten, zog es niemand.

Dann fand sich aber doch ein Mann, der sich nicht abschrecken ließ, und zwar ein gewisser Antip, Mikulas Neffe.

Antip hatte nach dem frühen Tod seiner Eltern kurze Zeit im väterlichen Haus gelebt, das Anwesen aber an Gordej abgeben müssen, weil er ein Darlehen nicht zurückzahlen konnte. Eine Weile hatte er auf den Steilhängen des Dnepr gehaust, sich von Fisch und Wild ernährt. Alles wollte er in Kauf nehmen, nur kein Höriger oder Leibeigener werden!

Dieser Antip also siedelte sich in der alten Hütte auf Mikulas Hof an und schlief auf derselben Pritsche wie die Sippenältesten Ulib, Wojik, Ant und Mikula.

Das waren für ihn glückliche Tage — über dem Kopf ein Dach, im Herd Glut, in den Nächten die leisen Gespräche der Geister unter den Kohlen.

Aber dieses Glück währte nicht lange. Jeder in Ljubetsch wußte, daß ein unreiner Ort sauber wird, wenn jemand eine geraume Zeit dort lebt. Auch Gordej, dem Possadnik von Ljubetsch, war das bekannt.

Eines Tages kam er auf Mikulas Hof, gefolgt von zwei Knechten, die ein hölzernes Wappenzeichen trugen.

„Wer bist du?“ fragte er Antip, der barfuß, in Lumpen gehüllt und mit langen Haarzotteln dastand.

„Ich bin Antip, ein Neffe von Mikula und somit auch dein Verwandter, Possadnik.“

„Mich interessiert lediglich, mit welchem Recht du hier lebst.“

„Hütte und Hof gehörten Mikula“, antwortete Antip, „Friede seiner Asche.“

„Mikula hatte beim Fürsten eine Anleihe aufgenommen, und wenn du hier lebst, mußt du sie begleichen. Außerdem mußt du dem Fürsten für die Wirtschaft, den Pflug und die Saat Abgaben zahlen.“

„Eine Wirtschaft gibt es hier nicht, ich habe keinen Pflug, und ich säte auch nichts.“

„Dann scher dich fort!“ schrie Gordej, und den Knechten befahl er: „Stellt das Wappenzeichen auf!“

Die Nacht verbrachte Antip am Dnepr. Der Winter nahte. Der Enkel des Sippenältesten Ant verfluchte Ljubetsch und die ganze Rus.

Am folgenden Tag kam der Statthalter Koshema angefahren. Er ließ die Ljubetschaner zusammenrufen und forderte sie auf, gegen die Rhomäer zu kämpfen.

„Die Kaiser der Rhomäer sind unsere Feinde, sie bereiten sich darauf vor, gegen die Rus zu ziehen und das Joch um unseren Hals zu legen!“ rief er.

Wie schwer das Leben jetzt auch war — zu sehen, wie die Heimat unter den Rhomäern zugrunde ging, war unerträglich.

„Für die Rus! Wir gehen mit und schonen unser Leben nicht!“ riefen die Ljubetschaner.

Nur Antip, der Enkel des Sippenältesten, schwieg. Er besaß kein Pferd und konnte sich weder Schild noch Schwert kaufen, und ohne Waffen war man kein Krieger. So einen nahm der Fürst nicht.

Am nächsten Morgen marschierte Antip den Dnepr flußabwärts. Er durchquerte die ganze Rus, fuhr über das Russische Meer und gelangte zum Berg Athos. Hier wurde er Mönch und nannte sich Antoni. Später kehrte er nach Kiew zurück, und nach seinem Tod wurde er heiliggesprochen ...

2

Im zeitigen Frühjahr, als das Eis auf dem Dnepr geschmolzen war, legten vom Ufer der Potschaina zweihundert Flußboote mit je dreißig bis vierzig Kriegern ab. Im ersten Boot saßen Fürst Wladimir, sein Sohn Mstislaw und die Ältestendrushina. Viertausend Reiter mit dem Wojewoden Wowtschi Chwist an der Spitze waren bereits nach Süden unterwegs. Sie sollten an den Stromschnellen auf die Boote warten.

Unter den Kriegern waren auch jene Männer, die bei Abydos für Byzanz gekämpft hatten und dann so schmählich behandelt worden waren. Jetzt konnten sie sich dafür rächen.

In Begleitung des Heeres befanden sich diesmal auch etliche unbewaffnete Männer: Bojaren von der Gora, Edelleute aus den Ländern und Kaufleute. Fürst Wladimir gedachte nicht nur zu kämpfen, sondern auch Verhandlungen über den Warenaustausch und über den Glauben zu führen, und deshalb wollte er Männer neben sich haben, die ihn berieten und den Fürstenthron stützten.

Die Boote glitten auf dem Dnepr dahin. An den Stromschnellen wurden sie von den berittenen Kriegern erwartet, die mithelfen mußten, die größten Boote übers Ufer zu schleppen.

Fürst Wladimir setzte in Begleitung der Ältestendrushina zur Grigori-Insel über. Hier hatten früher seine Vorgänger, die den Dnepr abwärts zum Russischen Meer fuhren, unter einer heiligen Eiche den Göttern ein Opfer gebracht und sie angefleht, ihnen den Sieg zu bringen.

Von seinen Wojewoden und Heerführern umgeben, stieg Wladimir den Pfad zum Felsen empor und blieb vor der alten Eiche stehen. An ihren Zweigen hingen noch Stoffetzen, am Stamm rostige, verbogene Schwerter, im Gras bleichten die Knochen von Tieren, die hier geopfert worden waren. Aber es war nicht zu übersehen: Das Alte starb, und Neues wurde geboren. Die Stätte war verödet, etliche Zweige der Eiche waren abgestorben, der Pfad dorthin zugewachsen.

Fürst Wladimir war auch nicht gekommen, um ein Opfer zu bringen. Er ging an der Eiche vorbei ans Ende der Insel, wo sich ein von vielen Händen aufgeschütteter Kurgan erhob. Hier war sein Vater Swjatoslaw gestorben.

Fürst Wladimir, sein Sohn Mstislaw und die Wojewoden nahmen den Helm ab und neigten das Haupt vor dem Kurgan, auf dem Gras grünte und Blumen in allen Farben blühten.

„Wir ziehen in einen gerechten Kampf mit Byzanz“, sagte Fürst Wladimir nach langem Schweigen, „um Rache zu nehmen für jene, die durch die Hand der Rhomäer umkamen. Du, Wojewode Wowtschi Chwist, führst die Reiter durch die Chosarische Landenge nach Klimati und rückst von Osten auf die Stadt Chersones zu. Wir, Wojewoden, fahren weiter den Dnepr abwärts ins Russische Meer und stürmen Chersones von Norden und Westen.“

Nach diesen Worten ließ der Fürst seinen Blick über das linke Dneprufer schweifen. Vor seinen Augen breitete sich eine grenzenlose Ebene aus und darauf, soweit das Auge reichte, Kurgane — die Gräber der Ahnen, die für die Rus gestorben waren.

Als Fürst Wladimir auf diese Kurgane blickte, dachte er an die Vergangenheit, Gegenwart und Zukunft, was in seiner Vorstellung etwas Unteilbares war, verwandelte sich doch die Zukunft unausweichlich in Gegenwart und dann in Vergangenheit. Und die Vergangenheit bewachte das rasch dahinfließende Leben ...

„Wir ziehen nach Chersones", sagte Wladimir und wandte sich Mstislaw zu. „Wir wissen nicht, was uns erwartet. Wahrscheinlich werden wir die Stadt nehmen und dann mit den Kaisern reden. Du, mein Sohn, wirst durch das Tal nach Tmutarakan reiten und von dort aus als Fürst mein Heer in Klimati schützen. Wenn es erforderlich ist, rufe ich dich."

„Danke, Vater!" sagte der neue Fürst. „Von Tmutarakan aus werde ich dich, das Heer und die ganze Rus schützen."

Er zog das Schwert aus der Scheide und küßte die kalte Klinge, auf der die Sonnenstrahlen spielten. Der Fürst umarmte seinen Sohn, der noch am selben Tag mit der Drushina gen Osten aufbrach.

Im Mündungsgebiet des Dnepr angekommen, setzten die Boote eine Woche später die Segel, umfuhren die Landzunge, die wie ein Pfeil ins Meer ragte, und begaben sich in Richtung Klimati.

Während der Fahrt über das Meer begegneten ihnen zweimal mehrere Boote der Chersoneser. Am Morgen des dritten Tages erblickten die Krieger fern am Horizont Land — das mußte Kap Parfenios sein. Fürst Wladimir befahl sogleich, ins offene Meer zurückzukehren, denn hinter dem Kap lag Kerkentida, das Chersones von Norden schützte. Dort kreuzten ständig Schiffe der Rhomäer.

Bei Anbruch der Nacht sahen die Krieger fern im

Osten Feuersäulen zum Himmel auflodern. Nun wußten sie, daß sich die berittenen Krieger wie verabredet von Osten Chersones näherten.

Im Morgengrauen blies vom Meer eine frische Brise, und bald kam Chersones in Sicht, seine gelben Mauern, die Türme, die vergoldeten Kuppeln der Kirchen. In der Symbolbucht lagen mehrere rhomäische Schiffe vor Anker.

Früher war der Zugang zu dieser Bucht in der Nacht von Ketten versperrt worden, jetzt lagen diese Ketten aber auf dem Meeresgrund. Wladimir wollte keine Zeit verlieren und befahl hundert Booten, ihn direkt in die Bucht zu begleiten, die übrigen hundert sollten auf sein Zeichen warten.

Das war ein tollkühnes Vorhaben. Noch schliefen alle auf den Schiffen, als sich die russischen Boote näherten und unmittelbar neben ihnen anlegten. Und als dann die Krieger mit Schwertern in den Händen heraussprangen, war es schon zu spät. Den Rhomäern blieb nur übrig, um Hilfe zu rufen.

Trotzdem gelang es den russischen Kriegern nicht, die Stadt im Sturm zu nehmen. Die Wache, von den Schreien im Hafen aufgeschreckt, stürzte auf die Mauern. Gleich darauf fiel neben dem Zenon-Turm mit schrecklichem Krachen ein Eisengitter herunter — die Stadt Chersones war versperrt.

Zu dieser Zeit galt die Stadt Chersones als uneinnehmbar. Sie drängte sich auf engem Raum zwischen zwei Buchten auf einer Landzunge und war von Mauern aus großen behauenen Steinblöcken umgeben. An den Ecken der Mauer erhoben sich Türme, der unmittelbar am Stadttor gelegene war der Zenon-Turm. Die Tore, die zur Symbolbucht, zum Meer und nach Westen zum Friedhof führten, waren aus Eiche gefertigt und zusätzlich noch mit Eisengittern ausgestattet.

Die einzelnen Stadtviertel von Chersones waren durch gerade, enge Straßen voneinander getrennt, die Häuser hingen wie Honigwaben aneinander. Der westliche und südliche Teil, wo Handwerker, Fischer, Lastträger in Katen, Lehmhütten oder direkt unter freiem Himmel hausten, erinnerte an einen Ameisenhaufen.

Weniger eng lebte man nur im nördlichen Stadtteil, der ans Meer grenzte. Dort standen die großen zweistöckigen Häuser der Reichen, Bäder, Gymnasien, prächtige Tempel und auf einem hohen Felsen direkt über dem Meer eine Basilika, ein langgestrecktes, offenes Gebäude, dessen Dach von Säulen getragen wurde. Die Fußböden waren mit einem prächtigen Mosaik ausgelegt, die zum Meer führende Treppe wurde von Marmorstatuen begrenzt.

Jedes dieser Häuser glich einer Festung. Die Fenster gingen nicht zur Straße hinaus, sondern zum Hof, und von hier aus gelangte man in den Keller, wo hohe Tonkrüge mit Wein standen, Fässer mit gesalzenem Fisch und in einer Ecke eine Zisterne.

Die arme Bevölkerung der Stadt kam ohne Zisternen aus. Seit alters her existierte in Chersones eine Wasserleitung, die aus unterirdischen Zisternen östlich der Stadt gespeist wurde, in denen sich das Wasser aus Flüßchen, Quellen und Regenwasser sammelte. Von dort aus floß es durch Steinrohre in alle Häuser.

Früher, als die Stadt noch griechisch war, brodelte in Chersones das Leben. Tempel und prächtige Gebäude wurden errichtet, überall gab es Denkmäler und Marmortafeln mit Inschriften, auf denen die Heldentaten der Chersoneser gepriesen wurden. Aber als dann die Rhomäer die Herren der Stadt wurden, zerstörten sie die Tempel und Denkmäler, und mit den Marmortafeln legten sie die Böden ihrer Wohnungen aus. Sie plünderten Klimati, teilten die Reichtümer unter sich auf, trieben mit der Rus Handel zum eigenen Vorteil und machten Kerkentida und Chersones zu ihren Handelsplätzen.

Unter der Herrschaft von Kaiser Basileios verfiel Chersones. Es kam die Zeit, da an der Spitze von Chersones ein Ältester und ein Feldherr standen. Beide waren von den reichen Chersonesern gewählt worden. Kaiser Basileios schickte seinen eigenen Feldherrn und untersagte der Stadt, ihr Geld zu prägen.

Das Imperium war nur darauf erpicht, daß Chersones mehr Getreide, Honig und Vieh abgab, daß mehr Gold und Silber nach Konstantinopel flossen. Deshalb saß ein Steuereinnehmer in Chersones, der sogar sein eigenes Siegel besaß.

Als das Heer des Fürsten Wladimir plötzlich vor Chersones auftauchte, fürchteten die Stadtbewohner natürlich, daß die Russen mit aller Kraft zum Angriff übergehen würden. Darin hatten sie sich jedoch geirrt, und bald konnten sie von den Mauern aus beobachten, wie ein Teil der russischen Boote in der Symbolbucht und der andere Teil gegenüber der nördlichen Stadtmauer Anker warf und wie zwei, drei Stadien von der Stadt entfernt in einem Halbkreis, der sich von der Symbolbucht nach Süden und dann nach Westen bis zum Kap Parfenios erstreckte, das Feldlager des Fürsten Wladimir emporwuchs. Die Krieger hoben Erdlöcher aus, errichteten aus Steinen Unterstände und bauten die Zelte für die Ältestendrushina und das große fürstliche Zelt auf, über dem die blaue Fahne mit den drei gekreuzten Speeren flatterte.

Jetzt sahen die Chersoneser, was für eine Macht sie bedrohte. Aber dann stellte sich heraus, daß das Heer des Fürsten Wladimir noch gar nicht vollständig war: Gegen Abend des ersten Tages bemerkte die Wache auf den Stadtmauern, daß im Tal Staubsäulen aufstiegen. Einige Zeit verging, und eine große Anzahl Reiter näherte sich dem Feldlager. Sie saßen ab und gliederten sich dem Heer ein.

Vor Sonnenuntergang machte eine Gruppe Berittener aus dem Feldlager am Haupttor halt. Sie bliesen in Auerochsenhörner, und einer der Herolde verkündete dann:

„Der Kiewer Fürst Wladimir hat vor Chersones Lager bezogen, weil die Kaiser Basileios und Konstantin, mit denen er Freundschaft schloß, den Frieden verletzten und der Rus übel zusetzten ... Hört, Chersoneser! Der Kiewer Fürst kam hierher, um mit den Kaisern der Rhomäer zu sprechen. Er schlägt euch vor, ihm die Stadt widerstandslos zu übergeben. Dafür verspricht er, weder die Stadt noch ihre Menschen anzurühren ..."

Nachdem sie geendet hatten, warteten die Herolde auf die Antwort der Chersoneser, wie es der Fürst befohlen hatte. Wladimir hatte den Feinden erklärt, warum er gekommen war und was er wollte, er hatte die Chersoneser vor einem sinnlosen Blutvergießen gewarnt, noch konnten sie sich retten.

Doch die Chersoneser reagierten nicht. Die Herolde des Fürsten standen da und warteten. Die Sonne ging unter, Dämmerung zog über Ufer und Meer, am Himmel flammten Sterne auf.

Und plötzlich kam Lärm auf, es pfiff, und einer der Ausrufer fiel schreiend vom Pferd. Das Schreien war bis zum Lager der russischen Krieger zu hören.

Als Antwort auf das Angebot des Fürsten flogen Pfeile und spitze Steine durch die Luft. So begann der Krieg des Fürsten Wladimir mit Chersones und Byzanz.

Ein Chronist berichtete in knappen Worten von diesem Kampf: „Wladimir ging mit den Kriegern nach Korsun, der griechischen Stadt, aber die Korsuner hatten die Stadt verbarrikadiert. Wladimir belagerte sie. Die Stadt verwandelte sich in ein Schlachtfeld, Wladimir umkämpfte sie wie besessen und konnte sie schließlich nehmen!"

Ja, das war eine große Schlacht, die Erde um Chersones wurde mit russischem Blut getränkt. In den ersten Tagen hoffte Fürst Wladimir noch, die Stadt im Sturm nehmen zu können. Vom Morgen bis zum Abend rückten seine Krieger, ausgerüstet mit Leitern, Strikken und Haken, auf die Mauern zu und versuchten, über einen Berg von Leichen nach oben zu klettern. Aber die Festung war uneinnehmbar. Als die russischen Krieger schließlich mit Mauerbrechern Breschen in die erste dünne Mauer geschlagen hatten, entdeckten sie dahinter noch eine, die so alt und dick war, daß sie nicht zerstört werden konnte.

Und während die Russen angriffen, sandten ihnen die Rhomäer Tausende von Pfeilen, siedendes Pech, Sand und spitze Steine entgegen.

Da befahl Fürst Wladimir, einen Wall aufzuschütten, der sich von der Symbolbucht bis zu den Stadttoren erstrecken sollte und über den man den Zenon-Turm und von dort aus die Mauern der Stadt erreichen konnte.

Als schließlich dieser Wall, der unter großen Opfern errichtet wurde, schon fast bis zum Zenon-Turm reichte, begann er sich plötzlich zu senken. Die Chersoneser hatten die Absicht der Russen durchschaut und einen unterirdischen Gang zum Wall gegraben. Während Wladimirs Leute Erde aufschütteten, beförderten jene sie in die Stadt, wo jetzt zwischen den Felsen ein Kurgan emporwuchs.

Die Zeit verfloß, der Frühling ging zu Ende, die Zeit der Trockenheit und Windstille begann, und das russische Heer stand immer noch vor Chersones.

„Und wenn ich Chersones drei Jahre belagern muß, ich gehe nicht fort", rief Fürst Wladimir voll Zorn.

Im stillen rechnete er nicht damit, sich hier so lange

aufzuhalten. Der Krieg forderte seine Opfer, die Rus erwartete ihn. Chersones mußte so schnell wie möglich genommen werden, damit Verhandlungen mit den Kaisern von Byzanz beginnen konnten.

Außerdem wußte Wladimir, daß die Kräfte der Rhomäer in Chersones mit jedem Tag geringer wurden. Auch er hatte große Verluste, doch in seinem Rücken lagen die russischen Städte Sugdeja und Kortschew, und zur rechten Zeit kam Hilfe aus Tmutarakan, von Mstislaw, seinem Sohn. Zulauf hatte das russische Heer auch von Sklaven der Rhomäer und von Chersonesern, die die Rhomäer haßten und nur auf eine Gelegenheit warteten, um in das Feldlager der Russen zu fliehen.

Eine schwüle Juninacht. Zwei Schatten näherten sich dem Lager und verharrten mit erhobenen Armen, als sie vor sich russische Posten erblickten.

„Wer seid ihr?“

„Wir kommen aus der Stadt... Wir möchten den Fürsten sprechen.“

Speere waren auf die beiden Fremden gerichtet. Wo Krieg ist, sind Lüge und Verrat nicht auszuschließen.

Fürst Wladimir musterte sie.

„Wer seid ihr und was treibt ihr nachts hier?“ fragte er.

„Ich bin Schwede und heiße Shadborn“, sagte der eine, der wie ein Krieger gekleidet war. „Ich diente in der Drushina des Jarls Fulner, die mit dir von Nowgorod nach Kiew zog.“

„Und wem dienst du jetzt? Chersones?“ fragte Wladimir auflachend.

„Verflucht seien Chersones, die Rhomäer und ganz Byzanz!“ rief Shadborn. „Wir dienten ihnen, ohne uns zu schonen. Meine Drushina gibt es nicht mehr, auch Jarl Fulner ist tot. Ich biete dir meine Dienste an, Fürst.“

Wladimir antwortete dem Schweden nicht, der für Gold seine Herren verriet.

„Und du“, wandte sich Wladimir an den anderen Flüchtling, „weshalb bist du in mein Lager gekommen?“

Der Alte trug eine schwarze Kutte, lange Haare und einen üppigen Vollbart. Er war sichtlich erregt und antwortete nicht sogleich.

„Ich bin Anastas“, sagte er schließlich, „ein bulgarischer Priester ... Einst lebte ich in Bulgarien, Fürst, ich war Pfarrer in einer Dorostoloner Kirche, diente dem bulgarischen Patriarchen Damian. Damals begegnete ich auch deinem Vater. Jetzt steht der Thron des bulgarischen Patriarchen in Ochrida, aber ich kann ihm nicht dienen, weil der Konstantinopeler Patriarch Nikolai uns aus Bulgarien verjagte. Meine bulgarischen Priester und mich verschlug es nach Chersones, in eine Stadt, in der man Gold, aber nicht Gott anbetet ... Ich sage mich von den Rhomäern und von dem Patriarchen Nikolai Chrisowerg los, es übersteigt meine Kräfte, in Chersones zu leben, lieber gehe ich zu den Heiden, um ihnen Gottes Wort zu bringen ... Deshalb kam ich zu dir ...“

Auf dem Tisch brannte eine Kerze, die das Gesicht von Anastas beleuchtete. Konnte man dem Geistlichen glauben, sagte er die Wahrheit?

„Wie kamt ihr hierher?“ fragte der Fürst.

„Die Mauer von Chersones hat einen Geheimgang“, antwortete Shadborn.

„Zeigt ihr ihn uns?“

„Wenn es dein Wille ist, zeigen wir ihn dir“, sagte der Schwede. „Aber der Gang ist sehr eng, und jenseits der Mauer steht immer eine Wache ... Heute ist eine dunkle Nacht, die Rhomäer sind betrunken und schlafen, das haben wir ausgenutzt.“

„Gut“, erwiderte Wladimir. „Weshalb aber bist du gekommen?“

„Ich kann dir alles über Chersones erzählen“, antwortete Shadborn. „Ich kenne den Verlauf der Wasserleitung, ich weiß, wo das Griechische Feuer vergraben liegt, und kann damit umgehen ...“

„Genug“, unterbrach Wladimir den Schweden. „Erzähl das alles morgen früh meinen Wojewoden. Jetzt zeig ihnen den Geheimgang in die Stadt.“

Krieger traten in das Zelt und führten Shadborn fort. Nur der Fürst und der Priester blieben zurück.

„Muß ich auch gehen?“ fragte Anastas.

„Nein“, antwortete der Fürst. „Ich will mit dir über den Glauben sprechen. Oder bist du müde, Vater?“

„O nein, darüber kann ich endlos reden. Ich werde dir treu dienen, Fürst ...“

Chersones hätte angesichts der Vorräte an Mehl, gepökeltem Fleisch, gesalzenem Fisch und Wein wahrscheinlich noch lange der Belagerung standgehalten, wenn nicht plötzlich das Wasser versiegt wäre. Eben noch war es aus den Leitungsrohren geströmt, aber auf einmal wurde der Strahl schwächer, und nach einigen Stunden kam kein Tropfen mehr.

„Die Russen haben die Wasserleitung entdeckt ... Was nun?“ tönte es in Chersones von Haus zu Haus. Furcht und Verzweiflung griffen um sich.

Die reichen Chersoneser hatten nichts Eiligeres zu tun, als ihre Hoftore zu verriegeln und die Zisternen bewachen zu lassen. Warum hatten sie bloß nicht eher daran gedacht, alle Gefäße bis zum Rand zu füllen?

Am schlimmsten traf es die Armen. Schon als die letzten Tropfen auf die glutheiße Erde fielen, plagte sie der Durst. Nicht lange, und in den Katen und Erdhütten fing ein Jammern und Weinen an. Wie schnell vergehen die Tage, wenn es Brot und Wasser gibt, und wie endlos ziehen sie sich hin, wenn nichts zu trinken da ist ...

Der Feldherr von Chersones sah voraus, daß Fürst Wladimir die Situation nutzen und die Stadt erneut angreifen würde. Deshalb befahl er, Fässer mit Wasser auf die Mauern zu stellen, die geöffnet werden sollten, sobald der Sturmangriff begann.

Und tatsächlich näherten sich die Krieger des Fürsten Wladimir der Stadt, und die Rhomäer auf den Mauern tranken Wasser, gewöhnliches abgestandenes, modriges Wasser, das ihnen wie Wein vorkam.

Plötzlich stutzten sie. Weshalb machten die Feinde halt und rückten nicht weiter auf die Mauern zu?

Im Tal vor Chersones standen Wurfmaschinen und schleuderten das schreckliche Griechische Feuer auf die Stadt. Eine der Maschinen wurde von dem Waräger Shadborn bedient ...

Die Krieger von Chersones mußten dem Angriff der Russen tatenlos zusehen. Ein Haus nach dem anderen ging in Flammen auf. Besiegelt wurde das Schicksal der Stadt von einigen Handwerkern und Fischern. Sie töteten den Feldherrn Leon und öffneten den russischen Kriegern die Tore.

Zur selben Zeit — welch bitterer Hohn — tauchten am Horizont griechische Segelschiffe auf. Brachten sie Hilfe aus Konstantinopel?

Fürst Wladimir war auf den Zenon-Turm gestiegen und musterte von dort aus die Schiffe, die näher kamen und Anker warfen. Er befahl einigen Wojewoden hinauszufahren und zu erkunden, was die Besatzung im Schilde führte. Er selbst begab sich in die Stadt.

Für ihn war der Palast des Feldherrn vorbereitet, ein prächtiges, zweigeschossiges Gebäude. An der Tür hing eine Marmortafel mit der Inschrift:

„Dieses Haus am Pontos, in dem dich immer ein Becher Wein erwartet, errichtete der Protewon Johannes Kalokir, der Sohn des Roman. Tritt ein, Wanderer, ruhe aus und gedenke mit einem guten Wort dessen, der einst in diesem Haus herrschte."

Kalokir, das wußte Wladimir, war jener Mann gewesen, der damals nach Kiew gekommen war, um den Fürsten Swjatoslaw zu überreden, gegen die Bulgaren Krieg zu führen ...

Ein schmaler Innenhof, in einer Ecke die Zisterne, in der Mitte eine üppige Blumenpracht und zwei hohe Bäume, rechts die Tür zu einer Wandelhalle mit Marmorsäulen, eine Treppe, die nach oben in die Gemächer führte. Hier konnte der erschöpfte Körper endlich Ruhe finden.

Aber es war keine Zeit dafür, Wojewoden kamen und wollten wissen, was in der besiegten Stadt zu tun sei, oder machten Meldung über besondere Vorkommnisse. Schließlich erschienen auch jene Männer, die zu den Schiffen der Rhomäer übergesetzt waren. Sie berichteten, daß Kaiser Basileios mit dem Geschwader auch Gesandte geschickt hätte, weil Fürst Wladimir mit einem großen Heer nach Klimati vorrückte.

„Die Gesandten des Kaisers haben sich ein wenig verspätet", sagte Fürst Wladimir höhnisch. „Im übrigen ist es nie zu spät, mit ihnen zu reden. Nun denn, morgen früh erwarte ich sie. Aber jetzt, Wojewoden, will ich nur eins — schlafen."

3

Zur Gesandtschaft der Kaiser gehörten die Patrizier und Heerführer Phrygios und Sisinios, der Magister Leon, der Metropolit Romanos von der Insel Chalki und Theophil, der Priester der Blachernen-Kirche. In silberschimmernden Obergewändern, roten Mänteln mit goldenen Verschlüssen und allen Zeichen ihres hohen Ranges schritten sie vorbei an Ruinen und Brandstätten, umgestürzten Statuen und Säulen. Überall waren russische Krieger und Stadtarme dabei, Leichen aufzuheben und auf den Friedhof zu bringen.

Das Haus von Johannes Kalokir, in dem nach dessen Tod der Feldherr Leon gewohnt hatte, war den Gesandten nicht fremd. Hier hatten sie manchen Abend bei einem Becher Wein und einem freundschaftlichen Gespräch zugebracht. Aber Johannes Kalokir lebte schon lange nicht mehr, und der Feldherr Leon war, wie man den Gesandten mitteilte, gestern getötet worden.

Der russische Fürst Wladimir empfing sie in einem großen Gemach, durch dessen Fenster man das Meer sehen konnte. Vor der Tür erstreckte sich eine Terrasse mit Säulen, Palmen und Oleander. Für all diese Schönheiten allerdings hatten sie keinen Blick. Ihr Interesse galt erst einmal den Männern aus der Rus, die in der Ecke des Gemachs standen, bärtige Gestalten in blauen, grünen, purpurroten Kaftanen mit Schwertern an der Seite oder in langen schwarzen Gewändern mit Ketten auf der Brust.

Fürst Wladimir unterschied sich kaum von diesen Männern. Er trug ein weißes schmuckloses Gewand, und nur das vergoldete Schwert und der rote Umhang auf den Schultern, der von einer silbernen Spange am Hals zusammengehalten wurde, wiesen auf seine hohe Stellung hin. Und auch das Gesicht des Fürsten verblüffte die Gesandten: der strenge, nachdenkliche Blick der dunklen Augen, die lange graue Strähne auf dem glattrasierten Kopf, der Schnurrbart, der bis auf die Brust herabfiel.

Die Gesandten verneigten sich tief vor dem Fürsten und seiner Ältestendrushina.

„Setzt euch!“ sagte Wladimir kurz. Der Fürst und

seine Gäste nahmen an einem Tisch Platz, auf dem alte versiegelte Pergamentrollen lagen. Bevor sich Wladimir niederließ, hakte er das Schwert vom Gürtel ab und legte es auf eine Bank.

„Nun sprecht, Männer aus Konstantinopel", begann er. „Was führt euch hierher?"

Der Patrizier Sisinios erklärte: „Wir kommen auf Befehl der Kaiser Basileios und Konstantin, um zu fragen, weshalb du, Fürst der Rus, Chersones überfallen hast."

Fürst Wladimir brach in ein Gelächter aus, in das auch die Wojewoden und Edelleute einfielen. Dann schlug er so kraftvoll auf den Tisch, daß die Rollen in die Höhe sprangen.

„Danach fragt ihr mich? Eure Kaiser wissen genau, warum ich so handelte ... Aber gut, wenn sie es vergessen haben, will ich es ihnen in Erinnerung bringen. Sagt ihnen also folgendes: Meine Väter und Vorfahren vergossen in den Kämpfen mit Byzanz Unmengen von Blut. Warum? Waren wir es etwa, die fremde Länder oder Stämme unterdrücken wollten? Nein, wir verteidigten lediglich die Rus. Die Kaiser der Rhomäer haben doch Land genug, sie verfügen über riesige Schätze und beherrschen die Wissenschaft. Und trotzdem kommen sie immer wieder zu uns gekrochen, errichten hier am Ufer des Russischen Meeres ihre Städte, drängen zum Don und zur Wolga, hetzen Petschenegen und andere Horden gegen uns. Die russischen Menschen sind geduldig", fuhr er fort, „und Krieg ist ihnen zuwider. Es gibt Verträge zwischen Byzanz und der Rus, die von unseren Fürsten Oleg, Igor und Swjatoslaw und eurerseits von den Kaisern Leon, Alexander, Konstantin, von Romanos, Konstantin, Stefan und Johannes unterzeichnet wurden. Diese Verträge kamen nicht durch göttliche Vorsehung zustande, die russischen Menschen zahlten dafür mit ihrem Blut ..."

Die Gesandten schwiegen. Jetzt wußten sie, was für Pergamente da auf dem Tisch vor Wladimir lagen.

„Im vergangenen Sommer habe ich noch einmal einen Vertrag mit Byzanz geschlossen und auf Bitte der Kaiser sechstausend Mann nach Konstantinopel geschickt. Sie retteten euer Imperium. Zweitausend von ihnen verloren bei Abydos ihr Leben. Aber die Kaiser hielten sich nicht an den Vertrag und gaben den Kriegern keinen Tribut. Deshalb kam ich nach Chersones ... Und jetzt", schloß Wladimir, „lasse ich euch mit den Edelleuten allein. Hier liegen unsere Dokumente. Lest sie."

Am anderen Morgen traf Fürst Wladimir die Männer aus Konstantinopel im selben Gemach. Die Nacht war nicht nutzlos vergangen. Die Gesandten hatten die Verträge studiert, die einst von den Kaisern unterzeichnet worden waren, und Fürst Wladimir hatte mit seinen Begleitern beraten, wie die Verhandlung zu führen war.

„Ich hoffe", begann Wladimir, „die Gesandten haben die Dokumente gelesen und wissen jetzt, wozu sich die Kaiser verpflichtet haben!"

„Im Namen der Kaiser Basileios und Konstantin sollen wir ausrichten, daß sie alle Verträge der früheren Kaiser bestätigen."

„Wir bestätigen sie ebenfalls", sagte Fürst Wladimir. „Doch das ist noch nicht alles."

Die Gäste horchten auf.

„Die Kaiser haben den Vertrag, der im letzten Sommer in Kiew geschlossen wurde, nicht eingehalten. Deshalb fordere ich einen Tribut von zwanzig Griwni für jeden Krieger, der nach Abydos gezogen war, und für die Stadt Kiew zweitausend Griwni."

„Wir werden unsere Kaiser davon unterrichten", murmelte ein Gesandter, und ein anderer berichtigte ihn sogleich: „Wir sind einverstanden, an die russischen Krieger oder an ihre Hinterbliebenen den Tribut zu zahlen."

„Damals hat man unseren Kriegern nicht nur den Tribut vorenthalten", fuhr Fürst Wladimir fort, „man wollte sie auch noch nach Bulgarien schicken. Weshalb? Schon mein Vater Swjatoslaw hat, als er in Dorostolon mit eurem Kaiser Tzimiskes verhandelte, verlangt, daß das Imperium die Bulgaren in Ruhe läßt. Ich habe auch bei jeder Gelegenheit daran erinnert. Weshalb zieht Kaiser Basileios wieder und wieder nach Bulgarien?"

„Das Imperium greift die Bulgaren nicht an", erklärten die Gesandten, „der bulgarische Gebietsregent Samuil greift Byzanz an."

Fürst Wladimir lachte.

„Der Kampf zwischen Samuils und euren Truppen findet in den Bergen, in Thrakien und Makedonien, statt. Aber welche Aufgabe haben die Legionen, die an der Donau stehen? Auf wen sind ihre Speere gerichtet? Auf die Bulgaren? Nein, auf die Rus! Schreibt: Byzanz soll sich aus den Nachbarländern zurückziehen und aufhören, die Rus zu bedrohen ..."

„Und das Chersoneser Land?" brauste einer der Gesandten auf. „Fürst Wladimir bedrohte uns nicht nur, er rückte sogar in unser Land ein! Wie sollen wir das den Kaisern erklären?"

Fürst Wladimir hatte es mit der Antwort nicht eilig.

„Richtig", sagte er schließlich, „das Chersoneser Land gehört euch, darüber haben wir keine Macht. Das widerrufe ich auch nicht, hier bleibt alles beim alten. Was Chersones angeht, so laßt uns später darüber sprechen, bevor wir den Vertrag abschließen."

Jetzt mischten sich die Kaufleute ein: „Du wolltest noch etwas über den Handel sagen, Fürst!"

„Richtig!" entgegnete Fürst Wladimir. „Wir haben das schon seinerzeit in Kiew angesprochen: Die Bedingungen, unter denen wir mit Byzanz Handel treiben, sind für uns nicht erträglich."

„Die Kaiser sind einverstanden, in Konstantinopel beliebig viele russische Kaufleute aufzunehmen. Den Preis für ihre Ware können sie selbst festlegen."

Auch die Bojaren hatten etwas auf dem Herzen: „Und was ist mit dem Gesinde, Fürst?"

Auf den Bojarengütern an Dnestr und Donau kam es vor, daß das Gesinde und die Bauern, die Leibeigenen, in den Wald flüchteten und weiter bis nach Byzanz.

„Meine Bojaren fordern", erklärte Wladimir, „daß Bedienstete, die aus Byzanz in die Rus oder von hier nach Byzanz fliehen, zurückgeschickt werden."

„Über Diebstahl und Raub", soufflierten die Kaufleute.

„Gut", stimmte der Fürst zu, „auch darüber müssen wir uns einigen. Wenn ein Grieche einen Russen bestiehlt oder ein Russe einen Griechen, ist das Strafmaß nach dem griechischen und dem russischen Gesetz festzulegen. Sollte ein Grieche einen Russen oder ein Russe einen Griechen töten, so wird der Täter mit dem Tode bestraft."

„Wir sind einverstanden", entgegneten die Männer des Kaisers. „Aber dann müßt ihr auch jene mit dem Tod bestrafen, die den griechischen Kaufmann Theodor und seinen Sohn getötet haben."

Fürst Wladimir betrachtete die Gesandten lange und aufmerksam, dann sagte er entschieden: „Wenn Theodor nur ein Kaufmann gewesen wäre, würde ich euch zustimmen. Aber er war ein Zuträger von Byzanz, der die Rus verriet ... Merkt euch, Gesandte, und übermittelt den Kaisern: Wenn ihr Spione, Verräter, Diebe zu uns schickt, wird es ihnen ergehen wie dem Patrizier Theodor!"

Hätten die Verhandlungen nicht im gefallenen Chersones, sondern in Konstantinopel stattgefunden, hätten die Gesandten wahrscheinlich grimmig um jeden Buchstaben des Vertrages gestritten. Jetzt aber wagten sie es nicht.

Nun erhob sich der alte graubärtige Roman, der Metropolit von der Insel Chalki.

„Wir akzeptieren alle eure Bedingungen, Fürst", sagte er, „und sind überzeugt, daß die göttlichen Kaiser diesen Vertrag unterschreiben werden. Aber etwas ist noch nicht zur Sprache gekommen — der Glauben. Wir bringen der Rus das, was sie auf eine Stufe mit anderen mächtigen Staaten der Welt stellt — das Christentum, und damit Lesen und Schreiben, Bücher, Gotteshäuser und Kathedralen. Der christliche Glaube hebt den Fürsten in den Rang eines Seelenhirten und gibt seinem Volk das ewige Leben, führt es aus der Barbarei heraus."

Fürst Wladimir lächelte.

„Wie kommt ihr bloß darauf, Rhomäer, daß die russischen Menschen Barbaren sind? Ihr sagt, wir hätten keine Schriftsprache und lebten in Dunkelheit. Aber das trifft nicht zu. Schon lange ritzen wir Buchstaben in Birkenrinde. Jetzt schreiben wir, ähnlich den Rhomäern, auf Pergament ... Offenbar denkt ihr, wir sind alle Heiden und beten zu Holzgöttern! Aber so ist es nicht. Es gibt auch viele Menschen, die in ihren Gotteshäusern zu den Ikonen beten und Bücher lesen."

„Der Patriarch Photios bestätigte vor hundert Jahren die Eparchie in Kiew, die Konstantinopel unterstellt ist", pflichtete einer der Griechen bei.

„Ich hörte davon", warf Wladimir mit einem Lächeln ein, „nur saß dieser Patriarch leider in Konstantinopel und nicht in der Rus und schrieb sich ohne unsere Zustimmung die Eparchie zu. In Kiew jedenfalls erkannte man sie nicht an. Die ersten Priester kamen aus Bulgarien zu uns. Die Großfürstin Olga, die Kaiser

Konstantin taufen wollte, war bereits getauft. Das alles dürfte euch doch bekannt sein, Gesandte ..."

„So ist es", erwiderte der Metropolit, „und deshalb schlage ich vor, daß die Eparchie jetzt bestätigt wird und daß die Rus von dem Konstantinopeler Patriarchen die Taufe annimmt."

Fürst Wladimir antwortete: „Hört, Gesandte, und übermittelt es dem Kaiser Basileios: Die Stunde ist gekommen, auch wir denken an eine Taufe der Rus."

Die Rhomäer seufzten erleichtert auf.

„Allmächtiger Gott", entfuhr es dem Metropoliten Roman, „ich danke dir, daß du den russischen Fürsten erleuchtet hast!"

Wladimir schien seine Worte nicht zu hören.

„Wir, die russischen Menschen", fuhr er fort, „sind bereit, den christlichen Glauben anzunehmen. Die alten Götter halfen unseren Menschen einst sehr, aber jetzt ist eine neue Zeit angebrochen ..."

„Wir taufen dich, Fürst!" riefen der Metropolit Roman und der Geistliche Theophil.

„Nicht an mich denke ich!" antwortete Wladimir mit einem Lächeln. „Gott erleuchtete mich. Ich bin Christ. Ein bulgarischer Geistlicher, der in Kiew lebt, taufte mich."

Den Gesandten verschlug es vor Überraschung die Sprache. Im Gemach herrschte Stille, durch das geöffnete Fenster war nur das Rauschen der Wellen zu hören.

„Wenn es so ist", sagte einer der Gesandten nach einer Weile, „werden wir eben die Rus taufen."

„Der Kaiser von Byzanz", widersprach Wladimir, „ist das Haupt des Staates und der Kirche. Weil ich getauft bin, werde ich als Fürst die Taufe der Rus selbst vornehmen."

„Bestätigst du jetzt die Eparchie, die von Photios gegründet wurde?"

„Diese Eparchie“, sagte Wladimir, „ist lediglich eure Erfindung. Was liegt euch denn daran, daß die Kiewer Eparchie dem Patriarchen von Konstantinopel unterstellt ist? Euer Patriarch untersteht, wie uns bekannt ist, dem Kaiser. Wem aber untersteht dann die Kiewer Eparchie und mit ihr die ganze Rus? Alle eben jenem Kaiser des Imperiums? Nein, wir werden eine eigene Eparchie gründen. Aber bei der Taufe der Rus könntet ihr mir behilflich sein. Wir brauchen Priester, geistliche Bücher und Ikonen ... Und noch eins: Ihr nennt uns ärmliche Bewohner des Nordens, Barbaren. Weshalb? Die Rus erstreckt sich vom Russischen und Kaspischen Meer bis zum Eisozean, von der Donau bis zum Ural. Sie besitzt unermeßliche Reichtümer. Niemand hat die Absicht, fremde Länder zu erobern, ganz im Gegensatz zu euren Herrschern ... Wir schwiegen lange und duldeten!“ fuhr Wladimir leidenschaftlich fort. „Nennt mir auch nur einen einzigen Kaiser, der in Kiew gewesen wäre, um die russischen Menschen kennenzulernen ... Nein, solch einen Kaiser gab es nicht. Ihr geht mit uns um wie mit irgendwelchen Petschenegen oder Chosaren! Unsere Fürsten Ki, Oleg, Igor wie auch Fürstin Olga und mein Vater Swjatoslaw waren sich nicht zu fein, sie fuhren zu euch und verhandelten mit euren Kaisern. Richtet Basileios und Konstantin aus“, schloß Wladimir, „daß ich von jetzt an wie ein Gleichberechtigter behandelt werden will.“

„Die göttlichen Kaiser werden das berücksichtigen“, sagten die Gesandten eilfertig. „Sollen sie dem Fürsten der Rus den hohen Titel eines Statthalters verleihen?“

Der Fürst lachte höhnisch.

„Was soll ich denn damit? Die göttlichen Kaiser werden dem Fürsten der Rus die Kaiserkrone geben!“ rief er gebieterisch.

Die Rhomäer waren ratlos.

„Diese Krone gebührt nur einem im Porphyr Geborenen."

Das war eine Beleidigung. Aber Wladimir gab sich ungerührt und fuhr fort: „Die Rus fordert die Krone der Kaiser ... Und damit uns die Rhomäer in Zukunft nicht verraten und die Rus Byzanz wirklich gleichgestellt ist, sollen mir die Kaiser Basileios und Konstantin ihre Schwester Anna zur Frau geben."

Damit hatten die Gesandten nicht gerechnet.

„Nach der göttlichen Vorsehung können die Kaiser nicht mit irgend jemandem verwandtschaftliche Beziehungen eingehen, am wenigsten mit ungläubigen Bewohnern des Nordens ..."

„Richtet euren Kaisern aus, daß ihr mit Fürst Wladimir gesprochen habt, dem Enkel des Fürsten Igor, der einst an den Mauern von Konstantinopel stand, und dem Sohn Swjatoslaws, der mit Johannes Tzimiskes an der Donau kämpfte. Und wenn jetzt nicht hier in Chersones meine Bedingungen akzeptiert werden, führe ich das Gespräch im Verein mit den Bulgaren an den Mauern von Konstantinopel fort. Das ist alles! Mehr habe ich nicht zu sagen."

Im Aufstehen sagte der Patrizier Sisinios: „Wir haben mit dir, Fürst Wladimir, alles besprochen und fahren jetzt heimwärts, um die Kaiser zu informieren. Nur eine Frage ist noch offen — Chersones."

Fürst Wladimir lachte.

„Das ist richtig", erwiderte er. „Sagt den Kaisern, daß ich ihnen Chersones im Austausch mit Prinzessin Anna zurückgeben werde. Und nun: Glückliche Fahrt!"

Fünftes Kapitel

1

Die Nachricht, daß im Frühling ungefähr zweihundert Kiewer Schiffe mit Kriegern unter dem Banner des Fürsten Wladimir nach Chersones aufgebrochen waren, wurde auch nach Konstantinopel getragen.

Kaiser Basileios begriff sehr schnell, daß der Kiewer Fürst Rache für jene Männer nehmen wollte, die bei Abydos umgekommen waren, Rache dafür, daß Byzanz den Vertrag mit der Rus gebrochen hatte, für alles, was ihm die byzantinischen Kaiser angetan hatten.

Mit dem Kiewer Fürsten kämpfen? O nein, Byzanz hielt kaum dem Ansturm der Bulgaren in Thrakien, Makedonien und auf dem Peloponnes stand. In Kleinasien gab es zwar keinen Ward Phokas mehr, und dennoch kam es bald hier, bald dort zu Aufständen. Unter diesen Bedingungen war gar nicht daran zu denken, Legionen ins ferne Klimati zu entsenden.

Also hatte Kaiser Basileios Boten nach Chersones geschickt, die er jetzt voller Ungeduld zurückerwartete. Und mit ihm wartete das ganze Imperium.

Da zeichneten sich endlich zwischen den Ufern des Bosporus ihre Schiffe ab. Sie waren im Russischen Meer in einen furchtbaren Sturm geraten, der die Segel zerfetzt und die Masten zertrümmert hatte. Um den Fängen des Todes zu entkommen, mußten selbst die Gesandten Wasser ausschöpfen und rudern.

Ganz entkräftet standen sie jetzt vor dem Kaiser, der seinen Ohren nicht traute, als er vernahm, daß Chersones gefallen war.

„Hat der Fürst euch empfangen?"

„Er hat uns empfangen, Herrscher, und vorgeschlagen, einen Vertrag zu schließen."

Ein Vertrag! Oh, diese Nachricht tröstete den Kaiser.

„Und worum geht es darin?"

Die Gesandten nannten an erster Stelle die Tributforderung. Gerade jetzt war es nicht leicht, sie zu erfüllen. Wahrscheinlich mußten wieder Schätze des Großen Palastes verkauft werden, silberne Kronleuchter oder Gewänder verstorbener Kaiser. Nur gut, daß man so etwas in Italien und Deutschland gern erwarb.

Als die Heimgekehrten erklärten, daß der russische Fürst die alten Verträge über Klimati bestätigt hatte, fiel Basileios ein Stein vom Herzen. All jene Vereinbarungen, die den Handel und die Rechte der russischen Kaufleute in Konstantinopel betrafen, berührten den Kaiser weiter nicht. Die Gesandten waren ganz in seinem Sinne vorgegangen. Verträge zu schließen, war die eine Sache, sie zu umgehen, die andere ...

Daß eine von Wladimirs Forderungen Bulgarien betraf, war nichts Neues, alle russischen Fürsten machten sich Sorgen um dieses Land. Nun gut, er versprach, es nicht anzurühren.

Die Nachricht, daß die Rus das Christentum annehmen wollte, war besonders erbaulich. Es war leichter, mit einem christlichen Fürsten zu sprechen als mit einem Barbaren. Schade natürlich, daß Fürst Wladimir schon getauft war und daß er sich nicht dem Patriarchen von Konstantinopel unterordnen wollte. Das war der Einfluß Bulgariens, dessen Kirche den Konstantinopeler Patriarchen schon seit einhundert Jahren nicht anerkannte.

Der Wunsch des Fürsten, der Rus mit Priestern, kirchlichem Gerät, Büchern und Ikonen Unterstützung zu geben, kam dem Kaiser wiederum sehr entgegen.

Die Priester würden schon tun, was Konstantinopel wünschte!

„Ist das alles?“ fragte Kaiser Basileios. „Und was wird nun aus Chersones?“

Die Gesandten drucksten.

„Fürst Wladimir ist einverstanden, den Vertrag zu schließen, wenn du, Erhabener, ihm die Krone zukommen läßt ...“

„Die Krone der Kaiser einem niedriggeborenen Fürsten?“

„Und Chersones verläßt er, sobald du ihm deine Schwester, die Prinzessin Anna, zur Frau gibst ...“

Der Kaiser sprang auf, das Blut schoß ihm ins Gesicht, die Augen schleuderten Blitze. Die Gesandten schwiegen.

2

Früh am Morgen verließ ein großes schnelles Schiff das Goldene Horn. An seinem höchsten Mast wehte die Flagge des Imperiums. Ihm folgten einige leichte Kriegsschiffe, Lastschiffe und mehrere flache griechische Schiffe.

Gegenüber der Halbinsel, auf der die von Kaiser Justinian errichteten Festungen und Paläste und die Hagia Sophia aufragten, machten die Schiffe halt, die Riemen wurden stillgelegt.

An Deck des Schiffes stand Anna.

Noch am Tag zuvor hatte sie ihrem Bruder Basileios ins Gesicht geschrien, daß sie nicht im Traum daran denke, den Kiewer Fürsten zu heiraten. Aber dann hatte ihre Mutter Theophano mit ihr gesprochen und sehr schnell erreicht, was sie erreichen wollte.

Gedankenverloren stand Anna da. Sie trug eine silberschimmernde Tunika, einen roten Umhang und rote Sandalen. Ihren Kopf zierte ein mit Perlen bestücktes

Diadem. Sie warf einen letzten Blick auf die Paläste und Herrenhäuser, auf die Hagia Sophia, deren vergoldete Kuppel in der Sonne glänzte, auf die Gärten, die hohen Mauern, die Pappeln am Meer — dort blieben ihre Kindheit, die Brüder, die Mutter zurück.

Aber die Trennung fiel ihr nicht schwer, es kam ihr sogar vor, als ob sie hier niemals einen ihr nahestehenden Menschen gehabt hätte. Ein verächtliches Lächeln spielte um ihren Mund, als sie an den Bruder Basileios und an die Mutter dachte... Nein, ihr tat der Abschied nicht weh!

Der Wind blähte die großen Segel, und das Schiff begann, gefolgt von den übrigen Booten, das blaue Wasser zu durchpflügen und sich von Konstantinopel zu entfernen. Anna hatte dort nichts zu verlieren. Sie wäre lediglich eine Verwandte, die Schwester des Herrschers, gewesen.

Eines der Schiffe hinter ihr hatte die Kronen für den Fürsten Wladimir und sie an Bord, die sie als Herrscher im russischen Imperium tragen würden. Außerdem fuhren viele Geistliche mit, die kirchliche Gefäße, Ikonen und Meßgewänder bei sich führten. Auf sie zählte Anna sehr.

An den Mann, der sie im fernen Chersones zur Frau nehmen wollte, dachte Anna vorerst nicht. Sie wollte nur möglichst schnell neben ihm stehen, die Krone aufsetzen und Kaiserin sein.

Von Konstantinopel aus beobachteten viele Augenpaare, wie die Schiffe mit den Gesandten, dem Tribut und der Prinzessin Anna Fahrt aufnahmen und immer kleiner wurden. Alle in der Stadt beteten zu Gott, einen günstigen Wind zu schicken, und wünschten gute Fahrt.

Kaiser Basileios war erleichtert. Der Frieden war sichergestellt, und Klimati mit der Stadt Chersones blieb Verwaltungsbezirk von Byzanz. Einen hohen Preis hatte er dem russischen Fürsten dafür zahlen müssen. Um den Tribut zusammenzubekommen, wurden Kostbarkeiten aus dem Großen Palast verkauft, darunter der Helm Kaiser Konstantins des Großen. Und die Mitgift für seine Schwester mußte auch herangeschafft werden — Gewänder für sie und den Fürsten Wladimir, Ikonen, Priesterornate, griechische Bücher. Außerdem nahmen die Gesandten ein Pergament mit nach Chersones, in dem die Kaiser versicherten, in Zukunft keinerlei Ansprüche auf die Länder der Rus am Pontos Euxinos zu erheben und ihre Truppen aus Bulgarien zurückzuziehen.

Allerdings hatte Kaiser Basileios nicht vor, sich an diese Versprechungen zu halten.

Auch von den Fenstern des Blachernen-Palastes aus waren die Schiffe im Goldenen Horn zu sehen. Von dort blickte ihnen Theophano nach.

Die Zeit, in der sie jeden mit ihrer Schönheit und das Imperium durch Schlauheit und Verrat erobert hatte, war vorbei. Sie war niemandem mehr von Nutzen und erinnerte an eine verwelkte Blume, die jemand fortgeworfen hatte.

Vielleicht war sie zum ersten Mal im Leben ehrlich gewesen, als sie zu ihrer Tochter Anna gesagt hatte: „Es wäre besser, Anna, dich dem Willen deines Bruders zu fügen und in die Rus zu fahren."

„Aber du hast doch selbst gesagt, daß Basileios nie etwas Gutes im Schilde führt."

Theophano seufzte.

„Das ist wahr", gab sie zu, „aber darum geht es jetzt nicht, Anna. Als ich noch jung war, standen an der Spitze des Imperiums starke, erbarmungslose Männer — Konstantin, Nikephoros, Johannes. Sie lehrten die Welt, das Imperium zu fürchten ... Basileios ist auch erbarmungslos, aber schwach, und er umgibt sich mit ebensolchen Menschen. Glaub mir, nicht mehr lange, und unser Imperium zerfällt. Wir kommen um, du und ich, und das Reich geht zugrunde. Deshalb sage ich dir, Anna, fahr in die Rus, dort bist du außer Gefahr, dort erwarten dich Ehre und Ruhm."

So fuhr Anna also. Und ihre Mutter sah den Schiffen hinterher, die eins nach dem anderen in das Tor des Bosporus hineinfuhren und ihren Blicken entschwanden.

Theophano seufzte. Nun war sie ganz vereinsamt. Der Tod näherte sich mit großen Schritten. Seit einem Jahr war sie krank, sie magerte ab und hatte ständig Schmerzen in der Herzgegend. Die Ärzte waren ratlos, wahrscheinlich gab es keine Retung ...

3

Als die byzantinischen Schiffe am Horizont auftauchten, strömten die Einwohner von Chersones und die russischen Krieger auf die Mauern der Stadt und zum Ufer.

Die Schiffe warfen Anker, die Laufplanken wurden herabgelassen. Die Gesandten, einige Bischöfe und Priester in leuchtenden Ornaten, Mönche in schwarzen Kutten, verschiedene Beamte mit Auszeichnungen und Orden, Schreiber mit Tintenfässern am Gürtel kamen an Land.

Dann schleppten Sklaven über die sich biegenden Laufplanken eine mit blauem Stoff verhängte Sänfte. Alle am Ufer traten beiseite.

Die Sänftenträger gingen auf die Stadtmauern zu und dann nach links zum Haus des Feldherrn, wo sie im nächsten Augenblick hinter den Säulen verschwanden.

Jetzt begannen die Sklaven, schwere Ballen, Truhen, riesige Krüge und Säcke von den Schiffen zu tragen und am Ufer aufzutürmen.

In der Sakristei wurde Fürst Wladimir von Höflingen und Kammerdienern erwartet, die aus Konstantinopel eingetroffen waren und in allen Einzelheiten wußten, wie Zeremonien ablaufen mußten. Priester aus Kiew sollten ihnen dabei über die Schulter sehen.

Die Kammerdiener hatten ihre Vorbereitungen getroffen. Auf den Bänken an den Wänden entlang standen lange, schmale Holztruhen, in denen die Kleidung verborgen war, auf dem Tisch in einem Kästchen aus Karneol lagen die Krone und alle Insignien der Kaiserwürde.

Als der Fürst eintrat, machten die Kammerdiener eine tiefe Verbeugung. Sie zogen ihm zuerst ein langes Hemd und dann das sackähnliche weiße Oberkleid der höchsten byzantinischen Würdenträger über, auf das mit einem Silberfaden Kreuze gestickt waren. Um die Hüften legten sie ihm einen breiten Gürtel aus scharlachroter Seide, über die Füße zogen sie rote, spitze Sandalen. Schließlich hängten sie einen purpurroten Mantel mit goldener Borte über seine Schultern und legten ihm einen Kragen um den Hals. In dieser Kleidung kam sich Wladimir vor wie in einer engen Holzkiste, besonders der Kragen störte ihn.

Er betrat die Kathedrale, wo ihn seine Bojaren und Wojewoden bereits erwarteten. Die byzantinischen Höflinge gesellten sich zu ihm, einer von ihnen trug das Kästchen aus Karneol bei sich.

Jetzt wurde Prinzessin Anna in die Kathedrale geführt. Ein silberschimmerndes Gewand umschloß ihre schlanke Gestalt, das Gesicht war von einem dichten Schleier verhüllt, der auf Schultern und Brust fiel.

Fürst Wladimir tat, wie ihm geheißen worden war:

Er trat vor, blieb vor der Prinzessin stehen und schlug den Schleier zurück.

Das erste, was er erblickte, waren ihre ängstlich geweiteten, dunklen Augen, die sich scharf von dem weiß gepuderten Gesicht abhoben, die schmale Nase mit den vor Erregung zitternden Nasenflügeln, die fest zusammengepreßten Lippen.

Und alles — nicht nur das Gesicht der Prinzessin, sondern auch die tausendköpfige Menge, die die Kathedrale füllte, der feierliche Gesang des Chores, das Licht der Kerzen — schien Wladimir ein Traum zu sein. Er nahm Anna bei der Hand und führte sie zum Altar, wo schon der Bischof stand und auf einem Tischchen die Kronen lagen.

Der Bischof hob die Kronen empor und setzte sie Wladimir und Anna aufs Haupt, verband ihre Hände mit einem roten Seidentuch und segnete sie. Anna war jetzt Kaiserin, die Frau des Fürsten Wladimir, ihn aber schmückte die Krone der byzantinischen Kaiser.

„Ewiger Ruhm dir, Herrscher!“ dröhnte es in der Kathedrale. Tausende von Menschen priesen ihn, den Kaiser, und knieten nieder.

Von nun an würde ihn niemand mehr den Sohn einer Magd nennen. Er war ebenso ein Kaiser, wie Basileios und Konstantin in Byzanz, wie Otto in Deutschland ... Von nun an würde niemand mehr die Rus als Land der Barbaren und Heiden bezeichnen. Gleichberechtigt stand sie neben Byzanz, neben dem Deutschen Reich, den mächtigsten Staaten der Welt.

Fürst Wladimir hob die Hand und richtete den Blick zum Himmel.

„Schau auf mich, Gott, deinen demütigen Diener, und nimm mein Gebet entgegen ...“

Nach dem Gastmahl, das mit viel Lärm, Gesang und Lobpreisungen nur so vorbeirauschte, begaben sich Anna und Wladimir ins Schlafgemach, in dem alles für das Glück und die Liebe vorbereitet war. In einem silbernen Leuchter brannten sieben Kerzen, deren Schein auf die roten Teppiche an den Wänden fiel, auf die Marmorstatue von Amor und Psyche, im ewigen Kuß verschmolzen, auf das schneeweiße breite Bett und die Blumen in den hohen Vasen.

In dieser wundervollen Nacht übergoß der Vollmond die Berge auf Kap Parfenios, das Wasser, die Mauern, Kirchen, Säulen, die Basiliken und die eng beieinander stehenden Häuser von Chersones mit bläulichem Glanz.

Trunken vom Wein und allen Erlebnissen dieses Tages blickte Wladimir Anna an, und ihre großen schwarzen Augen erwiderten seinen Blick voller Ergebenheit. Wahrlich, sie stand an Schönheit ihrer Mutter Theophano nicht nach.

„Göttliche Kaiserin! Zierde der Welt!“ sagte er.

„O Wladimir, nördlicher Held!“ antwortete sie.

Anna hatte in Wladimirs Sprache und er in ihrer gesprochen. Aber was bedeuten schon Worte, wenn selbst der Himmel, der Mond und die Wellen im Meer die Liebe zu preisen schienen?

4

Als der Morgen graute, stand Fürst Wladimir hinter der Stadt auf einem Felsen, an dessen Fuß die Wellen tosten. Eine schlaflose Nacht lag hinter ihm. Vorsichtig war er aufgestanden, hatte sich angezogen und auf Zehenspitzen das Schlafzimmer verlassen. Er war in die Diele hinabgestiegen, wo die Wache stand, auf die menschenleere Straße getreten und am nördlichen Stadttor vorüber zu diesem Felsen gegangen. Von Osten jagte ein wütender Wind graue Wolkenfetzen heran, das Meer tobte, die Wellen trugen Schaumkronen.

Aber es stürmte nicht nur über dem Meer, sondern auch in der Seele des Fürsten. Ihm kam es vor, als sei er viele Tage lang immer vorwärts und vorwärts einem Ziel entgegengegangen und habe es in dieser Nacht erreicht.

Weshalb aber diese innere Unruhe? Alles war doch nach seinen Vorstellungen verlaufen: Mit den Kaisern von Byzanz war ein ehrenvoller dauerhafter Vertrag geschlossen worden, den Tribut für die Krieger hatte er erhalten, gestern war er zum Kaiser gekrönt und mit der Prinzessin Anna vermählt worden. Er kehrte siegreich in die Rus zurück.

In die Rus zurückkehren... Gerade daran dachte Fürst Wladimir jetzt auf dem Felsen am Meer. Was sollte er seiner Frau Rogneda sagen, was den Kindern? Das Wohl des Heimatlandes lag ihm am Herzen, aber wie stand es um das Wohl seiner Familie?

Er ging immer weiter am Meer entlang und blieb unter Zypressen stehen, auf einem Friedhof mit prachtvollen Gräbern, imposanten Denkmälern, Säulen und Marmorstatuen. Einige der Grabsteine trugen Inschriften, und hier und da wurden die Toten nur von einem grasbewachsenen Sandhügel behütet.

Fürst Wladimir ging von Grab zu Grab und entzifferte mit Mühe die griechischen Inschriften. Auf einer Marmortafel war eingemeißelt:

„O Julia, freue dich!
An einem warmen südlichen Meer geboren,
wurdest du Fürstin eines kalten nördlichen Landes.
Du warst die Frau eines Tigers und eines Löwen,
und von ihnen gebarst du einen Leoparden.
Schlaf ruhig in der Erde von Chersones,
mag der Leopard seinen Weg durch das trockene Tal gehen,
du bist als Tote auf Erden lebendig und dem Himmel willkommen!“

Als Fürst Wladimir die Inschrift gelesen hatte, lief ein kalter Schauer über seinen Körper. Wer war wohl unter diesem Grabstein beigesetzt? Von welcher Julia, welchem Tiger, Löwen und Leoparden sprach die Inschrift?

Die drohende Gewalt der Wellen, die mahnende Stimme der Vergangenheit vereinigten sich in Wladimirs Seele mit der Furcht vor dem morgigen Tag.

Als der Fürst in das Haus des Feldherrn zurückkehrte, war bereits heller Tag. Alle, denen er in der Diele und im Treppenhaus begegnete, blickten ihn verwundert an, aber keiner sagte ein Wort. Er erwiderte ihren Gruß und stieg weiter nach oben.

Anna war schon aufgestanden, ihre Diener liefen durch die Flure, und im Schlafgemach legten einige Frauen letzte Hand an ihre Toilette. Als Fürst Wladimir über die Schwelle trat, huschten sie davon. Wladimir blieb mit Anna allein.

Es verwunderte ihn, daß sie trotz der frühen Stunde schon ihr kaiserliches Gewand trug, eine silberschimmernde Tunika mit goldenen Palmetten. Auf ihrem Kopf funkelte ein Diadem aus Edelsteinen, die Schultern bedeckte ein purpurroter Mantel.

„Haben wir heute einen großen oder einen mittleren Ausgang?“ fragte Anna.

Wladimir verstand ihre Frage nicht.

„In Konstantinopel“, erklärte sie, „veranstalten die Kaiser täglich große, mittlere oder kleine Ausgänge: die großen in die Hagia Sophia, die mittleren in andere Gotteshäuser, die kleinen stets am ersten Tag der Fastenzeit. Und dementsprechend zieht man weiße, purpurrote oder schwarze Kleidung an, zeigt man sich dem Volk oder nicht ...“

Fürst Wladimir lächelte.

„Ich verhandle früh erst einmal mit meinen Wojewoden, Bojaren und den übrigen Männern", entgegnete er, „und dabei wird es auch in Zukunft bleiben. Wir haben hier in Chersones alles erledigt und werden bald nach Kiew zurückkehren."

„Und jetzt gehst du zu deinen Würdenträgern, Feldherren und Kriegern?"

„Ja. Ich war schon in der Stadt und bin lange am Meer entlanggelaufen."

„Was hast du getan?" Anna riß die Augen weit auf. „Haben dich deine Männer begleitet?"

„Nein", antwortete Wladimir, „ich war allein."

Das konnte Anna nicht begreifen. In Konstantinopel kam so etwas nicht vor. Kaiser und Kaiserinnen wurden ständig von Leibgardisten bewacht und machten ohne ihre Würdenträger keinen Schritt.

„Und was hast du jetzt vor?" forschte Anna weiter.

„Wir begeben uns beide nach unten zum Frühstück, dann gehe ich in die Stadt, um die Boote zu kontrollieren, auf denen wir nach Kiew fahren."

„Und ich? Was soll ich tun?" fragte Anna ratlos.

„Du mußt dich auch auf die Reise vorbereiten, es ist ein langer, schwieriger Weg."

„Gut!" murmelte Anna. Jetzt verstand sie ihren Mann.

„Gehen wir!" sagte Wladimir.

„Ich bin fertig", antwortete Anna. Sie hielt einen Augenblick inne, nahm das Diadem vom Kopf und legte es in das am Bett stehende Kästchen.

Vor dem Schlafgemach wurden sie von Wojewoden, Bojaren und Gesandten, vom Gefolge der Kaiserin und von Kammerdienern erwartet, die lange Kästen in den Händen hielten.

Sie alle verneigten sich tief vor dem Paar. Der Wojewode Wowtschi Chwist trat an den Fürsten heran und flüsterte: „Die Griechen wollen dir kaiserliche Gewänder anziehen und die Krone aufsetzen."

„Bei uns in der Rus“, sagte der Fürst zu den Umstehenden, „pflegen sich die Menschen selbst anzuziehen. Das trifft auch für die Fürsten zu. Verwahrt die kaiserlichen Gewänder, Bojaren, ich werde sie anziehen, wenn ich hohen Besuch habe. Ansonsten kleide ich mich wie immer.“

Die Gesandten traten vor.

„Kaiser, Fürst Wladimir!“ begann der Patrizier Phrygios. „Die Stunde unseres Abschieds ist gekommen. Wir haben alles erledigt und möchten jetzt nach Konstantinopel zurückkehren. Wir wünschen dir und der Kaiserin von ganzem Herzen eine glückliche Reise.“

„Auch euch eine glückliche Fahrt, Gesandte, und meinen Schwägern, euren Kaisern, Gesundheit, Glück und ein langes Leben.“

„Danke, Fürst und Herrscher, dasselbe wünschen wir dir und der Kaiserin. Doch erlaube noch eine Frage, Kaiser. Es geht um den Vertrag mit der Rus. Wer von uns begleitet dich nach Kiew?“

„Warum wollt ihr mich nach Kiew begleiten?“

„Nicht von uns ist die Rede, wir reisen nach Konstantinopel zurück. Aber wir schlagen vor, daß unser Bischof und die Priester mit dir nach Kiew fahren.“

„Warum sollten sie das tun?“

Die Gesandten waren verwirrt.

„Unsere Kaiser haben sich mit dem Patriarchen Nikolai Chrisowerg beraten, und der schlug vor, Michael als Bischof in die Rus zu schicken ...“

„Die jungen Kaiser haben den alten Patriarchen Nikolai umsonst in Aufregung versetzt“, sagte Wladimir mit einem bösen Lächeln. „Ich habe schon einmal erklärt, daß in der Rus kein byzantinischer Bischof, sondern einer nach meiner Wahl eingesetzt wird.“

„Hast du schon jemanden im Auge?“

„Ja, der Priester Anastas wird Bischof in der Rus.“

„Anastas ist ein Abtrünniger, der Patriarch Nikolai hat ihn mit dem Kirchenbann belegt!" rief Bischof Michael.

„Der Patriarch Nikolai", erwiderte Fürst Wladimir, „kann nur seine eigenen Priester mit dem Kirchenbann belegen. Ich aber segne und ernenne mit der Macht, die mir von den Kaisern gegeben wurde, Anastas von Korsun zum Bischof der Rus." Wladimir schwieg einen Moment und fuhr dann fort: „Und jetzt, teure Gäste, bitte ich euch, meine Tafel zu teilen."

Wladimir und Anna, gefolgt von den Bojaren und Wojewoden, den griechischen Gesandten und Geistlichen, begaben sich in den Speisesaal, wo für sie ein üppiges Frühstück vorbereitet worden war: gebratene Kraniche, gepökeltes Schweinefleisch, geräucherter Bärenschinken, Enten, Gänse, wie Bernstein schimmernder gedörrter Fisch von der Dneprmündung, Linsen-, Erbsen-, Bohnen- und mehrere Arten von Fischsuppen, Quarkpfannkuchen, Honig, Wein, Bier, Kwas ...

Es gab in Hülle und Fülle zu essen und zu trinken. Im Handumdrehen waren Kränkung und Streit vergessen.

5

Am selben Tag suchte Fürst Wladimir mit den Wojewoden und Bojaren hinter der Stadt die Reiterregimenter auf, die sich auf den langen Heimweg vorbereiteten, und stieg zur Symbolbucht hinunter, wo die Schiffe vor der Abfahrt mit dem Tribut beladen wurden, der aus Konstantinopel gekommen war, und jenem, den Wladimir der besiegten Stadt Chersones auferlegt hatte.

In Klimatis Hauptstadt hatte der Fürst viele wundervolle Dinge ausfindig gemacht: in einem verlassenen Tempel ein Mosaik aus hellenistischer Zeit, Marmorstatuen, die hinter den Mauern am Ufer verwitterten, und alte Bilder, auf denen die Götter wie lebendige Menschen dargestellt waren.

Aber ein Dutzend Schiffe reichte nicht aus, um all die Schätze, die die Seele des Fürsten Wladimir ergötzten, in die Rus zu befördern. Gerade transportierten russische Krieger mit lauten Rufen Pferde und Reiter aus Bronze auf eins der Schiffe und Priester Ikonen und kirchliches Gerät auf ein anderes.

Bischof Anastas bestand darauf, aus einer Kathedrale von Chersones Reliquien eines Heiligen mit nach Kiew zu nehmen.

„Die Reliquien eines römischen Papstes?" wunderte sich Fürst Wladimir.

„Der heilige Klemens war in der Tat ein römischer Papst, aber er wurde aus Rom verjagt und verbrachte sein ganzes Leben in Chersones. Hier starb er auch."

Die Reliquien von Papst Klemens wurden in einem der Schiffe untergebracht.

Ausgiebig unterhielt sich Fürst Wladimir mit den Baumeistern von Chersones, die schon lange keine Arbeit mehr in ihrer Heimatstadt hatten. Einige von ihnen willigten ein, gleich mit nach Kiew zu fahren, um dort Kirchen und Paläste zu bauen, andere versprachen, später nachzukommen.

„Wir scheinen Glück zu haben", sagte Wladimir zu seiner Ältestendrushina und blickte zum Himmel. „Der Wind kommt von Osten und wird uns schnell zur Dneprmündung treiben. Morgen bei Tagesanbruch stechen wir in See. Das Reiterheer wird heute abend aufbrechen, um so bald wie möglich die Chosarische Landenge zu passieren. Bei den Stromschnellen soll es auf uns warten, unsere Boote sind jetzt schwer ..."

Sechstes Kapitel

1

Langsam fuhr die Flottille des Fürsten Wladimir den Dnepr stromaufwärts. Mit dabei war auch das griechische Schiff, das Anna nach Chersones gebracht hatte. Am Heck des Decks stand ein richtiges kleines Wohnhaus mit zwei Gemächern. Die Ruderer und Diener wohnten unter Deck und schliefen direkt auf dem Boden.

Am linken Ufer des Dnepr, gegenüber der Grigori-Insel, wurden die Schiffe von den berittenen Kriegern erwartet. Fast eine Woche lang zogen oder schoben sie, vom Morgen bis in die Nacht hinein arbeitend, die Boote auf Rollen an den Stromschnellen vorbei.

Fürst Wladimir erklärte seiner Frau den weiteren Weg.

„Wir haben die Stromschnellen überwunden und begeben uns jetzt direkt nach Kiew, ein Teil der Heeres zu Pferde, der andere in den Booten.“

„Bleiben wir im Boot?“ fragte Anna.

„Du ja“, antwortete der Fürst, „aber ich breche mit dem Reiterheer auf.“

„Du läßt mich allein zurück?“

„O nein, ich lasse dich nicht zurück“, sagte Wladimir lächelnd, „aber ich will früher in Kiew sein, um Vorbereitungen für deinen Empfang zu treffen.“

„Dann reite! Und vergiß nicht, meine Gedanken sind Tag und Nacht bei dir. Ich bete für dich.“

Sie umarmte und küßte ihn. In der kurzen Zeit ihres Zusammenseins hatte Anna das strenge und entschlossene Wesen Wladimirs durchschaut und eingesehen, daß es besser war, ihm nicht zu widersprechen. Dem Umgang mit der Aristokratie in Armenien und dem Einfluß ihrer Mutter Theophano verdankte sie es, daß sie sogar zu Menschen, die sie in tiefster Seele haßte, freundlich und sogar zärtlich sein konnte.

Am nächsten Morgen stieß ein Schiff nach dem anderen vom Ufer ab. Fürst Wladimir blickte ihnen nach, wie sie langsam in der Ferne verschwanden, dann gab er seinem Pferd die Sporen und ritt an der Spitze des Heeres los.

Es war kein Zufall, daß der Fürst diesen Weg wählte. Er wollte eine Zeitlang in der Stille des Dikoje Polje allein sein mit seiner Drushina. Früher hatte ihn dort immer eine wundervolle Ruhe ergriffen ...

Hoch über dem Dikoje Polje erstreckte sich der blaue Himmel, ringsum, soweit man sah, wucherte graues Steppengras, aus dem überall Kurgane emporragten, auf denen aus grauem Stein gemeißelte Recken standen. Ihre Arme hingen leblos herab, und ebenso leblos blickten die Augen in jene Richtungen, aus denen feindliche Horden kommen konnten.

Wladimir war alles vertraut, und trotzdem war ihm traurig zumute. Die Sorgen und Zweifel, die schon immer auf ihm lasteten, wollten ihm heute keine Ruhe lassen.

Natürlich, der Sieg in Chersones brachte Ruhm für die Rus, das ewig erniedrigte und geschmähte Vaterland wurde den Imperien gleichgestellt. Aber würden die russischen Menschen das Neue annehmen? Würden die Länder und Städte im neuen Glauben einmütig sein und die alten Götzen stürzen, mit denen es sich in Zukunft nicht mehr leben ließ?

Nein, Fürst Wladimir wußte, daß der Sieg über die Rhomäer erst der Beginn einer großen Schlacht in der Rus war. Das einzige, was ihn in dieser Stunde tröstete, war sein Glaube an die Zukunft und die Überzeugung, daß er bisher richtig entschieden hatte.

Dumpf schlugen die Hufe der Pferde auf, hoch am Himmel jubilierten die Lerchen, unendlich weit zog sich die Steppe hin. Und irgendwo auf dem Dnepr bewegten sich die Flottille und das byzantinische Schiff mit dem Haus vorwärts, und aus einem Fensterchen blickte Anna auf den Dnepr.

Sie war wirklich auffallend schön, gewiß eine der schönsten Frauen der Welt, wie die Griechen sagten. Aber daran lag Fürst Wladimir wenig. Er hatte Rogneda, seine liebevolle, treue Frau, und eine große Kinderschar. Ihm war nicht danach, die Liebe der griechischen Prinzessin zu erlangen. Er liebte sie nicht und würde sie niemals lieben.

Doch jetzt war nichts mehr rückgängig zu machen. Kiew rückte näher und näher und damit auch seine Frau Rogneda, die Götter, die Menschen. Oh, was für einen hohen Preis mußte er für den Sieg zahlen!

2

Gleich am ersten Abend ging Fürst Wladimir zu Rogneda. Er war nicht imstande, diese Last länger mit sich herumzutragen, er wollte offen mit ihr darüber sprechen, wie es jetzt weitergehen sollte.

Rogneda wußte, was in Chersones geschehen war. Die Frauen der Bojaren und Wojewoden und sogar die Diener hatten ihr zugetragen, daß der Fürst in Chersones mit den Rhomäern Frieden geschlossen, sich eine Prinzessin zur Frau genommen hatte und Kaiser geworden war. Sogar die Kinder hatten von den Ereignissen in Chersones erfahren. Einige Tage lang waren sie ihr ausgewichen, weil sie der Mutter in ihrem Leid keinen Rat geben konnten. Besonders verzweifelt war

Jaroslaw. Er ritt zur Jagd aus, verletzte sich am Bein und lag jetzt hier im Turmhaus im Nebengemach.

Müde und abgemagert, mit bloßem Kopf stand Fürst Wladimir auf der Schwelle. Er trug ein dunkles Gewand, in dem er gewöhnlich in die Schlacht zog, und am Gürtel das Schwert.

„Einen guten Abend dir, Rogneda!"

„Auch dir einen guten Abend, Wladimir!"

Sonst umarmte und küßte er sie, diesmal ließ er sich schwerfällig auf einer Bank nieder und stützte den Kopf auf die Hände.

„Ich kam, um mit dir zu reden ..."

„Das habe ich erwartet, Wladimir."

„Ich bin ganz offen, Rogneda ... Es ist etwas geschehen, was ich nicht wollte ..."

„Ich wundere mich, daß du so sprichst", antwortete Rogneda. „Ich entsinne mich, du wolltest Byzanz besiegen — und hast es besiegt. Du wolltest den Kaisern ebenbürtig werden — und nennst dich jetzt Kaiser. Du hast vor, die Rus zu taufen — und auch das wird dir gelingen ..."

„Ich sehe", sagte Wladimir und versuchte zu lächeln, „du weißt alles, was in Chersones geschehen ist. Nur eines nicht ..."

„Nein, Wladimir", erwiderte Rogneda, „auch dies eine weiß ich. Du bist Kaiser, weil du der Mann von Prinzessin Anna wurdest ... Ich danke dir, Wladimir, daß du sie nicht gleich hierher gebracht hast, sondern allein gekommen bist. Die Fürstenburg ist groß, aber für zwei Frauen ist sie zu eng ... Mein Gott, mein Gott", rief sie, „wie grausam ist die Welt!"

„Denkst du etwa, daß es mir leichtfällt, in dieser Welt zu leben?"

„Nein, Wladimir, das denke ich nicht, du liebst die Rus mehr als dich selbst, und deshalb muß man dir alles verzeihen ... Ich weiß, daß du dich lange gequält und gelitten hast. Du mußtest gegen die Rhomäer kämpfen, einen neuen Vertrag schließen, das Christentum annehmen ..." Sie verstummte und fuhr dann fort: „Es kommt dir auch zu, die Krone aufzusetzen, du bist dessen würdig, sonst wärst du kein russischer Fürst. Nur eins verstehe ich nicht", schloß Rogneda. „Wie konntest du, der eine Frau hat, an eine andere denken und dich, ohne mir etwas zu sagen, mit ihr trauen lassen?"

„Als ich in den Krieg zog", entgegnete Wladimir, „dachte ich an keine Prinzessin, auch als ich mit den Kaisern den Vertrag festlegte, hatte ich nichts dergleichen im Sinn. Aber die griechischen Kaiser sind hinterlistig, ich traute ihnen nicht, und deshalb forderte ich von ihnen die Hand der Prinzessin Anna ..."

„Offenbar fürchten dich die Kaiser sehr, wenn sie einwilligten, dir ihre Schwester zu geben ... Und Anna? Vertraust du ihr?"

„Ich nahm sie zur Frau, deshalb kann und will ich nicht über sie reden ...", erklärte Wladimir schroff.

„Gut. Und wie steht es um dich?"

„Um mich ...?"

„Sag mir die Wahrheit, wie bitter sie auch sein mag: Liebst du die Kaiserin Anna?"

Wladimir schloß die Augen und schwieg, dann blickte er Rogneda an und sagte: „Ich habe lange überlegt, ehe ich dir antwortete, denn ... nach solchen Dingen fragt man gewöhnlich nicht. Aber du hast ein Recht darauf, du mußtest fragen ..."

Er verstummte wieder. Es fiel ihm schwer, die richtigen Worte zu finden, die ihre Qualen milderten.

„Gut", sagte Wladimir endlich, „ihre Schönheit hat mich beeindruckt, doch glaube mir, ich liebe sie nicht, bis heute jedenfalls. Ich bin selber entsetzt über das, was geschehen ist, und würde alles umkehren, wenn es nach meinem Willen ginge ... Das ist die Wahrheit."

„Du hast aus der Rus ein Imperium gemacht, bist selbst Kaiser geworden, hast eine griechische Kaisertochter geheiratet, aber ... du tust mir leid.“

„Rogneda!“ rief er. „Du kannst mir jetzt alle möglichen Vorwürfe machen, aber sag nicht, daß du mich bedauerst. Ich bin nicht nur Herrscher, sondern auch ein Mensch.“

„Ich habe alles gesagt.“

„Und was soll ich jetzt tun?“

„Warum fragst du mich? Du hast deine Wahl getroffen, ich werde dir nicht im Wege stehen, ich verlasse die Fürstenburg.“

Wladimir seufzte.

„Jetzt begreife ich erst, was geschehen ist. Von nun an muß ich mich allein quälen und leiden, du verläßt mich ...“

„Nicht ich tat den ersten Schritt, sondern du, Wladimir.“

„Auch das begreife ich ...“

Ein schweres, quälendes Schweigen herrschte. Zwei Menschen, die noch vor kurzem einander ganz nahe standen, wollten sich vieles sagen und anvertrauen, aber sie konnten es nicht, das Leben hatte zwischen ihnen eine Mauer errichtet.

Fürst Wladimir brach als erster dieses unerträgliche Schweigen.

„Rogneda“, sagte er verzweifelt, „verzeih, ich bin schuld, ich allein bin für alles verantwortlich ... Aber erlaube mir, dafür zu sorgen, daß du ein sorgenfreies Leben führst.“

„Wie willst du das machen?“

„Fahre in die Stadt deines Vaters, Rogneda, nach Polozk, ich gebe dir das Land.“

„Du bist sehr großzügig, Wladimir“, sagte Rogneda, „aber das ist ausgeschlossen. Was werden die Menschen dort sagen? ... Früher habe ich mich in Polozk wohlgefühlt, aber jetzt ..."

„Dann bitte ich dich, nimm eine andere Stadt, wähle von meinen Bojaren aus, wen du willst, ich gebe dir Gold und Silber!"

„Nein", antwortete Rogneda entschieden, „damit erkaufst du keinen Seelenfrieden. Mir liegt an all dem nichts. Ich will Christi Braut werden, vielleicht findet meine Seele dann Ruhe ..."

„Was hast du vor?"

„Ich will Nonne werden, ins Kloster gehen."

„Nonne?" entfuhr es Wladimir. „Nein, das kannst du mir nicht antun!"

Rognedas Gesicht veränderte sich plötzlich, sie wurde blaß, ihre Augen blickten streng, sogar drohend.

„Weshalb willst du das nicht?"

„Meine Frau — Nonne in der Stadt, wo ich als Fürst sitze? Nein, das geht über meine Kräfte, Rogneda!"

„Das begreife ich nicht, Wladimir! Ich bin doch nicht mehr deine Frau, und Nonne will ich werden, weil meine Seele die Ruhe und Abgeschiedenheit braucht. Warum gönnst du mir das nicht? Du bist ein grausamer, ungerechter Kaiser! Dann ... dann töte mich. Meine Seele hast du ja schon getötet!" Rogneda fiel auf die Knie. „Zieh das Schwert und töte mich, nur zu!"

In diesem Augenblick öffnete sich die Tür des Nebengemachs, und Jaroslaw erschien auf der Schwelle. Er war ungewöhnlich bleich, trug ein langes weißes Hemd und stützte sich auf ein Schwert.

„Mutter!" rief er und zog das Schwert aus der Scheide. „Wer will dich töten? Weshalb kniest du?"

„Jaroslaw, mein Sohn!" Rogneda erhob sich. „Warum bist du aufgestanden? ... Gib mir den Arm, ich führe dich zum Bett."

„Ich habe einen Schrei gehört. Will der Vater dich töten?"

„Nein, nein“, antwortete sie, „er will mich nicht töten ... Wir sprachen nur miteinander. Geh, mein Sohn, ich bitte dich ...“ Sie umfaßte ihn und zog ihn zur Tür.

Wladimir stand die ganze Zeit am Fenster. Als er sich umdrehte, war Jaroslaw schon nicht mehr in dem Gemach, Rogneda saß, den Kopf auf die Hände gestützt, auf der Bank am Tisch.

Wladimir ging zu ihr. Er kannte Rogneda: Hatte sie erst einmal einen Entschluß gefaßt, war nichts daran zu ändern. Das bedeutete, der Augenblick des Abschieds war gekommen, sie würden sich nie mehr wiedersehen ...

„Leb wohl, Rogneda!“ sagte Wladimir leise. „Verzeih und tu, was du für richtig hältst.“

„Leb wohl!“

Als Fürst Wladimir hinausgegangen war, saß Rogneda noch lange am Tisch. Sie weinte nicht — die Tränen waren versiegt. Schließlich stand sie auf und ging in das benachbarte Gemach. Dort lag Jaroslaw auf dem Bett, den Kopf im Kissen vergraben.

„Mein Sohn“, fragte sie, als sie sich neben ihn setzte, „was hast du? Tut dein Bein weh?“

Traurige, gar nicht mehr kindliche Augen blickten sie an. Jaroslaw schüttelte den Kopf, als wollte er die bohrenden Gedanken verjagen.

„Nein, mein Bein schmerzt nicht, dafür aber das Herz ... Ich habe alles gehört, ich weiß, wie er dich beleidigt hat, und nicht nur dich, sondern auch uns Kinder.“

„Wie kannst du so etwas denken!“ rief Rogneda. „Er hat mich nicht beleidigt, Jaroslaw ... Und er hat nicht mir Böses zugefügt, sondern sich selbst ... Es verhält sich nicht so, wie du denkst“, fuhr sie fort. „Er ist gut, dein Vater, er will, daß alle Menschen glücklich sind. Aber wo ist es, dieses Glück? Wenn keine Liebe im

Herzen ist, kann auch das Gute im Leben nicht gedeihen ..."

„Du hast mir nicht alles gesagt, Mutter, aber manches begreife ich auch so", erwiderte Jaroslaw. „Glaub mir, in Wahrheit bist du die Zarin aller Zarinnen und die Herrin aller Herrinnen, denn du tauschst den Ruhm des Lebens gegen den Ruhm des Zukünftigen ein, aber ich ..."

„Was ist mit dir, Jaroslaw?"

„Ich werde meinem Vater niemals verzeihen ..."

3

Auf der Gora waren die Lichter erloschen, über dem Dnepr hing der Mond, der sich als gelblicher Pfad im Wasser widerspiegelte. Die Stille wurde von Zeit zu Zeit von den Stimmen der Wachen auf der Stadtmauer und den Schreien aufgeschreckter Vögel unterbrochen.

Fürstin Rogneda schlief nicht. Sie saß am geöffneten Fenster des Schlafgemachs und blickte auf die Stadtmauer, die Steilhänge des Dnepr, auf die Wälder und Wiesen in der Ferne, nahm aber nichts davon wahr. Sie war in Erinnerungen versunken, die sie wehmütig und hoffnungslos stimmten.

Rogneda dachte daran, wie sie den Fürsten Wladimir kennengelernt und liebgewonnen hatte. Sie hatte ihm alles gegeben, ihre Mädchenehre, ihre Schönheit, ihr Herz, und der Gedanke an ihn half ihr damals, den Verlust des Vaters und der Brüder zu verwinden. Sie verließ das väterliche Haus, folgte dem Geliebten und war bereit, mit ihm zu gehen, wohin er sie auch führte.

Gesprochen hatten sie nie über ihre Liebe, und das bekümmerte sie manchmal. Aber weder sie noch Wladimir, der rauhe Krieger, konnte es. Und waren Worte da wirklich nötig?

Das Leben bestätigte ihre Liebe. Fünfundzwanzig Jahre verbrachten sie miteinander, Jahre voller Sorgen und Mühen. Immer wieder brach Wladimir zu Feldzügen auf, sie war ihm eine treue Frau, kümmerte sich um die Kinder und war Herrin des großen Fürstenhauses. Das, so schien es, war genug, um das Leben auszufüllen. Wladimir erreichte alles, was er wollte, und sie, Rogneda, war ihm dabei eine würdige Helferin.

Und nun? Nie mehr durfte sie ihren müden Kopf an seine starke Schulter lehnen, denn dort, wo der Mondpfad auf dem Wasser endete, war das Schiff mit der Kaiserin Anna nach Kiew unterwegs.

In dieser Nachtstunde fühlte Rogneda, daß sie trotz des Schmerzes, den Wladimir ihr zugefügt hatte, ihn noch genauso liebte wie in ihrer Jugend. Und das war um so bitterer, weil er, Wladimir, nicht liebte und niemals den Wert der Liebe erfahren würde...

Plötzlich vernahm Rogneda in der Stille Pferdegetrappel auf dem Hof der Gora. Ach ja, sie hatte befohlen, daß pünktlich um Mitternacht eine Kutsche vor dem Turmhaus bereitstehen sollte. Befohlen — wie seltsam das jetzt klang!

Nun denn! Für einen Augenblick tauchte der Gedanke in ihr auf, zu Wladimir zu gehen und sich von ihm zu verabschieden. Aber nein, das hatten sie bereits getan, es gab nichts mehr zu sagen...

Nur den Kindern wollte sie noch auf Wiedersehen sagen. Sie zündete eine Kerze an und begab sich in Predslawas Schlafgemach und dann nach nebenan in das der Söhne.

Alle schliefen.

„Lebt wohl!" flüsterte Rogneda. „Lebt wohl, meine Kinder, behaltet eure Mutter in guter Erinnerung, verurteilt sie nicht, einst werdet ihr sie verstehen und ihr dankbar sein..."

Im Flur wurde Rogneda von der Beschließerin Amma erwartet, die reisefertig angezogen war.

„Was soll denn jetzt werden?“ wollte Amma wissen. „Gehst du von hier fort, Fürstin?“

„Ja.“

„Dann gehe ich mit dir ... Was soll ich einpacken?“

Die alte Beschließerin, die einst Rogneda großgezogen und später deren Kinder betreut hatte, blickte die Fürstin ergeben an.

„Ich fahre von hier fort, Amma, für immer ... Ich werde nicht weit sein, komme aber niemals her und wünsche auch nicht, daß jemand von der Gora mich aufsucht. Und du bleibst hier, sorgst für die Kinder und für den Fürsten, hörst du? Leb wohl, Amma! Du hast mir einst die Mutter ersetzt, das werde ich niemals vergessen. Jetzt bitte ich dich, mich zu ersetzen.“

Die Fürstin umarmte und küßte Amma. Zusammen gingen sie in den Hof, wo die Kutsche stand. Rogneda stieg hinein, die Pferde zogen an.

4

Auch Fürst Wladimir fand in dieser Nacht keine Ruhe. Als er die Kutsche sah und bald darauf Rogneda auftauchte, wollte er am liebsten in den Hof laufen und seine Frau zum Abschied umarmen und küssen. Aber ringsherum lauerte die Gora, die bei Tag und Nacht alles verfolgte, was im fürstlichen Turmhaus vor sich ging. Also gab Wladimir nicht seinem Wunsch nach, sondern beobachtete vom Fenster aus, wie die Kutsche anfuhr und verschwand.

Und dem Fürsten wurde leichter zumute. Rogneda hatte ihm die Entscheidung abgenommen und selber ihren Weg gewählt. Allerdings konnte er nicht begreifen, weshalb sie sein Angebot, ihr eine beliebige Stadt der Rus zu schenken, abgelehnt und ihren ganzen Reichtum zurückgelassen hatte.

Im Morgengrauen kam der Wojewode Wowtschi Chwist zu ihm, der bereits Rognedas weitere Schritte in Erfahrung gebracht hatte.

„Von der Gora aus", berichtete er, „ist die Fürstin zur Kirche an der Potschaina gefahren. Dort erwartete sie ein Priester, der sie taufte und zur Nonne weihte. Dann fuhr sie zum Kloster Predslawin. Es gibt keine Fürstin Rogneda mehr, sondern die Nonne Anastasia."

„... keine Fürstin Rogneda mehr, sondern die Nonne Anastasia", wiederholte Fürst Wladimir leise und trat ans Fenster.

Der neue Tag wurde geboren, hinter der Mauer der Gora war schon der bläulich schimmernde Dnepr zu sehen.

Wie alle Tage stieg der Fürst in die Diele hinab, wo die Wojewoden und Bojaren ihn erwarteten. Er befahl ihnen, in den Goldenen Saal zu gehen, und begab sich selbst in den Speisesaal.

Alles war wie gewöhnlich: Die Kerzen brannten, die ganze fürstliche Familie war versammelt und begrüßte ihn, die Beschließerin Amma trat ein und verneigte sich. Nur Jaroslaw fehlte, aber der lag ja mit seinem verletzten Bein im Bett.

Auf dem Tisch dampften die Gerichte, es duftete nach frischem Brot und gebratenem Fleisch. Man brauchte sich nur zu setzen und es sich schmecken zu lassen.

Aber es war doch nicht alles wie früher. Als Fürst Wladimir, die Söhne und die Tochter an der Tafel Platz genommen hatten, fiel allen sofort der leere Sessel neben dem Fürsten ins Auge.

„Laßt uns essen", sagte Wladimir, bemüht, die Erregung zu verbergen. Er fühlte die Blicke der Kinder auf sich gerichtet und auch die traurigen Augen der Beschließerin Amma. Besonders unangenehm war das Schweigen.

„Meine Kinder“, sagte Fürst Wladimir endlich, als das Frühstück beendet war, und erkannte seine eigene Stimme nicht. „Ich dachte ... Ich wollte euch sagen, daß meine Frau und eure Mutter für immer von hier fortgegangen ist. Wir haben uns getrennt ... Nach dem Sieg über die Rhomäer, deren Hinterlist ich kenne, habe ich von ihnen die Kaiserkrone und die Hand von Prinzessin Anna, der Schwester der Kaiser, gefordert. Daraufhin bin ich gekrönt und mit Prinzessin Anna vermählt worden ...“

Er mußte die Erklärung abbrechen, irgend etwas schnürte ihm die Kehle zu. Er schwieg eine Zeitlang, die Augen geschlossen, als sammelte er seine Gedanken.

„Ich wollte eure Mutter, die Fürstin Rogneda, nicht kränken“, fuhr er heiser fort. „Bevor wir uns trennten, bot ich ihr Land und eine Stadt nach ihrem Belieben an, aber sie hat alles abgewiesen. Heute nacht hat sie das Christentum angenommen und als Nonne den Namen Anastasia erhalten. Sie wird niemals auf die Gora zurückkehren und ihr Leben im Kloster Predslawin beschließen ... Nun habe ich euch alles gesagt. Die Rus hat Byzanz besiegt, ich war Fürst, jetzt bin ich als Kaiser den rhomäischen und deutschen Herrschern gleichgestellt. Ich bin Christ, bald werde ich die Rus taufen und auch euch, meine Kinder ... Eine Bitte habe ich noch. Wenn die Schwester der Kaiser der Rhomäer, meine Frau Anna, aus Konstantinopel ankommt, respektiert sie, und sei es als Kaiserin ... Ich bitte euch darum!“

In diesem Augenblick brach Predslawa, den Kopf in den Händen vergraben, in lautes Weinen aus.

„Beruhige dich, Predslawa!“ sagte Fürst Wladimir.

„Ich weiß, es ist schwer für euch, aber für mich ist es noch schwerer."

Er stand auf und strebte eilig der Tür zu. Dort erwarteten ihn die Männer, wartete die Rus!

5

Im Goldenen Saal brannten noch die Lampen mit dem Bärenfett und die Wachskerzen, als durch die schmalen Fenster bereits die ersten Sonnenstrahlen drangen und auf die Balkenwände des Saales, auf die Rüstungen der verstorbenen Fürsten und auf die Männer fielen, die in Gruppen zusammen standen.

An diesem Morgen setzte sich niemand. Die Bojaren, Wojewoden und Edlen traten von einem Bein auf das andere und flüsterten erregt miteinander. Aus einem Winkel blickte verstohlen der Oberpriester Peruns, Wichtui, hervor.

„Der Fürst kommt! Der Fürst!" ertönte es auf einmal.

Fürst Wladimir erschien in der Tür, trat über die Schwelle in den Saal und ging auf das Podest zu. Er trug sein übliches dunkles Gewand, sah müde und blaß aus und war offenbar mit den Gedanken ganz woanders. Aber das änderte sich in dem Augenblick, als er das Podest betrat, die vielen Menschen, die Lichter und die funkelnden Rüstungen vor sich sah.

„Wir grüßen dich, Fürst Wladimir... Wir verneigen uns vor dir!" riefen die Männer im Saal.

„Ruhm dem Kaiser Wladimir!"

Er hob die Hand, und sogleich trat Ruhe ein.

„Einen guten Tag euch, Bojaren und Wojewoden", sagte Wladimir. „Ich ließ euch rufen, um euch mitzuteilen, daß unser Heer den Feldzug zur griechischen Stadt Chersones erfolgreich beendet hat. Ich habe Gesandte aus Byzanz empfangen und mit ihnen als Vertretern der Kaiser Basileios und Konstantin einen Vertrag geschlossen.“ Nachdem er unter dem Beifall der Zuhörer Einzelheiten des Vertrages aufgezählt hatte, erklärte er: „Jeder hier weiß, daß die Rhomäer unsere Verträge ständig brechen und uns nicht wie Ihresgleichen behandeln. Deshalb forderte ich die Krone, die auch sie tragen, und außerdem, ähnlich dem deutschen Kaiser Otto oder dem Chosarenkhan, für mich eine Prinzessin zur Frau. Als ich diese Dinge absprach, wußte ich euch und die Rus hinter mir.“

„Du hast die Verhandlungen in angemessener Würde geführt“, bestätigte der Bojar Worotislaw, der mit Wladimir in Chersones gewesen war. „Wir sind die Rus! Mögen die Kaiser begreifen, wer wir sind und daß wir, wenn sie den Frieden nicht einhalten, bis nach Konstantinopel gehen!“

„Du, Fürst, bist Kaiser geworden, wir sind deine treuen Diener“, ergänzte jemand.

„Die Kaiser erfüllten alle meine Forderungen“, erklärte Wladimir: „Sie gaben mir die Krone ...“

„Ruhm dem Kaiser!“ riefen die Bojaren dazwischen.

„... und sie gaben mir die Kaisertochter Anna zur Frau.“

„Wir werden deine Frau, unsere Kaiserin, würdig empfangen“, schallte es durch den Saal.

„Außerdem habe ich den Entschluß gefaßt, eurem Wunsch entsprechend, die Rus zu taufen.“

„Gut, Fürst, gut!“

„Aber nicht der Patriarch von Konstantinopel und auch nicht einer seiner Bischöfe oder Geistlichen wird das tun, sondern Priester, die aus Bulgarien kamen und seit langem in unserer Stadt leben. Dabei werden sie Anastas und Johannes aus Chersones unterstützen.“

„Gepriesen sei unser Fürst!“ riefen erregte Stimmen.

Vor Freude über diese Neuigkeit umarmten sich die Bojaren und Wojewoden, die Edelleute und Landadligen im Saal.

Aber nicht alle dachten wie sie. Als sich für einen Augenblick der Lärm legte, fragte jemand aus einer Ecke: „Und was wird aus den alten Göttern, den Opferstätten und den Priestern, Fürst?“

Die Antwort auf diese Frage war von entscheidender Bedeutung, denn schließlich ging es um die Seele, um den Glauben ... Nicht nur in Kiew, sondern überall, in allen Ländern, Städten, Dörfern der Rus, lebte das Alte Seite an Seite mit dem Neuen. Das Neue war fruchtbar, das Alte langlebig und zäh ...

Wenn Wladimir nun zuließ, daß alles wie bisher blieb, daß das Neue ruhig neben dem Alten leben konnte, würde dann nicht das junge Gehölz im Dickicht des alten verwildern? Oder sollte das Alte sterben, weil nur das Neue ein Recht auf Leben hat?

Kaiser — ja, dieser Titel verpflichtete. Er war das Haupt der Rus, ihm waren als Herrscher und Seelenhirt auch die Herzen der Menschen unterworfen. Sieh, Wladimir, was für eine Höhe du erreicht hast, schau und fürchte dich!

Zurück konnte Wladimir nicht mehr. Gebieterisch erklärte er: „Ich befehle, alle Götzen zu entfernen, die Opferstätten zu vernichten, die Rus zu taufen ...“

„Ruhm, Ruhm dem Fürsten Wladimir!“

Der Oberpriester Peruns wich entsetzt zurück.

6

Einige Tage später traf die Flottille mit der Kaiserin Anna in Kiew ein. Am Ufer der Potschaina hatte sich die ganze Stadt versammelt, die Bewohner der Gora, der Vorstadt, des Podol und der Obolon, denn die

Schiffe brachten auch die Krieger in die Heimat zurück, die im siegreichen Kampf mit den Rhomäern ihr Blut vergossen und die Kaiser gezwungen hatten, einen ehrenhaften Frieden zu schließen. Viele von ihnen mußten den Sieg der Rus mit ihrem Leben bezahlen.

Zum Empfang der Kaiserin hatten sich ganz vorn am Ufer außer Fürst Wladimir die Bojaren der Gora, die Wojewoden, die Edelleute und Landadligen mit ihren Frauen und Töchtern eingefunden. Alle trugen ihre besten Gewänder und kostbaren Schmuck.

Die Kinder des Fürsten Wladimir waren nicht erschienen; er hatte sie nicht aufgefordert, denn er spürte, daß sie den Verlust der Mutter nur schwer verwinden konnten.

Die Stadt Kiew bereitete Anna einen würdigen Empfang. Wer dachte da an die Frau, deren Mann nicht vom Feldzug zurückkehrte, an den Vater, der den einzigen Sohn verloren hatte, oder an die Kinder, die von nun an Waisen waren?

Von Bischöfen und Priestern umgeben, schritt Kaiserin Anna ans Ufer, wo überall rote Teppiche ausgelegt waren. Bojaren- und Wojewodenfrauen streuten Blumen auf ihren Weg. Der aus Chersones mitgebrachte Chor sang dem Kaiserpaar einen Lobgesang.

„Ruhm dem Kaiserpaar! Ruhm! Ruhm!" hörte man überall.

Fürst Wladimir umarmte und küßte die in eine silbrigschimmernde Tunika und einen roten Umhang gekleidete Kaiserin Anna zur Begrüßung. Jeden Gedanken an seine Frau Rogneda und an die Kinder, die vielleicht vom Fenster der Fürstenburg aus zusahen, verbot er sich.

Der Festzug stieg langsam die Boritschew-Auffahrt hinauf, verweilte am Tor, wo die Fahnen der Länder der Rus hingen, und verschwand hinter der Mauer.

Und dann hielten Anna und ihr Gefolge Einzug ins

fürstliche Turmhaus auf der Gora. Säle, Gemächer und Gänge waren plötzlich von unverständlichen Worten erfüllt, durch die Räume, in denen man früher nur mit gedämpfter Stimme sprechen durfte, tönte lautes Geplapper, Geschirr klirrte überall, in den Sälen, in denen es früher nach Holz und Wachs geduftet hatte, verbreitete sich der Geruch von Wein und gebratenem Fleisch.

Fürst Wladimir hatte es eilig. Er erinnerte an einen Menschen, der im Eis eingebrochen war, sich von einer Seite zur anderen warf und seine Kräfte erschöpfte, aber nur immer mehr Eis um sich herum zerbrach.

Wladimir selbst wurde sich dessen nicht bewußt. Er hielt es für notwendig, Kiew zu taufen, und dann sollte in der Stadt und in seiner Seele endlich wieder Ruhe eintreten. Er ordnete an, daß sich alle Einwohner Kiews am folgenden Tag an der Potschaina zu versammeln hatten. Außerdem wollte er nach russischem Brauch zu Ehren der Neuankömmlinge ein Essen geben.

Einige Bojaren und Wojewoden hatten schon mehrere festliche Empfänge bei den Kaisern in Konstantinopel miterlebt, und sie versicherten, daß so ein Festmahl nicht wie gewöhnlich in der Gridnistube, sondern nur im Goldenen Saal gegeben werden konnte. Fürst Wladimir war einverstanden. Sogar um die Sitzordnung kümmerte er sich.

„Und was ist mit den fürstlichen Rüstungen?" erkundigte sich ein Bojar. „Es ist nicht in Ordnung, Fürst, daß dort, wo das Gastmahl stattfindet, Schilde und Schwerter hängen."

Fürst Wladimir stimmte ihm zu, bestand aber darauf, daß die Rüstungen gut aufbewahrt wurden.

Jetzt war der Goldene Saal bereit für das abendliche Fest. Natürlich konnten nicht alle Bojaren und

Wojewoden dabeisein. Viele mußten damit vorliebnehmen, vom Hof aus dem Treiben zuzusehen.

Bis in die Nacht hinein wurde gefeiert. Zu Beginn betraten Fürst Wladimir und die Griechin Anna das Podest und ließen sich auf den Sesseln nieder. Dabei riefen die Gäste auf russisch: „Ruhm dem Fürsten Wladimir und der Kaiserin Anna!" und auf griechisch: „Heil euch, Herrscher!" Das Kaiserpaar segnete zuerst die Anwesenden, dann die Speisen und Getränke. Das Gastmahl begann.

Währenddessen gingen öffentliche Ausrufer durch die Stadt und verkündeten: „Fürst Wladimir befiehlt allen, sich morgen am Fluß Potschaina zu versammeln. Er wird dort die Rus taufen ..."

Über dem Dnepr zogen schwere purpurrote Wolken auf, und während sich die Stimmen der Ausrufer entfernten, schlichen Gestalten durch Schluchten und Sträucher auf das Flußufer zu, stiegen vorsichtig in die Boote und stießen ab.

Immer mehr Wolken verdunkelten den Himmel. Nur auf der Fürstenburg funkelten Lichter, die an Wolfsaugen erinnerten.

„Das dürfen wir nicht mit uns geschehen lassen", flüsterte der Oberpriester Peruns, Wichtui, im Boot. „Ehe sie uns taufen, flüchten wir lieber in die Einöde!"

„Sie aber werden in ihrem Irrglauben umkommen", ergänzte der Oberpriester des Gottes Wolos.

7

Am nächsten Morgen war die ganze Gora zur Taufe bereit: Wojewoden und Bojaren mit ihren Frauen und Kindern, die fürstliche Familie, das Gesinde, die Leibeigenen. Auf Geheiß der Priester aßen und tranken sie nichts.

Bei Tagesanbruch begab sich Fürst Wladimir in den Goldenen Saal, wo alle Bojaren, Wojewoden und Edelleute versammelt waren. In einer silberbestickten byzantinischen Festkleidung betrat er das Podest, auf seinem Kopf funkelte die goldene Krone, in der rechten Hand hielt er das Zepter. Neben ihm schritt, in Purpur gekleidet, gepudert und geschminkt, die schöne Kaiserin Anna, hinter ihnen, in neuen Gewändern, mit Gebetbüchern in den Händen, andachtsvoll die Kinder. Wladimir und Anna ließen sich nieder, in ihrem Rücken nahmen im Halbkreis die Söhne und die Tochter Predslawa Aufstellung.

„Beginnen wir, Männer!" sagte Wladimir.

Die Bojaren und Wojewoden schauten verlegen umher, dann sagte einer von ihnen zaghaft: „Wir sind bereit und warten nur auf dein Wort, aber an der Potschaina ist noch keine Menschenseele ..."

„Haben die Ausrufer es ihnen nicht verkündet?" fragte der Fürst.

„Doch, aber die Leute laufen weg und verstecken sich in den Wäldern."

Das hatte der Fürst vorausgesehen. Während fast alle auf der Gora schon getauft waren und sich von heute an offen zum neuen Glauben bekennen konnten, waren die Bewohner des Podol und der Vorstadt noch nicht reif zur Annahme des Christentums. Sie wollten am alten Glauben, an den alten Gesetzen und Sitten festhalten.

Und Wladimir begriff, welch große Verantwortung er mit Krone und Zepter übernommen hatte. Oh, diese Krone wog schwer, und das Zepter glich einem feurigen Schwert, das alles vernichten konnte. Er hatte die Last auf sich geladen, jetzt mußte er sie bis zum Tod tragen und konnte sich auf niemand anderen verlassen, nur auf sich selbst.

Fürst Wladimir stand auf, das Zepter in der hoch

erhobenen Hand, und stieß wie eine Drohung hervor: „Ich befehle, die Stadt Kiew und die ganze Rus zu taufen ... Wer nicht zum Kreuz findet, sei er reich oder arm, ist mir verhaßt. Er verliert seine Ehre und wird mit dem Tode bestraft ...“

Einen Augenblick herrschte Schweigen im Saal, dann beeilten sich die Bojaren und Wojewoden, den Befehl weiterzugeben. Die Gridni und die Drushina schwärmten aus und durchkämmten alle Häuser, Hütten und Höfe.

„Wer nicht zum Kreuz findet, verliert seine Ehre und wird mit dem Tode bestraft ...“

Schweigend und finster begaben sich die Männer und Frauen zum Dnepr, und nur die Kinder, die nichts begriffen, liefen frohgemut voran.

Die Sonne stieg majestätisch hinter dem Dnepr auf. Über der Menschenmenge an seinem Ufer lag eine gedrückte Stimmung. Die Männer standen nackend da, mit den Händen ihre Scham bedeckend, die Frauen hatten ihre Hemden anbehalten oder Tücher um den Körper legen dürfen. Sie schämten sich und suchten Schutz vor den Blicken der anderen, indem sie sich zusammendrängten oder hinter dem Rücken des Nebenmannes versteckten.

Auf einer Anhöhe oberhalb des Flüßchens, von der aus die öffentlichen Ausrufer gewöhnlich die Befehle des Fürsten verkündeten, hatten Zimmerleute am Vorabend ein massives Eichenpodest errichtet, Teppiche ausgelegt und Bänke aufgestellt. Daneben standen zwei Zelte und darin Kübel und Bottiche. In einem der Zelte sollten sich die Fürstensöhne, die Wojewoden und Bojaren mit ihren Söhnen taufen lassen, in dem anderen ihre Frauen und Töchter sowie Predslawa.

Fürst Wladimir begab sich, gefolgt von den Bischöfen Anastas und Johannes sowie den Priestern, an den Rand des Podestes und blickte von dort aus lange auf die Menge unten am Ufer. Schließlich hob er die rechte Hand, um anzuzeigen, daß er etwas sagen wollte.

„Meine Menschen!“ begann er, und seine Stimme schallte über das ganze Ufer. „Seit alters her glauben wir an die Götter Perun und Dashd-Bog, Wolos und Stribog. So hatten es uns unsere Väter gelehrt. Doch heute sind uns diese Götter keine Zufluchtsstätte mehr. Ein anderer Gott errettet uns von dem Übel, beschützt den Reichen wie den Armen, den Fürsten und den Bauern, ein Gott, der uns nach dem vergänglichen Dasein auf Erden ein Leben in Freude und Glück im Himmel verspricht. Der Name dieses Gottes ist Christus!“

„Kyrie eleison! Herr, erbarme dich!“ stimmten die Priester an.

„Um das Wohl aller halten wir es für das Beste“, fuhr Fürst Wladimir laut fort, „in der Stadt Kiew und den Ländern der Rus den wahren Glauben zu bestätigen, nämlich das Christentum. Laßt euch taufen im Namen des Vaters, des Sohnes und des Heiligen Geistes. Ich nahm als Erster das heilige Kreuz auf mich. Folgt mir, ihr Leute.“

In diesem Augenblick dröhnten auf der Gora die Kupferklöppel. An der Opferstätte vor der Stadtmauer erschienen Gridni, die Stricke in den Händen hatten, mit denen sie offenbar irgend etwas von der Gora herabzerren wollten.

Und da tauchte schon zwischen den Bäumen der wuchtige Holzgötze Perun auf. Gridni zogen ihn bis zum Abhang, dort schwankte die Gestalt, kippte und stürzte abwärts, Bäume und Büsche einfach überrollend. Unweit des Flüßchens blieb er liegen. Die Menge war beim Anblick dieses Schauspiels vor Entsetzen wie gelähmt.

Im nächsten Augenblick wurde Perun erneut von den Gridni umringt, die zu Pferd von der Gora herabgejagt waren. Sie umwanden den liegenden Gott an Kopf,

Armen und Beinen mit Riemen und dicken Stricken. Mehrere Gridni schlugen mit Streitäxten das Gold und Silber heraus, dann trieben alle auf Kommando die Pferde an, und Perun wurde zum Fluß gezogen.

„Herr, erbarme dich! Herr, erbarme dich!“ sangen die Priester. Die Männer am Ufer schrien, die Frauen stöhnten, die Kinder weinten.

Der Koloß aus Eiche lag endlich im Wasser, rührte sich aber nicht von der Stelle. Da stürzten Beamte, Hofleute und Diener vor und stießen ihn mit Stangen oder mit den bloßen Händen vom Ufer fort.

Währenddessen versuchten Gridni und Drushinniki die Menschen am Ufer zu bewegen, ins Wasser zu gehen. Und dem, der sich weigerte, wurde mit Knüppeln oder Schwertern nachgeholfen.

„Ihr werdet getauft im Namen des Vaters, des Sohnes und des Heiligen Geistes“, verkündeten die Priester.

Endlich war Perun auf dem Wasser in Bewegung geraten. Kinder paddelten ihm hinterher und umringten den Götzen, die Männer und Frauen standen im Fluß, begriffen immer noch nicht, was vorging, und schrien: „Tauch auf, Gott, tauch auf!“

„Herr erbarme dich!“ sangen die Priester.

Und Perun schwamm. Von dem Podest auf der Anhöhe aus blickten Fürst Wladimir, seine Frau, die Wojewoden und Bojaren ihm nach. Abwechselnd drangen der Gesang der Priester und die Schreie der Leute am Ufer an ihr Ohr.

„Tauch auf, Gott!“ — „Herr, erbarme dich!“

Fürst Wladimir sah, wie die Kiewer vor den Priestern davonliefen, wie Gridni und Drushinniki sie gewaltsam daran hinderten, aber er hatte kein Mitgefühl mit ihnen. Er stand schweigend in angespannter Haltung und blickte kalt und drohend auf die Menge.

Nein, das war nicht mehr jener Fürst Wladimir, der

einst so freundschaftlich mit der Drushina, den Kriegern und allen, die ihm begegneten, umzugehen pflegte.

Arme, unwissende Menschen, dachte er, wißt ihr denn nicht, daß die ganze Welt euch Barbaren, Heiden nennt, wißt ihr denn nicht, welche Qualen ich auf mich nehmen mußte, um euch zu retten und die Rus zu schützen?

Er zweifelte jetzt nicht mehr daran, daß er ein Recht darauf hatte, höher zu stehen als alle diese Menschen da unten, daß er weitaus mehr wert war als jene, die ihm eigentlich dankbar sein mußten, daß er sich hatte taufen lassen und jetzt sie taufte.

„Tauft sie!“ stieß er heiser hervor und streckte die rechte Hand aus. „Tauft sie, und wer sich dem Kreuz widersetzt, wird bestraft.“

„Viele Jahre dem Kaiser Wladimir!“ dröhnte es.

„Heil dir, Herrscher!“ sangen langgezogen die griechischen Priester.

Zu den neubekehrten Christen war der Fürst großzügig. Er befahl, in allen Stadtteilen Fässer mit Met und Bier aufzustellen und an die Armen Brot und Rindfleisch auszuteilen. Diese Geste verfehlte allerdings ihr Ziel: So hungrig und durstig die Kiewer auch waren, sie nahmen nichts davon.

Bis zum späten Abend waren Beamte und Gridni in der Vorstadt, auf dem Podol und in der Obolon unterwegs und kontrollierten, ob in allen Häusern und Hütten das Kreuzeszeichen eingekerbt worden war. Und selbst wenn sie es fanden, begaben sie sich sicherheitshalber in den Hof: Schließlich konnten sich dort Menschen des alten Glaubens versteckt halten.

Die Männer des Fürsten kannten kein Erbarmen, und es dauerte lange, bis das Geschrei verstummte, unter dem ein Heide zur Taufe im Fluß geführt wurde.

Siebentes Kapitel

1

In alten Chroniken wurde von den Ereignissen jener Zeit viel und begeistert gesprochen. Die Schreiber, die diese Chroniken in der Stille der Klöster verfaßten, verdammten den Fürsten Wladimir, solange er Heide war, und lobten ihn, nachdem er Christ geworden war. Ebenso verfuhren sie mit den Menschen der Rus.

Wo endete in den Chroniken die Wahrheit und wo begann die Dichtung? Bestand das Volk der Rus bis zur Taufe wirklich aus Barbaren und Wilden und wurde gut und gottgefällig, als es das Christentum annahm?

Aus Biographien erfährt man, daß der Kiewer Fürst Wladimir nach der Taufe den Namen Basileios annahm. Weshalb aber nannten die Chronisten den ersten christlichen Fürsten weiterhin Wladimir? Später wurde er heiliggesprochen und ihm zu Ehren Kirchen, Kathedralen und Denkmäler errichtet — das alles nicht dem Christen Basileios, sondern dem Heiden Wladimir?

Vermutlich legte Fürst Wladimir keinen Wert auf seinen neuen Namen. Als Wladimir ging er in die Geschichte ein, als solcher behielt ihn sein Volk in Erinnerung. Nachdem er von den byzantinischen Kaisern die Krone und die Prinzessin Anna bekommen hatte, wurde er Kaiser genannt, aber auch auf diesen Titel legte Wladimir offenbar keinen Wert. Er hatte erreicht, wonach er strebte, und war, wenn er mit den Kaisern der Rhomäer oder dem deutschen Kaiser sprach, ihresgleichen. Auf Münzen jener Zeit wurde er mit der Kaiserkrone, im byzantinischen Obergewand und in der

Chlamys dargestellt, auf alten Mosaiken und Ikonen ebenfalls. Ausländische Gesandte, Kaufleute und Reisende, die in jener Zeit die Rus besuchten, nannten ihn Kaiser.

Doch wieviel Zeit mußte noch vergehen, bis die Welt die Bedeutung der Rus erkannte und bis die russischen Menschen begriffen, wer sie waren, und auf sich besannen!

Darüber dachte wohl auch der Mönch und Chronist nach, als er in der Stille seiner Zelle beim Licht der Wachskerze auf Pergament niederschrieb:

„Die Geschichte vergangener Jahre tut uns kund, wie sich das russische Land entwickelt hat und wodurch es wurde, wie es ist."

2

Niemals zuvor hatte ein Kiewer Fürst so fest auf seinem Thron gesessen. Und das verdankte Wladimir nicht zuletzt der goldenen Kaiserkrone, dem Geschmeide, in das Granaten und ein Türkis eingelassen waren, dem purpurroten Umhang und den roten Saffianstiefeln.

An die Kaufleute aus Konstantinopel hatte man sich in Kiew längst gewöhnt, sie brachten Wein, Gold- und Silberschmuck, kostbare Stoffe, Kirchengefäße, Myrte, Weihrauch und alle möglichen Ikonen mit und wurden von hochrangigen Gesandten begleitet. Die einen erschienen mit Schreiben, goldenen Siegeln und großzügigen Gastgeschenken beim Fürsten, die anderen, bisweilen auch Priester oder vornehme Frauen aus Konstantinopel, begaben sich in die Gemächer der Kaiserin Anna.

Jetzt ließ sich auch Kaiser Basileios herab, mit dem Großfürsten von Kiew wie mit einem Gleichberechtigten umzugehen. Nicht selten forderte er Wladimir auf, ihm Gold und Silber zu leihen und mehr Getreide, Honig, Wachs und Felle zu liefern. Er bat den Fürsten auch um eintausend Krieger, die seine Person und den Großen Palast beschützen sollten. Offensichtlich konnten die Kaiser sich nicht mehr auf die Regimenter der Unsterblichen verlassen und vertrauten den Russen mehr als ihren eigenen Leuten.

Dem Beispiel von Byzanz folgend, suchten bald auch die Gesandten des deutschen Kaisers Otto, des Schwedenkönigs Olaf und des dänischen Herrschers Sven Gabelbart Kiew auf. Sie versprachen, auf ewig Freundschaft mit der Rus zu halten, und unterstützten ihre Worte durch großzügige Geschenke. Der Fürst verhielt sich eher zurückhaltend, er kannte den Wert solcher Versprechungen.

Freundschaftlicher ging er mit den Gesandten des polnischen Fürsten Bolesław, des tschechischen Fürsten Oldřich und des ungarischen Königs Stephan um. Sie waren Nachbarn der Rus, ihnen vertraute er.

Als Botschafter des polnischen Fürsten Bolesław kam der Kolobrzeger Bischof Reinbern.

„Unser Fürst hat eine Tochter“, sagte der Bischof im Gespräch mit dem Kiewer Fürsten, „um die die Könige von Norwegen, Dänemark und England werben. Aber Fürst Bolesław möchte sie lieber in seiner Nähe wissen. Überlege, Fürst Wladimir, ob sie nicht für einen deiner vielen Söhne in Frage kommt.“

Fürst Wladimir versprach, darüber nachzudenken. Weitere Zusagen zu geben, sah er sich im Moment außerstande, schließlich lag die gewaltsame Einnahme der Tscherwensker Städte noch gar nicht so lange zurück.

Zu Anfang erregten die Gäste aus dem Ausland und von Übersee in Kiew Aufsehen. Wo sie auftauchten, wurden sie von einer Menschenmenge bestaunt. Aber es dauerte nicht lange, und auf dem Podol, der Obolon und auch in der Vorstadt gingen der Waräger und Grieche, der Chosare und Pole, der Ungar und sogar der Gelbhäutige aus der Stadt Changan, die weit hinter der Wolga und dem Kaspischen Meer lag, ungestört spazieren.

Fürst Wladimir empfing die Gesandten und Gäste im Goldenen Saal der Fürstenburg. Würdevoll saß er in dem alten, von Holzwürmern befallenen Sessel seiner Väter, hinter ihm an der Wand hing neben den verblaßten Fahnen seiner Vorgänger seine neue goldbestickte Fahne aus weißem Samt. Er trug die funkelnde Krone, ein silberschimmerndes byzantinisches Obergewand mit Kreuzen, auf den Schultern einen purpurroten Mantel, an den Füßen Stiefel aus rotem Saffian. Neben ihm thronte die schöne Anna.

Die Wojewoden, Bojaren und Edelleute, die während der Empfänge an den Wänden des Saales entlang standen, trugen jetzt statt der schlichten, dunklen Gewänder Kittel oder Kaftane aus Samt und gold- oder silberdurchwirkter Seide, die an Tuniken erinnerten, aber keine Ärmel hatten. Sie legten auch nicht mehr die schweren Spangen aus Gold oder Silber um den Hals, die bei jeder Bewegung des Kopfes störten. Fürst Wladimir hatte nach und nach einem jeden von ihnen goldene oder silberne Wappenzeichen verliehen, die sie an Ketten oder Samtbändern auf der Brust trugen.

Auf den Holzbänken im Saal saßen jetzt keine ehrwürdigen Bojaren oder greisen Wojewoden mehr, sondern ihre Söhne und Enkel. Sie hatten von ihren Großvätern und Vätern das Banner geerbt und warteten darauf, vom Fürsten belehnt zu werden.

Das war allerdings nicht so einfach. Die Zahl der jungen Bojaren, Gesandten, Landedelleute, Beamten, Steuereinnehmer, Wojewoden, Heer- und Hundertschaftsführer wurde immer größer, und Land stand kaum noch zur Verfügung, so daß Fürst Wladimir sie für ihre Dienste mit Geld entlohnen mußte.

Deshalb prägte der Fürst jetzt eigenes Geld auf der Gora. Unter der Aufsicht von Beamten schmelzten ungefähr einhundert Schmiede Tag und Nacht Silber und gossen es in lange Lehmformen. Die Silberbarren wurden zerschnitten und geprägt. Die eine Seite trug das Bild des Fürsten Wladimir mit der Krone auf dem Kopf, dem Kreuz in der rechten und dem Zepter in der linken Hand, auf der Rückseite war das fürstliche Wappen zu sehen, drei gekreuzte Speere mit der Inschrift „Wladimir auf dem Thron, und das ist sein Silber.“

Alle Länder der Rus hatten einen bestimmten Tribut an Getreide, Pelzen und Wachs zu liefern. Außerdem verpflichtete Fürst Wladimir sie, Gold- und Silberbarren abzugeben: Nowgorod mußte zweitausend, Tscherwen und Wolyn anderthalbtausend, Tmutarakan, die Länder der Tiwerzen und Ulitschen eintausend Griwni zahlen. Zudem oblag es ihnen, junge Männer für die fürstliche Drushina zu entsenden.

Auch die Kiewer kamen um Abgaben nicht herum. Für jedes Haus oder jede Hütte, für den Platz zum Handeln, für die Benutzung einer Brücke oder für eine Überfahrt mußten sie einen von den fürstlichen Beamten festgelegten Betrag entrichten. Der Priester, der eine Taufe, eine Eheschließung oder eine Beerdigung vornahm, mußte ebenfalls bezahlt werden.

Gold und Silber in der Schatzkammer waren für den Fürsten gleichbedeutend mit Macht. Er konnte sich aber noch auf eine andere Kraft stützen.

Nach seiner Rückkehr aus Chersones lud er häufig den Bischof Anastas zu sich ein. Daran war nichts Verwunderliches: Der Fürst und der Bischof berieten, wie die Rus zu taufen sei, in welche Städte Bischöfe, in welche Geistliche geschickt und wo Gotteshäuser errichtet werden sollten.

Bischof Anastas war ein freundlicher Mann mit Vollbart, blauen Augen und einer einschmeichelnden, weichen und überzeugenden Redeweise.

Der christliche Fürst und er verständigten sich darüber, den Bischof Joachim nach Nowgorod zu entsenden. Dort saß der zuverlässige Possadnik Dobrynja, und deshalb willigte Wladimir auch ein, in der Stadt ein Bistum einzurichten. In die anderen Städte sollten nur bulgarische Priester, die seit langem in Kiew lebten, oder kürzlich von Anastas zum Priester geweihte Männer geschickt werden.

Gemeinsam faßten sie auch den Entschluß, daß in Nowgorod eine Sophienkathedrale, in Kiew die Kirche der Muttergottes und in Perejaslaw die Peter-und-Paul-Kirche entstehen sollte. Fürst Wladimir ordnete an, daß mit dem Bau der Gotteshäuser unverzüglich anzufangen sei. Er befahl seinen Possadniks, Holz und Steine bereitzustellen und Bauleute zusammenzurufen. Er unterstützte die Bauten mit Gold aus seiner Schatzkammer und überzeugte sich selbst vom Fortgang der Arbeiten. In Kiew lebten damals schon viele Baumeister aus Saloniki, und nach und nach trafen auch die Architekten aus Chersones ein.

Wladimir bereute jetzt, die griechischen Männer eingeladen zu haben, da er inzwischen die Fertigkeiten der Kiewer und Nowgoroder Bauleute, Mironog, Shdan und Kosmina, schätzengelernt hatte.

Sie waren wirkliche Meister ihres Faches und hatten von ihren Großvätern und Vätern gelernt, Stadtbefestigungen und Turmhäuser für Fürsten, Bojaren und Wojewoden zu errichten. Diese Häuser schmückten sie mit Firstbalken, bemalten Tragbalken, geschnitzten Tür- und Fensterverkleidungen und gezimmerten Außentreppen. Schon vor der Taufe der Rus hatten sie in Kiew und in Nowgorod auch Gotteshäuser gebaut.

Kosmina, den ältesten dieser Meister, rief Fürst Wladimir zu sich ins Turmhaus.

Ich beabsichtige, hier in Kiew eine Kirche zu Ehren der Muttergottes zu erbauen, auf daß ihr Ruhm durch die ganze Rus gehe."

Kosmina, ein Mann mit grauem Bart und grauen Augen, der an das Abbild des Apostels Lukas auf griechischen Ikonen erinnerte, überlegte eine Weile, wobei er seinen Blick über den Himmel und den Dnepr schweifen ließ.

„Schon lange träume ich davon", sagte er schließlich, „eine Kirche zu errichten, in die sich der Mensch von der weltlichen Hast zurückziehen kann, um sich in Gedanken in den Himmel emporzuschwingen ..."

„Dann fang an, Kosmina!"

„So einfach ist das nicht, Fürst", erwiderte der Baumeister und schüttelte traurig den Kopf, „wir haben bis jetzt Holzkirchen, Turmhäuser und Festungen gebaut, du aber denkst doch wohl an ein steinernes Gotteshaus ..."

„So ist es, Kosmina."

„Nach griechischem Vorbild?" fragte der Meister, der als Krieger sowohl Bulgarien als auch Konstantinopel kennengelernt hatte.

„Nein", widersprach Fürst Wladimir, „ich dachte an ein russisches Gotteshaus, wobei du dir natürlich die Erfahrungen der Bulgaren und Griechen zunutze machen kannst."

Einige Tage vergingen, und Kosmina zeigte dem Fürsten ein Pergament mit der Kirche, wie er sie sich dachte. Auf ein anderes Blatt hatte er die Muttergottes gemalt mit großen, braunen Augen und einem blassen, strengen Gesicht.

„So stelle ich mir ein russisches Gotteshaus vor!" entfuhr es dem Fürsten. „Und dieses Gesicht, wie schön es ist ... Das ist die Muttergottes ..."

Fürst Wladimir wußte nicht, daß der Baumeister Kosmina schon seit vielen Jahren überlegte, wie so ein

Ort der Einkehr für die Menschen der Rus beschaffen sein sollte, die eng mit der heimatlichen Erde verwurzelt waren, schwer auf ihr arbeiteten und viele Qualen erduldeten.

Der alte Kosmina hatte sein Leben auf Feldzügen und als Ackerbauer zugebracht, schließlich war er Zimmermann geworden. Er besaß weder Frau noch Kind. Früher hatte er zu Perun und den anderen Göttern gebetet, ohne daß ihm jemals Hilfe zuteil geworden wäre. Jetzt hatte er das Christentum angenommen und erhoffte von ihm Ruhe und Glück.

Das Vorhaben des Fürsten Wladimir, nicht Gott, sondern einer fast unbekannten Frau die erste steinerne Kirche Kiews zu weihen, gefiel ihm. Aber wie sollte die Gottesmutter aussehen? Auf griechischen und bulgarischen Ikonen, die er kannte, kam sie ihm so unnahbar, so überirdisch vor und nicht wie eine Fürsprecherin. Seine Gottesmutter sollte eine ganz irdische sein, braune Augen und Haare, eine hohe Stirn und eine schmale Nase haben und einen traurigen, mitfühlenden Ausdruck. Kosmina dachte viel nach und versuchte, sie sich vorzustellen. Vor allem sollte sie der alten Göttin Rosheniza ähneln, zugleich aber auch den russischen Frauen.

Kosmina wollte die Kirche dort errichten, wo sich früher der Friedhof Wosdychalniza und die Opferstätte befanden. Die Bojaren und Wojewoden hatten nichts dagegen. Wer von ihnen erinnerte sich schon seiner Vorfahren? Die Grabstellen konnten ruhig der Erde gleichgemacht werden. Nur Fürst Wladimir erhob Einspruch: Auf Wosdychalniza waren Olga und Jaropolk beigesetzt.

Die Kirche der Muttergottes bekam ihren Platz auf einem weiter westlich gelegenen Hügel. Die russischen Bauleute verstanden ihr Handwerk, sie bearbeiteten die Schieferklumpen, die Töpfer gewannen an den Abhängen des Kiewer Berges weißen Lehm, um daraus Kacheln zu brennen, auf der Töpferscheibe entstanden große Krüge, die Schmiede fertigten Ketten mit riesigen Haken an.

Schwierigkeiten machte ihnen das Fundament, auf dem die Steinmauern hochgezogen werden sollten. Kosmina unterlief dabei ein Fehler. Nachdem die Grundbalken auf das Fundament gelegt und darauf die Eckbalken errichtet worden waren, ordnete er an, sie mit Kalk zu übergießen, wodurch das Holz zu faulen begann. Die Mauern der Kirche senkten sich und stürzten später ein.

Inzwischen wuchs das Bauwerk. Damit die Wände der Kirche leichter wurden und eine gute Akustik erhielten, mauerte Kosmina Krüge und Töpfe ein, wodurch die Mauern an Honigwaben erinnerten. Die Kirchendächer ließ er mit sehr dünnen Dachziegeln decken.

Gleichzeitig begann Kosmina die Kirche zu schmükken. In der Rus konnte man schon lange farbiges Glas schmelzen und zu bunten Mosaiken zusammenfügen. Gemeinsam mit Meistern aus Saloniki und Korsun legten die russischen Bauleute, auf riesigen Gerüsten stehend, die Kirchenkuppel mit Mosaiken aus. Den Altar verkleideten sie sorgfältig mit Marmor und Jaspis, und die Fußböden wurden mit einem Teppich aus fliederfarbenem Porphyr bedeckt. Auf den Emporen öffneten sich Rundbogenreihen nach dem Kircheninnern, der Boden des Kirchenschiffs erhielt Schieferplatten, die Vorhalle Eichendielen.

Ganz Kiew beteiligte sich am Bau der Kirche: Auf dem Podol wurden Kerzenhalter und Kronleuchter, Becher und Schüsseln geschnitzt, Schmiede fertigten Ketten und Räucherfäßchen, Schneider nähten Gewänder für die Geistlichen, Weber stellten Decken und Tücher her für den Reliquienschrein mit den Gebeinen des Papstes Klemens, für die Ikonen und den Altartisch.

Das Gotteshaus nahm Gestalt an. Der linke Seitenflügel des Kirchenschiffs, von dem Stufen in den Frauenflügel führten, war schon fertig. In dem Flügel rechts vom Altar legte man für den Fürsten und seine Familie einen Geheimgang zur oberen Galerie an.

Fürst Wladimir befahl, die alten Gebäude abzutragen und statt dessen welche aus Stein zu errichten. Sogar das Turmhaus der Fürstin Olga wurde abgerissen und daneben eines aus Ziegelsteinen gebaut, mit Kalk geweißt und mit Schiefer gedeckt. Das war das neue Turmhaus des Fürsten Wladimir. An der Außentreppe wurden die aus Chersones mitgebrachten Bronzepferde aufgestellt.

Ein wichtiges Thema in den Gesprächen, die der Fürst mit dem Bischof führte, war die Bildung. Wladimir hatte vor, die Kinder der Bojaren und Wojewoden zusammenzurufen und sie Lesen und Schreiben zu lehren. Der Bischof lobte die Idee des Fürsten und versprach, daß seine Geistlichen und auch er selbst den Unterricht der Kinder übernehmen würden.

Damit war Fürst Wladimir jedoch nicht einverstanden. Er hielt es für ungünstig, Kinder in griechischer Sprache und Schrift zu unterrichten, der die Menschen der Rus immer noch abweisend gegenüberstanden. Er schlug vor, erst einmal anhand bulgarischer Bücher und russischer Handschriften das Slawische zu lehren.

Freilich gab es auch dabei Schwierigkeiten. Die Wojewoden und Bojaren ließen ihre Kinder nur widerwillig zum Unterricht gehen. Sie fürchteten, daß ihre Söhne später Priester oder Diakon werden mußten.

Der rothaarige Tschuchno, der Oberaufseher der fürstlichen Herden, sperrte seine beiden Söhne einfach in den Metkeller, setzte sich auf die Schwelle und erklärte: „Für das Wohl unseres Viehs muß man nicht schreiben und lesen können! Ich rühre mich nicht von der Stelle, und meine Söhne lasse ich auch nicht fort ..."

Als Fürst Wladimir davon erfuhr, befahl er erzürnt, Tschuchno gleich mit in den Unterricht zu schicken.

„Wer spricht denn vom Vieh? Ich, der Fürst, brauche gebildete, des Lesens und Schreibens kundige Beamte ..."

Natürlich kam es auch vor, daß die Jungen sich vor dem Lernen scheuten und die Väter sie zur Schule bringen mußten. Diese war in einem langen Bau unweit der alten Opferstätte am Ende der Gora untergebracht. In zwei Räumen saßen an den Wänden entlang die Jünglinge, unter ihnen auch der rothaarige Tschuchno, der übrigens bedeutend begabter war als seine Söhne. Auch Beamte und Steuereinnehmer gesellten sich dazu. Der Lehrer saß in einem Sessel und gab Anweisungen, wie die Buchstaben zu schreiben waren. An den Türen standen Gridni, die dafür sorgten, daß die Schüler nicht fortliefen.

In einer Kammer wurde in Kesseln Tinte aus Erlenrinde und Galläpfeln gekocht, für Initialen zinnoberrote aus Schwefel mit Quecksilber. Aus Kalbsfell wurde kostbares Pergament gefertigt, das in der Sonne wie durchsichtig wirkte. Aus Birkenrinde schnitt man lange Rollen, auf denen man mit Eisenstiften schreiben konnte.

In einer entlegenen Ecke des Gebäudes, in gemütlichen Kammern, wo hinter schmalen Fenstern die Zweige der Bäume sich bewegten und Tauben gurrten, saßen die Schreiber an Tischen und waren damit beschäftigt, von alten Holztafeln die Erzählungen von Ki, Stschek, Choriw und ihrer Schwester Lybed abzuschreiben und für die Nachwelt zu erhalten, Jahrbücher zu führen, Nachrichten und Verordnungen vorzubereiten, die durch Boten in alle Länder gebracht werden sollten.

Fürst Wladimir und der Bischof gingen durch alle

Räume des Hauses. Jene, in denen Tinte gekocht, Felle geschabt, gereinigt und gepreßt wurden, ließen sie wegen des üblen Geruchs rasch hinter sich. Schließlich gelangten sie in den Garten. Die Bienen summten, es duftete nach Minze, Liebstöckel und Beifuß.

„Was hältst du von Klöstern?" fragte der Bischof.

Fürst Wladimir blickte ihn forschend an.

„In Byzanz", fuhr der Bischof einschmeichelnd fort, „gibt es viele Klöster, dort leben Mönche und Nonnen, die Tag und Nacht für die Kaiser beten."

„Ich habe nichts gegen Klöster. Meines Wissens gibt es schon welche."

„Gerade darüber wollte ich mit dir sprechen, Fürst ... Ein Mensch, der ständig zu Gott betet, kann keiner Arbeit nachgehen, und nur von Almosen kann er nicht leben. Die Kirche sorgt sich um den Staat, und der Staat muß sich um die Kirche sorgen ... In Byzanz besitzt die Kirche Ackerland, Wälder und Flüsse. Jeder Priester und jeder Mönch erhält vom Kaiser ein Entgelt."

„Ich habe nicht einmal genug Land, um die Bojaren zu belehnen, und Gold und Silber reichen gerade für die Drushina", erwiderte der Fürst barsch. „Ich lasse Kathedralen und Kirchen bauen, da bleibt nichts übrig für die Klöster."

Der Bischof Anastas schwieg erst einmal. Er wußte, was er wollte!

3

Die Landedelleute des Fürsten Wladimir gelangten endlich auch nach Nowgorod. Sie hatten Befehl, das Volk zu taufen und ein Bistum zu gründen, das erste nach Kiew. Deshalb trafen gemeinsam mit ihnen Bischof Joachim sowie einige Priester und Diakone ein, die Ikonen, Bücher und Kirchengerät mitbrachten.

Die Nowgoroder Wojewoden, Bojaren, Edelleute und Stadtältesten empfingen Wladimirs Männer ausgesprochen unfreundlich. Von Natur aus ernst, kühl und verschlossen, paßten sie in die karge Landschaft. Und die verehrten nach wie vor ihre Götter aus Holz und Stein. Mit ihnen war das Nowgoroder Land stark geworden, sie beschützten den Krieger, den Jäger, den Kaufmann und den Seefahrer auf seinem Weg. Und wenn auch nicht alle zu den gleichen Göttern beteten — die Tschuden verehrten regelrechte Meeresungeheuer, die sowohl Mensch, als auch Tier ähnelten, und jene Bojaren, die von den Schweden abstammten, Odin und Thor —, so war man sich doch einig in der Sorge um den alten Glauben. Besser wäre es gewesen, Fürst Wladimir hätte sich zuvor mit den Bojaren und Wojewoden beraten. Jedenfalls wurden die Männer aus Kiew besonders vom einfachen Volk mit eisigem Schweigen empfangen.

Zum Glück saß Dobrynja in Nowgorod. Er wußte, auf wen er sich berufen konnte, auf den mächtigen Kiewer Fürsten. Im Saal, wo unter der Fahne des Fürsten Dobrynjas Sessel stand, hatten sich Anhänger der alten Gesetze und Sitten versammelt sowie einige Opferpriester. Auch jene Wojewoden, Bojaren und Edelleute, die bereits Christen waren, hatten sich eingefunden.

„Wir werden Perun in den Wolchow werfen“, erklärte Dobrynja, „die Feuerstätte auf dem Perin-Berg zerstören, das Volk in Nowgorod und allen nördlichen Ländern taufen.“

Schweigen herrschte im Saal, die Kerzen brannten, der Priester schlug die Schellentrommel.

„Wer aber hebt die Hand gegen Perun?“ wollte jemand wissen.

Dobrynja ließ den Blick über die Nowgoroder Wojewoden und Bojaren schweifen. Hatten sie recht? Nein, er durfte sich jetzt nicht auf die Seite der Ungetauften stellen, er mußte wie ein Fürst auftreten. Dobrynja vergaß dabei allerdings, daß er seiner Abstammung nach gar nicht zum Fürsten taugte, sondern immer ein Diener bleiben würde ...

„Ich werde Perun den Kopf abschlagen", sagte Dobrynja.

Und er hielt Wort. Am Perin-Berg versammelten sich Tausende von Menschen, neben Bojaren, Wojewoden, Heer-, Hundertschafts- und Gruppenführern auch einfaches Volk, Gerber, Töpfer, Schmiede, Zimmerleute, Seefahrer, Jäger. Und sie alle wurden auf Dobrynjas Befehl von der fürstlichen Leibwache umringt.

Es tagte. Am Horizont stieg eine purpurrote Sonne empor. Hin und wieder schwammen wie große Nowgoroder Schiffe graue Wolken über sie hinweg. Am Himmel kreisten unter schrecklichem Gekrächze die Raben, denen gewöhnlich nach einem Opfer reiche Beute zuteil wurde.

Aber an diesem Tag hatten die Raben nichts zu erwarten. Auf dem Perin-Berg rauchten keine Feuer, brüllten keine Ochsen, meckerten keine Ziegen und wieherten keine Pferde. Es wurde heute kein Opfer gebracht. Heute wurde der Gott Perun entweiht, der Erste unter den alten Göttern.

Die Gridni gaben dem Wojewoden Dobrynja eine Streitaxt. Er prüfte ihre Schärfe und kletterte eine Leiter empor, die zu Peruns Schultern führte.

Oben angekommen, befand sich Dobrynja mit Perun Auge in Auge. Der Wojewode zuckte zusammen, ihm schien, daß der Gott ihm direkt in die Seele blickte ...

Hoch über allen stehend, konnte Dobrynja die fernen Wälder, die silbrige Fläche des Ilmensees, die Menschenmenge am Perin-Berg und die purpurrote Sonne am fernen Horizont sehen.

dabei gedacht? Hatte er ihm nicht eifrig gedient, wie ein Wachhund die nördlichen Länder in Gehorsam gehalten, die Grenzen der Rus gesichert und stets einen hohen Tribut nach Kiew geschickt?

Vielleicht, überlegte Dobrynja, hat die Kiewer Bojarenschaft die Hand im Spiel, die wegen seiner Herkunft noch nie von ihm angetan war? Oder hielten es die Nowgoroder Bojaren für günstiger, unter der Fahne ihres Fürsten zu herrschen als unter Führung eines Possadniks?

Seiner Frau Ruta blieb nicht verborgen, daß er nervös war und schlecht zu schlafen begann.

„Was ist mit dir?" fragte sie eines Nachts, als er sich wieder lange von einer Seite auf die andere gewälzt hatte, sich dann auf das Bett setzte und einen Topf voll Kwas trank. „Tut dir irgend etwas weh?"

„Nein, nein, es ist nichts", antwortete Dobrynja. „Ich kann nicht schlafen."

„Aber das muß doch einen Grund haben." Ruta streichelte seine faltige Stirn.

„Wladimirs Sohn Wyscheslaw kommt als Fürst hierher. Ich weiß nicht, warum der Kiewer Fürst ihn schickt und wie ich mich Wyscheslaw gegenüber verhalten soll."

„Mach dir darüber keine Sorgen", entgegnete Ruta. „In Nowgorod bist du der erste Bojar, du hast alle Fäden in der Hand. Ohne dich ist der Fürst machtlos!"

Ruta hatte die Wahrheit gesagt. Und trotzdem war Dobrynja beklommen zumute.

Kaum war das Eis auf Wolchow und Lowat geschmolzen, traf Fürst Wyscheslaw in Nowgorod ein. Boten kündigten ihn an, und der Possadnik Dobrynja und einige Wojewoden und Bojaren fuhren ihm auf dem Ilmensee entgegen. Es war nicht zu übersehen, daß sich alle auf die Ankunft des jungen Fürsten freuten und ihm einen würdigen Empfang bereiten wollten. Sie erinnerten sich an die Zeit, als Wladimir Fürst in Nowgorod war, und schätzten sich glücklich, daß er jetzt an sie dachte und ihnen seinen Sohn schickte.

„Wir werden Wyscheslaw dienen", erklärten sie offen, „und du, Dobrynja, wirst zwischen ihm und uns Brücken bauen."

Das Ufer des Ilmensees war schon nicht mehr zu sehen, da trafen die Nowgoroder endlich auf die Boote des Fürsten Wyscheslaw. Dobrynja, der einen Pelz und eine hohe Zobelpelzmütze, um den Hals zwei Spangen und auf der Brust eine goldene Kette trug, umarmte und küßte den jungen Mann mit echter Herzlichkeit.

„Groß-Nowgorod und die nördlichen Länder verneigen sich vor dir und heißen dich willkommen", verkündete er. Dann fuhren sie nach Nowgorod zurück, voran die spitznasigen Boote, dahinter sechs lange Kiewer Ruderboote. Dobrynja wich Wyscheslaw den ganzen Tag nicht von der Seite, weder beim Mittagessen im Goldenen Saal des Kreml, wo Bojaren und Wojewoden dem Fürsten den Eid leisteten, noch in den Gemächern, in denen jener von nun an leben sollte.

Bevor er ihn am Abend verließ, saßen beide noch eine Weile im Saal des Turmhauses zusammen. Wyscheslaw war müde von der Reise. Er legte das Obergewand und den Umhang ab, und da zeigte sich, was für eine zerbrechliche Gestalt er war. Er hatte spitze Schultern und eine schmale Brust.

„Mein Vater gab mir mit auf den Weg", begann Wyscheslaw, „daß du, Wojewode Dobrynja, bei allen Unternehmungen mein Helfer und Freund sein würdest."

„Du kannst dich auf mich verlassen, Fürst Wyscheslaw. Aber jetzt ist es spät, und du brauchst Ruhe."

„Wohnst du in der Nähe? Bin ich in diesen Sälen hier allein?" fragte Wyscheslaw voll Sorge.

„Ich habe es nicht weit", entgegnete Dobrynja lächelnd, „mein Haus steht am Wolchow. Und allein bist du auch nicht. Unten in der Diele schläft das Gesinde, du brauchst nur zu rufen. Tag und Nacht steht eine Wache dort. Bei Tagesanbruch komme ich und werde dich überallhin begleiten."

„Gut, Wojewode! Ich sehe, du bist auch müde. Gute Nacht!"

„Das wünsche ich dir auch, Fürst!"

Nachdem er sich vor Wyscheslaw verneigt hatte, verließ Dobrynja rückwärts das Gemach. In guter Stimmung kehrte er nach Hause zurück.

„Nun, was ist Fürst Wyscheslaw für ein Mensch?" fragte seine Frau.

„Sehr jung und schwach ist er und seinem Vater gar nicht ähnlich. Er wird es schwer haben hier im Norden. Wer weiß, ob er überhaupt durchhält ..."

„Du brauchst ihn also nicht zu fürchten?" forschte Ruta weiter.

„Nicht im geringsten", erwiderte Dobrynja lachend.

Spät nachts. Nowgorod schlief. Nur Fürst Wyscheslaw fand keine Ruhe. Er ging in seinem Gemach auf und ab, blieb am Fenster stehen und blickte auf den dunklen Wolchow und den schwarzen Himmel. Auf seinem bleichen Gesicht funkelten Tränen ...

7

Der Bauer Dawilo war auf der Flucht. Nachdem er den Sumpf auf der Obolon passiert hatte, lief er in ein Weidengebüsch am Dnepr und verkroch sich dort, um auszuruhen. Durch die Zweige leuchtete der blaue Himmel, die Ränder der Wolken schimmerten golden, es wurde also schon Abend. Im Dunkel der Nacht wollte er weiterlaufen und gegen Morgen bereits Wyschgorod hinter sich gelassen haben.

Nein, nein, sie greifen mich nicht, redete Dawilo sich ein, obwohl er ganz nahe hinter sich Schritte und Stimmen hörte. Gott sei Dank entfernten sie sich langsam.

Wenn ihm die Flucht gelänge, würde er sich noch eine Weile verborgen halten müssen, aber er war wenigstens in Freiheit. Mit der Zeit würde Gras über die Sache wachsen, und er konnte sich heimlich nach Kiew schleichen, Frau und Kinder holen, mit ihnen irgendwo eine Erdhütte graben und ein Stück Land bearbeiten.

Und in dieser Stunde vor Sonnenuntergang dachte der Bauer Dawilo an sein Leben zurück.

Es war noch zu Zeiten der Fürstin Olga, da besaß er einen kleinen Flecken Land und eine Hütte hinter Perewesistsche, die er von den Eltern übernommen hatte. Damals verfluchte er den kargen Boden mit den ewigen Mißernten, verfluchte er die Hütte, in der er, seine Frau und die Kinder direkt auf der harten, kalten Erde schliefen. Nachdem Jaropolk zum Fürsten ausgerufen worden war, nahm man ihm den Hof weg, zerstörte die Hütte und jagte ihn und seine Familie auf sandigen Boden hinter die Obolon.

Dawilo gab nicht auf. Gerüchte gingen um, die besagten, daß Wladimir gegen Jaropolk ziehen und als Fürst die alten Gesetze und Bräuche hüten würde. Deshalb schloß sich Dawilo jenen an, die sich wie er von Jaropolk, seinen Bojaren und Wojewoden benachteiligt fühlten. Sie nahmen Schwerter und Lanzen in die Hände und fielen Jaropolks Kriegern in den Rücken. Wladimir empfingen sie jubelnd, auf ihn hofften sie alle.

Bald stellte sich jedoch heraus, daß Dawilo und die anderen armen Leute vergeblich hofften. Sein sandiger Acker brachte keine Erträge, und so mußte er beim Kaufmann Boshedom auf dem Podol eine Anleihe nehmen. So sehr er sich auch mühte, Jahr um Jahr verging, und er konnte seine Schulden nicht zurückzahlen, sie wuchsen sogar an. Es lag jetzt in Boshedoms Macht, den Bauern zum Leibeigenen zu machen.

So erging es nicht nur Dawilo. Und zu Hause warteten eine hungrige Frau und hungrige Kinder.

Dann wurden sie Christen, und mit dem Taufakt wuchs die Hoffnung, daß sich vielleicht der himmlische Fürst ihrer erbarmte ...

Doch auch Christus half nicht. Da gingen sie in ihrer Wut auf den Friedhof und stürzten die Kreuze um. Vom Hunger getrieben, schlichen sie sich nachts zu den Läden der Kaufleute auf dem Podol. Als der Kaufmann Boshedom sie mit der Wache beim Plündern erwischte, tötete der Bauer ihn. Die Erinnerung daran war furchtbar.

Und jetzt wartete Dawilo auf die Nacht, um seine Flucht fortsetzen zu können. Frau und Kinder mußte er ihrem Schicksal überlassen.

Was war das? Rechts knackte ein trockener Zweig, links waren Schritte zu vernehmen. Dawilo sprang auf. Ein Griden versperrte ihm mit dem Schwert den Weg, und hinter ihm standen auch noch welche. Sie warfen ihn zu Boden und schlugen auf ihn ein. Er gab keinen Ton von sich. Es dunkelte bereits. Sie banden Dawilo die Hände und führten ihn durch das Tal in die Stadt.

8

Die Kirche der Muttergottes war immer weiter emporgewachsen. Die Wände hatte man mit roter Farbe gestrichen, Fenster und Türen mit Palmetten, Weintrauben und anderem Schmuck aus weißem Lehm umgeben. Die mit gewellten grauen Ziegeln belegten Dächer trugen vergoldete Kreuze, die vor dem blauen Himmel wie Sterne funkelten.

Vor der Kirche hingen an acht Eichenpfählen kupferne Klopfbretter, die bis dahin ihren Platz auf der Kiewer Stadtmauer hatten. Blankpoliert, glichen sie goldenen Schilden. In Zukunft würden nicht die Wachposten der Gora, sondern arme Leute, die bei der Kirche Zuflucht suchten, mit dem Hammer daran schlagen.

Fürst Wladimir, den der Bischof Anastas und die Geistlichen zur Einweihung des Gotteshauses eingeladen hatten, überquerte den Hof der Gora. Er blieb auf der Anhöhe stehen, lauschte lange dem Geläut und ergötzte sich am Anblick der Kirche.

„Gute Arbeit haben unsere Baumeister geleistet", sagte er zu den Bojaren und Wojewoden, die ihn begleiteten. „Ein wundervolles Gotteshaus, es wird die Ewigkeit überdauern..." Dann wandte er sich dem Baumeister zu, der rechts von ihm stand, und fuhr fort: „Ich danke dir, Kosmina. In diesem Gotteshaus erkenne ich die Rus wieder. Solange es steht, werden die Menschen seinen Erbauer nicht vergessen."

„Ich habe lediglich deine Befehle ausgeführt, Fürst", entgegnete Kosmina und verneigte sich vor Wladimir.

Vor der Kirche hatten sich inzwischen viele Kiewer eingefunden, Bojaren, Wojewoden, ihre Frauen und Kinder, Handwerker, Bauern und Hörige. Von einer Priesterschar umgeben, schritt Bischof Anastas voran auf die Treppe zu. Der Fürst folgte ihm, stieg die Stufen empor, ging durch die Vorhalle und trat in das Kirchenschiff.

So etwas hatte er noch nie gesehen! Direkt vor ihm funkelte im Kerzenschein der mit Gold, Silber und Edelsteinen verzierte Altar. Unterhalb der Kuppel befand sich ein golden eingefaßtes Mosaik mit dem Abbild Christi. Er hatte ein wenig schräg stehende Augen, buschige, zusammenstoßende Brauen, einen langen Schnurrbart und einen spärlichen Bart, trug einen fliederfarbenen Chiton und einen blauen Mantel und saß in einem geschnitzten Sessel. Auf dem Kopf die goldene Krone, in der linken Hand das Evangelium, die rechte erhoben, blickte er ernst und streng drein. Umrahmt wurde das Bild von der Inschrift: „Sehet, sehet, ich bin einzig und allein, es gibt keinen Gott außer mir. Ich schuf die Erde und mit ihr den Menschen, und ich schuf mit meiner Hand die Himmelsfeste." Die Wand darüber war mit einem Mosaik geschmückt, auf dem die Gottesmutter abgebildet war. Sie stand auf einem grünen Sockel, trug ein blaues Gewand und rote Stiefel, hatte die Arme im Leid erhoben und blickte vor sich hin.

Weder die prunkvolle Kleidung noch die funkelnden Edelsteine an Gürtel, Ärmeln und Schultern, noch der Glanz des Goldes fesselten Wladimirs Blick. Er sah nur das blasse Gesicht, die traurig und gleichzeitig nachdenklich blickenden Augen der Frau, die so schlicht und menschlich wirkte. Aus irgendeinem Grund mußte Fürst Wladimir für einen Augenblick an seine Mutter denken, die er niemals kennengelernt hatte und die manchmal in seinen Träumen erschien.

Auch die Gestalten neben der Gottesmutter, junge, kräftige Apostel, eher Kriegern ähnlich als Heiligen, wirkten sehr echt und lebendig. Die Märtyrer, Propheten und Heiligen, die in den Rundbögen und an den Wänden der Kirche dargestellt waren, hatten in ihren Gesten etwas Gekünsteltes, aber in den Mienen auch viel Lebendiges. Christus erinnerte an den Fürsten Wladimir, die Apostel an die Wojewoden und Bojaren der Gora und der Evangelist Markus an den Kaufmann Boshedom. Die Menschen aber, die ihnen huldigten, sahen aus wie Gridni, Krieger und Bauern.

Unter dem Eindruck dieses Anblicks ließ sich Fürst Wladimir auf die Knie nieder, breitete die Arme aus und rief: „Wundervoll ist dein Gotteshaus, Herr! Es wurde durch deine Weisheit erschaffen!"

Er erhob sich und sagte zum Bischof Anastas: „Ich bin begeistert von dem, was ich sehe, Anastas! Von nun an soll diesem Gotteshaus der zehnte Teil meiner Einnahmen zukommen ..."

Auf dem Gesicht des Bischofs spielte ein glückliches Lächeln. Fürst Wladimirs Geschenk übertraf alle seine Erwartungen.

„Großzügig ist deine Rechte, Fürst Wladimir, das wird dir der Allerhöchste hundertfach vergelten ... Erlaube mir, die Kirche der Muttergottes in Ewigkeit Zehntkirche zu nennen."

„So sei es!" erwiderte der Fürst.

9

Fürst Wladimir und die Bojaren und Wojewoden hatten sich im Volkssaal eingefunden, um Gericht zu halten über den Bauern Dawilo. Der Fürst saß in silberschimmernder Kleidung mit purpurrotem Umhang im Eichensessel. Dawilo stand im Hemd, mit bloßem Kopf und bloßen Füßen vor ihm.

„Dieser Mann richtete auf dem Podol viel Unheil an", begann der Richter Tschurka. „Er hat dort schon manchen Diebstahl begangen, jetzt tötete er den Kaufmann Boshedom."

Fürst Wladimir hörte diese Worte gar nicht. Er blickte den Bauern an, dessen Gesicht mit der verwegen in die Stirn fallenden grauen Mähne, den kräftigen Augenbrauen über den grauen Augen, der plattgedrückten Nase und den wulstigen Lippen ihm irgendwie bekannt vorkam.

Langsam dämmerte es ihm. Er mußte dem Bauern auf dem Podol begegnet sein, wo ihn damals nach den Kämpfen gegen Jaropolks Krieger eine große Menschenmenge empfangen hatte.

„Wie heißt du?“ fragte er ihn.

„Dawilo“, antwortete der Bauer.

„Kann es sein, daß du mir auf dem Podol begegnet bist?“ fuhr der Fürst fort.

„Das ist richtig, Fürst.“

„Er war es, Fürst“, schrien die Leute im Saal, „er hat die Läden auf dem Podol geplündert und den Kaufmann Boshedom getötet! In der Diele warten Leute, die das bezeugen können!“

Der Fürst befahl nicht, wie es sonst üblich war, die Zeugen zu rufen, sondern fragte den Bauern geradezu:

„Stimmt das? Hast du geraubt und den Kaufmann getötet?“

Dawilo schwieg lange. Jetzt war die Gelegenheit gekommen, dem Fürsten von seinem schweren Dasein zu erzählen, ihn daran zu erinnern, daß er ihn einst mit dem Schwert in der Hand verteidigt hat, daß er lange an ihn geglaubt und dann in seiner Enttäuschung und Verzweiflung den Kaufmann Boshedom getötet hat.

Aber er brachte es nicht fertig, etwas zu seiner Verteidigung zu sagen. Er seufzte nur schwer und zuckte mit den Schultern.

„Ich gestehe es, Fürst“, sagte er leise.

„Er ist ein Dieb, ein Räuber“, schrien die Leute im Saal. „Den Tod hat er verdient!“

Doch Wladimir hatte es nicht eilig, das Urteil zu sprechen. Vor ihm stand nicht einfach nur der Bauer Dawilo, sondern eine ganze Macht.

„Bauer Dawilo!“ rief der Fürst mit brüchiger Stimme in den Saal. „Weshalb hast du das getan?“

Dawilo war jetzt im Unterschied zum Fürsten ausgesprochen ruhig. Mit einfachen Worten schilderte er, was ihm widerfahren war.

„Mir ist nichts auf der Welt geblieben“, sagte er zum Schluß, „ich bin wie ein Vogel ohne Nest. Ich habe

Boshedom getötet, wie ich jeden töten würde, der mir und den Meinen das letzte Stück Brot entreißt."

Das war eine geradezu dreiste Rede, die allen im Saal einen Schrecken einjagte.

„Den Tod für ihn! Den Tod!" forderten die Bojaren und Wojewoden.

Der Leibeigene Dawilo hatte seine Worte in vollem Bewußtsein gewählt: Er hoffte auf nichts mehr.

Für einen Augenblick begriff Fürst Wladimir, was Dawilo durchgemacht hatte, empfand er die Qual und die Verzweiflung dieses armen Menschen nach. Aber nur für einen Augenblick ...

Sehr schnell begriff er noch etwas: Jener Mann und alle, die hinter ihm standen, waren nicht nur den Bojaren, Wojewoden und Kaufleuten gefährlich, sondern dem ganzen Staat. Heute hob der Bauer die Axt gegen Boshedom, morgen gegen ihn, den Fürsten.

„Bist du Heide?" fragte Wladimir.

„Nein, Fürst, ich bin Christ", erwiderte Dawilo.

„Du warst doch bestimmt nicht allein. Mit wem hast du den Kaufmann Boshedom getötet?" forschte Wladimir weiter.

Dawilo blickte ihn verwundert an. Traute der Fürst ihm zu, daß er die Namen seiner Begleiter verraten würde?

„Fürst", sagte er, „solche wie mich gibt es viele. Aber als ich den Kaufmann tötete, war ich allein ..."

„Er wird hingerichtet!" entschied Wladimir, stand abrupt auf und verließ den Saal.

10

Maluscha begegnete Tur jetzt fast jeden Tag. Bald ging er zum Dnepr, um Fische zu fangen, bald in den Wald Pilze suchen oder auf die Wiese Kräuter sammeln.

Heute machte er einen äußerst niedergeschlagenen Eindruck. Er hätte sie beinahe gar nicht gesehen und war mit seinen Gedanken ganz woanders.

„Was ist mit dir, Tur? Komm, setz dich und erzähl, was dich bedrückt“, forderte Maluscha ihn auf.

Sie ließen sich auf einem Baumstamm nieder. Hinter dem Berg ging die Sonne unter.

„Ich verstehe die Welt nicht mehr“, begann er. „Du kennst mich, Maluscha, und weißt, daß ich immer mein Bestes gegeben habe im Dienst für den Fürsten, ob es nun Olga, Swjatoslaw oder Wladimir war, dein Sohn, in den wir beide, du und ich, so viel Hoffnung gesetzt haben ...“

„Was ist, Tur?“

„Heute Nacht wird Dawilo hingerichtet. Er ist in einen Laden eingebrochen und hat den Besitzer getötet. Er war übrigens nicht allein, hat aber alles auf sich genommen.“

„Und es besteht keine Hoffnung, daß sie ihn begnadigen?“

„Keine. Der Fürst persönlich hat Dawilo zum Tode verurteilt.“

„Das ist ja furchtbar!“ flüsterte Maluscha mit trokkenen Lippen. „Hat er denn vergessen, von wem er abstammt und wer seine große Stütze ist?“

„Es scheint so, Maluscha! Und er muß bei solchen Entscheidungen auch auf die Gora Rücksicht nehmen.“

Maluscha preßte die Hände an den Kopf. „Nein, das darf nicht geschehen“, sagte sie. „Mit Dawilo richtet er dich und mich und schließlich auch sich selbst. Nein, Tur, das kann ich nicht dulden. Ich gehe auf die Gora, sage, wer ich bin und stelle ihn zur Rede.“

Tur versuchte zu lächeln.

„Du gehst nirgendwohin, Maluscha! Dafür ist es zu spät.“

Maluscha hörte nicht auf Tur und stieg zur Gora hinauf.

„Was willst du, Alte?" fragte einer der Posten am Tor.

„Ich möchte den Fürsten Wladimir sprechen", sagte Maluscha.

Der große, wohlgenährte Griden Britsch, der Älteste der Wache, fragte grinsend: „Und wer bist du, daß du diesen Wunsch hast?"

Sie wurde ein wenig verlegen, antwortete dann aber geradezu: „Ich bin eine Magd ..."

„Und was willst du vom Fürsten?" forschte Britsch weiter.

„Das sage ich nur ihm."

Die Wachposten lachten. Aber sie wurden sogleich wieder still, Wowtschi Chwist näherte sich dem Tor.

Der Wojewode hatte das Anliegen der Frau gehört, blieb stehen und fragte: „Ja, denkst du denn, daß der Fürst mit dir sprechen wird?"

„Er wird!"

„Bist du aber starrköpfig, Frau", mischte sich ein Wachposten ein. „Zu unserem Fürsten lassen wir nicht jeden. Und selbst wenn du hier passieren könntest, würde die Wache hinter dem Tor und in der Diele noch ein Wörtchen mitzureden haben."

Britsch fügte hinzu: „Geh, Alte, mach keinen Ärger. Sonst befehle ich den Gridni, dich fortzujagen."

„Ich gehe nicht!" brauste die Frau auf. „Rührt mich ja nicht an!"

Der Wojewode Wowtschi Chwist stand immer noch im Tor.

„Eine Verrückte! Jagt sie fort, Gridni!"

Die Gridni hoben die Stöcke.

Maluscha gab auf. Die Gora war unbezwingbar für sie. Und Dawilo war der Tod sicher.

Die Nacht rückte heran. Eine alte Frau stieg langsam

die Boritschew-Auffahrt hinab. Maluscha bedauerte, daß sie es früher nie gewagt hatte, sich ihrem Sohn zu erkennen zu geben. Sie hätte mit ihm sprechen müssen und dadurch wahrscheinlich so manches verhindern können. Dawilos Tod zum Beispiel. Vielleicht hätte sie auch unterbinden können, daß all die vielen Wachposten ihn von seinem Volk trennten ...

Die alte Frau stieg immer weiter abwärts. Aber sie sah nicht, wohin sie ging, denn Tränen trübten ihr die Augen.

11

Nacht. Fürst Wladimir lag im Bett, fand aber keinen Schlaf. Unaufhörlich kreisten Gedanken durch seinen Kopf und ließen dem Gewissen keine Ruhe.

Hatte er im Volkssaal das richtige Urteil gefällt? Er sah den Bauern Dawilo vor sich, dessen Aufrichtigkeit ihm imponiert hatte. Selbst bei der Verkündung des Todesurteils hatte dieser Mann die Fassung bewahrt.

Fürst Wladimir erhob sich vom Bett, ging zum Fenster und lauschte. Draußen herrschte völlige Stille. Doch jeden Augenblick konnte der Schrei eines Menschen ertönen, der von der Welt Abschied nahm.

Nein, sie werden ihn nicht schon in der ersten Nacht hinrichten, überlegte der Fürst. Und morgen werde ich ihn mittels der Macht, die mir von Gott und den Menschen gegeben wurde, begnadigen. Sollen die Bojaren und der Bischof denken, was sie wollen. Christus befiehlt zu strafen, aber auch zu verzeihen ...

Wladimir blickte in die Dunkelheit. Wenn er doch wenigstens einen Menschen hätte, dem er sich anvertrauen könnte!

Freilich, da war seine Frau, die Kaiserin Anna. Dort auf dem hohen Bett lag sie, Wladimir konnte ihr bezauberndes Gesicht, den gepflegten Körper sehen.

Wie die Ereignisse zusammentrafen, wie exakt sich Ring an Ring in der langen Kette des Lebens reihte! Erst gestern abend hatte sie überaus zärtlich zu ihm gesagt: „Du bist besser als ich dachte, mein Mann. Du warst ein Barbar, ein Heide, jetzt bist du ein Christ, ein Kaiser, ein großer sogar.“ Anna schmiegte sich an ihn und küßte ihn. „Und ich“, fuhr sie fort, „will dich dafür beschenken, obwohl dieses Geschenk auch mir Freude bringen wird ...“

„Was für ein Geschenk?“

„Ich trage ein Kind unter dem Herzen, Wladimir, und ich bin überzeugt, daß es ein Sohn wird ...“

„Danke!“ sagte Wladimir, umarmte und küßte die Kaiserin.

Jetzt schlief Anna. Sollte sie. Sie tat, was sie konnte. Sie würde einen Sohn gebären, den er, Fürst Wladimir, sicherlich genauso gern hätte wie die anderen Kinder, der ihm aber diese ehrgeizige im Porphyr Geborene, die sich nicht einmal eine Vorstellung von den Qualen und Sorgen ihres Mannes machte, nicht näher bringen würde.

Wladimir zuckte plötzlich zusammen. Im Dunkel der Nacht ertönte ein Schrei.

Der Bauer Dawilo war hingerichtet worden.

12

Als Maluscha von der Gora herabgestiegen war, ließ sie sich im Schutze eines Gebüschs an der Potschaina nieder und ruhte aus. Nach allem, was geschehen war, hatte sie keine Kraft, ins Kloster nach Berestowe zurückzukehren. Sie saß im kalten Sand am Wasser und sah, wie die Dämmerung über dem Dnepr sich verdichtete und wie in der Ferne seine Ufer und Sandbänke verschwammen. Mit Einbruch der Nacht wurde ihr leichter zumute. Sie nickte sogar ein, den Kopf auf die Brust gesenkt, die welken, abgearbeiteten Hände im Schoß.

Plötzlich schreckte Maluscha auf. Ein Schrei hatte die nächtliche Stille zerrissen.

„Gott, mein Gott!" stöhnte die alte Frau. „Hilf ihm doch! ... Friede seiner Asche!" flüsterte sie noch und hüllte sich fester in ihr Tuch.

Wer weiß, wie lange sie so dasaß. Es begann bereits zu tagen, als sie sich erhob. Im Sand fand sie einen Stock, auf den sie sich stützen konnte. Langsam schleppte sie sich am Ufer entlang.

Links, weit hinter dem Dnepr, wurde der Himmel hell. Über dem Flußbett hob sich der Nebel, rechts zeichnete sich dunkel die Gora ab. Der Wald, der in Schluchten und auf Hängen am Fluß wuchs, mutete in dieser Morgenstunde wie eine schwarze Wand an.

Der Pfad, auf den Maluscha einbog, war von taunassen Sträuchern begrenzt und führte über eine Wiese. So gelangte sie zu der Hütte, in der Tur lebte. Kein Laut war zu vernehmen, wahrscheinlich schlief der ehemalige Griden noch. Die Nachricht vom Urteil gegen Dawilo hatte ihn schwer getroffen.

„Tur!" rief Maluscha endlich, als die Sonne hinter dem Dnepr aufstieg.

Niemand antwortete, und das war sonderbar, denn gewöhnlich erwachte er beim kleinsten Lärm.

„Tur!" Maluscha klopfte an die Tür, die sich dabei von alleine öffnete, so daß die alte Frau das Holzbett an der Wand und Turs Füße sehen konnte.

Der Griden war tot. Er lag auf dem Rücken, die Arme ausgestreckt, und schien zu schlafen. Dieser Mann hatte sie sein Leben lang selbstlos geliebt. Maluscha kniete vor ihm nieder und küßte seine kalte Hand.

13

Im Frühling, zu Beginn des neuen Jahres, erhielt Fürst Wladimir eine traurige Nachricht aus Polozk: Fürst Isjaslaw, seine Frau und sein Sohn waren an einer unbekannten Krankheit gestorben.

Wladimir befahl, Vorbereitungen für die Reise zu treffen. Er wollte von seinem Sohn und dessen Familie Abschied nehmen.

Der Weg nach Polozk war weit und häufig noch vereist. Lange stand der Fürst an der Gräbern bei der neuen Holzkirche. Er hatte vor, einige Tage in Regwolds Burg zu verbringen und bezog jenes Gemach, in dem er einst mit Rogneda zusammengetroffen war ...

Kaum war er am Abend eingeschlafen, hörte er im Traum Rognedas Stimme und erwachte wieder. Er stand auf und ging zum Fenster. Graue Nebelschwaden verschleierten den Blick auf die Stadtmauern und die Dwina unterhalb der Burg. Irgendwo dort hatte Rogneda einst das Boot mit ihrem gefallenen Vater und den Brüdern auf den Weg geschickt.

Als es tagte, gab Wladimir Befehl, zur Heimreise zu rüsten.

Niemand ahnte, wie einsam sich Fürst Wladimir auf der Gora fühlte. Jeder sah, daß er eine wunderschöne Frau hatte, ständig von seinen Bojaren, Wojewoden und Edelleuten umgeben war, die vor ihm katzbuckelten, für ihn beteten und ihn rühmten. Gridni bewachten ihn mit dem Schwert in der Hand, die Kirche war auf seiner Seite, die Bischöfe, Priester und sogar Gott.

Und trotz allem ... Die Kaiserin Anna? Mit der Zeit fiel es ihm immer schwerer, die Tage und langen Nächte mit ihr zu verbringen. Die Bojaren, Wojewoden und Edelleute? Er traute ihnen nicht mehr und fing sogar an, sie zu fürchten. Der Bischof, die Priester? Sie konnten ihm keine Ruhe und Sicherheit geben.

An einem Herbsttag rief Wladimir den Baumeister Kosmina zu sich ins Gemach und beauftragte ihn, in Berestowe ein Turmhaus zu errichten. Kosmina begriff den Fürsten nicht. Was für wundervolle Turmhäuser besaß er auf der Gora, in Wyschgorod und Belgorod! Und Berestowe war drei Popristsche von Kiew entfernt ... Aber keine Frage, er würde den Auftrag ausführen und eine Festung bauen, die von der Fürstenburg und dem linken Ufer des Dnepr aus zu sehen war.

Fürst Wladimir dachte anders.

„Nein, keine Festung. Bau ein kleines Turmhaus nur für mich allein, wo ich mich von den Menschen erholen kann."

Der alte Baumeister verstand ihn schließlich: Nachdem der Fürst so viele Turmhäuser, Kathedralen und Kirchen hatte bauen lassen, wollte er sich ausruhen ...

Als die Schwalben, Kraniche und Gänse nach Süden zogen, feierte man in Kiew den 1. September. In den Katen und Hütten wurden an den langen Abenden Talglampen und Wachskerzen angezündet. Die Fischer flochten Netze, die Frauen spannen oder webten Leinwand und Sackleinen, die Mädchen und Knaben erzählten sich Geschichten.

Zwischen Kiew und Berestowe pendelten im zeitigen Herbst Fuhrwerke mit Baumaterial hin und her, und im Winter, der diesmal besonders kalt und schneereich war, stiegen dort Rauchfahnen empor, schallte das Echo der Äxte weit übers Land.

Keiner auf der Gora konnte begreifen, warum der Fürst ausgerechnet Berestowe gewählt hatte, wo nur Berge und Schluchten waren, wo wilde Tiere durchs Dickicht streiften und der Rabe über dem Wald krächzte. Nicht umsonst hieß es, daß dort Vertriebene und Gejagte Zuflucht fanden. Dort gab es eine Kirche und ein Kloster, errichtet von Christen, die die Einsamkeit liebten.

Im Frühling war der Bau beendet. Abgelegen im Wald stand nun ein kleines Turmhaus mit einer Diele im Erdgeschoß und zwei Zimmern im ersten Stock. An die Mauern schmiegten sich Vorratskeller. Den Hof umgab ein hoher Zaun aus unbehauenen Eichenstämmen, und um den Zaun zog sich ein Graben. Die Tore waren mit schweren Eisenriegeln verschlossen. Vor wem wollte sich Fürst Wladimir hier verbergen? Wojewoden und Bojaren, die sich den Bau ansahen, schüttelten nur den Kopf.

Fürst Wladimir fuhr erst nach Berestowe, als die Baumeister ihre Arbeit beendet hatten. Nachdem er, in Nachdenken versunken, den Hof überquert hatte, trat er in die Diele, stieg die Treppe hinauf und ging in das Zimmer, dessen Fenster zum Dnepr führten.

Auf einmal lächelte er. So streng und finster das Turmhaus von draußen aussah, so wundervoll war die Aussicht auf den Dnepr, auf das mit Gras und Blumen bewachsene Tal, die Weiden, die in der starken Strömung fast ertranken, die Kirche und das Kloster.

„Ich danke dir, Kosmina!“ sagte Fürst Wladimir. „Du hast in deinem langen Leben viele herrliche Bauten errichtet, aber dieses Turmhaus ist mir das liebste ...“

Epilog

Erstes Kapitel

1

Es war nicht leicht für den Fürsten Wladimir, die Rus auf ihrem neuen Weg voranzutreiben, denn das Alte wollte nicht sterben, und das Neue lebt immer mit dem Alten in Feindschaft. Er, der seinen Lebensweg als eifriger Beschützer und Verfechter der Sitten und Gesetze der Väter begann, mußte zuerst seine eigene unruhige, rauhe Seele besiegen, um danach mit der Kraft des Schwertes die Seele seines Volkes zu bezwingen und zu erneuern.

Und die Rus erstarkte. Das sich überall in der Welt festigende Christentum förderte die Entwicklung der Wissenschaft, Bücher fanden Verbreitung, und Kirchen wurden gebaut. Man hörte auf, die christliche Rus wie ein Land der Barbaren zu behandeln. Es stellte sich heraus, daß ihre Reichtümer unermeßlich waren und die Menschen den anderen ebenbürtig.

Alles das vollbrachte Wladimir, der Sohn des Fürsten Swjatoslaw und der Magd Maluscha.

Die zwei mächtigsten Imperien der Welt, Byzanz und Deutschland, schworen der Rus Freundschaft und bekräftigten ihre friedlichen Absichten. Und trotzdem war Fürst Wladimir unruhig und ließ kein Auge von diesen Ländern. Der neue deutsche Kaiser Heinrich rückte hartnäckig nach Osten vor. Und Byzanz? Nachdem der Aufstand in Kleinasien niedergeworfen war, bereitete Kaiser Basileios einen Angriff auf Georgien, Armenien, die arabischen Länder vor und dehnte den Besitz des Imperiums weit nach Süden aus.

Aber nicht nur in Kleinasien war Kaiser Basileios aktiv, er suchte auch am Ufer der Donau und am Russischen Meer Fuß zu fassen und Bulgarien zu unterwerfen.

2

Für Bulgarien schlug die entscheidende Stunde. Kaiser Basileios beorderte die besten Legionen des Imperiums an die Grenze Bulgariens und begab sich selbst, von Elitetruppen und den Unsterblichen umgeben, nach Saloniki. Von dort aus wollte er den Angriff gegen Ochrida anführen, wo Samuil Schischman saß, und gegen Skopje, die Hauptstadt Kaiser Romans.

Samuil wußte, was für eine unheilvolle Wolke sich über Westbulgarien zusammenballte, und schickte seinen tapferen Wojewoden Nestoriza nach Saloniki, der an den Ufern des Vardar Basileios' Heer aufhalten sollte. Er selbst zog durch die Berge nach Prilep und Weljes, um Basileios den Weg in Richtung Norden zu versperren.

Aber dieses Mal verließ Samuil das Glück. Der Feldherr Theophilakt schlug Nestorizas Regimenter, der Feldherr von Philippopel, Nikephoros, umging Samuils Truppen und drang in der Schlucht des Flusses Vardar nach Norden in Richtung Skopje vor. Und kaum näherten sich die Feinde der Stadt, als die Tore geöffnet wurden und Kaiser Roman, der unwürdige Enkel des ruhmreichen Königs Simeon, ihnen entgegenkam. Jetzt war Bulgarien endgültig verraten.

Samuils Krieger und die der Rhomäer trafen am Berg Belastiza aufeinander. Ein schreckliches Gemetzel begann. Die Bulgaren kämpften auf Tod oder Leben, und wenn Gawriil nicht im letzten Augenblick einen rhomäischen Krieger abgewehrt hätte, wäre auch Samuil zu Tode gekommen. Mehr als zehntausend Bulgaren fielen am Berg Belastiza. Fünfzehntausend gerieten in Gefangenschaft. Samuil gelang es gerade noch, mit dem Rest seines Heeres nach Prilep zu entkommen. Dort vereinigte er sich mit den Überlebenden von Nestorizas Abteilungen, um an den Rhomäern Rache zu nehmen.

Und Samuil nahm Rache. Bei Tagesanbruch umzingelte er Theophilakts Legionen in einer tiefen Schlucht und überschüttete sie mit Pfeilen und Steinen. Viele Krieger, darunter auch der Feldherr, wurden getötet. Als Kaiser Basileios davon erfuhr, schwor er ebenfalls Rache. Er befahl, im Tal am Berg Belastiza, wo die fünfzehntausend Bulgaren gefangengehalten wurden, Öfen zu errichten, Brenneisen zu schmieden und die Gefesselten in Regimentern Aufstellung nehmen zu lassen.

Es war der 10. August des Jahres 1014, ein herrlicher Sonnentag. Umgeben von den Unsterblichen, stand Kaiser Basileios auf einem Hügel, blickte auf die geheizten Öfen, auf die zum Glühen gebrachten Brenneisen in den Händen seiner Krieger und auf die gefangenen Bulgaren im Tal. Jeweils zehn Gefangene waren zusammengebunden und wurden zu den Öfen geführt. Die glühenden Brenneisen durchschnitten wie Pfeile die Luft und drangen in die Augen eines jeden von ihnen.

Der byzantinische Kaiser ging später als Basileios der Bulgarentöter in die Geschichte ein. Es war auch seine Idee, von einhundert Kriegern einem ein Auge zu lassen, damit dieser die Geblendeten zum Gebietsregenten Samuil führen konnte. Den Kaiser Roman ernannte er zum Patrizier und Verwalter der Stadt Abydos in Kleinasien.

Mehr als einen Monat pilgerten die Geblendeten durch das Land, und erst am 15. September erreichten sie die Hauptstadt Prilep. Samuil empfing sie. Was für ein schrecklicher Anblick bot sich ihm! Sie gingen über die heimatliche Erde, ohne sie zu sehen, vorbei am Gebietsregenten Samuil Schischman, unter dessen Fahne sie so standhaft gekämpft hatten. Als die Führer ihnen erklärt hatten, daß der Gebietsregent Samuil auf sie blickte, riefen sie: „Es lebe Schischman! Es lebe Bulgarien!“

Samuil hörte diese Rufe nicht — sein Herz schmerzte plötzlich unerträglich, ihm wurde schwarz vor Augen, die Beine versagten den Dienst, und er stürzte zu Boden.

Verzweifelt schrie jemand: „Samuil ist gestorben! Unser Gebietsregent lebt nicht mehr!“

Die geblendeten Krieger sanken auf die Knie.

3

Die Kunde von den Ereignissen in Bulgarien erreichte natürlich auch Kiew. Wladimir war erschüttert. Byzanz hatte wie eh und je sein Versprechen, Frieden zu halten, gebrochen. Sollte er gegen Byzanz ziehen? Nein, das war nicht mehr möglich, denn mit den Kaisern hatte er ewigen Frieden geschlossen.

Außerdem lebte Anna, die Tochter von Theophano und die Schwester von Basileios dem Bulgarentöter, in Kiew. Sie hatte im fürstlichen Turmhaus die Ordnung und das Zeremoniell des byzantinischen Hofes eingeführt. Hofdamen umgaben sie, die, ähnlich der Oberhofmeisterin im Großen Palast, von einer alten Bojarin angeführt wurden. In den Gemächern der Kaiserin liefen geschäftig Würdenträger und Geistliche hin und her. Posten mit langen Schwertern bewachten ihr Gemach.

Kaiserin Anna war sehr beansprucht. Sie hatte, wie nicht anders zu erwarten, viele Freunde unter den Frauen der Wojewoden und Bojaren. Sie war die Gönnerin der Kirchen und scheute keine Ausgaben, um unter den Wojewoden und Bojaren Gesinnungsgenossen zu werben.

Eines jedoch konnte sie, die ungewöhnlich schöne, alle bezaubernde Frau, nicht erreichen: daß ihr Mann Wladimir sie liebte. Sie hoffte, daß sich alles ändern würde, wenn sie erst einen Sohn hätte. Als dann ihr Erstgeborener Boris zur Welt gekommen war, mußte sie begreifen, daß diese Hoffnung nicht erfüllt wurde.

Den zweiten Sohn nannten sie Gleb. Fürst Wladimir stand an seiner Wiege und blickte zärtlich auf das kleine Wesen, die Mutter des Kindes aber wartete vergeblich auf Zuwendung.

Die Jahre vergingen. Die Söhne Boris und Gleb wuchsen heran und bekamen vom Vater die Länder Rostow und Murom zugesprochen. Anna, die ungeliebte, begann zu kränkeln. Auch Fürst Wladimir hatte sich verändert, das Alter nahte und damit das Ende. Aber die kalte, unbestechliche Hand der Geschichte, die bereits die letzte Seite im Leben des Fürsten und Kaisers aufblätterte, machte ihm dieses Ende unsagbar schwer ...

4

Auf den ersten Blick schien sich in Kiew und den Ländern der Rus nichts geändert zu haben. Überall herrschte Ruhe. Doch dieser Eindruck täuschte. Die Zahl jener, die dem Fürsten feindlich gesinnt waren, wuchs. Das jedenfalls bestätigten Spitzel, die Augen und Ohren des Fürsten.

Der neue Glaube hatte auch auf der Gora nicht nur Anhänger. Der eine oder andere Wojewode betete zu Christus, hielt aber auch an den alten Göttern fest, einige waren sogar Heiden geblieben. Manche hatten ihren Wohlstand eingebüßt und waren so zu Widersachern des Fürsten geworden. Hinzu kam, daß die Zahl der Leibeigenen und der rechtlosen Sklaven wuchs, und damit mehrten sich auch Brandstiftung, Diebstahl und Raub. Die Beamten und Steuereintreiber wagten es nicht mehr, ohne Wache durch die Obolon zu gehen.

Fürst Wladimir wollte die warnenden Stimmen jener, die ihn auf diesen Zustand aufmerksam machten, nicht wahrhaben. Er führte neue Gesetze ein, die bestimmten, daß ein Mord an seinen Gefolgsleuten mit doppelter Geldbuße und dem Tod, der Mord an einem freien Handwerker oder Bauern mit einer einfachen Geldbuße und der Mord an einem Leibeigenen lediglich mit der Verpflichtung geahndet wurde, dem Herrn für den verlorenen Mann eine Entschädigung zu zahlen.

Fürst Wladimir war sehr um die Länder der Rus besorgt. In einige von ihnen hatte er seine Söhne geschickt, in einigen regierten ortsansässige Fürsten. Über diese wunderte sich Fürst Wladimir nicht weiter. Sie zahlten Kiew nur zögernd Tribut, entsandten das Landheer nicht fristgemäß und verhielten sich den Bojaren aus Kiew gegenüber abweisend. Von Zeit zu Zeit schickte der Fürst in die aufsässigen Länder eine Drushina, die mit Gewalt Zucht und Ordnung wiederherstellte.

Aber wie unterstützte sein eigenes Fleisch und Blut den großfürstlichen Thron?

Die Söhne zahlten die Abgaben noch widerwilliger als die ortsansässigen Fürsten, sie schickten nur eine geringe Anzahl Krieger nach Kiew und empfingen die Bojaren und Wojewoden von der Gora gar nicht erst.

In Turow hatte Wladimir einen Gewährsmann, den Wojewoden Besruk, der zugleich die rechte Hand von Jaropolks Sohn Swjatopolk war, dem hier eingesetzten Fürsten. Als Besruk wieder einmal nach Kiew kam, bat er den Fürsten um ein Gespräch unter vier Augen.

„Ich höre dir zu, Wojewode!“ sagte Wladimir, als sie zu zweit in einem Gemach im oberen Stockwerk des Turmhauses waren.

„Ich habe schlechte Nachrichten aus Turow, Fürst“, begann Besruk zögernd. „Belauscht uns hier auch keiner?“

„Sprich ohne Umschweife! Hier sind nur wir beide.“

Und Besruk berichtete, daß Swjatopolk durch die Vermittlung seiner Frau Marina Freundschaft mit dem Schwiegervater, dem polnischen Fürsten Bolesław, und dem deutschen Kaiser Heinrich geschlossen hatte. Beide hatten ihm Waffenhilfe zugesagt. Und der Bischof Reinbern, der Beichtvater Marinas, knüpfte für ihn Beziehungen zum römischen Papst an. Swjatopolk war drauf und dran, auf Bolesławs Heer gestützt, gegen Kiew zu ziehen, ihn, den Fürsten Wladimir, zu töten, vom Kiewer Thron Besitz zu ergreifen und den katholischen Glauben anzunehmen ...

Fürst Wladimir saß unbeweglich in einer Ecke des Gemachs im Sessel und hörte auf jedes Wort, das der Wojewode sprach. Er schwieg lange.

„Wojewode Besruk!“ preßte er plötzlich hervor und stand auf. „Begreifst du, was du da gesagt hast? Sollte auch nur ein Wort Lüge sein, erwartet dich der Tod!“

„Fürst Wladimir“, antwortete Besruk ruhig. „Ich habe die Wahrheit gesagt. Ich mußte es tun, denn ich diene der Rus, ihren Menschen und dir, dem Fürsten.“

5

Spät in der Nacht stieg Fürst Wladimir in den Kerker hinab, in dem Swjatopolk gefangengehalten wurde. Vor ihm gingen zwei Gridni, hinter ihm der Wojewode Wowtschi Chwist mit einem Leuchter in der Hand.

„Laßt uns allein", sagte der Fürst, als die Gridni das schwere Schloß geöffnet hatten.

Das trübe Licht der Kerze fiel auf die schimmeligen Kerkerwände aus Eichenklötzen, den Baumstumpf mit Wasser und Brot und den Haufen modrigen Strohs in der Ecke auf der Erde.

In einer anderen Ecke stand Swjatopolk. Das Licht entriß sein Gesicht dem Halbdunkel, die niedrige, von wirren Haarsträhnen bedeckte Stirn, die brennenden Augen, die hervortretenden Jochbeine, die zusammengepreßten Lippen.

„Ich bin gekommen, Swjatopolk, um mit dir zu reden", begann Wladimir.

„Vielen Dank, Fürst Wladimir", entgegnete Swjatopolk.

Wladimir setzte sich.

„Ich bin müde! Setz dich doch auch", schlug er vor.

„Ich stehe lieber. Ich bin nicht müde, höchstens vom Nachdenken ..."

„Worüber denkst du nach, Swjatopolk?"

„Ein Fürst, der von heute auf morgen seine Gemächer mit dem Kerker tauschen muß, hat über mancherlei nachzudenken."

„Weshalb hast du das nicht getan, ehe du auf den Gedanken kamst, mit deinem Schwiegervater gegen Kiew zu ziehen, den Kiewer Fürsten zu töten, in der Rus einen neuen Glauben einzuführen und ein Diener des Papstes zu werden?"

„Heute bin ich in deiner Macht", antwortete Swjatopolk bedächtig, „du bist stark, sehr stark, Fürst und Kaiser ... Aber die Beschuldigungen, die du gegen mich erhebst, sind falsch."

„Deine Frau Marina und ihr Beichtvater Reinbern sind heute verhört worden. Sie haben unseren Verdacht bestätigt!"

Swjatopolk schwieg, in die dunkle Ecke des Kerkers gelehnt, dann wandte er sich plötzlich Wladimir zu.

„Nun gut", sagte er heiser, wie gehetzt, „dann weißt du also alles. Aber ich gebe zu, daß es mir schwerfällt, die Wahrheit zu bekennen."

Fürst Wladimir lächelte bitter.

„Weshalb hast du das getan, Swjatopolk? Gerade jetzt, wo es überall in der Rus unruhig ist?"

Lange Zeit herrschte Stille im Kerker.

„Von Kindheit an", begann Swjatopolk dann, „habe ich dich nicht geliebt, Fürst, weil das Blut meines Vaters an deinen Händen klebt, weil du meine Mutter aus Kiew verjagt hast, weil ich bei der Verteilung der Länder benachteiligt wurde und weil du niemals ein gutes Wort für mich übrig hattest. Der Wunsch, Rache an dir zu nehmen, keimt schon ewig in mir ..."

Den Kopf auf die Hände gestützt, hatte Fürst Wladimir zugehört.

„Endlich rückst du mit der ganzen Wahrheit heraus, Swjatopolk. Hättest du das nicht früher tun können?"

Swjatopolk zuckte mit den Schultern.

„Ich habe doch oft genug beteuert", fuhr Wladimir fort, „daß ich meinen Bruder nicht getötet habe."

„Ich glaube es nicht! Das hast du dir nur ausgedacht."

„Ich habe mir deine Wahrheit angehört, also mußt du dir auch meine anhören. Vielleicht verstehst du mich dann. Es stimmt auch nicht, daß ich deine Mutter verjagt habe. Dazu hatte ich gar nicht das Recht. Dein Vater ist nämlich nicht Jaropolk ..."

„Willst du mich verspotten, Fürst Wladimir? Wer ist es dann?"

„Nachdem deine Mutter ihren Mann beigesetzt hatte, suchte sie Trost bei mir ... Du bist die Frucht dieser sündigen Liebe ... Ich ... ich bin dein Vater!"

Swjatopolk starrte den Fürsten unverwandt an.

„Du — mein Vater?“ rief er. „Nein, das ist ein Scherz, Fürst Wladimir! Du willst mich täuschen, wie du es mit vielen Menschen tust. Ich glaube dir nicht, hörst du? Ich glaube dir nicht, Fürst!“

Wladimirs Herz klopfte wie rasend. Die Wunden der Vergangenheit, der Kummer darüber, daß alles so gekommen war, quälten ihn.

„Swjatopolk“, sagte er heiser und stand auf. „Ich habe dir die Wahrheit gesagt. Komm her und gib mir die Hand.“

Und Wladimir wäre in der Tat grenzenlos glücklich gewesen, wenn Swjatopolk jetzt zu ihm gekommen wäre, aber der rührte sich nicht von der Stelle.

„Grausam und gnadenlos bist du, Fürst“, stieß er gepreßt hervor. „Jetzt glaube ich dir, aber weshalb hast du mich all die Jahre gequält und mich zu dem gemacht, der ich bin?“ Swjatopolk verstummte einen Augenblick und rief dann: „Ich verfluche dich!“

Es dauerte eine Weile, bis Wladimir begriff, was Swjatopolk gesagt hatte.

„Nun denn“, sagte er, „du verfluchst mich, aber ich ... verzeihe dir ...“

Der Fürst wandte sich der Tür des Kerkers zu und öffnete sie.

„Die Tür ist offen“, sagte er, „du kannst gehen ...“

Wladimir stieg die Stufen des Kerkers empor, und als er den Wojewoden und die Gridni sah, erklärte er: „Ich habe den Fürsten Swjatopolk freigelassen. Von nun an wird er auf der Gora leben.“

Zerzauste, schwere Wolken segelten über den Himmel hinweg, verstohlen blickten Sterne hinter ihnen hervor. Die Luft war kalt und feucht.

6

Eines Tages im August kam Bischof Anastas in aller Frühe ins Turmhaus und weckte den Fürsten.

„Heute nacht", sagte er mit wehmutsvoller Stimme, „ist Fürstin Rogneda, die Nonne Anastasia, verstorben."

„War sie schwerkrank, hat sie lange gelitten? Weshalb hat man mir nichts davon gesagt?" fragte Fürst Wladimir.

„Es war der Wunsch der Fürstin, daß niemand von ihrer Krankheit erfuhr", antwortete Anastas. „Aber sie hat nicht gelitten. Die Tage und Nächte brachte sie schon lange in Einsamkeit zu und aß nur Brot und Wasser. Gestern rief sie mich, um zu beichten, und in der Nacht nahm der Herr sie zu sich ... Fürstin Rogneda hat allen verziehen und gebeten, wenn sie vor jemandem schuldig geworden war, auch ihr zu verzeihen. Sie befahl, ihren Leib ohne Ehrenbezeigungen dort beizusetzen, wo sie lebte, im Kloster Predslawin. Ihren Besitz vererbte sie der Kirche."

Wladimir stand schweigend am Fenster und blickte in die aufziehende Morgendämmerung. Dann wandte er sich dem Bischof zu und sagte: „Rogneda hat niemals Wert auf weltlichen Ruhm gelegt. Trotzdem sollten wir sie wie eine Fürstin beisetzen. Ihre sterblichen Überreste werden ihrem Wunsch gemäß in Predslawin begraben ... Heute nacht will ich mit dir, Vater, in die Zehntkirche gehen, um von meiner Frau Abschied zu nehmen."

Der Frauenflügel der Zehntkirche wurde von Kerzen erhellt, deren Strahlen auch auf die nächtlichen Gäste fielen, auf mehrere Geistliche, den Bischof Anastas und den Fürsten Wladimir.

Der aus dem dicken Stamm einer Linde ausgehöhlte

Sarg mit dem Leichnam der Fürstin Rogneda stand in einer Kapelle. Um ihn herum knieten einige Nonnen, eine von ihnen las den Psalter. Als sie die Ankommenden erblickten, wichen sie ins Dunkel der Kirche zurück.

Fürst Wladimir trat an den Sarg. Der Schein der Kerzen beleuchtete seine graue Haarsträhne, die hohe faltige Stirn, den langen Schnurrbart, die kummervoll auf die Verstorbene blickenden Augen.

Es waren viele Jahre vergangen, seit er Rogneda das letzte Mal gesehen hatte. So, wie sie jetzt im Sarg vor ihm lag, hatte er sie in Erinnerung behalten: die hohe Stirn, die geschwungenen Augenbrauen, die stolzen, ein wenig trotzigen Lippen, das spitze Kinn. Diese Frau mit den hervortretenden Jochbeinen im bleichen Gesicht, den tief eingefallenen Augen, den Falten um Augen und Lippen schien den Nichtigkeiten des Alltags gänzlich entrückt. Und Fürst Wladimir begriff, daß sie ihn ihr Leben lang von ganzem Herzen geliebt hatte und daß er diese Liebe verspielt hatte. In all den Jahren nach der Trennung hatte er gewußt, daß es einen Menschen gab, zu dem er gehen, dem er beichten und von dem er Rat und Unterstützung erhalten konnte, und dieser Gedanke war ihm oft hilfreich gewesen.

Verzweifelt kniete der Fürst nieder, drückte den Kopf auf den kalten Steinfußboden und weinte ...

Nach einer Weile erhob er sich, trat zum Bischof und zu den Geistlichen und sagte: „Ich habe Abschied genommen, wir können gehen."

Draußen regnete es. Der Fürst und der Bischof kamen nur langsam vorwärts, immerzu versanken sie in der Finsternis im Schlamm. Vor dem grauen Himmel hoben sich schwarz die Mauern, Dächer und Bäume auf der Gora ab.

Plötzlich blieb der Fürst stehen. Auf dem Hügel vor

ihnen waren zwei Gestalten aufgetaucht, ein großer, schlanker Jüngling mit einer spitzen Fürstenmütze, der ein Mädchen an der Hand hielt, das etwas kleiner war als er.

Wladimir erkannte sie, es waren Jaroslaw und Predslawa. Jaroslaw war aus dem fernen Rostow-Susdaler Land angereist, um mit dem Vater zu sprechen, und gerade zur Beisetzung seiner Mutter angekommen. Vielleicht war das ein Wink des Schicksals — Rogneda und Jaroslaw hatten sich immer besonders nahegestanden.

Die beiden Geschwister wollten heimlich von der Mutter Abschied nehmen. Und anstatt auf sie zuzugehen und sie zu begrüßen, nahm der Fürst den Bischof Anastas am Arm, zog ihn vom Pfad weg und machte erst wieder auf der Gora halt, als die Kirche und die zwei Schatten auf dem Pfad längst mit der Dunkelheit verschmolzen waren.

Die ganze Nacht hindurch brannte im fürstlichen Gemach eine Kerze. Bald saß Wladimir im Sessel am Tisch, bald ging er schweren Schrittes im Gemach hin und her.

Jemand brachte ihm die Nachricht, daß es der Kaiserin schlecht ginge und sie ihn sehen wollte. Also begab er sich in ihr Schlafgemach und blickte in ihr fiebriges Gesicht und die erschreckten Augen.

„Ich bin so erkältet, Kaiser, mein Körper glüht, der Husten zerreißt mir die Brust ..."

„Du wirst wieder gesund, hab nur etwas Geduld, Kaiserin."

Die Hofdamen verabreichten Anna ein beruhigendes Getränk, daraufhin schloß sie die Augen und schlief ein.

Rogneda wurde in der Zehntkirche wie eine Fürstin aufgebahrt. Den Tag über kamen viele Kiewer, um sich vor dem Sarg zu verneigen. Ihrem Wunsch und dem Klosterritual entsprechend wurde sie in der Nacht im geschlossenen Sarg in Predslawin beigesetzt. Ein Dutzend Nonnen, Klostergesinde, das den Sarg trug, und der Geistliche waren zugegen. Predslawa und Jaroslaw gingen ganz am Ende, keiner erkannte sie. Ein Mann zu Pferde schaute von weitem auf die Lichter und die dunklen Schatten, die langsam durch das Tal zogen.

Ein kleiner Hügel war alles, was an Rogneda erinnerte. Einige Jahre vergingen, und Regen und Wind machten auch ihn der Erde gleich.

7

Wenig später kamen Boten mit einer traurigen Kunde aus Nowgorod: Fürst Wyscheslaw war an einer unbekannten Krankheit gestorben. Gemäß dem Willen des Verstorbenen wurde der Sarg mit den sterblichen Überresten nach Kiew gebracht.

Wyscheslaw war der Lieblingssohn des Fürsten gewesen, und deshalb betrübte ihn die Nachricht sehr. Da er selbst einmal auf dem Thron in Nowgorod gesessen hatte und von den Nowgorodern erzogen worden war, wußte er, wieviel dieses Land für die Rus bedeutete. Wyscheslaw hatte die nördlichen Gebiete weise regiert, sein Tod war ein großer Verlust.

Bereits am nächsten Tag rief Fürst Wladimir Wojewoden und Bojaren, Edle und Landadlige sowie die Nowgoroder Gesandten zusammen.

„Wer soll Wyscheslaws Nachfolger werden?“ fragte er.

„Du hast viele Söhne, sag selbst, wer würdig ist, auf dem Thron in Nowgorod zu sitzen“, riefen die Männer im Saal.

„Ich habe darüber nachgedacht“, antwortete der

Fürst. „Groß-Nowgorod schützt die nördliche Grenze der Rus, deshalb muß ein fähiger Fürst dorthin. Meine Wahl fiel auf Jaroslaw. Seid ihr einverstanden, Nowgoroder Gesandte?“

„Einverstanden!“ antworteten diese einstimmig. „Wir danken dir und versprechen, ihm treu zu dienen.“

„Und du, mein Sohn“, wandte sich Fürst Wladimir an Jaroslaw, der neben dem Fürstenthron stand, „bist du einverstanden?“

Jaroslaw war ganz bleich im Gesicht, er zögerte einen Augenblick, dann sagte er: „Es ist dein Wille, Vater!“

„Dann ist es also beschlossen“, erklärte Wladimir.

Und Fürst Jaroslaw trat vor, umarmte die Nowgoroder Gesandten und bedankte sich für die Ehre und das Vertrauen.

Wladimir war der Überzeugung, dem Sohn mit dieser Entsendung eine Ehre erwiesen und ihn nach dem Tod der Mutter ein wenig mit dem Schicksal versöhnt zu haben. Außerdem wollte er ihm einige seiner Erfahrungen als Fürst von Nowgorod mit auf den Weg geben, und deshalb rief er ihn zu sich.

Jaroslaw betrat das Gemach des Vaters mit sicherem Schritt und blieb nicht weit von der Schwelle entfernt stehen. Unwillkürlich weidete sich Wladimir am Aussehen des Sohnes: jung, stark und breitschultrig war er, hatte schwarze Haare, eine gebräunte Gesichtsfarbe und eine Adlernase.

„Ich rief dich, mein Sohn, um dir vor deiner Abfahrt einige Ratschläge zu geben und um Abschied von dir zu nehmen, vielleicht für immer“, begann Wladimir.

„Was soll das, Vater?“ unterbrach ihn Jaroslaw rauh.

Dieser Ton verletzte Wladimir. Verstand Jaroslaw seine Sorge und Trauer denn nicht?

„Zürne mir nicht, Jaroslaw, daß ich dich in die

nördlichen Länder schicke. Zwei Bollwerke gibt es heute in der Rus — Kiew und Nowgorod ..."

„Schon als du mich nach Rostow sandtest", unterbrach ihn Jaroslaw, „sagtest du, daß es ein Bollwerk der Rus sei."

„So ist es auch. Denke doch nur an die Wolga, die Wolgabulgaren und die Chosaren ..."

„Ich nehme an, Vater, du weißt, daß ich in Rostow gut mit den Bojaren und allen anderen ausgekommen bin, und dir habe ich ergeben gedient."

„Ich weiß es, Jaroslaw, aber trotz allem ist Rostow nicht mit Nowgorod zu vergleichen. Rostow kann vorläufig unter meiner Herrschaft stehen."

„Bis Rostow ist es weit, du weißt es. Zweimal hast du dich mit den Wjatitschen abgequält, womöglich passiert dort bald wieder ein Unheil!" sagte Jaroslaw aufgebracht und blickte den Vater finster an.

„Willst du mich erschrecken, Jaroslaw?"

„Nein, Vater, ich sage die Wahrheit, im Rostow-Susdaler Land brodelt es. Die Menschen dort sind anständig und arbeitswillig. Sie schauen voller Ehrfurcht auf Kiew, doch das Neue hat es schwer."

„Trotzdem machen wir es so: Ich stehe für Rostow ein, und du beschützt Nowgorod."

„Was bedeutet mir Nowgorod? Das ist deine Stadt, du warst dort Fürst. Ich kann lediglich fortsetzen, was du begonnen hast."

„Nowgorod und Kiew verbindet eine lange Freundschaft", sagte Wladimir. „Die Menschen dort haben eine rauhe Schale. Sie werden sich an dich gewöhnen, und wenn du sie richtig anpackst, werden sie deine treuen Diener sein. Außerdem hast du im Possadnik Dobrynja einen guten Helfer."

Jaroslaw lächelte bitter. „Mich hat das Rostow-Susdaler Land verehrt, und ich verehre es ebenfalls ... Nun denn, Vater, wenn das Schicksal so entschieden hat, breche ich also nach Nowgorod auf. Aber deinen Possadnik brauche ich nicht."

Aus dem bitteren Ton schloß der Fürst, daß Jaroslaw noch immer unter dem Tod der Mutter litt. Er trat dicht an den Sohn heran und sagte: „Du bist Rognedas und mein Erstgeborener. Sie lebt nicht mehr, aber glaube mir, ich habe nur sie geliebt. Auch mich schmerzt es, daß es sie nicht mehr gibt, mein Sohn."

Jaroslaw blickte seinem Vater in die großen, sorgenvollen Augen.

„Leb wohl, Vater!" sagte er. „Ich werde als dein Sohn der Rus bis zu meinem Tod dienen."

„Leb wohl!" sagte auch Fürst Wladimir. So trennten sich Vater und Sohn, in der Seele nur Schmerz und Kränkung.

Jaroslaw ging zu seiner Schwester Predslawa, um sich von ihr zu verabschieden.

„Ich habe gehört, daß dir eine große Ehre zuteil wurde", sagte sie.

„Ich weiß nicht, ob die Ehre wirklich so groß ist, Schwester", entgegnete er mürrisch. „Ich mußte viel Kraft darauf verwenden, im Rostow-Susdaler Land Ordnung zu schaffen. Und nun ... Ich glaube eher, er hat nichts für mich übrig und macht mich deshalb zum Fürsten ohne Anspruch auf den großfürstlichen Thron."

„Meinst du wirklich? Das ist ja schrecklich", rief Predslawa entsetzt aus. „Dann fahre doch nicht, bleib hier, Bruder!"

„Nein, Predslawa!" sagte Jaroslaw entschlossen. „Wie würde ich vor Vater dastehen? Sein Wort ist Gesetz, Christus stützt ihn mit der Rechten, die Gora tut ihr übriges. Ich gehe nach Nowgorod, aber irgendwann werde ich mich an meinem Vater rächen ..."

„Jaroslaw! Was redest du da!"

„Ach, das habe ich nur so dahin gesagt. Schade, daß

ich dich hier zurücklassen muß. Vergiß mich nicht, Predslawa! Und habe ein wachsames Auge auf alles, was hier passiert."

Fürst Jaroslaw und sein Gefolge kamen spät nachts am fürstlichen Turmhaus in Nowgorod an. Die Stadt schlief, niemand war zum Empfang angetreten.

Nachdem sie der Wache Beine gemacht hatten, baten die Gesandten, die nach Kiew gereist waren, den Fürsten in das Turmhaus. Das Gesinde hastete umher, Feuer wurde angezündet, im Speisesaal klirrte Geschirr, der Duft von gebratenem Fleisch zog durch die Räume. Nach und nach trafen, nach Atem ringend, die Wojewoden und Bojaren ein, darunter auch der Possadnik Dobrynja, dessen Kleidung und gewichtige Haltung sogleich ins Auge fielen.

Nach dem Essen verabschiedeten sich alle, nur Dobrynja blieb. Er wollte den neuen Fürsten in seine Gemächer einweisen und bei der Gelegenheit gleich ein wenig auf sich aufmerksam machen. Ihn schmerzte seit dem Abend die Leber, außerdem war er nach dem Mahl berauscht und müde. Jaroslaw aber, der für die Fahrt hierher mehr als einen Monat gebraucht und die letzten Nächte fast kein Auge zugetan hatte, ging ganz munter im Raum hin und her.

„Ich, Fürst Jaroslaw", begann Dobrynja, „habe schon deinem Großvater gedient, dem Fürsten Swjatoslaw. Ich war der Erzieher deines Vaters Wladimir, dann viele Jahre Possadnik hier in Nowgorod und schließlich erster Wojewode und Bojar beim Fürsten Wyscheslaw." Dobrynja verstummte und wartete ab, was Jaroslaw wohl entgegnen werde, aber der schwieg, und so fuhr der alte Mann fort: „Als Fürst Wladimir das Christentum einführte, verschaffte ich mir viele Feinde unter den Heiden. Ich schlug Perun den Kopf ab. Wojewoden und Bojaren sind das eine, aber ich bin ein

Mann des Fürsten, nur ihm fühle ich mich verpflichtet ..."

Der Fürst blickte Dobrynja durchdringend an. Jener zuckte zusammen: Jaroslaw hatte dieselbe Stirn, dieselbe Nase, denselben Mund wie der junge Wladimir und die Augen seiner Schwester Maluscha.

„Ich hörte viel von dir, Wojewode Dobrynja", sagte Jaroslaw, „und weiß, daß du ein treuer Diener der Fürsten warst. Aber Wojewoden, die nur dienen, brauche ich nicht. Dazu habe ich das Gesinde. Allein die Tatkraft entscheidet."

Das waren für Dobrynja beleidigende Worte. Fürst Jaroslaw wies seine Freundschaft und seinen Dienst zurück. War es unterwegs zu einem Einverständnis mit den Gesandten gekommen oder, was noch schlimmer wäre, hatte Wladimir etwas verlauten lassen?

„So befiehlst du mir also zu gehen?" brachte Dobrynja nur hervor.

„Bei Tagesanbruch sollen sich alle Bojaren und Wojewoden im Großen Saal versammeln, du auch."

8

Ein Schicksalsschlag nach dem anderen traf den Fürsten Wladimir: der Tod der Söhne Isjaslaw und Wyscheslaw, Swjatopolks Verrat, der Verlust der Frau, die er geliebt hatte ...

Wladimir bemühte sich, seinen Kummer mit Fassung zu tragen. Er nahm Turow unter seine Obhut und schickte Brjatscheslaw nach Polozk. In das Rostow-Susdaler Land sandte er Boris, den ältesten Sohn der Kaiserin Anna, ihren jüngeren Sohn Gleb nach Murom. Begleitet wurden sie von den Bischöfen Theodor und Ilarion.

Und was geschah dann? Das unter Jaroslaws Herrschaft mustergültige Rostow-Susdaler Land weigerte sich, Boris und Theodor aufzunehmen. Ebenso erging es Gleb und Ilarion in Murom. Dem Bischof wurde sogar der Bart abgeschnitten! Er und der Fürst konnten sich gerade noch in die Stadt Tschernigow retten. Und jetzt schickten sie Boten zu Wladimir und fragten an, was sie tun sollten.

Ja, was tun? Die Söhne machten es sich leicht. Was sollte der Fürst antworten? Der Herbst begann, die Wege wurden unpassierbar.

Doch nicht die Unwegsamkeit war Schuld daran, daß Fürst Wladimir sich in Schweigen hüllte. Er ging unruhig auf und ab, blieb auf einmal stehen und fragte sich: Was hast du hervorgebracht?

Zweites Kapitel

1

Im Frühling, als die Kirschbäume in den Gärten am Dnepr mit Blüten übersät waren, starb Kaiserin Anna. Sie kränkelte seit langem, wurde immer magerer, begann zu husten, fieberte den ganzen Winter über. Als das Eis auf dem Dnepr brach, fühlte sie sich ganz elend.

Man rief die besten Ärzte aus Kiew und Umgebung zu ihr, aber alle schüttelten traurig den Kopf, wenn sie den abgezehrten Körper sahen und den furchtbaren Husten hörten.

Die Priester konnten auch nicht helfen, sie beteten und geboten, auf Gott zu vertrauen.

Gott half nicht, Kaiserin Anna starb. In der Zehntkirche stand auf einem niedrigen Podest ihr mit Silber beschlagener Sarg. Unzählige Kerzen brannten. Diakone lasen laut und monoton aus heiligen Büchern, auf der Empore wurden von Zeit zu Zeit Gebete für die Verstorbene gesprochen. Priester vollzogen die Beisetzungszeremonie, auf der Kathedra im Altar saß Bischof Anastas. Die Zehntkirche war bis zum Bersten mit Menschen vollgestopft.

Am Sarg standen Fürst Wladimir und sein Sohn Boris, hinter ihnen die angesehensten Männer und Landedelleute, Wojewoden, Bojaren und die Fürsten der Länder, die sich zu dieser Zeit gerade in Kiew aufhielten, Gesandte und Gäste.

Fürst Wladimir blickte lange auf die sterblichen Überreste jener, die sich seine Frau und Kaiserin der

Rus genannt hatte. Sie lag zwischen den rosa, gelben und fliederfarbenen Blüten. Ihr ungewöhnlich bleiches Gesicht war von den Schatten des Todes gezeichnet.

Dann ließ er den Blick durch die Kirche schweifen ... Mit der Kaiserin Anna war die Einsamkeit in sein Leben getreten. Es gab niemanden, mit dem er Freude oder Trauer teilen, sich beraten oder zumindest ein offenes Wort wechseln konnte. Bischof Anastas war der einzige Mensch, der die Qualen und die Verzweiflung des Fürsten verstand. Er wich Tag und Nacht nicht von seiner Seite, war ständig aufmerksam um ihn besorgt. Fürst Wladimir war in ein Alter gekommen, in dem der Mensch noch viel vorhat, aber nur wenig schafft und dadurch manchen Mißerfolg einstecken muß. Oft unterhielten sich die beiden Männer über die Rus. Der Bischof sah viele Unzulänglichkeiten in den Städten und Ländern und riet dem Fürsten, die Aufgaben besser zu verteilen, zum Beispiel auch auf die Geistlichen. Er beklagte, daß die meisten Priester weder ein Haus noch Land besäßen, daß sie schlecht lebten, oft nur von Almosen.

„Du hast gut daran getan", wiederholte der Bischof, „daß du mir und damit der Kirche der Muttergottes den zehnten Teil deiner Einnahmen zugesprochen hast. In ähnlicher Weise müßte auch für die übrigen Diener der Kirche in den Ländern Sorge getragen werden. Lege eine Kirchensteuer fest, gib den Kirchen überall den Zehnten und übertrage der Geistlichkeit die Gerichtsbarkeit."

„Was den Zehnten angeht", erwiderte Wladimir, „so kann ich nicht für die anderen Fürsten entscheiden. Und Gericht halten sollen sie selber, dafür sind sie schließlich da."

Nein, trotz Krankheit und Alter wollte Fürst Wladimir nicht den Forderungen der Kirche nachgeben.

Doch Bischof Anastas ließ nicht locker.

„Die Priester haben in der vergangenen Nacht am Grab der Fürstin Olga Zeichen gesehen."

„Was für Zeichen, Bischof?"

„Als sie aus der Kirche kamen, lag ein wunderbares Leuchten über dem Grab."

„Wahrscheinlich ging dort jemand mit einem Öllämpchen vorbei", mutmaßte der Fürst.

„O nein. Die Priester haben den Friedhof abgesucht, aber niemanden gefunden."

„Und das Leuchten?"

„Das Leuchten erhob sich und schwebte zum Himmel."

Fürst Wladimir wurde zu einer Besprechung im Goldenen Saal erwartet und mußte das Gespräch unterbrechen. Einige Tage später brachte der Bischof erneut die Rede auf das Grab, die Geistlichen hatten angeblich wieder das Leuchten gesehen und Stimmen gehört.

„Sag mal, Bischof, was bedeutet das?" fragte der Fürst.

Anastas hielt seinem Blick stand und antwortete: „In Byzanz und den übrigen Ländern gibt es viele Heilige ... Wenn ein Christ gestorben ist und an seinem Grab Zeichen und Wunder geschehen, bedeutet das, Gott hat ihn zum Heiligen erkoren. Auf Athos, wo ich studierte und die Priesterweihe erhielt, gräbt man die Gebeine der Mönche drei Jahre nach ihrem Tod aus, legt sie in ein besonderes Behältnis und wartet ab. Wenn es der göttlichen Vorsehung gefällt, einen besonders Tugendhaften zu preisen, so geschehen Wunder an ihm. Die Heiligen sind die Zierde der Kirche, der Stolz des Staates und unsere Fürsprecher im Himmel."

Fürst Wladimir wollte das nicht wahrhaben. In seiner Erinnerung war Olga eine strenge, hartherzige Großmutter. Sie hatte seine Mutter von der Gora verjagt und ihr auch noch das Kind weggenommen. Und nicht nur ihm, vielen Leuten hatte sie sich als grausame, herzlose Fürstin eingeprägt.

Bischof Anastas schien die Gedanken des Fürsten zu erraten.

„Auf Erden sind alle Menschen gleich, Fürstin Olga war die erste Christin in der Rus, sie steht auf gleicher Ebene wie ein Apostel, sie ist für die Rus eine Heilige, Fürst Wladimir, und für unsere Sache von größter Bedeutung."

Der Bischof erreichte, was er wollte. Der Sarg der Fürstin Olga wurde ausgegraben und geöffnet. Sie nahmen die Gebeine heraus und brachten sie in einen schon vorbereiteten silbernen Reliquienschrein in der Zehntkirche.

Nach einem Gottesdienst, den Anastas am Reliquienschrein abhielt, ging Fürst Wladimir schweigend zur Gora zurück. Auf einmal blieb er stehen und sagte zum Bischof: „Ich habe Angst vor dem Tod."

„Aber die Seele ist doch unsterblich, Fürst", antwortete Anastas, und in seiner Stimme klang ebensoviel Entsetzen wie zuvor in Wladimirs.

Olga blieb nicht die einzige Heilige. Eine Chronik berichtet: „Im Sommer des Jahres 1007 wurden der ehemalige Fürst Isjaslaw und sein Sohn als Heilige in die Kirche der Muttergottes in Kiew überführt."

Am späten Abend trat Fürst Wladimir auf die Außentreppe des Turmhauses. Gerade ging der Gottesdienst in der Zehntkirche zu Ende, bis zum Tagesbeginn würde dort noch ein weiterer abgehalten werden. Morgen war Weihnachten, ein neuer Feiertag auf der Gora.

Aber was war das? Am Tor der Gora wurde das Stapfen vieler Füße hörbar, hinter der Mauer tauchten Dutzende von Fackeln auf. Gesang tönte durch die frostige nächtliche Stille:

„Als die Welt noch keinen Anfang genommen hatte
und es weder Erde noch Himmel gab,
weder Erde noch Himmel, sondern nur das Meer
Und mitten darin zwei Eichen ...“

Fürst Wladimir kam das Lied bekannt vor. Ach ja, diese Nacht, in der Christus geboren worden war, gehörte einst Korotschun. In der längsten Nacht des Jahres wollten die Menschen dem guten Gott zu Hilfe kommen, die Sonne aus den himmlischen Gewölben zu befreien. Früher zogen die Frauen Männerkleider und die Männer Frauenkleider an, damit die bösen Götter sie nicht erkannten und bestraften. Sie versteckten ihre Gesichter hinter Masken, versammelten sich an der Opferstätte auf der Gora, schlugen die Schwerter gegen die Schilde, bliesen auf Pfeifen und Schalmeien, setzten ein mit Stroh umwundenes und mit Pech beschmiertes großes Rad in Brand und trieben es über den Schnee.

Und als dann die Männer und Frauen die bösen Götter besiegt hatten, gingen sie zum fürstlichen Turmhaus und sangen Koljadalieder.

„... Drauf ließen sich zwei Täubchen nieder,
Zwei Täubchen auf zwei kleine Eichen.
Sie begannen Rat zu halten,
Rat zu halten und zu gurren,
Wie unsere Welt wohl einzurichten sei ...“

Der Gesang kam immer näher.

„Bringt Met, Bier und Nüsse heraus“, befahl Fürst Wladimir.

Dann waren die Sänger an der Treppe angekommen, in den Händen trugen sie brennende Holzscheite, die die maskierten Gesichter geisterhaft beleuchteten. Fürst Wladimir bewirtete die späten Gäste und dankte ihnen.

Sie hatten angenehme Erinnerungen an längst vergangene Zeiten in ihm wachgerufen.

Am nächsten Morgen machte ihm der Bischof heftige Vorwürfe.

2

Fürst Wladimir hatte Erbarmen mit Swjatopolk. Er bestrafte ihn nicht für den Verrat am Vaterland, hoffte aber im stillen, daß jener doch noch zur Vernunft kommen würde.

Swjatopolk, seine Frau Marina und das Gesinde, das er aus Turow hatte kommen lassen, lebten hinter den Toren der Gora, in dem Turmhaus, das einst von Fürstin Olga erbaut worden war.

Bischof Reinbern war nicht bei ihnen. Der leidenschaftliche Katholik hatte, als die Wojewoden ihn mit Wasser und Eisen zu foltern begannen, sogleich die Wahrheit gestanden, sich von Swjatopolk losgesagt und geschworen, sich niemals mehr um die Rus zu kümmern, wenn er nur das Glück hätte, mit heiler Haut davonzukommen. Aber der betagte Kolobrzeger Bischof Reinbern verstarb im Kiewer Kerker.

Fürst Wladimir erkundigte sich oft nach Swjatopolk, erlaubte ihm aber nicht, auf der Gora zu leben oder Kiew zu verlassen. Wladimir hoffte, daß Swjatopolk irgendwann zu ihm kommen würde.

Das geschah aber nicht. Eines Morgens, als Wladimir in die Diele hinunterstieg, kam Wowtschi Chwist aufgeregt auf ihn zu und flüsterte: „Schlechte Nachrichten, Fürst!"

„Sprich!"

„Fürst Swjatopolk ist geflohen."

„Vielleicht ist er auf die Jagd geritten?"

„Nein, das ist ausgeschlossen. Ich lasse ihn schon seit drei Tagen suchen und erfuhr schließlich, daß er mit einer kleinen Drushina nachts heimlich nach Belgorod geritten ist und von dort weiter in Richtung Polen."

„Und seine Frau?"

„Die ist auch nicht da."

Fürst Wladimir begriff, daß Swjatopolk seine Hand ausgeschlagen hatte.

„Nimm sofort mit einer großen Drushina seine Verfolgung auf. Such ihn überall!" befahl der Fürst.

„Und wenn wir ihn fangen?"

„In den Kerker mit ihm, für ewig!"

Wowtschi Chwist verneigte sich und verschwand. Noch am gleichen Tag ritt er an der Spitze einer Drushina nach Belgorod. Nachdem er dort übernachtet hatte, befahl er am Morgen seinem Hundertschaftsführer Krutscha, mit der Drushina nach Wladimir zu reiten, wo der Wojewode einen Hof hatte, dem Verwalter Pasko ein Schreiben zu übergeben und nach Belgorod zurückzukehren.

Wowtschi Chwist wartete ab, bis sich die Staubwolke hinter der sich entfernenden Hundertschaft aufgelöst hatte, lenkte sein Pferd nach rechts, jagte durch das Tal des Irpen bis zur alten Festung Wyschgorod. Früher fing sie die Angriffe von Norden auf, und jetzt stand sie, von Kletten und Steppengras bewachsen, wie ein düsteres Schreckgespenst verlassen am Dnepr.

Doch was war das? Kaum näherte sich der Wojewode der Festung, als sich auf den Mauern einige Krieger zeigten. Sie riefen ihm etwas zu, sperrten ihm das Tor auf und schlossen es wieder.

Wenig später nahm Wowtschi Chwist zusammen mit Swjatopolk in einem Gemach, das zum Dnepr hinausführte, das Abendbrot ein.

„Sprich, was gibt's Neues in Kiew?" fragte Swjatopolk.

„Wladimir läßt dich überall suchen. Und wenn wir dich fangen, sollst du auf ewig im Kerker schmachten.“

„Da bin ich also ganz in der Hand der Gora“, erwiderte Swjatopolk lachend.

„Scherze nicht, Fürst“, sagte Wowtschi Chwist. „Ich werde dir sagen, was die Gora denkt ... Wladimir hat getan, was notwendig war. Er ließ sich taufen, taufte die Rus und holte sich die Krone von den Kaisern. Er war einmal ein starker, würdiger Herrscher. Jetzt aber ist er schwach und unentschlossen — ganz anders als früher. Und noch etwas hat uns immer gestört. Wladimir holte zum Schlag aus und fällte den alten Baum mit aller Kraft, ohne uns zu Rate zu ziehen. Und als es daran ging, die Länder zu verteilen, gab er seinen Söhnen Macht und Recht, aber uns, die Gora, hat er vergessen ...“

Mit zusammengekniffenen Augen blickte Swjatopolk den Wojewoden an, der inzwischen ordentlich dem Wein zugesprochen hatte.

„Und seine Söhne“, fuhr Wowtschi Chwist fort, „fangen schon an, sich zu rühren. Jaroslaw soll angeblich zu den Schweden Verbindung aufgenommen haben und gegen Kiew ziehen wollen. Mstislaw in Tmutarakan sammelt ein Heer, Rostow und Murom verjagten Wladimirs Söhne, das Turower Land ist ohne Fürsten ... Er gab den Ländern zuviel Macht, da hält die Einigkeit nicht lange.“

„Aber Wladimir hat eine Drushina“, gab Swjatopolk zu bedenken, „er kann das Landheer zusammenrufen.“

„Was für eine Drushina und was für ein Landheer?“ entgegnete Wowtschi Chwist. „Wir sind seine Drushina und sein Heer, wir waren sein Schwert und sein Kreuz ... Sollen wir es auf uns nehmen, mit allen seinen Söhnen zu kämpfen? Nein, das wollen und können wir nicht.“

„Und Byzanz?" rief Swjatopolk. Wowtschi Chwist lachte aus vollem Hals.

„Wladimir nahm von Byzanz, was er konnte. Nein, die Kaiser der Rhomäer geben nichts weiter her, eher würden sie der Rus etwas abzwacken, wenn es möglich wäre ..."

Swjatopolk blickte durch das Fenster auf den Dnepr.

„Sag mal, Fürst", fragte Wowtschi Chwist plötzlich, „wie steht es um deinen Rückhalt?"

„Der Rückhalt des Fürsten ist die Gora", antwortete Swjatopolk listig.

„Der Sohn einer Magd behagt uns nicht als Fürst. Wie man sieht, geraten auch die Kinder entsprechend ... Sei du unser Kaiser, denn du bist der Sohn Jaropolks und der Kaisertochter. Die Gora wartet nur auf ein Wort von dir ..."

„Der polnische Fürst Bolesław unterstützt mich mit seinem Heer, und wenn es notwendig ist, steht mir auch der deutsche Kaiser Heinrich bei."

„Bist du dessen ganz sicher, Fürst?"

„Bolesław ist mein Schwiegervater, für meinen Ruhm und den der Rus tut er alles."

„Und du, Fürst, wirst du uns nicht vergessen? Wir vertrauen darauf, daß du ohne die Gora nichts unternimmst."

„Wo ihr seid, bin auch ich. Sage das der Gora."

„Also gut, Fürst ... Vergiß auch nicht, daß wir jetzt Christen sind und mit der Kirche in Rom nichts im Sinn haben. Unsere Gebete sprechen wir mit russischen Worten."

„Der römische Papst segnet uns, die Kirche aber wird ihre eigenen Bischöfe haben. Ist Anastas einverstanden, Wojewode?"

„Wir nehmen es an, Fürst ... Sieh, wie sich der Dnepr auf einmal dunkel färbt."

Der Wojewode Wowtschi Chwist kehrte zehn Tage

später nach Kiew zurück und begab sich direkt in Wladimirs Turmhaus. Er erkannte den Fürsten kaum wieder. Die Wangen waren eingefallen, der Schnurrbart war völlig grau geworden, die Haare standen wirr vom Kopf ab, die Augen glühten wie im Fieber.

„Was gibt es, Wojewode?“

„Wir haben Swjatopolk in allen Städten westlich von Kiew gesucht und sind sogar bis zur Grenze vorgedrungen — alles vergeblich.“

Die Kerzen flackerten. Wladimirs sorgenvoller Blick wanderte über die Wände, an denen Ikonen hingen. Draußen heulte der Wind.

3

Wieder vergingen einige Tage, da erschien des Nachts der Perejaslawsker Tausendschaftsführer Kutschma mit seiner Drushina auf der Gora und weckte den Wojewoden Wowtschi Chwist. Frühmorgens gingen beide zum Fürsten Wladimir.

„Schlechte Nachrichten, Fürst! Am Psjol und an der Sula sind Petschenegen aufgetaucht. So eine Horde wurde dort noch nie gesehen, das Land erbebt unter den Hufen ihrer Pferde ...“

Noch vor kurzem hätte Fürst Wladimir keinen Augenblick gezögert, das Heer gegen die Petschenegen zu führen. Und heute? Zweifel zerrissen ihn, und Furcht kroch wie eine Schlange in seine Seele.

Wladimir fürchtete vor allem die Gora. Sie bestand nicht mehr aus jenen Wojewoden und Bojaren, auf die er sich früher verlassen hatte. In jüngster Zeit stellten sie Forderungen, die er nicht erfüllen konnte. Sie wollten mehr Macht über die Länder haben, und das durfte er nicht gestatten. Was würden die Söhne dazu sagen?

Doch er spürte mit der Zeit immer deutlicher, daß sie

ihm seine Rücksichtnahme nicht dankten. Der Abstand zu ihnen wurde größer und größer, und sie waren sich auch untereinander alles andere als einig.

Aber da war noch Predslawa, die einzige Tochter des Fürsten, die ihrer Mutter zusehends ähnlicher wurde. Sie war zu einer schönen Frau herangewachsen. Predslawa liebte Wladimir und bedauerte ihn. Die Last der Vergangenheit suchten Vater und Tochter jeder auf seine Weise abzuschütteln. In all den Jahren hatte Wladimir kein herzliches Wort für sie gefunden. Einmal hatte er ihr allerdings vom Feldzug nach Tmutarakan eine grüne Halskette mitgebracht. Wenn er Predslawa begegnete, senkte er die Augen und ging an ihr vorbei, ohne sie anzublicken. Die Erinnerung an Rogneda war zu schmerzlich.

Und als der Fürst schließlich Alter und Krankheit spürte, machte er sich Gedanken darüber, wer wohl nach ihm den Kiewer Thron besteigen und das von ihm begonnene Werk fortführen konnte.

Nach langem Hin und Her fiel seine Wahl auf Boris, den Sohn der Kaiserin Anna. Deshalb ließ Wladimir ihn nach dem Tod der Mutter nicht mehr aus Kiew fort.

Als der Fürst von den Petschenegen hörte, rief er Boris zu sich.

„Mein Sohn“, begann er, „du bist meine ganze Hoffnung. Jetzt, da das Alter an meinen Kräften zehrt, bin ich froh, mich ganz auf dich verlassen zu können ... Eben brachte man mir die Nachricht, daß Petschenegen in Richtung Kiew ziehen. Eigentlich müßte ich das Heer gegen sie führen, aber wer bleibt hier in Kiew? Meiner Bojarenschaft kann ich nicht vertrauen, Swjatopolk schmiedet mit ihrer Hilfe ein Komplott gegen mich. Ich wittere Verrat ... Deshalb bleibe ich in der Stadt und schicke dich gegen die Petschenegen. Der Wojewode Wowtschi Chwist bereitet schon eine Drushina vor, und der Perejaslawsker Tausendschaftsführer Kutschma wird dich auf deinem Weg begleiten. Ich wünsche dir Glück, Boris."

Fürst Boris war ganz bleich im Gesicht.

„Mach dir keine Sorgen, Vater", sagte er, „ich werde siegreich zurückkehren."

„Danke, mein Sohn!"

Fürst Boris senkte den Kopf, der Vater segnete den Sohn und umarmte ihn.

Zur gleichen Zeit besprachen Wowtschi Chwist und der Tausendschaftsführer Kutschma, wie sie vorgehen wollten.

„Du, Tausendschaftsführer, reitest mit dem Fürsten Boris bis hinter den Psjol."

„Ich führe ihn bis zum Donez, soll er dort spazierengehen."

„Bring ihn möglichst weit von Kiew fort, wir brauchen ihn hier jetzt nicht."

Der Tausendschaftsführer Kutschma, ein kahlköpfiger Mann, lachte aus vollem Halse.

„Ich möchte zu gerne sehen, was Boris tun würde, wenn tatsächlich Petschenegen auftauchen. Wo er doch so schwach und anfällig ist."

„Genau wie sein Vater! Der ist auch schon so gut wie tot ..."

4

Über Nowgorod hingen schwere, bleigraue Wolken. Langsam dämmerte der Morgen. Vom Himmel fiel feiner Regen, der von Zeit zu Zeit in Schneeflocken überging.

Dobrynja saß auf einem Baumstamm, blickte sich um und stöhnte. Gestern noch hatte hier ein Turmhaus mit Vorratskellern und Wirtschaftsgebäuden gestanden, Pferde wieherten, Kühe muhten und Hähne krähten.

Die Knechte hatten alle Hände voll zu tun. Ein großer Hof machte viel Arbeit ...

Dobrynja sah furchterregend aus: die Haare zerzaust, im Bart Stroh und Späne, die Augen aufgerissen, auf Stirn und Wange Schrammen. Der ehemalige Possadnik war verzweifelt. Von seinem Turmhaus waren nur schwelendes Holz und Asche übriggeblieben, auf die jetzt der Regen fiel ...

Er hob abermals den Kopf und starrte wie stumpfsinnig auf seine Frau, die neben ihm auf dem Boden lag. Sie war tot.

„Meine liebe Ruta", sagte er, „es ist ja nichts, gar nichts ..."

Gestern noch Wojewode und Possadnik des Kiewer Großfürsten in Nowgorod, saß Dobrynja heute inmitten von Trümmern. An seinem Gehöft holperten Wagen vorüber, Stimmen waren zu hören, aber niemand grüßte ihn und bot seine Hilfe an. Was war geschehen?

Dobrynja blickte mit leeren Augen geradeaus. Bilder der Vergangenheit flogen vorüber und bereiteten seiner Seele unaussprechliche Schmerzen. Eine Weile gab er sich den Bildern hin. Er dachte an Ljubetsch, wo er aufgewachsen war, an die Zeit als Griden in Kiew, an seine Schwester Maluscha, der nur wenig Glück beschieden war, an ihren Sohn Wladimir, dessen Erzieher er später wurde, und schließlich an seine Zeit als Possadnik in Nowgorod.

Gestern nun hatten die Nowgoroder seinen Hof in Brand gesetzt, und heute richteten sie noch seine Seele zugrunde. Wohin sollte er jetzt gehen? An Jaroslaw war nicht zu denken, der war mit den Nowgorodern ein Herz und eine Seele. Zum Fürsten Wladimir? Nein, die Gora hatte nie etwas für ihn übrig gehabt. Zurück nach Ljubetsch? Auch das war ausgeschlossen, längst hatte er sich von seinen Ahnen losgesagt.

Am Abend, nachdem er seine Frau begraben hatte, verließ Dobrynja den Hof. Er zog die Mütze tief in die Stirn, schlug den Kragen hoch und wandte sich nach Süden.

5

Der Termin für die Tributzahlungen war herangerückt. Swjatoslaw, Wsewolod und Stanislaw taten ihre Pflicht und schickten Griwni nach Kiew. Mstislaws Boten blieben aus, Murom und Rostow, die sich geweigert hatten, Boris und Gleb aufzunehmen, hüllten sich in Schweigen, die Stadt Turow war immer noch ohne Fürst.

Und Nowgorod? Die fürstlichen Beamten und Steuereinnehmer, die dorthin gefahren waren, um den Tribut in Empfang zu nehmen, kehrten in leeren Booten und mit schlechten Nachrichten zurück. Sie baten, zum Fürsten vorgelassen zu werden.

Man führte sie in den Volkssaal. Bald trat auch der Fürst ein. Er sah angegriffen aus, eine Woche lang hatte er mit Herzbeschwerden im Bett gelegen und war nur aufgestanden, weil die Beamten es gewünscht hatten.

„Was habt ihr mir zu sagen?" fragte er.

„Nichts Gutes, Fürst. Jaroslaw befahl uns, dir zu übermitteln, daß Nowgorod von jetzt an keinen Tribut mehr zahlen wird."

„Das sagte Jaroslaw, mein Sohn?"

„Ja, Fürst, dein Sohn ..."

Das war für Wladimir ein schwerer Schlag.

Nach langem Schweigen sagte er: „Bereitet die Wege vor, errichtet Brücken ... Ich ziehe gegen Jaroslaw, meinen Sohn ..."

Nachdem Wladimir diese Worte hervorgebracht hatte, wurde er bleich wie Leinen, zuckte zusammen, griff sich mit den Händen an die Brust und stürzte mit einem Schrei zu Boden.

„Der Fürst stirbt!" schrie jemand durch den Saal.

6

Fürst Wladimir starb nicht. Einige Tage und Nächte kämpfte er mit dem Tod, dann fühlte er sich wieder kräftig genug, die Gora verlassen und sich auf sein Turmhaus in Berestowe zurückziehen zu können. Er befahl, die vor vielen Jahren aus dem Goldenen Saal entfernten Rüstungen der alten Fürsten, darunter auch Schwert und Schild seines Vaters Swjatoslaw, nach Berestowe zu befördern und an der Wand des Schlafzimmers anzubringen.

Wladimir gab nicht auf. Zwischen seinem Turmhaus und der Gora waren ununterbrochen Boten unterwegs, die ihm berichteten, wie sich das Heer auf die Schlacht mit Jaroslaw vorbereitete. Fürst Boris jagte immer noch irgendwelchen Petschenegen hinterher, ohne sie zu finden, und deshalb erteilte Wladimir ihm den Befehl, unverzüglich nach Kiew zurückzukehren.

Anfang Juli verschlechterte sich der Gesundheitszustand des Fürsten wieder. Er stürzte auf der Treppe und war drei Tage ohne Bewußtsein.

Dann kam der 15. Juli des Jahres 1015. Den ganzen Tag über herrschte eine drückende Hitze, kein Lüftchen regte sich. In der Nacht entlud sich über Kiew ein Gewitter, es blitzte und donnerte, aber kein einziger Tropfen fiel.

Fürst Wladimir lag im Bett. In seinem geräumigen Schlafgemach flackerten trübe zwei Kerzen. Der Blitz hinter den Fenstern sandte grelles grünliches Licht in den Raum, das den Schild und das Schwert des Fürsten Swjatoslaw, die Ikone in der Ecke, das sparsame Mobiliar und das Gesicht Wladimirs für kurze Zeit der Dämmerung entriß. Sein Blick war fiebrig, die Lippen waren verkrustet, Schweißtropfen standen auf der Stirn, die Hände waren zu Fäusten geballt.

Der Fürst hatte große Schmerzen in der Brust, die ihn wellenartig heimsuchten. Immer wenn sich eine neue Welle näherte, fürchtete er, sie würde ihn von der Erde spülen, und er überlegte krampfhaft, was wohl zuvor noch zu erledigen sei.

„Ist der Wojewode Wowtschi Chwist hier?“ erkundigte er sich, als er Schritte neben seinem Bett hörte.

„Er ist hier, Fürst ...“

„Er soll hereinkommen!“

Im nächsten Augenblick stand der Wojewode bereits neben ihm.

„Du hast mich gerufen, Fürst?“

„Setz dich. Sind wir allein?“

„Hier ist niemand weiter.“

„Gut. Hör zu, Wojewode. Ich weiß nicht, wie lange mich Gott noch leben läßt. Ich mache mir große Sorgen um die Rus. Vor allem fürchte ich, daß sich meine Söhne wegen der Thronfolge überwerfen. Ich sage dir die Wahrheit, Wojewode, nicht auf alle Söhne kann ich mich verlassen. Unter ihnen ist nur einer, der es verdient, den Kiewer Thron zu besteigen.“

„Von wem sprichst du, Fürst?“

„Von Boris ... Er wird mein Nachfolger sein, hörst du, Wojewode?“

„Ich denke, du hast richtig entschieden. Boris ist der Fürst der Fürsten. Ich habe Boten nach ihm ausgesandt, er wird in allernächster Zeit nach Kiew zurückkehren.“

„Das dauert mir zu lange. Du reitest mit einer Drushina hinter Boris her und holst ihn nach Kiew zurück!“

„Ich reite morgen los, Fürst.“

„Und von Swjatopolk nichts Neues?"

„Nichts, Fürst."

„Und Nowgorod schweigt?"

„Es schweigt. In diesem Sommer passieren Jaroslaws Boote nicht mehr den Wolchow."

„Reite jetzt nach Hause und ruh dich aus. Und morgen machst du Boris ausfindig."

„Wie du befiehlst, Fürst." Der Wojewode verbeugte sich. „Leb wohl, Fürst!"

„Leb wohl, Wojewode!"

Hatte er geschlafen oder nicht? Der Fürst öffnete die Augen und erblickte in der geöffneten Tür die Umrisse eines Menschen.

„Wer ist dort?" fragte Wladimir.

„Bischof Anastas, Fürst."

„Was führt dich bei so einem Wetter zu mir?"

„Ich habe gehört, daß es dir schlecht geht, und da kam ich."

„Es stimmt, Vater, in dieser Nacht ist mir schwerer zumute als je zuvor ... Komm, setz dich her."

Der Bischof näherte sich dem Bett und ließ sich in den tiefen Sessel sinken.

„Und was bedrückt dich?" begann er fürsorglich. „Sag es mir, dann wird dir leichter."

Fürst Wladimir blickte in das Licht der Kerze und dachte nach.

„Mir kommt es vor, als ob ich aus einem tiefen Schlaf erwacht wäre. Viele Jahre sind vergangen. Ich habe die alte Welt vor Augen, meinen Vater Swjatoslaw, die Götzen auf den Bergen, die alten Städte und Dörfer. Das alles ist mir sehr vertraut. Wenn ich aber aus dem Fenster blicke, sehe ich neue Städte und Dörfer, das Antlitz Christi, die neuen Menschen. Wer schuf das alles?"

„Du, Fürst Wladimir."

„Mein Gott, mein Gott!“ entfuhr es Wladimir. „Ist das wirklich wahr? Habe ich die alte Ordnung vernichtet und den Baum eines neuen Lebens gepflanzt?“

„Das hast du, Fürst!“ bekräftigte Anastas überzeugt.

„Und weshalb bin ich so niedergeschlagen?“

Ein Blitz zuckte auf, der alles ringsum in Licht tauchte. Donner grollte. Anastas blickte in das von Entsetzen entstellte Gesicht des Fürsten und schlug ein Kreuz vor ihm. Dann sagte er: „Ich habe dir aufmerksam zugehört und kann dich beruhigen, Fürst ... Glaube mir, die alte Ordnung mußte abtreten und einer neuen Platz machen. Die Menschheit wird einmal all jener mit einem guten Wort gedenken, die dazu beitrugen, und Gottes Segen haben sie auch. Dich hat das Schicksal auserwählt, das Volk durch die Wirrnisse des Daseins zum Christentum zu führen. Dafür gebühren dir Liebe und Verehrung.“

„Nein, Bischof, ich erwarte nur Gerechtigkeit, die Liebe hat mich immer gemieden.“

„Wie meinst du das, Fürst?“

Wladimir zögerte einen Augenblick, dann sagte er: „Ich habe meinen Söhnen alles angedeihen lassen, aber sie lieben mich nicht.“

„Sei nicht ungeduldig, Fürst, dein Werk wird eines Tages Früchte tragen. Die Kirche unterstützt dich, und wenn ...“

Der Bischof verstummte.

„Was wolltest du sagen, Anastas?“

„Ach, das gehört nicht hierher.“

„Sprich nur!“

„Kirche und Fürst müssen Hand in Hand gehen. Glaube mir, wenn du ein Gesetz erläßt, das alle Länder verpflichtet, der Kirche den Zehnten zukommen zu lassen, und ihr erlaubt Gericht zu halten, wird sie an Einfluß gewinnen. Und dann kann sie dich uneingeschränkt unterstützen.“

„Dieses Problem hast du schon einmal angesprochen, Bischof. Ich kann dir auch heute keine andere Antwort geben."

„Ich weiß, Fürst, alles hat seine Zeit. Wer aber sollte sich für dieses Gesetz verwenden, wenn nicht du?"

Wladimir warf einen erschrockenen Blick auf den Bischof. Worauf spielte er an?

„Du wirst noch lange leben", fügte Anastas hinzu, als hätte er die Gedanken des Fürsten erraten. „Ich werde dafür beten."

„Hast du den Text bereits niedergeschrieben?" fragte Wladimir trocken.

„Hier ist er. Gott hat mir befohlen, alles vorzubereiten."

„Gib her!"

Der Bischof legte ein Blatt Pergament vor den Fürsten. Der richtete sich auf und vertiefte sich in die von Anastas geschriebenen Zeilen.

„Den Zehnten der gesamten Rus für die Kirche... Ach, wie entsetzlich!"

„Es gibt keinen anderen Weg", entgegnete der Bischof unnachgiebig.

Fürst Wladimir schloß für einen Augenblick die Augen, seine Brust hob sich, dann nahm er die Feder und unterschrieb das Gesetz.

„Danke, Fürst! Glaube mir, nicht nur wir Geistlichen, sondern alle Menschen werden dich lobpreisen und den Aposteln gleichstellen."

„Nein", flüsterte der Fürst, „sag nicht, daß ich den Aposteln gleiche. Ich versinke in Sünden."

„Als Heide warst du sündig, aber mit der Taufe hat für dich ein neues Leben begonnen. Alle Sünden sind dir verziehen."

Wladimir schüttelte traurig den Kopf.

„Die Kirche vergibt sie mir vielleicht", flüsterte er, „aber ich kann sie mir nicht vergeben."

„Schweig, mein Sohn! Mit Hilfe der mir von Gott gegebenen Macht spreche ich dich frei von allen Sünden. Ich werde dafür beten, daß dich der Herr, wenn er dich zu sich ruft, dort aufnimmt, wo alle Gerechten Frieden finden. ... Und jetzt ruh dich aus, Fürst."

Der Wojewode Wowtschi Chwist hatte sich entgegen Wladimirs Befehl nicht sogleich auf den Weg gemacht. Er saß mit einigen Wojewoden und Bojaren in der Diele und wartete offenbar auf den Bischof, denn als dieser aus dem Schlafgemach des Fürsten kam, folgte er ihm.

„Was meinst du, Bischof? Wird der Fürst wieder gesund?" fragte er.

„Ich nehme an, daß es mit ihm zu Ende geht", sagte der Bischof seufzend. „Ich sehe es an den Augen. Wer weiß, ob er die Nacht überlebt."

Die beiden Männer verließen das Turmhaus und betraten den Hof.

„Worüber sprach der Fürst?" wollte Wowtschi Chwist wissen.

„Über alles mögliche. Über den bevorstehenden Kampf mit Jaroslaw, über Swjatopolks Verschwinden und Boris' Rückkehr. Was soll nur werden, wenn unser Fürst stirbt, Wojewode?"

„Alles braucht seine Zeit", entgegnete Wowtschi Chwist lachend. „Über deine Belange habt ihr doch bestimmt auch gesprochen, nicht wahr, Bischof?"

„Was meinst du?" fragte der Bischof.

„Ich hab gesehen, wie du ein fürstliches Schreiben in die Tasche stecktest."

„Nicht um mich ging es", entgegnete Anastas scharf. „Der Fürst hat ein Kirchengesetz unterzeichnet."

„Ach so", antwortete Wowtschi Chwist, „das war höchste Zeit. Der Herrscher ist schließlich verpflichtet, der Kirche etwas zukommen zu lassen und der

Vom Morgen an standen Wachposten an der Zehntkirche und ließen niemand hinein. In der Nacht näherte sich eine kleine Gruppe von Wojewoden und Bojaren vorsichtig der Kirche.

„Den ganzen Tag über wurde die Kirche regelrecht bestürmt“, berichtete ihnen der Wojewode Sluda, „die Gridni hielten dem Druck kaum stand.“

„Und jetzt?“ fragte der Bojar Worotislaw.

„Auch jetzt noch kommen Leute vom Podol und überallher, um sich vor dem toten Fürsten zu verneigen.“

„Die Posten sollen auf der Hut sein und keine Maus durchlassen“, befahl der Wojewode Wowtschi Chwist. „Gehen wir, Wojewoden und Bojaren!“

Leise öffnete sich das Tor der Zehntkirche, und die Männer traten ein.

Im rechten Kirchenschiff stand der aus frischen Fichtenbrettern zusammengezimmerte Sarg mit der Leiche des Fürsten Wladimir. Kerzenlicht fiel auf die Gesichter der Wojewoden und Bojaren sowie auf einige Geistliche und Steinmetze in der Ecke.

„Faßt zu“, sagte Wowtschi Chwist zu den Anwesenden. Wojewoden und Bojaren hoben den Sarg auf ihre Schultern. Einige Männer mit Kerzen in den Händen schritten voran. Der Zug bewegte sich langsam durch das menschenleere Gotteshaus. Das Echo ihrer Schritte hallte durch das Gemäuer.

Sie begaben sich in das linke Schiff der Kirche, wo der Reliquienschrein mit den Gebeinen der Fürstin Olga stand. Neben dem Schrein waren die Dielenbretter entfernt und ein Grab ausgehoben worden, in dem ein Steinsarkophag stand. In dieses Grab ließen die Wojewoden den Sarg mit der sterblichen Hülle des Fürsten Wladimir hinab. Wowtschi Chwist neigte sich darüber, nahm eine Münze — ein Silberstück mit dem Siegel des

Fürsten Wladimir — aus der Gürteltasche und warf sie dem Sarg hinterher. Die Steinmetze legten sogleich den Sarkophagdeckel auf und mauerten ihn mit Kalkmörtel zu.

Die Kerzen erloschen nach und nach. Das Grab war verschlossen, die Wojewoden und Bojaren blieben schweigend am Reliquienschrein der Fürstin Olga stehen, dann verließen sie die Kirche.

Nur Wowtschi Chwist blieb zurück. Er wartete, bis die Schritte verstummt waren, dann stieg er die Stufen zur Empore hinauf. Dort stand, in einen Umhang gehüllt, Fürst Swjatopolk in der Dunkelheit und hatte alles beobachtet.

„So, das wäre geschafft!" sagte Wowtschi Chwist zu Swjatopolk. „Gehen wir, Fürst."

Mehr als zweihundert Jahre lagen Wladimirs sterbliche Überreste in der Zehntkirche. Als Batus Horden Kiew stürmten, zerstörten sie die Kirche und damit auch das Grab des Fürsten. Niemand erinnerte sich an ihn. Bischof Anastas und seinen Nachfolgern lag nichts daran, den Sohn der Magd, den Fürsten und Kaiser zu rühmen, obwohl er die Rus getauft und der Kirche Macht gegeben hatte. Sie dienten Wladimirs Söhnen, die sich vom Vater lossagten.

Danach kamen griechische Bischöfe und Metropoliten in die Rus. Auch sie hatten kein Interesse daran, die Erinnerung an den Fürsten, der sein Leben lang Byzanz haßte, aufleben zu lassen. Nur Ilarion, der erste russische Metropolit, der seine Stimme entschieden gegen Byzanz erhob, sprach mit Stolz von der Rus und von ihrem Fürsten Wladimir. Doch Ilarions Ruf glich der Stimme eines Predigers in der Wüste.

Ein anonymer Schreiber notierte im 12. Jahrhundert voll Bitterkeit:

„Verwunderlich aber ist dies: Wladimir tat dem russischen Land so viel Gutes, er taufte es, wir aber,

Anmerkungen

7 *Petschenegen* — Nomadisierendes Turkvolk, das erstmals im 8. Jh. auftauchte. Sie verheerten das südliche Rußland und verdrängten 894 die Magyaren aus Bessarabien nach Ungarn. 972 überfielen und töteten sie als Bundesgenossen von Byzanz den russischen Großfürsten Swjatoslaw. Dem Großfürsten Jaroslaw (978—1054) gelang es 1036, dem kriegerischen Nomadenvolk schwere Niederlagen beizubringen. Im 13. Jh. löste es sich auf.

Swjatoslaw — (gest. 972) Großfürst der Kiewer Rus seit 962. Nach dem Tode seines Vaters Igor von seiner Mutter Olga 946 als Mitregent eingesetzt. Er war in erster Linie Krieger, der die Staatsverwaltung seinen Söhnen Jaropolk, Oleg und Wladimir überließ. 965 vernichtete er das Chasarenreich, danach stieß er in den Kaukasus, nach Bulgarien und Byzanz vor. In den Kämpfen gegen die Byzantiner erlitt sein Heer große Verluste. 971 mußte er einen Friedensvertrag mit Byzanz schließen. Danach kam es zu der denkwürdigen Begegnung zwischen ihm und Kaiser Johannes Tzimiskes an der Donau. Auf dem Heimweg wurde der Großfürst von den Petschenegen getötet. Seine Herrschaftszeit wird in dem Roman „Sohn der Großfürstin" von Semen Skljarenko behandelt.

Drushina — Abteilung von kriegerischen Gefolgsleuten (Drushinniki), die in Friedenszeiten am Fürstenhof lebten und aus denen sich später das Heeresaufgebot entwickelte. Die Druschina war auch ein Beratungsorgan des Fürsten.

Rhomäer — Bezeichung, die sich die Bewohner des Byzantinischen Reiches als griechisch sprechende und christliche Römer gaben.

8 *Russisches Meer* — Heute: Schwarzes Meer.

9 *Gora* — Stadtteil von Kiew mit dem Fürstensitz und den Häusern der Bojaren und Wojewoden.

Podol — Stadtteil von Kiew, in dem Händler und Handwerker lebten.

Jaropolk — (gest. 980) Sohn des Großfürsten Swjatoslaw, der ihn als Mitregent in Kiew einsetzte.

10 *Wolos* — Gott des Reichtums, des Handels und der Viehzucht.

Fürstin Olga — (geb. um 890, gest. 968) Großfürstin von Kiew (945—962). Nach dem Tode ihres Mannes Igor übernahm sie die Regentschaft. Mit Energie und scharfem Verstand setzte sie sich für die innere Ordnung im Reich ein. 957 ließ sie sich taufen. In der russischen erhodoxen Kirche wird Olga als Heilige verehrt.

15 *Griden* — Angehöriger der Fürstenwache (Plural: Gridni).

16 *Kurgan* — Hügelgrab in der Steppe.

18 *Possadnik* — Vom Fürsten eingesetztes Oberhaupt eines Ortes.

23 *Griwnen und ... Resanas* — Das erste Geld in der Rus, zumeist Silber-, seltener Goldbarren und Stücke davon.

25 *Perun* — Gott des Donners, Blitzes und Regens, Hauptgott baltisch-slawischer Stämme Schutzgott des Fürsten und der Drushina.

26 *Johannes Tzimiskes* — Feldherr unter Kaiser Nikephoros Phokas, an dessen Ermordung er gemeinsam mit der Kaiserin Theophano beteligt war. Als Kaiser (969—976) unterwarf er 971 das ostbulgarische Reich. Tzimiskes bedeutet auf armenisch „der Kleine".

28 *Parakimomen* — Ester Minister.

29 *Nikephoros Phokas* — Kaiser von Byzanz (963—969), Feldherr unter seinen Vorgängern Konstantin VII. und Romanos II., eroberte 961 Kreta zurück. Fiel einer Verschwörung zum Opfer, an der auch seine Frau Theophano, die Witwe Romanos II., beteiligt gewesen sein soll.

30 *Hagia Sophia* — (griech. „Heilige Weisheit") Name der größten Kirche in Konstantinopel, die 533 bis 537 erbaut wurde.

Konstantin — Konstantin VII. Porphyrogennetos, Kaiser von Byzanz (945—959). Unter seinem Namen wurden wichtige Werke über Staatsverwaltung, Zeremonienwesen, militärische und administrative Reichseinteilung veröffentlicht.

Romanos — Romanos II., byzantinischer Kaiser (959—963), Sohn von Kaiser Konstantin VII.

Aschot — König aus dem armenisch-georgischen Fürstenhaus der Bagratiden, die 885 bis 1080 in Armenien herrschten.

König David — David III. (961—1001), führte einen erfolgreichen Kampf mit den arabischen Eroberern und übte einen großen Einfluß auf die byzantinische Innenpolitik aus.

43 *Romanos* — Romanos I. Lakapenos, byzantinischer Kaiser

(919—944), Schwiegervater und Mitregent Kaiser Konstantins VII.

45 *Septimius Severus* — Römischer Kaiser (193—211).

Konstantin — Konstantin I., römischer Kaiser (306—337). Auf seine Veranlassung wurde die Kaiserresidenz von Rom nach Byzanz verlegt, das 330 als Konstantinopel eingeweiht wurde.

47 *Theophano* — (gest. 991) Tochter des byzantinischen Kaisers Romanos II. und seiner Frau Theophano, wurde 972 in Rom mit dem deutschen Kaiser Otto II. vermählt, nach dessen Tod sie für ihren minderjährigen Sohn Otto III. die Regentschaft führte.

Otto I. — Deutscher König (seit 936) und erster deutscher Kaiser (962—973). Erwirkte auf seinem dritten Italienzug (967—971) von Kaiser Johannes Tzimiskes die Anerkennung als weltliches Oberhaupt des Abendlandes.

Bolesław — Bolesław I. Chrobry („der Tapfere"), Großfürst von Polen seit 992, krönte sich 1025 zum König. Polnischer Nationalheld, Sohn von Mieszko I.

50 *Kentinarion* — Masse- und Geldeinheit im byzantinischen Reich.

53 *Khan Simeon* — (893—927) Der bedeutendste Herrscher des ersten Bulgarenreiches. Simeon führte erfolgreiche Kriege gegen das Byzantinische Reich und eroberte den größten Teil der Balkanhalbinsel. Unter seiner Regierung kam auch die altbulgarische Literatur zur Blüte.

54 *Sredec* — Heute: Sofia.

55 *Ki und Stschek* — Der Sage nach herrschten die drei Brüder Ki, Stschek und Choriw in der Mitte des 5. Jh. über die Poljanen. Zu Ehren des ältesten Bruders Ki bauten sie eine Burg und nannten sie Kiew.

Oleg — Der Warägerfürst Oleg (879 bis 912 oder 913) gilt als der erste bedeutende Herrscher der Rus. Er übernahm für Rjuriks minderjährigen Sohn Igor die Herrschaft, verlegte seine Residenz von Nowgorod nach Kiew und vereinte Nord- und Südrußland. 907 zog er gegen Konstantinopel und nötigte den byzantinischen Kaisern einen Vertrag auf, der sie zu Tributzahlungen verpflichtete.

Igor — Russischer Fürst (913—945), wahrscheinlich Sohn des Warägerfürsten Rjurik, der nach Aussage der Nestorchronik um 862 mit seinen Brüdern Sineus und Truwor Nowgorod eroberte und damit die russische Dynastie der Rjurikiden begründete. Igors Regierungszeit stand im

Zeichen kriegerischer Auseinandersetzungen mit Byzanz (Feldzüge 941 und 944) und nomadisierenden Turkvölkern. Er unterwarf die Tiwerzen und Ulitschen. Als er von den Drewljanen einen erhöhten Tribut einziehen wollte, wurde er von ihnen erschlagen. Seine Frau Olga folgte ihm auf dem Thron.

64 *im Porphyr Geborene* — Mehrere byzantinische Kaiser hatten sich den Beinamen Porphyrogennetos (griech. „der im Porphyr Geborene") angelegt, der darauf zurückzuführen ist, daß die byzantinischen Kaiserinnen im Porphyrsaal des Großen Palastes die Niederkunft erwarteten.

65 *Fürst Mieszko* — Mieszko I. (gest. 992), der erste bekannte polnische Fürst. Er nahm 966 das Christentum an, gilt als Begründer des polnischen Staates.

69 *Waräger* — In altrussischen und byzantinischen Quellen Bezeichnung für die Wikinger, nordische Seeräuber, Krieger und Händler, die bis zum Schwarzen und zum Kaspischen Meer fuhren. Im 9. Jh. wurden sie in einzelnen Orten der Kiewer Rus seßhaft, besonders am Ladogasee und im Gebiet von Kiew. Sie gingen bald in der russischen Bevölkerung auf, übernahmen deren Sprache und Kultur. Die von reaktionären Historikern verbreitete pseudowissenschaftliche Theorie, daß die Waräger die Begründer des russischen Staates seien, stützt sich hauptsächlich auf Überlieferungen der Nestorchronik.

70 *Wetsche* — (russ.) Volksversammlung zur Enscheidung öffentlicher Fragen.

74 *Jarl* — In altskandinavischen Reichen ein vom König eingesetzter Statthalter.

75 *Svealand* — Historisches schwedisches Stammland, der mittlere der drei Landesteile des heutigen Schwedens.

77 *Fulner* — (schwed). abscheulich, widerlich.

155 *Dashd-Bog* — Gott der Sonne und der Fruchtbarkeit.

170 *Basileios* — Basileios II., byzantinischer Kaiser (976—1025).

182 *Dikoje Polje* — (russ. „Wildes Feld") Gebiet im Süden Rußlands zwischen Don und Dnestr, in dem die nomadisierenden Horden lebten.

185 *Slawa* — (russ.) Ruhm, Ehre.

Jaroslaw — Der russische Großfürst Jaroslaw der Weise starb 1054 in Wyschgorod.

195 *Wowtschi Chwist* — (ukrain.) Wolfsschwanz.

204 *Suroshsker Meer* — Heute: Asowsches Meer.

215 *Dirheme, Dinare und Drachmen* — Altgriechische Silber-

münzen, Silbermünzen in islamischen Ländern sowie Silbermünzen, die vom 8. bis 13. Jh. in vielen europäischen Ländern die vorherrschende Geldeinheit waren.

228 *Klimati* — (griech. „Berghänge") Die heutige Südküste der Krim.

231 *die alten Verträge* — Die Gesandten berufen sich auf einen Vertrag, den Fürst Igor im Jahr 945 mit Byzanz abgeschlossen hatte.

249 *Epitrachelion* — Teil des liturgischen Gewandes, entspricht der Stola.

256 *Antoni* — (982—1073) Gründer des Kiewer Höhlenklosters.

258 *Kerkentida* — Heute: Jewpatoria.

261 *Stadium* — Griechisches Längenmaß, zwischen 157 und 189 m.

262 *Korsun* — Altrussische Bezeichnung für die Stadt Chersones. Heute: Sewastopol.

264 *Sugdeja und Kortschew* — Altrussischer Name der Städte Sudak und Kertsch.

266 *Griechisches Feuer* — Dickflüssiger Feuersatz, der bis ins 13. Jh. vorwiegend als Seekampfmittel verwendet wurde. Die noch vor Beginn der Zeitrechnung von den Griechen erfundene Mischung aus Schwefel, Werg, Kienspan, gebranntem Kalk, Erdöl u. a. wurde aufs Wasser gespritzt und brannte dort weiter.

282 *Pontos Euxinos* — (grich. „Gastliches Meer") Heute: Schwarzes Meer.

292 *Klemens von Rom* — Christlicher Heiliger, einer der Apostolischen Väter, der Ende des 1. Jh. lebte. Die Sage erzählt von seiner Verbannung nach Chersones und seinem Märtyrertod.

318 *Chlamys* — Mantel der griechischen Epheben, Fußsoldaten und Reiter, gefertigt aus einem großen quadratischen Wolltuch.

319 *Otto* — Otto III., deutscher Kaiser (983—1002). Wurde im Alter von 3 Jahren zum Nachfloger seines Vaters gewählt, 996 für mündig erklärt und zum Kaiser gekrönt.

Sven Gabelbart — Dänischer König (986—1014), unter dem die Eroberung Englands und Norwegens begann.

Stephan — Stephan I., der Heilige, ungarischer König (997—1038). Besiegte 1028 die letzten magyarischen Stammesfürsten. Wurde 1087 heiliggesprochen.

324 *Rosheniza* — (russ. „Gebärende") Schutzgöttin der Frauen.

327 *Choriw ... Lybed* — Bruder und Schwester von Ki und

Stschek, die der Sage nach im 5. Jh. über die Poljanen herrschten.

344 *Chiton* — Griechisches hemdartiges Kleidungsstück, anfangs aus Leinen, später aus Wolle, an den Seiten zugenäht und bis an das Knie reichend.

354 *zu Beginn des neuen Jahres* — Bis zum 15. Jh. begann in der Rus das neue Jahr im März.

355 *feierte man den 1. September* — Den Herbstanfang begehen.

359 *Heinrich* — Heinrich II., deutscher Kaiser (1002—1024), Nachfolger Otto III.

383 *Korotschun* — Kürzester Tag im Jahr, an dem der slawische Sonnengott mit den Geistern der Finsternis kämpfte.

Koljadalieder — Koljada: Kultgestalt, die zur Wintersonnenwende verehrt wurde.

408 *Batus Horden* — Der Mongolenfürst Batu-Khan (geb. Anfang des 13. Jh., gest. 1255), der Enkel Dschingis-Khans, unterwarf 1235 bis 1246 das in Teilfürstentümer zerfallene Rußland, verheerte 1241/42 Polen, Schlesien, Ungarn und Dalmatien. Kiew fiel 1240. Die Jahrhunderte währende Tatarenherrschaft fügte Rußland schwere Schäden zu.

Ilarion — Hofgeistlicher und Kirchenschriftsteller, verfaßte zwischen 1037 und 1050 eine Schrift, in der er Fürst Wladimir, die Rus und den Gedanken der Gleichberechtigung der russisch-orthodoxen Kirche verherrlichte. Jaroslaw der Weise ernannte ihn 1051 zum ersten Metropoliten, um die russische Kirche aus der Abhängigkeit von Byzanz zu lösen.

Alexander — Alexander Newski (1220—1263), russischer Großfürst und Heiliger. Widersetzte sich erfolgreich den Angriffen der schwedischen und deutschen Ritter auf Nordwestrußland. 1240 schlug er an der Newa (daher der Beiname Newski) die Schweden. Er bemühte sich um ein gutes Einvernehmen mit den Tataren.

Kupalo — Kultgestalt, die zur Sommersonnenwende oder am Vorabend des Johannistages mit heidnischen Bräuchen gefeiert wurde.